U0617873

YELLOW BOOK

智 库 成 果 出 版 与 传 播 平 台

中国社会科学院创新工程学术出版资助项目

拉美黄皮书

YELLOW BOOK OF LATIN AMERICA AND THE CARIBBEAN

拉丁美洲和加勒比发展报告
（2023~2024）

ANNUAL REPORT ON LATIN AMERICA AND THE CARIBBEAN

(2023-2024)

主　编／柴　瑜

副主编／刘维广

社会科学文献出版社

SOCIAL SCIENCES ACADEMIC PRESS（CHINA）

图书在版编目（CIP）数据

拉丁美洲和加勒比发展报告 . 2023~2024 / 柴瑜主编；刘维广副主编 . --北京：社会科学文献出版社，2025.6. --（拉美黄皮书）. -- ISBN 978-7-5228-5268-3

Ⅰ. D773.069；D775.069

中国国家版本馆 CIP 数据核字第 2025J4E694 号

拉美黄皮书

拉丁美洲和加勒比发展报告（2023~2024）

主　　编 / 柴　瑜
副 主 编 / 刘维广

出 版 人 / 冀祥德
组稿编辑 / 祝得彬
责任编辑 / 郭红婷
责任印制 / 岳　阳

出　　版 / 社会科学文献出版社·文化传媒分社（010）59367156
　　　　　地址：北京市北三环中路甲 29 号院华龙大厦　邮编：100029
　　　　　网址：www.ssap.com.cn
发　　行 / 社会科学文献出版社（010）59367028
印　　装 / 三河市东方印刷有限公司

规　　格 / 开本：787mm×1092mm　1/16
　　　　　印 张：28.5　字 数：429 千字
版　　次 / 2025 年 6 月第 1 版　2025 年 6 月第 1 次印刷
书　　号 / ISBN 978-7-5228-5268-3
定　　价 / 168.00 元

读者服务电话：4008918866

拉美黄皮书编委会

主要编撰者简介

柴 瑜 经济学博士，研究员，博士生导师，中国社会科学院拉丁美洲研究所所长，中国拉丁美洲学会副会长，主要研究方向为国际贸易与外国直接投资、区域经济合作、新兴经济体和拉美经济等。近年研究成果包括主编《"一带一路"建设发展报告（2020）》、*Sino-Latin American Economic and Trade Relations*，发表学术论文《区域国别研究的学术发展逻辑》《自贸协定中投资自由化水平评价——基于哥伦比亚三个主要自贸协定的研究》《加快实施自贸区战略的意义、问题与对策——深入推进改革开放视角的研究》等。

刘维广 法学博士，中国社会科学院拉丁美洲研究所《拉丁美洲研究》执行主编、编审，主要研究方向为拉美政治。担任 2011 年以来历年《拉丁美洲和加勒比发展报告》副主编，以及《展望中拉合作的新阶段》主编（合编），担任《国际变局中的拉美：形势与对策》《拉美国家现代化进程及其启示》等著作的副主编，发表《古巴社会主义经济建设与发展》《中国拉美现代化研究评述》《墨西哥国家行动党的渐进式改革以及党政关系的非传统模式》《切·格瓦拉及其思想在中国的影响》等学术论文。

摘　要

2023~2024年，全球变革趋势持续演化，拉美地区在内外交困中艰难前行。本报告系统分析、总结2023年以来拉美形势的新变化、新特点及其成因与发展趋势，认为2023年以来拉美形势不容乐观，表现为四个突出特点：新一轮左翼浪潮略显后劲不足，政局总体稳定但局部动荡时有发生；经济增长动力不足，整体表现不佳；社会发展低迷不振，移民和安全问题突出；外交选择呈多元化趋势，但总体上动态平衡战略仍为主流。展望未来，拉美政治左右翼竞争、经济增长低迷以及社会冲突加剧的局面恐将进一步持续，外部冲击以及内部矛盾相互交织也将增加地区动荡的风险。

2023年以来，新一轮左翼浪潮略显后劲不足，阿根廷等国右翼势力在选举中获胜，挑战拉美左翼20多年来的发展模式。拉美左翼继续联合自强，巴西左翼重新执政为拉美一体化提供了新的契机。墨西哥左翼政权的巩固和阿根廷极右翼的崛起预示发展模式的竞争逐渐成为地区政治竞争的重要内容。拉美政治生态凸显均衡化、碎片化和复杂化特征，导致政治稳定性有所下降。

2023年以来，拉美地区经济衰退虽有所缓解，但受宏观失衡以及全球经济增长乏力、气候变化等内外部因素影响，绝大部分拉美和加勒比国家的财政、货币政策空间有限，内需不振，外需不稳。由于经济增长动力不足以及政策空间有限，拉美经济表现不及世界其他地区。

在政治动荡和经济不景气的影响下，拉美社会发展低迷不振。贫困、就业等社会指标没有明显改善，减贫和创造就业对经济发展的推动力不足。贫

困状况恢复至疫情前水平，但减贫成效不足叠加收入差距加大使地区社会冲突风险提升。移民和有组织犯罪等问题越发突出，加剧了社会矛盾。

拉美国家延续多元和务实的外交策略，对外关系呈现多点联动、动态平衡的显著特征。拉美地区政治生态已扭转此前的政治对立局面，集体身份意识重新得到强化。同时，域外大国对拉美国家的关注度上升。拉美国家积极维护地区自主性，加强与全球南方国家合作，维护世界多边秩序。中拉关系不断提升，中拉经贸合作对拉美国家抑制宏观失衡、稳定经济增长发挥了作用。

本年度专题报告以中拉文明互鉴为主题。报告认为，新时代中拉人文交流将助力中拉命运共同体构建，全球文明倡议为中拉人文交流指明了方向。中拉人文交流可助力社会资本积累，有利于中拉构建社会交流网络、互惠性规范并增强互信。中拉工业文明的交流与互鉴已逐渐成为双方文明交流的重要组成部分，在此过程中新质生产力得到了促进和发展，特别是"数字丝绸之路"和"绿色丝绸之路"已成为中拉合作的新亮点和增长点。本报告还探讨了中拉在数字政府领域的发展状况以及中拉数字政府在包容性与可持续性方面的差异和进展，并就中拉相关的制度、技术、基础设施以及人才等方面的交流与合作提出了若干建设性思路。

关键词： 拉丁美洲和加勒比　发展模式　多元外交　中拉合作　人文交流

目 录 ⟨⟨

V　统计资料

皮书数据库阅读**使用指南**

总 报 告

Y.1

拉美形势及前景：
从"低增长陷阱"到"新发展陷阱"

柴 瑜　郑 猛*

摘　要：　本年度，全球变革趋势持续演化，拉美地区在内外交困中艰难前行。新一轮左翼浪潮略显后劲不足，拉美政治生态凸显均衡化、碎片化和复杂化特征，直接导致政治稳定性不断下降，经受"民主衰退"的地区性困扰。疫情引发的经济衰退虽有所缓解，但由于劳动生产率上升缓慢，拉动经济增长的"三驾马车"动力不足以及经济政策空间有限，拉美经济表现不及世界其他地区。在政治动荡和经济低迷的影响下，拉美地区人口结构加速转变，贫困状况虽恢复至疫情前水平，但减贫成效不足叠加收入差距加大使地区社会冲突风险变大。以上表现凸显拉美地区在生产力、体制以及社会领域的脆弱性，使其深陷"新发展陷阱"。但作为百年变局中的重要参与者，拉美延续多元和务实的外交策略，不仅积极提高地区凝聚力，维护地区自主

---

* 柴瑜，中国社会科学院拉丁美洲研究所研究员，所长，主要研究方向为国际贸易与外国直接投资、区域经济合作、新兴经济体和拉美经济等；郑猛，中国社会科学院拉丁美洲研究所副研究员，主要研究方向为世界经济、发展经济学。

性，还加强与全球南方国家合作，维护多边秩序，以此探索新发展方向，提高国际地位和影响力。中拉关系不断提升，双方合作迎来新的发展机遇期。展望2024年，拉美政治生态演变、经济增长低迷以及社会冲突加剧恐将进一步持续，外部冲击以及内部矛盾相互交织也将加大地区动荡的风险。

关键词： 拉美地区　经济增长　人口结构　多元外交　中拉合作

　　1961~2023年，拉丁美洲和加勒比地区（以下简称"拉美地区"）经济至少经历了3次重大经济危机，"失去的10年"在拉美经济发展史中被多次提及。以每10年经济平均增长率来衡量，2011~2020年拉美平均经济增长率仅为0.86%，而最近10年也不足1.2%，均低于1981~1990年的1.45%。这意味着最近10余年拉美经济已陷入"低增长陷阱"。

　　当前，距离实现联合国《2030年可持续发展议程》目标还有不足6年时间，拉美地区在经济发展过程中正遭遇来自外部环境的压力以及自身内部调整的双重挑战，仅依靠自身发展恐难以完成。对外而言，当前正值全球经济衰退后的调整期，世界经济复苏低迷、全球化进程分化以及大国和地区博弈加剧等多重变局相互交织的复杂时期；对内而言，拉美正在从百年最严重衰退中缓慢恢复，除拉美自身经济增长面临深层次挑战，由于经济持续停滞或萎缩，部分国家已经出现政治动荡和社会冲突，加之拉美经济的外部依赖性高且政策能力和空间不足，难以阻断外部不利冲击，无法摆脱低增长和动荡高发的困境，新一轮"失去的10年"已经逐步显现。①

　　2023年初，巴西劳工党领袖路易斯·伊纳西奥·卢拉·达席尔瓦（Luiz Inácio Lula da Silva）第三次就任总统，标志着拉美地区新一轮左翼回归浪潮

---

① 岳云霞：《2019~2020年拉美形势与前景：再陷"失去的十年"？》，载袁东振主编《拉丁美洲和加勒比发展报告（2019~2020）》，社会科学文献出版社，2020。

正不断推进。但随着厄瓜多尔左翼竞选总统失利、巴拉圭执政党胜选以及来自极右翼阵营的阿根廷总统哈维尔·米莱（Javier Milei）宣誓就职，拉美左翼掀起的新一轮回归浪潮略显后劲不足。① 受全球经济复苏乏力导致外部需求不足、地缘政治冲突引发国际局势复杂多变、发达国家应对高通胀执行紧缩性货币政策、内生经济增长动力不足以及政策空间有限等多重因素共同影响，拉美地区整体及各次区域经济发展趋缓明显。在政治生态不断调整和经济表现持续低迷的"逆风"环境下，拉美地区社会问题不断积累，人口结构加速演变，减贫进展缓慢，收入分配亟须改善，这为其提高社会治理能力带来了巨大挑战。拉美地区对外关系和一体化建设则取得进展。对外保持务实态度，加强合作；对内联合自强，提高自主性。

2024 年拉美地区政治格局继续分化，增长动力不足引致经济渐退式调整，社会冲突风险也将随之提升，以上内源性因素的不利影响叠加低增长惯性恐致拉美陷入"新发展陷阱"。但拉美多元化外交迎来新的机遇，中拉合作也步入"大年"，这为其提供了有利外部动力。

一 政治形势

2023 年，拉美地区政治生态深度发酵，政治力量均衡化、碎片化以及复杂化态势愈加凸显。尽管拉美地区政治形势总体可控，但部分国家突发性事件频发直接破坏政局稳定性，执政党的执政基础或因此受到冲击。拉美民众对政府不满程度加剧，"民主衰退"暴露拉美民主状况恶化及其体制脆弱性。

（一）政治生态"左右"轮替

拉美"左右"交替执政日益成为其政治发展的常态，凸显"左右"力

---

① 《2024 世界会怎样？》，新华网，2024 年 1 月 14 日，http：//www.news.cn/world/20240114/4c5d8883993e4a67ba3394cb74454b93/c.html，最后访问日期：2024 年 3 月 15 日。

量趋同性收敛的特征。从 2018～2023 年拉美主要国家大选结果能够发现，多数国家执政党（或联盟）相较反对党（或联盟）处于劣势。拉美新一轮左翼回归浪潮不断推进，左翼政党（或政党联盟）在多数拉美国家大选中占据优势，先后取得执政地位，如墨西哥、阿根廷、玻利维亚、秘鲁、智利、巴西和哥伦比亚等拉美地区主要国家均由左翼或中左翼执政。2023 年，随着巴西总统卢拉 1 月 1 日正式开启第 3 个总统任期，拉美左翼力量在地区政治格局中的优势地位进一步巩固，集体执政态势迎来新一轮高潮。2023 年 8 月 20 日，危地马拉中左翼政党种子运动党创始人贝尔纳多·阿雷瓦洛（Bernardo Arévalo）击败了前第一夫人桑德拉·托雷斯（Sandra Torres）赢得总统职位。8 月 28 日，危地马拉检方（公共事务部）宣布阿雷瓦洛赢得大选，同日宣布暂停其所属政党种子运动党的资格，并于 12 月 8 日宣布总统选举结果无效，应予废除，但最终阿雷瓦洛仍在 2024 年 1 月 15 日宣誓就职。这将拉美新一轮左翼回归浪潮的范围进一步扩大。

尽管如此，拉美右翼并未显露出"退潮"迹象。2023 年 4 月 30 日，巴拉圭传统执政党红党候选人圣地亚哥·培尼亚·帕拉西奥斯（Santiago Peña Palacios）在当天举行的总统选举中以显著优势获胜，其政党在 9 月的补充市政选举中成为最大赢家。5 月 17 日，厄瓜多尔时任总统吉列尔莫·拉索（Guillermo Lasso）依宪以"严重政治危机和内乱"为由解散国会并要求提前举行总统和国会选举。10 月 15 日，厄瓜多尔举行总统选举第二轮投票，国家民主行动党候选人丹尼尔·诺沃亚（Daniel Noboa）当选总统，将完成本届政府剩余任期至 2025 年 5 月。11 月 19 日，阿根廷极端右翼政党自由前进运动候选人米莱超预期当选总统，阻碍了拉美地区此轮左翼浪潮进一步推进，给左翼重构地区政治生态带来了巨大冲击。

（二）政治妥协日趋凸显

拉美主要国家"左右"力量趋于均衡直接导致双方虽仍继续坚持自己的基本立场、核心利益和主要诉求，但也开始逐渐重视对方的利益、权利和诉求，最终以妥协和协商的方式在国家的根本制度、基本国策等重大问题上取得基本共识。① 在竞选方式上，"左右"翼政党均一改过去激进风格，争取中间党派力量，选择组建多党联盟以应对来自反对党派的竞争。例如，巴西现任总统卢拉为赢得选举，努力打造一个包括共产党、绿党、可持续网络党、社会党、社会主义自由党等在内的中左翼联盟，促成劳工党与上述中间派和左派政党的紧密合作。卢拉选择社会党热拉尔多·阿尔克明（Geraldo Alckmin）作为竞选搭档，旨在表达其不仅可以代表劳工利益，也能维护工商界的利益；与前总统候选人和前环境部长玛丽娜·席尔瓦（Marina Silva）和解②，并承诺不支持堕胎或毒品自由化来争取福音派的投票；团结前社会民主党对手费尔南多·恩里克·卡多佐（Fernando Henrique Cardoso），并获得巴西民主运动的关键投票，进而赢得大选。③ 哥伦比亚总统古斯塔沃·佩特罗（Gustavo Petro）致力于与各派政治势力建立联系，与传统政治家结盟，并承诺不会没收私人财产、不增加赤字或通货膨胀、新政府不会迫害反对派，并试图拉开与左派的距离，消除人们对哥伦比亚可能变成下一个委内瑞拉的担心。他与拥护前总统胡安·曼努埃尔·桑托斯（Juan Manuel Santos）的中右翼政党人民团结党结盟，并与前总统塞萨尔·加维里亚（César Gaviria）的自由党保持密切联系，提名环保主义者弗朗西亚·马克斯（Francia Márquez）作为其竞选搭档，组成左翼竞选联盟"历史联盟"并最终赢得选举。但随后上述两党在国会中否定医疗改革方案，导致 2023 年 4 月下旬佩特罗大幅改组内阁以应对执政危机，其政治资本逐步减少，推动未来政治纲领的难度随之增加。

此外，秘鲁、智利（2020 年由新兴左翼联盟"广泛阵线"和左翼联盟

---

① 袁东振：《新一轮左翼执政对拉美社会主义运动的影响》，《当代世界与社会主义》2023 年第 3 期，第 27~33 页。

② 2003 年卢拉总统上台后，席尔瓦被提名为巴西环境部长。在任几年里，由于近乎"顽固"地坚持环保优先的理念，席尔瓦同内阁中多位部长产生分歧，其中包括时任总统府民事办公室主任、后任总统的迪尔玛·罗塞芙（Dilma Rousseff）。

③ 韩琦：《拉美国家左翼政府回归的原因及可能影响》，《人民论坛》2023 年第 4 期，第 80~85 页。前总统米歇尔·特梅尔（Michel Temer）曾任巴西民主运动党魁，并在 2016 年利用其在国会的选票将卢拉的继任者迪尔玛·罗塞芙赶下台后就任总统。

"尊严智利"结成执政联盟）及阿根廷（由极右翼自由党联合右翼民主党及部分中右翼小党组成执政联盟）在任总统所在党派（或联盟）分别成立于2016年、2017年以及2021年，呈现出"党派结盟"和"复合结盟"的复杂局面。上述三国的总统选举也都经历了与竞选对手谈判和妥协的过程，最终赢得中间选民甚至对方阵营选民的支持，但在执政过程中也面临如何权衡联盟内部（或联盟间）诉求和推进关键改革的挑战，进而降低国家治理能力，使其陷入执政不利的困境。

（三）政局稳定性堪忧

经济增长和收入状况不佳影响了拉美政局稳定。突发性事件是影响政局稳定性的关键因素。2023年初，巴西总统卢拉仅上任1周便发生巴西版"国会山"事件，前总统雅伊尔·梅西亚斯·博索纳罗（Jair Messias Bolsonaro）的支持者暴力冲击国会、最高法院和总统府，意图制造混乱，推翻选举结果，凸显巴西乃至整个拉美地区愈加严重的政治对立和社会分裂。自2021年以来，玻利维亚执政党争取社会主义运动党内部关系紧张，分裂不断加剧，现任总统路易斯·阿尔塞（Luis Arce）与前总统埃沃·莫拉莱斯（Evo Morales）矛盾公开化，双方阵营因一些腐败案件、某些部长的行为和国家经济形势而相互质疑和指责。2023年6月，莫拉莱斯公开批评阿尔塞"给革新派的领导人提供好处"，将此举视为一种试图接近玻利维亚右翼的方式，并因此引发执政党内部的政治危机。[①] 2023年5月，时任厄瓜多尔总统拉索突然宣布解散国民代表大会，提前举行总统和议会选举。拉索本人称，厄瓜多尔面临严重的政治危机和内部骚乱，解散议会是为了给当前局势提供一个符合宪法的解决方案。8月9日，距厄瓜多尔大选仅11天之时，来自右翼政党建设运动党的总统候选人费尔南多·比利亚维森西奥（Fernando Villavicencio）在基多参加竞选活动时被当街枪杀，引发厄瓜多尔

---

① 《前总统指责现总统，玻利维亚执政党陷内部危机》，网易，2023年6月20日，https：//www.163.com/dy/article/I7MH4R3R0514BQ68.html，最后访问日期：2024年3月15日。

全国动荡。此外，智利新宪法草案最终被否决、哥伦比亚大幅度改组内阁、秘鲁和阿根廷反对派持续举行大规模抗议示威等一系列突发性事件严重打击拉美地区的政治稳定性，地区两极分化愈加严重，导致相关国家出现政治动荡甚至执政基础受到冲击。

（四）政党碎片化加剧

拉美政党格局经历了从两党占优势到多元化再到碎片化的转型，当前正处在主要国家新兴政党不断涌现的发展阶段。[①] 拉美政党碎片化并非新生特点，而是在实行民主化进程中日渐凸显的现象，主要表现在不同政治谱系的新兴政党获得了更多政治影响力。究其原因，主要是经济持续低迷、社会严重分裂、身份认同缺失以及政府职能缺位等因素的综合作用。上述原因导致传统政党失去民意基础，众多民众对传统政党失望和不满，非主流政党得到民众的关注与期待，进而催生政党碎片化。在碎片化的格局下，拉美国家各个政党都面临如何定位和寻找自身发展的政治空间问题。伴随政党碎片化逐渐加剧，一方面，执行连贯有效政策主张的难度随之加大，破坏政治生态和社会凝聚力的同时，削弱国家治理能力，进一步助推政党碎片化，由此形成"政党碎片化—治理能力降低—政党碎片化加剧"的恶性循环；另一方面，碎片化的政党格局覆盖了更多民众的关切，激发了他们寻求利益表达的热情，[②] 按此逻辑或许未来拉美政党政治中还会出现新的"黑马"，为现代多元化的政治需求代言。

阿根廷是拉美多党制国家中政党数量最多的国家。[③] 米莱于 2021 年创立

---

① 德国政党研究专家奥斯卡·尼德迈尔（Oskar Niedermayer）将在议会中有效政党数量超过 5 个的政党制度归属碎片化的政党制度。鉴于拉美多数国家有效政党数量超过 5 个，因此可以认为拉美政党格局已经进入碎片化阶段。

② 杨解朴：《德国碎片化政党格局的表现、成因及影响》，《德国研究》2019 年第 3 期，第 4~16、132 页。

③ 根据外交部统计，截至 2024 年 1 月阿根廷有 57 个全国性政党。参见《阿根廷国家概况》，中华人民共和国外交部网站，https://www.mfa.gov.cn/web/gjhdq_676201/gj_676203/nmz_680924/1206_680926/1206x0_680928/，最后访问日期：2024 年 3 月 15 日。

自由前进运动党，并在 2023 年 11 月 19 日以 55.69% 的得票率赢得大选。米莱胜选离不开执政联盟候选人改革措施效果有限，民众思变心切，转向新的政治选择以替代传统政治势力；① 而米莱借机同中右翼党派结盟，利用民众的强烈不满情绪以及对传统政党的失望心态，为其提供了可替代选择，吸引大量中产阶层选民并赢得选票；追求"标新立异"的想法和多种不满情绪的叠加导致民众的偏好和行为方式发生改变，成为自由前进运动党的支持者。但米莱政府缺乏牢固的政治基础，难以平衡联盟内各党派的诉求以及有效应对来自反对党的攻击。米莱所在政党仅占众议院 257 个议席中的 38 席和参议院 72 个议席中的 8 席，位列全民战线和共谋变革联盟之后，在推动政治主张时面临反对党和执政联盟内部各种政治挑战。这意味着尽管政党碎片化有效促进了部分党派结盟并创立竞选联盟，看似整体却实际独立，执政联盟各成员政党在政策主张、议题倾向和内部决策等方面仍然存在一定的差异及分歧。秘鲁、智利以及哥伦比亚等拉美国家也同样存在上述问题。

（五）民主的总体支持率下降

自 20 世纪 70 年代世界民主化浪潮开始后，拉美在 80 年代出现了"第三波民主化浪潮"，向由美国支持的反动、落后、压抑及保守的专制独裁政府（西方媒体称之为拉美地区的"保守浪潮"）发起争取民主权利的斗争。② 20 世纪 90 年代拉美多数国家为了应对债务危机，普遍推行新自由主义改革，结果直接加剧了财政政策收紧、社会两极分化、贫富差距拉大、失业率升高、通货膨胀率高企以及民众贫困等问题。为了应对上述问题，拉美国家左翼政党在参与竞选时更加重视减少经济的不平等，提出改变贫穷人口的经济地位、加强政府主导的二次分配、推进社会福利

---

① 中国社会科学院国际研究学部编《中国社会科学院国际形势报告（2024）》，社会科学文献出版社，2024，第 235、238 页。

② 任志江：《拉美"粉红浪潮"的兴起与衰落》，《国外社会科学》2020 年第 1 期，第 116~122 页。

建设、做大做强本国企业特别是国有企业等核心施政纲领，对新自由主义弊端进行反思与批判，探寻替代新自由主义的国家和社会发展方案，[①]并由此吸引了许多选民的支持，"粉红浪潮"得以出现。随后，受国际环境和地区系统性危机综合影响，拉美政治生态在不足 10 年内先后出现"左退右进"和"向左回摆"的转变，凸显拉美民众主动在民主体制内寻求变革的心态。[②]

当前，拉美正面临"民主衰退"的地区性困扰。首先，拉美民众对民主的支持率降至历史最低。根据拉美晴雨表民意调查，2023 年拉美受访民众对民主的总体支持率下降至自 1995 年以来最低水平（48%）。自 2010 年开始，拉美民众对民主支持率就呈现明显下降趋势，在 2020~2023 年调查的 17 个国家样本中，7 个国家民众的民主支持率上升，9 个国家下降，1 个国家保持不变。其次，与民主支持率指标相反，拉美民众对政权的漠视态度达到最大。不在意政权形式的指标在 2010~2023 年不断上升，最高达到 28%，2020~2023 年共有 12 个国家民众对国家政权的漠视态度变大，仅 5 个国家民众的漠视态度有所减弱。最后，对民主的不满短期微降，但长期处于高位。2023 年，包括对民主"不太满意"和"一点也不满意"的民众占比低于 2018 年（72%）和 2020 年（70%），在过去近 30 年中居第三高位（69%）。其中，秘鲁（91%）、厄瓜多尔（87%）、委内瑞拉（84%）、巴拿马（83%）和哥伦比亚（80%）的不满意率达到或超过 80%，只有乌拉圭（39%）和萨尔瓦多（32%）两国的不满意率低于 40%，其余国家处于 55%~79%。[③]

---

① 袁东振：《拉美左翼对新自由主义开展新批判》，中国社会科学网，https://www.cssn.cn/skgz/bwyc/202208/t20220803_5458933.shtml，最后访问日期：2024 年 5 月 15 日。

② 周志伟：《拉美新"粉红浪潮"的成因、特点及前景》，《当代世界》2022 年第 8 期，第 50~55 页。

③ Corporación Latinobarómetro, Informe Latinobarómetro 2023: La Recesión Democrútica de América Latina, 21 de Julio de 2023.

二 经济形势[①]

2023 年，受全球经济低迷、国际贸易发展放缓、劳动生产率低下等综合因素影响，拉美地区经济低速增长，呈现渐退式调整，在全球经济总量中的占比进一步下降，区域整体及所有次区域经济增速均低于 2022 年。经济增长放缓凸显该地区持续存在的结构性弱点。采用支出法将 GDP 分解后发现，2023 年拉美地区收入下降导致最终消费、资本形成的经济增长效应不足。同时，对外依赖程度不断提高叠加贸易条件持续恶化导致净出口的经济增长效应为负。2023 年拉美各国经济政策空间仍然有限。主权债务水平有所下降，但仍处于高位，加之外部和内部债务融资成本不断增加，导致财政空间被进一步压缩。在货币政策方面，通胀消退，但拉美各国仍保持紧缩立场，担心一旦降息可能会对本地区资本流动和汇率产生影响。

（一）经济发展趋缓明显

经济呈现渐退式调整。纵观近 20 余年可以看出，拉美与过去 3 次全球性经济危机相伴相随。受每一轮经济危机影响，拉美经济形成了衰退—恢复—调整—再衰退的闭环，且闭环呈现出的经济波动幅度日益剧烈，波谷到波峰的区间从 ［0.4%，6%］［-2.2%，6.1%］扩大至 ［-7%，7.3%］。从全球视角来看，21 世纪前 20 年，拉美地区 GDP 增速始终低于新兴市场和发展中经济体，没有表现出快于世界平均增速的态势，甚至在 2000~2003 年和 2014~2019 年不及发达经济体。新冠疫情引起的全球经济危机使拉美经济陷入百年最大衰退，尽管随后有明显的恢复性增长，但 2023 年经济基本延续 2022 年的下降趋势，而同期发达经济体和世界经济平均降速均有所

---

① 本部分除特别标注外，数据均来源于 ECLAC, *Preliminary Overview of the Economies of Latin America and the Caribbean 2023*, Santiago, 2023。

缓解,新兴市场和发展中经济体的经济增速则略微提升。从区域视角来看,受经济权重的影响,拉美地区经济走势基本与南美洲经济保持同步,中美洲和加勒比地区经济则与拉美整体表现存在部分差异,并且在2020年经济遭受毁灭性冲击后实现了更加强烈的反弹,2021~2023年经济增速均处于拉美地区平均水平之上(见图1)。

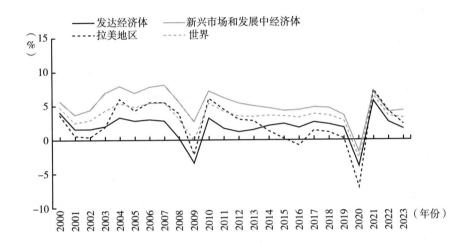

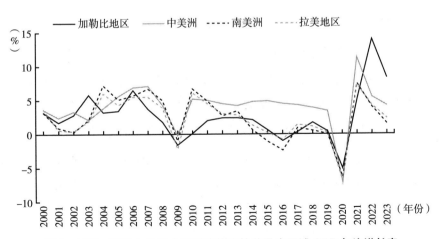

图1　2000~2023年世界主要经济体和拉美及次区域GDP年均增长率

资料来源:IMF,World Economic Outlook Database。

2023 年，拉美地区经济仍保持低增长态势，GDP 增长率约为 2.2%，低于 2022 年的 4%。分区域来看，国际货币基金组织统计数据显示，拉美各次区域经济表现也均不及 2022 年：南美洲 GDP 增长率为 1.5%（2022 年为 4%），中美洲 GDP 增长率为 4.2%（2022 年为 5.5%），加勒比地区 GDP 增长率为 8.3%（2022 年为 14%）。相比总体经济规模，该地区人均 GDP 自 2016 年以来一直在下降，2023 年第二季度仅恢复至 2015 年底水平。根据世界银行发布的最新数据，拉美地区 2023 年全年人均 GDP 增长率为 1.6%，仅为 2022 年一半水平。[①]

经济总量全球占比进一步下降。从图 2 可以看出，1980~2023 年新兴市场和发展中经济体在全球经济总量中的份额由 37.3% 提升至 58.8%，与之相对应的是发达经济体由 62.7% 跌至 41.2%。同期相较亚太地区，拉美地区经济总量占全球比重持续下降，由 1980 年的 12.2% 降至 2023 年的 7.3%（仅高于 2020 年 7.2%），降幅仅次于欧洲（10%）和北美地区（8%），成为新兴市场和发展中经济体中经济总量全球占比下降最大的地区（4.9 个百分点）。

（二）经济增长动力不足

劳动生产率上升缓慢是拉美长期存在的复杂问题。近些年拉美劳动生产率停滞致经济内生增长动力不足。劳动生产率与经济增长密切相关，拉美经委会的统计数据显示，1980 年拉美劳动生产率达到自 1950 年以来的最高水平，但此后长期陷入停滞甚至有所降低。若以 1980 年为基期，1980~2023 年拉美劳动生产率年均下降 0.1%。[②]国际劳工组织在《世界就业和社会展望：2024 年趋势》报告中指出，2015~2023 年拉美劳动生产率

---

① The World Bank, *Global Economic Prospects*, January 2024.

② "Economic Activity in Latin America and the Caribbean Continues to Exhibit a Low Growth Trajectory：ECLAC", The Economic Commission for Latin America and the Caribbean, December 14, 2023, https：//www. cepal. org/en/pressreleases/economic – activity – latin – america – and – caribbean-continues-exhibit-low-growth-trajectory, accessed April 10, 2024.

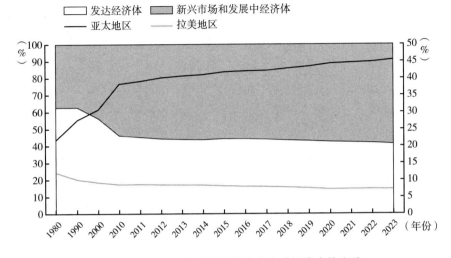

图 2　1980~2023 年主要经济体在全球经济中的比重

注：面积图参照主坐标，折线图参照次坐标。
资料来源：IMF, World Economic Outlook Database。

年均增速有所下降，明显低于加拿大和美国。其中，阿根廷劳动生产率年均降速为 1.7%，墨西哥年均降速为 0.4%，巴西劳动生产率年均增速仅为 0.1%，同期加拿大和美国劳动生产率年均增速分别为 0.4% 和 1%。①如果分别以单位工人产出和单位劳动时间产出来衡量劳动生产率②，那么上述五国 2023 年在全球 189 个国家和地区样本中的排名为美国（5，13）、加拿大（21，26）、阿根廷（64，66）、墨西哥（74，84）以及巴西（83，95）。拉美劳动生产率持续低迷除监管制度、基础设施投资以及税收制度等主要影响因

---

① *World Employment and Social Outlook：Trends 2024*, Geneva：International Labour Office，2024，https：//www.ilo.org/publications/flagship-reports/world-employment-and-social-outlook-trends-2024，accessed April 10，2024.

② 单位劳动时间产出中 GDP 按购买力平价（PPP）衡量（2017 年不变价国际元），单位工人产出中 GDP 以 2015 年不变价美元衡量。

素外，服务业和农村地区长期存在的非正规就业尤其令人担忧。① 同时，小微企业占主导地位，且劳动生产率相比大型、中型企业通常较低，叠加教育和培训质量不高，进一步导致拉美地区劳动生产率上升缓慢甚至停滞或降低。

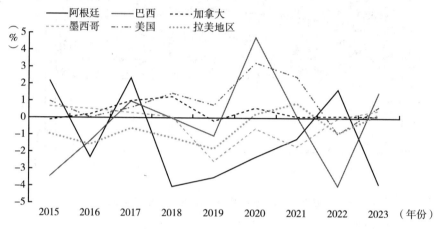

图 3　2015～2023 年拉美地区及主要国家与美国、加拿大劳动生产率

资料来源：ILOSTAT Databases。

收入下降导致最终消费对经济增长的促进作用有限。最终消费是经济增长的主导驱动力，过去 40 余年，拉美最终消费占 GDP 比重始终维持在 70%以上，多数年份对 GDP 增长的贡献率超过投资和净出口。但根据拉美经委会的数据，2023 年第二季度，拉美地区居民消费同比增速较 2022 年低近 5个百分点，连续 5 个季度增速减缓。在可获得 2023 年第二季度数据的 15 个国家中，有 12 个国家的居民消费增长同比放缓。其原因主要在于实际工资购买力下降、信心不足以及在疫情期间家庭储蓄的过度消耗。同时，限制性货币政策进一步限制了居民消费的增长，直接导致需求疲软和信贷流动放

---

① *World Employment and Social Outlook*：*Trends 2023*，Geneva：International Labour Office，2023，https：//www.ilo.org/wcmsp5/groups/public/－－－dgreports/－－－inst/documents/publication/wcms_865332.pdf；*Empleo Informal en la Economía Rural de América Latina 2012-2019*：*Un Panorama y Tendencias Regionales Pre-Pandemia COVID-19*，Lima：OIT，Oficina Regional para América Latina y el Caribe，2021，https：//www.ilo.org/wcmsp5/groups/public/－－－americas/－－－ro-lima/documents/publication/wcms_795313.pdf，accessed April 10，2024.

缓。此外，侨汇收入是影响拉美居民消费的重要因素。截至 2023 年第三季度，拉美主要国家侨汇收入较 2022 年均有所减少。其中，根据拉美经委会公布的数据，在 11 个国家中有 8 个国家的侨汇收入同比下降，包括玻利维亚、巴西、哥伦比亚、洪都拉斯、牙买加、墨西哥、尼加拉瓜以及巴拉圭。政府消费占 GDP 比重受疫情影响在 2020～2022 年先升后降，对经济增长的贡献却跌至 10% 以下。根据官方预测，受经济活动放缓以及部分原材料（尤其是石油、矿物和金属）价格下跌影响，拉美地区政府总收入占 GDP 比重将从 2022 年的 19.3% 下滑至 2023 年的 18.5%，其中税收收入和其他收入占比分别由 3% 和 16.2% 下降至 2.7% 和 15.8%。[①] 尽管 2023 年前 8 个月资本支出和利息支付小幅增加叠加主要经常性支出微降，预计 2023 年拉美政府支出由 2022 年的 21.5% 上升至 21.8%，但如果税收收缩幅度超过预期，政府支出也将随之下调，进而进一步减弱其经济增长效应。

资本形成占比无明显提升，对 GDP 的贡献率跌至近期最低。资本形成通常指一个国家或地区在一定时期内通过投资活动所形成的固定资产和存货的增加，是促进经济增长和发展的重要动力。以支出法测算，资本形成对 GDP 的作用呈现在多方面且特征显著，主要表现在对 GDP 直接和间接的拉动效应，以及通过生产力提升和结构优化实现长期增长效应。新冠疫情导致的全球经济危机使拉美地区资本形成总额跌至自 2006 年以来最低。尽管 2021 年和 2022 年有所恢复，至 2016 年水平（1.1 万亿美元），但同 2012 年和 2013 年最高水平（超 1.3 万亿美元）仍存在明显差距，占 GDP 比重也未显著上升。根据拉美经委会数据，2022 年第一季度至 2023 年第二季度，拉美固定资本形成总额呈现明显的倒"U"形，虽然 2023 年第一季度资本形成总额同比有所增长，但 2023 年第二季度不及 2022 年同期一半。按此趋势，拉美 2023 年资本形成总额占 GDP 的比重将进一步缩小，对经济增长的积极贡献也将维持降低态势。

---

① ECLAC, *Preliminary Overview of the Economies of Latin America and the Caribbean 2023*, Santiago, 2023, pp. 95-101.

表1 2000~2022 年拉美地区实际 GDP 构成及贡献率

单位：%

年份	占 GDP 比重				对 GDP 贡献率			
	居民消费	政府消费	资本形成	货物和服务净出口	居民消费	政府消费	资本形成	货物和服务净出口
2000	62.62	15.04	20.24	2.10	75.26	4.47	26.34	-6.06
2010	65.62	15.55	23.08	-4.25	63.38	9.66	60.33	-33.37
2015	66.67	15.61	20.80	-3.08	-6.35	24.24	-192.22	274.33
2020	66.53	16.69	17.15	-0.37	65.60	5.15	33.51	-4.26
2021	67.40	16.26	18.87	-2.53	79.50	10.34	42.74	-32.57
2022	68.05	15.84	18.56	-2.44	82.57	6.36	11.46	-0.40

资料来源：笔者根据联合国统计司数据计算而得。

　　高对外依存与贸易条件恶化共存。自 20 世纪 80 年代，尤其 90 年代以后，拉美地区出口导向型经济发展模式不断强化，主要表现在货物和服务贸易对外依存度不断提升，2010 年至今基本维持在 50% 以上（见图 4）。2023 年，拉美国际收支经常账户有所改善。受货物贸易顺差增加和服务贸易赤字降低以及经常转移账户保持稳定的综合影响，拉美地区的国际收支经常账户赤字占 GDP 比重为 1.4%，较 2022 年下降 1.2 个百分点。具体而言，商品出口量尽管增长显著，但未能抵消价格下降，导致出口总额下降1%；相比出口，进口总额在贸易量和商品价格双重下降的影响下萎缩6%。综合上述影响，拉美地区货物贸易顺差占 GDP 比重约为 0.6%。此外，2023 年拉美地区的贸易条件预计恶化 2.7%，原因在于商品出口价格下降 5% 的同时，进口价格仅下降 3%。其中，相比中美洲地区，以粮食、能源和矿产为主要出口商品的南美洲国家贸易条件恶化程度高于拉美地区平均水平（下降 4.4%），而中美洲国家多为上述商品的净进口国，贸易条件有所改善（上升 0.9%），加勒比地区贸易条件恶化程度最高，为 -6.5%（见图 4）。

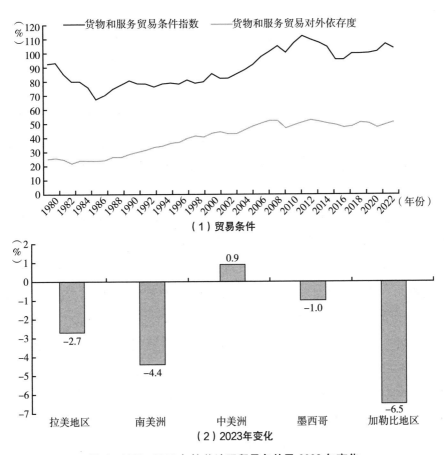

（1）贸易条件

（2）2023年变化

图4 1980~2022年拉美地区贸易条件及2023年变化

注：贸易条件指数以2018＝100为基准。

资料来源：贸易条件指数及变化数据来自联合国拉美经委会，对外依存度由笔者根据联合国统计司数据计算而得。

（三）经济政策空间有限

财政政策空间收紧。2023年拉美地区宏观金融形势更为复杂，财政政策管理难度加大。经济增长不及预期和主要能矿资源的国际价格下降抑制拉美地区总体公共收入增长，其中税收受到的影响尤为严重。与此同时，公共支出的压力依然存在。根据各国官方数据，拉美地区2023年公共支出扭转

2021~2022 年的下降趋势转而上升，整体财政状况也在 2022 年后由盈余转为赤字。此外，国际和国内金融市场的高利率使利息支付增加，特别是多边债权人贷款等外债。其中，加勒比地区尽管公共支出有所减少，但借贷成本不断增加，在一定程度上削弱公共盈余规模的扩大。全球宏观金融环境不断恶化给包括拉美国家在内的新兴市场和发展中经济体公共债务偿还带来较大压力。尽管到 2023 年 9 月拉美地区公共债务有所减少，但仍居高不下。考虑到国内和国际利率相对过高以及税收收入预期下降，整个拉美地区的财政空间将进一步收缩。

货币政策较为谨慎。2023 年拉美地区多数国家核心通货膨胀率延续自 2022 年 6 月的下降趋势。截至 2023 年 9 月拉美地区通货膨胀率已降至 5.2%，较同期下降 3 个百分点。[①] 尽管如此，各国在实施货币宽松政策时仍较为谨慎，不愿采取更具扩张性的货币政策，导致银行利率较高，2023 年名义贷款净额增速继续放缓。究其原因，一方面，2023 年各国通货膨胀率仍高于各自央行设定的目标区间（如巴西、墨西哥、智利、哥伦比亚等国）；另一方面，拉美国家担心与发达国家的利率差距缩小可能对汇率和资本流动产生影响。同时，全球贸易紧张局势、厄尔尼诺现象对能源和粮食等大宗商品价格的影响以及劳动力成本明显上涨等也是不容忽视的因素。在控制通货膨胀和汇率波动的同时，又必须兼顾地区经济增长，这对拉美地区货币政策制定者而言是巨大挑战。

此外，2023 年拉美地区国际储备有所增加。2023 年 9 月国际储备累计余额近 8800 亿美元，与 2022 年整年相比增加约 90 亿美元，同时高于 2018~2019 年疫情前的平均水平（8591 亿美元）。2022 年拉美地区国际储备占 GDP 的比重上升至 14%，在过去 10 年几乎翻了一番。在当前国际燃油价格高度不确定、金融状况持续紧张、全球经济活动低迷、地缘政治紧张局势升级和气候变化影响日益严重的多重背景下，拉美地区的货币政策在管理国际储备方面仍面临重大挑战，外汇、流动性和市场风险在这一领

---

① 不包括长期存在通货膨胀国家的数据，如阿根廷、古巴、海地、苏里南和委内瑞拉。

域发挥重要作用。从这个角度来看，在美元主导、全球通胀、高利率和主权债券收益率上升的情况下，无论是在资产构成方面还是在货币流动性和投资部分，保持外币资产价值尤为重要，这使得拉美地区储备投资组合多元化策略面临考验。

三 社会形势[①]

2023 年拉美地区人口生育率降低叠加人口净外流导致人口结构加速转变，人口抚养比转降为升意味着人口红利转向负债。拉美地区贫困人口虽较疫情期间有所减少，但贫困问题依旧严峻，各地区或国家减贫效果呈现出显著差异。上半年拉美地区就业机会创造进一步放缓，劳动力市场有所改善，且性别差距有所缩小，但相比于发达经济体依然存在较大差距。尽管该区域一些国家工资购买力继续恶化，受益于名义工资上涨和通货膨胀缓解，实际工资和最低工资均有所增加。同时，拉美地区收入不平等现象仍很突出，主要表现在分布人口两端的相对收入差距处于较高水平。

（一）人口结构加速转变

拉美地区正在发生快速的人口结构转变，即生育率和死亡率从高水平转向低水平（甚至非常低）。1960~2022 年，该地区的总和生育率从 5.87 下降到 1.85，预期寿命从 55.2 岁上升到 73.8 岁。这两个主要因素导致拉美人口年龄结构发生显著变化，年龄中位数也因此上升到 2022 年的 30.6 岁。[②]尽管如此，该地区仍然是世界上最年轻的地区之一，人口平均年龄仅高于非洲。此外，鉴于移民对扩大人口规模发挥了重要作用，且往往为年轻群体，移民也是影响人口结构转变不可忽视的关键因素。世界银行和美国人口普查

---

① 本部分除特别标注外，数据均来源于 ECLAC, *Preliminary Overview of the Economies of Latin America and the Caribbean 2023*, Santiago, 2023; ECLAC, *Social Panorama of Latin America and the Caribbean 2023*, Santiago, 2023。

② United Nations, *World Population Prospects*, 2022.

局的数据显示，1980~2023 年拉美地区总体呈现出人口净外流的特征（见图 5）。其中，2023 年哥伦比亚（15.45 万人）、智利（6.27 万人）、秘鲁（2.48 万人）移民净流入数位居前三，而委内瑞拉延续 2022 年态势，移民净流出数仅次于巴西，位居拉美地区第二。同时，美国人口普查局预计 2024~2030 年拉美移民危机将持续，每年净移民数增至 50 万人以上。

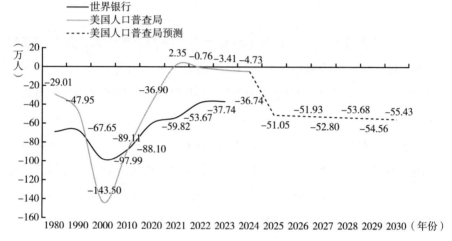

图 5　1980~2023 年拉美地区国际净移民数及 2024~2030 年预测值

注：国际净移民指一年内进入和离开一个国家的移民人数差，若为负表示移民净流出，反之为移民净流入。

资料来源：世界银行、美国人口普查局。

人口红利转向负债。当一个地区或国家的人口抚养比①开始下降（主要是 0~14 岁人口减少）时，可以视为该国进入人口红利期，因为大量劳动年龄人口可以带动经济增长并减少家庭支出；反之当抚养比上升时（主要是 65 岁及以上人口增加），可视为退出人口红利转向人口负债。② 根据世界银行统计数据和联合国发布的《世界人口展望 2022》报告，1960~2050 年拉美地区不论基于哪项基准预测，其 0~14 岁和 65 岁及以上人口与 15~64 岁

---

① 人口抚养比指 0~14 岁和 65 岁及以上人口数与 15~64 岁劳动年龄人口数的比率。

② ECLAC, *Social Panorama of Latin America and the Caribbean 2023*, Santiago, 2023, p. 23.

劳动年龄人口的比率都将在不同时期止降反升，即人口红利期将逐步结束。其中，在低、中、高出生率三种情景下，人口负债期开始的时间分别发生于2036年、2028年以及2023年；若按照当前固定出生率和死亡率作为两种预测情景，那么人口负债期则分别发生在2027年和2035年（见图6）。这意味着不论何种情景，拉美地区未来都将面临人口结构转变带来的人口负债。根据拉美经委会报告，拉美各国人口结构存在较大差异，虽然整个地区的人口红利期预计于2027年结束，但至2022年已有古巴、哥伦比亚、巴西、智利、安提瓜和巴布达、巴巴多斯、哥斯达黎加、圣卢西亚以及苏里南等国完成这一转变。①

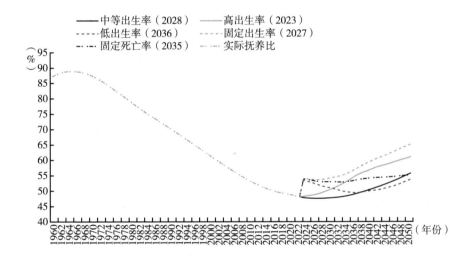

图6 1960~2023年拉美人口抚养比及2024~2050年各情景预测

资料来源：实际抚养比数据来自世界银行，预测数据来自联合国《世界人口展望2022》报告。

（二）贫困改善但进展缓慢

消除贫困被列为联合国《2030年可持续发展议程》17项可持续发展目标中的首项，是实现发展的前提。缺乏获得基本商品和服务的足够收

---

① ECLAC, *Social Panorama of Latin America and the Caribbean 2023*, Santiago, 2023, p. 24.

入是贫困最明显的特征之一，也是将贫困量化的常用标准。拉美经委会将收入低于贫困线的家庭及其成员视为贫困人口。贫困线代表每个家庭满足其所有成员基本需求的收入水平，其中，以能够满足人口营养所需一切食物的价值衡量"极端贫困线"，在此基础上叠加非食物需求的价值即为"贫困线"。①

根据上述衡量方法，1990～2023年，拉美地区贫困显著改善，但进一步根据时间和地区划分后不难看出，拉美30余年减贫成效凸显较大时空异质性。如图7所示，按照时间划分，1990～2014年拉美贫困率由51.2%骤降至27.7%，极端贫困率由15.5%降至7.7%，体现出这一时间段拉美减贫成效显著。2015～2019年贫困持续改善的态势扭转，贫困率和极端贫困率分别增长至30.2%和11.3%。受疫情影响，2020年拉美贫困率和极端贫困率大幅上升至2010年以来最高水平（分别为32.8%和13.2%）。尽管2022年贫困率降低至疫情前水平，但根据拉美经委会的预测，2023年拉美地区贫困人口从2022年的1.81亿人微增至1.83亿人，极端贫困人口从7000万人增长至7200万人，由此导致贫困率和极端贫困率止降反升。贫困状况未能持续改善，表明拉美地区减贫动力不足、进展缓慢。

按照次区域划分，中美洲国家（除洪都拉斯外）和墨西哥减贫效果较为明显，南美洲国家减贫成效分化程度较大。阿根廷、哥伦比亚以及厄瓜多尔三国不论贫困率还是极端贫困率，2022年均高于2014年，与2019年相比并没有发生明显改善甚至有所恶化（哥伦比亚）；巴拉圭、秘鲁和乌拉圭2022年贫困率虽低于2014年，但仍高于2019年水平；巴西贫困率除2021年明显提升外，总体保持相对稳定；智利贫困率虽有所降低，但2022年极端贫困率仍高于2014年。

---

① 每年"极端贫困线"和"贫困线"分别由消费价格指数（CPI）的累计变化来调整，其中"极端贫困线"由食物CPI的变化来调整，而非食物部分则由非食物CPI的变化来调整。

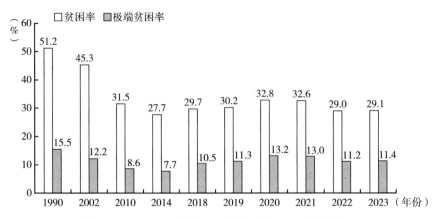

图7 1990~2023年拉美（18国）贫困率与极端贫困率

注：包括阿根廷、委内瑞拉、巴西、智利、哥伦比亚、哥斯达黎加、多米尼加、厄瓜多尔、萨尔瓦多、危地马拉、洪都拉斯、墨西哥、尼加拉瓜、巴拿马、巴拉圭、秘鲁、玻利维亚和乌拉圭。

资料来源：ECLAC，*Social Panorama of Latin America and the Caribbean 2023*，Santiago，2023，p. 56。

表2 2014~2022年拉美主要国家贫困率和极端贫困率

单位：%

地区	国家	贫困率						极端贫困率					
		2014年	2016年	2019年	2020年	2021年	2022年	2014年	2016年	2019年	2020年	2021年	2022年
南美洲	阿根廷	25	21.5	26	33	28.4	30.1	3.4	2.9	3.9	6.2	4	3.9
	玻利维亚	33.7	35.1	31	32.3	29		14.9	16.7	12	13.5	10	
	巴西		20.9	20.2	18.4	24.4	19.6		5.3	5.8	5.1	8.3	5.3
	智利	13.2	10.7		13.9		8.1	1.7	1.4		4.5		2.1
	哥伦比亚	29.9	29.7	30.4	39.8	33.8	34.5	11.2	11.4	12.4	19.2	14.4	16.9
	巴拉圭	22.3	24	19.4	22.3	20.9	21.1	7.7	7.9	6.2	6	6	7.9
	秘鲁	19.5	19.1	15.4	28.4	18.6	17.2	5.1	5.2	3.1	8.6	3.9	3.3
	乌拉圭	4.5	3.6	3	5	4.8	4.4	0.2	0.2	0.1	0.3	0.1	0.3
	厄瓜多尔	23.4	24.3	25.7	30.6	28.6	25.7	5.9	7.5	7.6	10.8	7.6	6.9
	墨西哥		37.6		37.4		28.6		8.5		9.2		6.2

续表

地区	国家	贫困率						极端贫困率					
		2014年	2016年	2019年	2020年	2021年	2022年	2014年	2016年	2019年	2020年	2021年	2022年
中美洲	巴拿马	18.6	16.7	14.6		15.6	14.3	8	7.4	6.6		5.7	6.6
	哥斯达黎加	17.5	16.5	16.5	19.4	17.3	16.6	4.1	4.2	3.4	4	3.7	3.3
	多米尼加	32.9	26.7	19	21.8	22.5	20.4	9.7	7	3.9	5.6	5.2	5.1
	萨尔瓦多	44.6	40.4	30.4	30.8	30.3	29.8	11.7	10.7	5.6	8.3	8.4	8.7
	洪都拉斯	55.4	53.2	52.3		67.8		19.2	18.8	20		34.4	

资料来源：ECLAC, *Social Panorama of Latin America and the Caribbean 2023*, Santiago, 2023, pp. 56-61。

（三）劳动力市场有所改善

就业机会供给疲软。2023年，在经济增长放缓、宏观经济政策空间有限和外部部门低迷的情况下，拉美地区经济提供就业的能力也在减弱，就业人数仅增长1.4%，较2022年的5.4%下降4个百分点。同时，非活跃劳动人口①数量增加1.8%，与之形成鲜明对比的是2021年和2022年非活跃劳动人口分别减少5.9%和1.5%。上述趋势直接使拉美地区劳动参与率由2022年的62.7%下降到2023年的62.5%，并进一步导致该地区失业率下降至6.5%。如果非活跃劳动人口数量持续增加，拉美地区非正规就业水平将不会发生大变化，保持在2023年近48%的水平（平均非正规就业率为47.3%，比2022年上半年低0.5个百分点，比2021年下半年低0.9个百分点）。此外，拉美地区劳动参与率和失业率的内部差距较发达经济体仍然较大。拉美地区劳动参与率内部差距超过20个百分点，而发达经济体仅为10个百分点左右；在失业率方面，拉美地区内部差距约为2.5个百分点，而发达经济体的内部差距低于0.5个百分点。②

性别差距逐步缩小。2023年上半年，拉美地区男性和女性在主要劳动

① 非活跃劳动人口为既没有工作也没有积极寻找工作的人。

② OECD, *OECD Labour Force Statistics 2022*, Paris, 2023.

力市场指标上的差距持续缩小。与 2022 年下半年相比，2023 年上半年拉美地区男性劳动参与率下降 0.4 个百分点（约 74.1%），同期女性劳动参与率仅下降 0.2 个百分点（约 51.8%），男女劳动参与率差距缩小至 22.3 个百分点（为疫情以来最小差距），较 2022 年下半年下降 0.1 个百分点。与此同时，男女劳动失业率差距也有所缩小，从 2022 年上半年的 3 个百分点降至 2023 年上半年的 2.4 个百分点，缩小 0.6 个百分点。其中，女性失业率下降 1.4 个百分点（约 8%），男性失业率下降 0.8 个百分点（约 5.6%）。

工资水平明显改善。截至 2023 年第三季度，根据阿根廷、巴西、智利、墨西哥等 14 个拉美国家平均实际工资数据可以看出，若将 2018 年平均实际工资视为 100，除阿根廷和尼加拉瓜外，其余 12 个国家的平均实际工资均有所增加，原因在于平均名义工资上涨叠加通货膨胀缓解的综合作用。其中，巴西、墨西哥、巴拉圭和乌拉圭的平均实际工资增长超过 3%，墨西哥增长最快，为 6.7% 左右。从实际最低工资来看，同样以 2018 年为基准（=100），2023 年第三季度拉美地区 19 个国家中除萨尔瓦多、海地、巴拿马以及秘鲁外，其余 15 个国家实际最低工资同比实现上涨，其中牙买加和墨西哥增幅最为明显，分别从 107.6 和 158.4 增长至 146.1 和 181.7。

（四）收入不平等水平仍居高位

收入不平等对政治、经济和社会各方面有着巨大影响，因此在拉美地区显得尤为重要。从政治角度看，收入高度不平等可能给政府治理和民主进程带来挑战，并可能影响国家制度的稳定性。[①] 从经济角度看，收入不平等使部分人口获得教育和就业的机会减少，进而阻碍创新和提高生产率。这意味着收入不平等程度越高，经济增长前景越小。此外，收入不平等对总需求以及服务和基础设施投资的分配产生负面影响。[②] 从社会角度看，收入不平等

---

① ECLAC, *Social Panorama of Latin America 2021*, Santiago, 2021.
② ECLAC, *The Inefficiency of Inequality*, Santiago, 2018.

影响不同社会群体之间的动态稳定，并扩大劳动包容、正义观念和社会凝聚力等方面的差距。①

拉美经委会按照人均家庭收入对人口进行排名，并划分为 10 个组群（十分位划分），每个组群的人口数量相同（十分位数），2022 年拉美地区人均家庭收入最高的 10% 人口收入占地区总收入的比重高达 34.6%，而收入最低的 10% 人口收入仅占地区总收入的 1.7%，后者不足前者的 5%。其中洪都拉斯在样本中的收入差距最大，为 1%（最低的 10% 人口收入与最高的 10% 人口收入占比的比值），而多米尼加收入差距最小，为 8.5%（见表3）。此外，世界收入不平等数据库发布的数据显示，2022 年拉美地区底层50% 人口和顶层 10% 人口的收入份额分别为全球最低水平（7.8%）和最高水平（58%），而同期全球平均水平分别为 8% 和 53%。②

表 3　2022 年拉美地区主要国家十分位收入分布及收入不平等程度

国家	各分位收入分布(%)					收入不平等程度				
	最低 10%	20%~ 40%	50%~ 90%	最高 10%	10%~ 40%	帕尔玛 指数	基尼指数			
							2014 年	2019 年	2021 年	2022 年
阿根廷	2.4	15.5	52.8	29.3	17.9	1.64	0.393	0.404	0.391	0.378
玻利维亚	1.6	13.5	54.3	30.6	15.1	2.03				
巴西ᵃ	1.2	10.4	47.8	40.6	11.6	3.50	0.532	0.538	0.537	0.514
智利	1.9	13.2	49.5	35.4	15.1	2.34	0.476	0.462	0.488	0.445
哥伦比亚ᵇ	0.9	8.8	45.8	44.5	9.7	4.59	0.514	0.57	0.569	0.563
巴拉圭	1.5	11.9	50.4	36.2	13.4	2.70	0.522	0.473	0.447	0.471
秘鲁	2	13.8	52.7	31.5	15.8	1.99	0.446	0.429	0.423	0.414
乌拉圭	2.4	14	53.2	30.4	16.4	1.85	0.392	0.392	0.402	0.401
厄瓜多尔	1.9	12.6	51	34.5	14.5	2.38	0.449	0.456	0.466	0.447
墨西哥	2	13.1	50.3	34.6	15.1	2.29	0.491	0.464	0.452	0.441
巴拿马	1.1	10.6	51.5	36.8	11.7	3.15	0.502	0.506	0.519	0.496

---

① ECLAC, *Social Panorama of Latin America and the Caribbean 2023*, Santiago, 2023.

② 数据来源于 World Inequality Database, https：//wid. world/zh/data - cn/#countriestimeseries/ sptinc_p0p50_z/WO/1820/2023/eu/k/p/yearly/s。

续表

国家	各分位收入分布（%）					收入不平等程度				
	最低 10%	20%~ 40%	50%~ 90%	最高 10%	10%~ 40%	帕尔玛 指数	基尼指数			
							2014 年	2019 年	2021 年	2022 年
哥斯达黎加	1.5	11	51.2	36.3	12.5	2.90	0.498	0.495	0.501	0.484
多米尼加	2.5	15	53.2	29.3	17.5	1.67	0.449	0.432	0.395	0.381
萨尔瓦多	1.7	14.1	54.7	29.5	15.8	1.87	0.434	0.406	0.406	0.402
洪都拉斯	0.4	9.2	50.5	39.9	9.6	4.16				
拉美地区ᶜ	1.7	12.4	51.3	34.6	14.1	2.45	0.469	0.464	0.461	0.449

注：a. 2014 年数据根据 2014 年全国住户调查（PNAD）和连续全国住户调查（PNAD Contínua）之间的差异进行了调整，与后面数据具有可比性。b. 2014 年和 2019 年数据因 2021 年更新大型综合住户调查（GEIH）抽样框架而产生的差异进行了调整，以使其与 2021 年和 2022 年的数字具有可比性。c. 简单平均数。

资料来源：ECLAC, *Social Panorama of Latin America and the Caribbean 2023*, Santiago, 2023, pp. 41-42。部分数据由笔者计算而得。

进一步选取基尼系数和帕尔玛指数来衡量收入不平等程度，可以看出，拉美收入不平等程度处于较高水平。[①] 一方面，2014~2022 年拉美地区基尼系数由 0.469 微降至 0.449，但仍然高于国际警戒线 0.4。分国别来看，多数国家基尼系数虽在疫情期间有所恶化，但 2022 年基本降至甚至低于疫情前水平。除哥伦比亚、乌拉圭外，其余国家收入不平等均有所改善，但绝大多数国家（除阿根廷和多米尼加）基尼系数仍高于 0.4。另一方面，由于拉美地区和国家基本满足中等收入群体的收入占总收入比重稳定在 50% 左右

[①] 智利经济学家何塞·加布里埃尔·帕尔玛（José Gabriel Palma）认为，一个国家的收入不平等程度主要取决于低收入者和高收入者之间的分配比例，即 10% 最高收入人口的总收入与 40% 以下低收入人口总收入的比值最能敏感反映出收入分配的变动情况。全球发展中心研究员亚历克斯·科巴姆（Alex Cobham）和安迪·萨姆纳（Andy Sumner）在题为 "Is Inequality All about the Tails？：The Palma Measure of Income Inequality" 的文章中将其命名为"帕尔玛比值"（Palma ratio）。详见 José Gabriel Palma, "Homogeneous Middles vs. Heterogeneous Tails, and the End of the 'Inverted-U'：It's All about the Share of the Rich", *Development and Change*, Vol. 42, No. 1, 2011, pp. 87-153；Alex Cobham, Andy Sumner, "Is Inequality All about the Tails？：The Palma Measure of Income Inequality", *Significance*, Vol. 11, No. 1, 2014, pp. 10-13。

的前提条件，因此，帕尔玛指数可以代表收入不平等的整体水平。2022 年拉美地区帕尔玛指数为 2.45，意味着顶层 10% 人口的收入是底层 40% 人口收入的 2.45 倍，各国处在 [1.64, 4.59] 区间。由此可以看出，不论是拉美地区维度还是国家维度，收入不平等程度均处在较高水平。

四　外交形势

随着世界多极化不断推进，拉美国家越来越不愿被西方国家特别是美国霸权所左右。拉美国家对外以多元外交维护地区利益，加强与全球南方国家合作，维护多边秩序，促进可持续发展；对内进一步团结域内国家，积极推进地区一体化进程。但拉美部分国家因领导人意识形态、政策主张或者领土争端而关系恶化，拉美地区的团结受挫。中拉关系在元首外交引领下快速提升，双方在贸易和金融等领域合作进一步发展。以上凸显出拉美国家在对外关系中寻求独立自主、提高国际地位和影响力，以更加务实和积极的态度应对国际格局深刻调整，探索新发展方向。

（一）对外坚持多元外交

反对干涉呼声愈加强烈。2023 年，拉美自主意识不断提升，对美国相关干涉和管制的言行举止予以主动回击及抵制。1 月，墨西哥总统安德烈斯·曼努埃尔·洛佩斯·奥夫拉多尔（Andrés Manuel López Obrador）在北美领导人峰会上呼吁美国政府结束持续 200 年的"门罗主义"及其干涉主义政策，希望推动美洲大陆所有国家的团结与经济一体化，促进地区国家共同发展。5 月，巴西总统卢拉在参加七国集团峰会时批评美国为乌克兰提供军援，称美方此举无助于和平解决乌克兰危机，乌克兰危机应在联合国框架下讨论，而非七国集团。① 对于拉美部分国家而言，移民问题始终难以回

---

① 《巴西总统："重演冷战将是愚蠢的"，乌克兰危机应在联合国框架下解决》，新华网，2023 年 5 月 22 日，http：//www.news.cn/world/2023-05/22/c_1129636611.htm，最后访问日期：2024 年 5 月 20 日。

避。2023 年美国多次改变其移民政策，却将原因归为拉美国家管控不力，这种单边做法遭到拉美多国反对。9 月在古巴举行的"77 国集团和中国"峰会通过《哈瓦那宣言》，反对对发展中国家实施单方面制裁，敦促美国结束对古巴、委内瑞拉等国的非法制裁，呼吁发展中国家团结争取发展权益。① 10 月 22 日，墨西哥、委内瑞拉、古巴、洪都拉斯、哥伦比亚等国领导人就移民问题达成一致，要求美国停止对地区国家实施"单边强制措施"，同时敦促美国解除对古巴和委内瑞拉的制裁。②

积极参与全球治理。拉美国家始终是推动全球治理体系改革和建设的积极参与者，不仅关注经贸、安全等传统议题，而且聚焦数字经济、公共卫生等新兴领域。2023 年 8 月，卢拉在参加金砖国家峰会时强调应考虑开发共同货币，以摆脱对美元的依赖，并积极支持金砖扩容。面对阿根廷的债务问题，拉美多国支持阿根廷进行债务重组，批评国际货币基金组织主导的援助模式。中美洲和加勒比地区的脆弱经济体提出，应以"脆弱指数"取代目前的人均收入作为开展国际援助的标准。③ 9 月，卢拉在第 78 届联合国大会一般性辩论上发言，对日益加剧的全球不平等表示遗憾，并明确批评发达国家在气候变化领域没有尽到责任，强调巴西在全球南方国家中带头开展气候变化外交中发挥的作用。中美洲和加勒比国家希望通过改革现有机制获得更多补偿资金。阿根廷、古巴、哥伦比亚等国总统也在会上坚持奉行多边主义，反对外部干涉，将国际金融治理、应对气候变化、保障粮食安全等领域作为重点利益关切。同时，"77 国集团和中国"峰会上通过的《哈瓦那宣言》呼吁全面改革国际金融结构，构建更包容、协调的全球经济治理格局。④

平衡推进务实合作。7 月，欧盟与拉美和加勒比国家共同体（以下简称

① 《"77 国集团和中国"峰会通过〈哈瓦那宣言〉》，《人民日报》2023 年 9 月 18 日，第 2 版。
② 《拉美：反对干涉，推进联合自强》，新华每日电讯，2023 年 12 月 27 日，http://www.news.cn/mrdx/2023-12/27/c_1310757552.htm，最后访问日期：2024 年 5 月 21 日。
③ 宋均营：《拉美：在自主变革中求索发展道路》，《光明日报》2023 年 12 月 26 日，第 9 版。
④ 《"77 国集团和中国"峰会通过〈哈瓦那宣言〉》，《人民日报》2023 年 9 月 18 日，第 2 版。

"拉共体")在比利时布鲁塞尔举行第三届首脑峰会,会后发布《2023年拉共体-欧盟峰会宣言》和《2023~2025年拉共体-欧盟路线图》,宣布启动"欧盟-拉共体全球门户投资计划",并发表《欧盟-拉美数字联盟联合声明》,在公平绿色转型、包容性数字转型、人类发展及健康复原力和疫苗等领域加强合作。① 欧盟希望通过此次峰会就俄乌局势相关问题发表联合声明,但拉共体支持通过对话解决,认为此次峰会并不适合讨论该问题。11月,美国主办首届"美洲经济繁荣伙伴关系"(APEP)领导人峰会,墨西哥、哥伦比亚、智利等拉美多国领导人和高级官员出席会议,围绕供应链、移民和可持续发展等议题展开讨论。会后发布的联合声明指出,各国将在外交、金融和贸易三个领域开展合作。此外,拉美主要国家总体延续多元取向,兼顾"东西"战略平衡。在亚太经合组织、二十国集团以及金砖国家等多边框架下,拉美与亚洲国家积极建立对话机制,推动经贸合作。同时,墨西哥、智利和秘鲁也通过《全面与进步跨太平洋伙伴关系协定》(CPTPP)更好地融入亚太经济圈。2024年,秘鲁第3次担任亚太经合组织轮值主席国,会前,在贸易和投资方面,秘鲁提出更新亚太自由贸易区(FTAAP)的愿景,除传统贸易问题外,还要考虑包容性、弹性、连通性和可持续性等问题,以及强化基于规则的多边贸易体系。② 经过4年多的密集谈判,2023年12月8日,南方共同市场时隔12年与新加坡正式签署自贸协定,这是其与东南亚国家签署的第一份协定,将扩大贸易流动并改善投资条件,主要涉及关税减免、市场准入以及合作领域等方面。此外,南方共同市场也更加重视与欧盟的谈判,并重申愿意在2024年下半年与欧盟达成一项双方平衡且互利的协议。同时,南方共同市场也在与日本、韩国、越南等亚

---

① 《欧盟与拉共体举行第三次峰会》,中华人民共和国驻欧盟使团经济商务处网站,http://eu. mofcom. gov. cn/article/jmxw/202307/20230703423150. shtml,最后访问日期:2024年5月21日;中国社会科学院国际研究学部编《中国社会科学院国际形势报告(2024)》,社会科学文献出版社,2024,第230页。

② "Peru Spotlights Social Dimension for Its APEC 2024 Priorities", APEC, December 6, 2023, https://www. apec. org/press/news-releases/2023/peru-spotlights-social-dimension-for-its-apec-2024-priorities, accessed May 21, 2024.

洲国家推进自贸协定谈判或可行性研究。

坚决反对军事冲突。拉美国家奉行和平外交政策，坚决反对地缘政治冲突、军事对抗。乌克兰危机爆发后，拉美多数国家表达了中立立场，拒绝追随美国谴责或制裁俄罗斯。巴以冲突爆发后，大多数拉美国家对以色列的无差别攻击表示不满。玻利维亚率先宣布与以色列断交，成为该事件发生后第一个与以色列断交的国家。智利、哥伦比亚、洪都拉斯等国纷纷宣布召回驻以大使。①

（二）内部团结喜忧参半

一体化进程取得显著进展。巴西政府接连宣布重返拉共体和南美国家联盟，彰显拉美地区追求团结的强烈意愿。卢拉上任不到一个月就先后访问阿根廷和乌拉圭，并将"区域经济合作"议题摆在首要位置。2023 年 1 月，拉共体第七届峰会召开，拉美国家积极加强地区团结、加快推动区域一体化以及反对外部霸权干涉，部分国家在峰会上宣布研究发行南美洲共同货币、制定经济改革共同纲领以及推出"2025 年拉共体粮食安全和零饥饿计划"。② 5 月，南美国家领导人会议签署《巴西利亚共识》，决定加强区域合作，重启中断了多年的区域一体化进程。卢拉呼吁复苏南美国家联盟，创立南美洲共同货币，摆脱对美元的依赖。随后，巴西开发银行、拉美开发银行以及美洲开发银行等多家金融机构共同设立一项规模 100 亿美元的基金，用于支持南美洲国家基础设施一体化建设。③ 8 月，卢拉在帕拉州首府贝伦市主持召开亚马孙地区八国峰会，会议通过《贝伦宣言》，就缩小亚马孙雨林砍伐规模、设置金融机制促进亚马孙地区可持续发展、在《亚马孙合作条

① 曹廷：《拉美地区：政经困局犹存，对华合作提升》，载《动荡与变革：复旦国际战略报告2023》，复旦大学国际问题研究院，2024 年 1 月。
② 王飞、吕洋：《拉美新一轮经济改革及其前景》，《现代国际关系》2023 年第 10 期，第 72～91、147 页。
③ 《拉美金融机构将设立 100 亿美元基金助推地区基础设施一体化》，新华网，2023 年 12 月 8 日，http：//www. news. cn/2023-12/08/c_1130016270. htm，最后访问日期：2024 年 5 月 22 日。

约》框架下设立多个跨国合作机制等达成共识。① 12月7日，卢拉在里约热内卢主持召开南方共同市场第63届峰会，在改进内部机制、提高区域经济一体化和透明度方面通过了一系列政策协议，并接纳玻利维亚为正式成员国。

部分国家矛盾激化。2023年11月19日，阿根廷极右翼总统候选人米莱在第二轮选举中赢得大选，并于12月10日正式就职。此前，卢拉曾明确对米莱的竞争对手塞尔希奥·马萨（Sergio Massa）表示支持，并要求阿根廷人在投票时考虑拉美区域一体化的未来。因此，米莱曾在竞选过程中批评卢拉，这使两国关系遭受破坏。从意识形态角度来看，米莱和卢拉之间的对立关系恰似两国前任，自米莱竞选至就任后，双方相互的言行回应显示出深刻分歧。从经济主张来看，米莱强调自由市场原则，其经济政策可能推动南方共同市场内部的贸易实践更加自由化。同时，米莱倡导的私有化、自由化以及更为自由放任的经济治理方式也可能导致南方共同市场成员国内部权力结构重构，若单边经济决策或优先考虑双边协议而非区域承诺，南方共同市场凝聚力将受到削弱，与巴西势必发生对抗。从总体外交政策来看，米莱政府对传统区域经济集团持批判态度，将南方共同市场视为一个"有缺陷的关税同盟"，并曾声言退出南方共同市场，这种立场显然与卢拉政府加强南方共同市场凝聚力和影响力，推动拉美区域合作的意愿相左。从处理全球事务角度来看，米莱与卢拉存在显著差异。米莱专注于阿根廷主权利益和经济优先事项，可能会导致阿根廷与巴西基于不同立场而采取不同方式处理全球事务，这显然不利于双方关系。由此可见，阿根廷和巴西作为拉美地区典型大国，若双方矛盾无法缓和，正如卢拉在米莱上任后表示"双方只需维持正常国与国关系即可"那样，拉美地区的团结将受此影响面临停滞甚至分化。此外，2023年12月，委内瑞拉与圭亚那就埃塞奎博地区的领土主权争端不断激化，两国军队进入戒备状态。随后，南方共同市场发表声明，警告双方不要采取"单边行动"，以免"制造额外的紧张局势"，拉美各国"敦

① 《汇聚多方合力 守护"地球之肺"》，《人民日报》2023年8月11日，第15版。

促双方通过谈判寻求和平途径解决争议”。随后双方总统在圣文森特和格林纳丁斯举行会晤，就两国领土争端问题展开对话，并达成部分和平协议。①

（三）中拉关系不断提升

中拉高层交往频繁。2023 年 1 月 24 日，习近平主席在向拉共体第七届峰会做视频致辞时强调，中方一贯支持拉美和加勒比地区一体化进程，高度重视发展同拉共体关系，将拉共体视为巩固发展中国家团结、推动南南合作的重要伙伴。② 3 月 26 日，中国与洪都拉斯签署《中华人民共和国和洪都拉斯共和国关于建立外交关系的联合公报》，相互承认并建立大使级外交关系，随后 6 月洪都拉斯总统访华。③ 2023 年 4～10 月，阿根廷、智利、巴西、委内瑞拉、哥伦比亚、乌拉圭等多国领导人先后访华，凸显出拉美国家对发展对华关系的积极愿望。其中，阿根廷和智利总统应邀参加 10 月在北京举行的第三届“一带一路”国际合作高峰论坛；中巴签署《中华人民共和国和巴西联邦共和国关于深化全面战略伙伴关系的联合声明》；中委关系提升为全天候战略伙伴关系，中哥关系提升为战略伙伴关系，中乌关系提升为全面战略伙伴关系；多国领导人希望与中国开展务实合作，加强中拉治国理政经验交流和在全球治理体系下的合作。

中拉贸易再创新高。④ 从规模来看，2023 年，中拉双边贸易再创历史新高，达 4890 亿美元，较 2022 年增长 1.1%。其中中国向拉美出口贸易额约为 2451 亿美元，同比下降 2.4%；中国自拉美进口贸易额约为 2440

---

① 《委内瑞拉和圭亚那总统会晤并达成部分和平协议》，新华网，2023 年 12 月 15 日，http://www.news.cn/world/2023-12/15/c_1130028737.htm，最后访问日期：2024 年 5 月 22 日。

② 《习近平向拉美和加勒比国家共同体第七届峰会合作视频致辞》，新华网，2023 年 1 月 25 日，http://www.news.cn/politics/leaders/2023-01/25/c_1129311146.htm，最后访问日期：2024 年 5 月 22 日。

③ 《中华人民共和国和洪都拉斯共和国建立外交关系》，新华网，2023 年 3 月 26 日，http://www.news.cn/world/2023-03/26/c_1129465403.htm；《洪都拉斯总统卡斯特罗抵达上海开始访华》，新华网，2023 年 6 月 9 日，http://www.xinhuanet.com/2023-06/09/c_1129681305.htm，最后访问日期：2024 年 5 月 22 日。

④ 数据来自中国海关和笔者根据官方数据的计算，数据截至 2024 年 5 月。

亿美元，同比上升 4.9%。从结构来看，中拉贸易总额占中国与全球贸易总额的 8.24%，其中对拉出口额和自拉进口额分别占中国总出口额和总进口额的 7.25% 和 9.54%，较 2022 年分别提升 0.49 个、0.15 个以及 0.94 个百分点。作为巴西连续 14 年最大的贸易伙伴，中国 2023 年自巴西进口额达 1057.5 亿美元，增长 16.5%，出口额达 539.2 亿美元，下降 12.4%，中国对巴西外贸顺差的贡献率高达 52.4%。[①] 5 月和 8 月中国先后与厄瓜多尔和尼加拉瓜签署自贸协定，此举将进一步提高中国与拉美国家贸易自由化和贸易便利化水平，激发双方投资贸易合作潜力，为务实合作开创更加广阔的前景。

中拉金融合作取得进展。以巴西、阿根廷和玻利维亚为代表的拉美国家纷纷宣布使用人民币进行贸易结算。此外，阿根廷还使用人民币支付国际货币基金组织的到期债务，希望通过多样化的货币组合打破美元霸权，以此缓解美联储货币政策带来的冲击。2023 年 2 月，中国人民银行与巴西中央银行签署了在巴西建立人民币清算安排的合作备忘录，有助于两国企业和金融机构使用人民币进行跨境交易，进一步促进双边贸易、投资便利化。[②] 阿根廷经济部也宣布，自 2023 年 5 月起，阿根廷自华进口将使用人民币结算。同时阿根廷央行也批准该国金融机构开设人民币储蓄账户。[③] 玻利维亚经济财政部披露，2023 年 5~7 月，玻利维亚人民币交易金额达 2.78 亿元，占该国对外贸易总额的 10%，玻利维亚还努力推动在该国设立中资银行。[④]

① 《2023 年中国对巴西外贸顺差贡献率超 50%，未来中巴贸易仍有很大增长空间》，21 世纪经济报道官方网站，2024 年 1 月 11 日，https://www.21jingji.com/article/20240111/herald/9e90aaccedae716071f308e599e61101.html，最后访问日期：2024 年 5 月 25 日。
② 《中国人民银行与巴西中央银行签署在巴西建立人民币清算安排的合作备忘录》，新华网，2023 年 2 月 7 日，http://www.news.cn/world/2023-02/07/c_1129345754.htm，最后访问日期：2024 年 5 月 25 日。
③ 中国社会科学院国际研究学部编《中国社会科学院国际形势报告（2024）》，社会科学文献出版社，2024，第 233~234 页。
④ 王飞、吕洋：《拉美新一轮经济改革及其前景》，《现代国际关系》2023 年第 10 期，第 72~91、147 页。

结　语

《2019 年拉丁美洲经济展望：转型发展》中指出，自 21 世纪初以来，拉美地区各个国家的宏观经济状况总体改善，民众生活水平明显提高，贫困和不平等问题有所缓解。然而，结构脆弱性长期存在，该地区正面临日益复杂的多维挑战，包括生产力、社会脆弱性、体制和环境四个发展陷阱（统称为"新发展陷阱"）。[①] 以 2014 年为界的前后 10 年，拉美地区经历了由大宗商品繁荣带来的快速经济增长，向地区结构性矛盾凸显导致经济逐步衰退的转变，由此出现拉美再陷"失去的 10 年"的讨论。受全球变局动荡及新冠疫情等影响，拉美经济遭遇百年最大衰退后"恢复性"复苏。2024 年，拉美地区将面临更加复杂多变的内外风险与机遇。

政治生态将在"左右"间摇摆且频率加快。萨尔瓦多、巴拿马、多米尼加共和国、墨西哥、乌拉圭、委内瑞拉和海地 7 国都处在政权两极分化、经济增长动力不足、社会矛盾日益加深以及突发事件导致各项危机不断加剧的混乱情境之中。纵观近些年拉美总统选举结果可以发现，"左右"钟摆态势并非取决于选民的意识形态，而是人们对现任政府不满的"极端性求变"。因此，2024 年，上述拉美 7 国在选举结束后无论是执政党继续执政还是政权轮替，都离不开解决本国经济困境、缓解社会矛盾以及维护国家安全等关键问题。

经济表现难有快速复苏之力。2024 年不断上升的地缘政治风险推动全球供应链转移。尽管上述转移尚未完成，但拉美部分国家已经开始利用其给自身发展带来的优势。其中，墨西哥将成为这一趋势的最大受益者，巴拿马和哥斯达黎加等国也将从共建区域半导体供应链的努力中受益。关键矿产开发项目以及各种大型基础设施建设项目是 2024 年推动拉美地区各国经济增长的重要动力，但投资者对政策连续性和营商环境相关的长期担忧将使投资

---

① OECD et al., *Latin American Economic Outlook 2019：Development in Transition*，Pair，2019.

低于潜在水平。然而，国际经济环境不确定性上升导致全球贸易受阻，拉美主要贸易和投资伙伴需求也将降低，势必抑制拉美优势产品出口，从而拖累该地区的增长前景，如 2023 年美国近岸外包推动的投资热潮可能会因为美国经济增长放缓而"降温"。

气候变化导致自然灾害成为影响拉美经济复苏的重要因素。厄尔尼诺现象是 2024 年拉美地区经济面临的一项重大风险。厄尔尼诺现象使拉美部分地区面临极端气候，若严重程度超出预期，可能大幅推高通胀压力，影响农业产量，危及能矿开发，并扰乱部分区域的河道和运河运输。

社会矛盾难以在短期内解决。受到政权更迭和经济复苏乏力的综合影响，拉美长期存在的减贫效果不佳、收入分配不均、就业机会创造疲软、极端事件爆发的可能性进一步提升。

拉美"大年"将提供有利外部动力。2024 年，二十国集团和亚太经合组织都进入"拉美时间"。二十国集团领导人峰会和亚太经合组织领导人非正式会议先后在巴西和秘鲁举行。巴西总统卢拉积极寻求全球关注，但在全球博弈日益紧张的情势下，巴西制定外交政策面临巨大挑战。2024 年秘鲁第三次担任亚太经合组织轮值主席国，秘鲁借此机会吸引期待已久的私人投资，进而推动秘鲁经济发展。

同时，中拉合作也迎来"大年"。2024 年，中国-拉美和加勒比国家共同体论坛部长级会议（简称"中国-拉共体论坛"）迎来十周年，并举行中国-拉共体论坛第四届部长级会议。在当前世界经济复苏乏力、国际形势动荡加剧的背景下，中拉双方将继续增强中国-拉共体论坛的带动效应，并在战略对接、经贸交往、科技交流等领域拓展高水平互利合作，为推动现代化发展交融互促注入更多稳定性与推动力。此外，2024 年是中国和巴西建交50 周年。巴西是首个同中国建立战略伙伴关系的发展中国家和首个将双边关系提升为全面战略伙伴关系的拉美大国，以二十国集团领导人里约峰会为契机，中巴加强高层交往，为两国拉长合作清单，为双边关系注入强劲动力，引领中巴友好合作迈向前景更加广阔的下一个 50 年。

2023 年，拉美政治生态动荡、经济增长低迷以及社会矛盾加剧凸显拉美国家发展过程中各领域的脆弱性。新一轮"失去的 10 年"已成不争的事实，如何摆脱"新发展陷阱"则成为当前拉美更需探讨的议题。拉美地区只有进一步通过政治、经济和社会改革兼顾体制、生产以及社会三个领域的良性互动，真正探索适合自身发展转型的路径，并在全球变局中通过维护好地区团结和凝聚力应对外部冲击，与域外合作伙伴构建利益共同体寻找外部动力，方能跨越"新发展陷阱"，实现可持续发展。

（刘维广　审读）

分 报 告

Y.2
2023~2024年拉美政治形势：
左翼夺得地区政治主导权，极右翼抬头

杨建民 *

摘　要： 2023~2024年，拉美一些国家举行选举，在新一轮左翼浪潮兴起的同时，极右翼在阿根廷选举中获胜，挑战拉美左翼20多年来的发展模式。拉美政治形势在总体保持稳定的同时，局部政治社会危机呈现加剧态势。秘鲁左翼总统被弹劾下台，厄瓜多尔传统右翼在提前举行的大选中获胜。拉美左翼继续联合自强，积极推动地区一体化进程，尤其是巴西左翼重新执政为拉美一体化提供了新的契机。2024年拉美地区有6个国家举行大选，但选举结果不会根本改变现有的地区政治版图，墨西哥左翼政权的巩固和阿根廷极右翼的崛起预示发展模式的竞争逐渐成为地区政治竞争的重要内容。

关键词： 拉美地区　选举　政治危机　地区一体化　发展模式

---

* 杨建民，中国社会科学院拉丁美洲研究所研究员，马克思主义理论与拉美政治研究室主任，主要研究方向为拉美政治。

2023年1月1日，左翼劳工党领袖卢拉宣誓就任巴西总统，标志进入21世纪以来拉美新一轮左翼浪潮达到高潮，不仅在领土面积和人口方面超过1999年开始的"粉红浪潮"，左翼执政扩大到墨西哥和哥伦比亚等右翼长期执政国家，而且左翼再度夺得地区政治的主导权。2023年11月，阿根廷极右翼米莱当选总统，以"无政府资本主义者"姿态实行"休克疗法"，在国际上倒向西方，彻底推翻10多年来阿根廷左翼执政的模式，希望通过实行经典的自由主义渡过危机，在发展模式上与左翼的替代模式分道扬镳，也对地区外交形成新的挑战。

一 一些国家举行选举，阿根廷极右翼崛起

2023年2月，厄瓜多尔举行了地方选举。原主权祖国联盟运动科雷亚派的公民革命运动党在地方选举中成为最大赢家。2023年5月，拉索因涉嫌挪用公款遭到弹劾，便以"严重政治危机和内乱"为由解散议会，宣布提前举行大选。2023年8月20日，厄瓜多尔举行首轮总统选举和议会选举，选出总统、副总统以及137名议员，任期至2025年。公民革命运动党在议会成为第一大党，获得议会多数席位。这是厄瓜多尔首次在紧急状态下举行大选，执行安保工作的武装部队和警察超过10万人。此外，为确保选举公开透明，超过2300名观察员共同监督选举流程。2023年10月15日，厄瓜多尔总统选举举行第二轮投票，奉行保守主义和经济自由主义的中右翼国家民主行动党候选人丹尼尔·诺沃亚（Daniel Noboa）当选总统。[①] 2023年11月23日，诺沃亚总统宣誓就职，将完成拉索政府剩余任期至2025年5月。

2023年4月30日，巴拉圭举行大选，全国共和联盟（红党）候选人圣地亚哥·培尼亚（Santiago Peña）战胜真正激进自由党（蓝党）候选人、该党主席埃弗拉因·阿莱格雷获得42.75%的选票当选总统。巴拉圭总统选举

---

① "Noboa Triumphs but Correísmo Controls Congress", LatinNews, October 19, 2023, https：//latinnews.com/component/k2/item/99005.html, accessed March 31, 2024.

为一轮投票制，赢得简单多数票者即当选新总统。同年 8 月 15 日，培尼亚正式就职，执政至 2028 年 8 月。巴拉圭红党不仅在参众两院都占据了多数席位，而且成为拉美地区在新冠疫情后第一个保住执政地位的政党。①

危地马拉于 2023 年 6 月 25 日举行大选，左翼 70 年来首次执政。总统选举中，中左翼全国希望联盟候选人桑德拉·托雷斯（Sandra Torres）和中左翼种子运动党候选人贝尔纳多·阿雷瓦洛·德莱昂（Bernardo Arévalo de León）的得票率位列前两名。由于在第一轮投票中没有候选人获得高于 50%的选票，得票最多的 2 名候选人进入 2023 年 8 月 20 日举行的第二轮角逐。最终贝尔纳多·阿雷瓦洛以较大优势战胜桑德拉·托雷斯当选总统。种子运动党在 2015 年危地马拉反腐败游行中诞生，推动了时任总统佩雷斯·莫利纳下台。贝尔纳多·阿雷瓦洛是种子运动党的创始人之一，利用社交网络吸引了年轻人的投票。危地马拉在 1945～1954 年曾经历两次左翼政府。贝尔纳多·阿雷瓦洛的父亲阿雷瓦洛·贝尔梅霍曾在 1944 年领导社会革命，1945 年成为危地马拉历史上首位民选总统，其在执政期间（1945～1951 年）遭遇了 30 多次未遂政变。贝尔梅霍推动帮助贫困人口的改革，自称"精神上的社会主义者"，被危地马拉的右翼称为"共产主义者"。②

危地马拉多位总统候选人谴责执政党前进党收买选票，选举缺乏透明度，要求时任总统亚力杭德罗·贾马特兑现尊重选举结果的承诺。在首轮总统选举中，无效选票率高达 17%，空白票率为 7%，40%的选民没有参与投票，这意味着危地马拉近 2/3 的选民选择不投票给任何一位候选人，体现出危地马拉民众对腐朽的"民主政治"的强烈不满。贝尔纳多·阿雷瓦洛在总统选举中属于异军突起的"黑马"，他在首轮投票前的民调中仅排名第 8位，在首轮投票中跃升至第 2 名，在第二轮投票中则取得胜利。

① "Paraguay: Colorados Cement Control", *LatinNews Daily*, May 2, 2023.

② "Bernardo Arévalo's Unexpected Victory Brings Guatemala Another Democratic Spring", The Nation, August 22, 2023, https://www.thenation.com/article/world/bernardo-arevalo-guatemala-election/.

2023年8月13日，阿根廷全国大选举行初选，5个党派和政党联盟推举的总统候选人获得法定得票率，参加2023年10月22日举行的正式总统选举。在初选中，极右翼自由前进运动推举的总统候选人、国会众议员哈维尔·米莱的得票率领先。执政党联盟祖国联盟总统候选人、经济部长塞尔希奥·马萨（Sergio Massa），在野党联盟共谋变革联盟的总统候选人、前国家安全部长帕特里夏·布里奇（Patricia Bullrich）分列第二位和第三位。2023年10月22日，阿根廷进行全国首轮选举，左翼执政党庇隆主义政党组建的祖国联盟候选人马萨逆转获得最高得票率，极右翼自由前进运动候选人米莱位居第二，中右翼共谋变革联盟候选人布里奇被淘汰出局。首轮总统选举再度体现了庇隆主义政党的强大影响力。首轮选举后，祖国联盟在总数257个议席的众议院占据108个席位，较上届减少了10个议席；米莱所在的自由前进运动在众议院的席位则大幅增加，由3席增加到38席。① 2023年11月19日，在第二轮总统选举中，米莱以超过10个百分点的优势战胜马萨，2023年12月10日就职，任期至2027年12月10日。阿根廷极右翼崛起。

二 拉美政治形势总体稳定，但局部政治社会危机加剧

2022年和2023年，拉美国家已经走出疫情的阴霾，左翼在智利、哥伦比亚和巴西等主要国家获得选举的胜利，新一轮左翼运动进入高潮。左翼执政国家普遍重视民生、恢复经济，总体的政治形势保持稳定，但一些国家左右翼政治斗争激烈，政治社会矛盾加剧，甚至爆发危机。

（一）秘鲁左翼总统被弹劾下台，临时政府决定提前举行大选

2022年12月7日，秘鲁前总统卡斯蒂略因发动"自我政变"而被弹劾下台，依据宪法，原副总统博鲁阿尔特接任总统，成为该国历史上首位女总

---

① "Argentina：Massa Defies Polls to Win First Round", *LatinNews Daily*, October 23, 2023.

统。政治乱局引发了社会动荡，秘鲁多地爆发了抗议活动，要求释放被判处18个月"预防性监禁"的卡斯蒂略、罢免新总统博鲁阿尔特、提前举行大选、关闭国会、成立制宪大会以制定新宪法。抗议中的暴力事件层出不穷，示威者不仅封锁道路、破坏发电站和天然气管道等基础设施，甚至还同执法人员发生了激烈冲突，造成人员伤亡。

暴力抗议活动引发的多米诺骨牌效应波及秘鲁与相关国家的关系，甚至会进一步破坏拉美左翼国家的团结。2022年12月12日，墨西哥、玻利维亚、阿根廷和哥伦比亚四国政府发表联合声明支持卡斯蒂略的"自我政变"，指出其就任总统后不断遭受政治迫害。墨西哥总统洛佩斯和玻利维亚前总统、执政党主席莫拉莱斯更是直接声援卡斯蒂略。洛佩斯不仅称他是"经济和政治精英"的受害者，还为其妻子和两个未成年子女提供了政治庇护。

秘鲁政府召回了驻上述四国大使，采取了一系列措施来应对上述国家"干涉内政"的行径。2022年12月20日，博鲁阿尔特政府决定驱逐墨西哥大使。12月底，秘鲁国会通过了一项动议，指责墨西哥总统洛佩斯和哥伦比亚总统佩特罗干涉秘鲁内政。2023年1月9日，秘鲁内政部通过国家移民监管局发文禁止玻利维亚前任总统莫拉莱斯及该国另外8名公民入境。

博鲁阿尔特总统重视技术官僚和男女平权，同时将发展经济放在重要位置。在新一届19人的内阁中，技术官僚占多数且有8名女性部长。此外，博鲁阿尔特总统顺应民意，把大选提前到2024年举行。

（二）厄瓜多尔政治社会危机加剧，传统右翼在提前举行的大选中获胜

2023年初以来，厄瓜多尔经历着严峻的政治社会危机。2023年2月，厄瓜多尔举行地方选举，针对总统吉列尔莫·拉索提出的宪法改革举行全民公投。在地方选举中，支持前总统拉斐尔·科雷亚的反对派公民革命运动党成为最大赢家，而拉索总统主张的改革司法机构、减少国民代表大会（国会）议席、加强军警合作等议案未获宪法公投通过。拉索本想借助地方选举和公投来巩固权力，结果却适得其反，政府已逐渐丧失"政治能力"。5

月，拉索解散国会，并宣布提前举行大选。

2023 年 8 月 9 日，厄瓜多尔建设运动党总统候选人费尔南多·比利亚维森西奥（Fernando Villavicencio）在街头遇刺身亡，拉索总统随即宣布全国进入为期 60 天的紧急状态，厄瓜多尔政治社会危机达到高潮。[①] 在 8 月 20 日大选初选中脱颖而出的公民革命运动党候选人路易莎·冈萨雷斯和来自右翼国家民主行动党的候选人丹尼尔·诺沃亚均将"维稳"视为未来执政的重点。需要强调的是，大选首轮投票率超过 82%，说明广大民众迫切希望通过选举找到一位能够平息当前政治社会危机的"救世主"。

2023 年 5 月政治危机加剧后，厄瓜多尔有多位政治人物惨遭杀害。埃斯梅拉达斯省议员海罗·奥拉亚、国会议员候选人里德·桑切斯、曼塔市市长阿古斯丁·因特里亚戈、杜兰市土地局局长米格尔·桑托斯等相继被害身亡。令人唏嘘的是，2023 年 8 月 14 日，距离比利亚维森西奥被谋杀尚不足一周，公民革命运动党主要领导人之一佩德罗·布里奥内斯又遭枪击身亡。厄瓜多尔境内有组织犯罪集团的猖獗程度可见一斑。需要指出的是，他们对政治人物的迫害是"无差别"的，即并不以其政治立场为"依据"，这说明厄瓜多尔正在经受的危机绝非仅限于政治层面。

危机加剧已严重破坏厄瓜多尔的社会治安和投资环境。当前，该国暴力犯罪已呈现"多点开花"之势，由基多、瓜亚基尔等大城市蔓延到全境。有组织犯罪集团对平民的施暴、对各级政府的抗议乃至帮派间的冲突都直接威胁到民众的生命、财产安全。据厄瓜多尔警方统计，2023 年前 6 个月其境内共有 3568 人死于暴力，而此项数据在 2022 年同期则为 2042 人。厄瓜多尔中央银行数据显示，国家风险指数在大选首轮投票到来之际已处于1774 点的高位。治安状况恶化必将破坏投资环境，从而引发经济发展受阻和贫困率上升等连锁反应，这又会导致更多人为了生计"铤而走险"踏上违法犯罪的道路，最终形成恶性循环。在这种情势下，通过提前举行大选平息政治社会危机就成为厄瓜多尔面临的最紧迫问题。

---

① "Political Assassination Rocks Ecuador", *LatinNews Daily*, August 10, 2023.

三 拉美左翼继续联合自强，积极推动地区一体化进程

推动地区一体化，摆脱对"中心国家"的依附，提高拉美国家的自主发展能力是拉美左翼追求的目标。以查韦斯为首的上一轮左翼浪潮建立的拉美和加勒比国家共同体（以下简称"拉共体"）是拉美历史上第一个排除美国和加拿大的全域性组织。但 2015~2018 年拉美政治出现"左退右进"后，巴西的博索纳罗政府退出了拉共体和南美国家联盟，拉美国家的全域一体化便停滞不前。2018 年开始的新一轮左翼浪潮给拉美地区一体化注入了新的动力，尤其是巴西左翼卢拉再次上台执政更是给地区一体化带来新的机遇。

（一）巴西左翼重新执政为拉美一体化进程提供新的契机

2023 年 1 月 1 日，卢拉·达席尔瓦正式就职巴西总统，开启他的第三个总统任期。1 月 23 日，卢拉访问阿根廷，并于次日出席了在布宜诺斯艾利斯召开的拉共体第七届峰会。这不仅是卢拉再次就任总统后的首次出访，而且标志巴西重返拉共体。巴西左翼的"回归"标志拉美区域一体化重新启动。卢拉政府强调将推动拉美地区一体化。

首先，巴西作为地区大国历来有寻求拉美国家联合自强的传统。自民主化以来，巴西历届政府都对以对话、合作为基础的一体化持积极态度。卢拉在其前两个总统任期中为团结拉美国家所做的贡献有目共睹。事实上，早在 2008 年他就曾组织拉美和加勒比各国领导人齐聚巴西巴伊亚州的索伊佩来共商协同发展事宜。这次会议意义非凡，是拉美国家首次在没有域外大国参与的情况下举行的会议。

其次，卢拉视拉美地区一体化协同发展为各国解决多种治理难题的良方。卢拉在拉共体第七届峰会的演讲中指出，拉美国家只有完全团结起来、贯彻一体化价值，才能与世界各国一道从容应对危机。具体到拉丁美洲，各国则共同面临由经济持续低迷引发的一系列发展问题，如贫困率居高不下、社会各阶层不断分裂、政治极化愈加明显、府院关系日趋紧张等痼疾。因此，卢拉非常重视南方共同市场（以下简称"南共市"）的改革，寄希望于区域经济一体化机制来激活各国经济，从而顺利解决上述发展难题。①

最后，巴西有实力成为拉美一体化的"领头羊"。在国家体量上，巴西国土面积超过850万平方公里，人口总数达2.1亿人，是不折不扣的世界级大国。在经济上，其国内生产总值居拉美各国之首，约占南美洲的一半。在国际舞台上，巴西是金砖国家、二十国集团、七十七国集团等多边机制的成员，也是新兴大国的代表之一，引领拉美的"使命感"与生俱来。

（二）巴西推动拉美区域一体化的路线图

卢拉在其前两个总统任期中曾积极与拉美左翼进步政府合作，共同推动区域一体化发展进程，先后推动建立了南美国家联盟与拉共体，使巴西在拉美地区乃至全球范围内赢得了较高的声望。然而，博索纳罗上台后却反其道而行之，不仅清算了卢拉政府留下的政治遗产，还不断退出地区组织，破坏了拉美国家来之不易的团结。从很大程度上说，卢拉的"回归"和巴西的"向左转"再次吹响了拉美国家联合自强的号角。为恢复拉美区域一体化进程，卢拉政府试图在以下几个方面有所作为。

第一，激活拉美区域一体化的各项机制。南美国家联盟现已"名存实亡"，包括巴西在内的多数成员国选择了退出。卢拉承诺激活南美国家联盟旗下的南方银行和南美防务委员会，使各成员国在经济和国防领域获得更大的自主权，南美国家联盟也将因此"起死回生"。卢拉赞同乌拉圭总统拉卡列·波乌提出的让南共市更加开放的建议。在卢拉的提议下，南共市将优先解决与欧盟有关建立自贸区的难题，再评估作为整体与中国签署自贸协定的

---

① "Brazil's Lula Makes 1st Official Trip Abroad as President to Argentina", Anadolu Ajansı, January 23, 2023, https://www.aa.com.tr/en/politics/brazil-s-lula-makes-1st-official-trip-abroad-as-president-to-argentina/2794620#:~:text=Brazil%E2%80%99s%20President%20Luiz%20Inacio%20Lula%20da%20Silva%20travelled,of%20Latin%20American%20and%20Caribbean%20States%20%28CELAC%29%20Summit.

议题。此外，卢拉政府还将为拉共体框架下区域合作项目的实施提供帮助，如利用巴西的技术优势向拉丁美洲和加勒比航天局提供必要的支持。总之，卢拉政府将竭尽全力使一体化机制充分发挥其应有的价值。

第二，促进拉美国家在经贸领域的合作。在21世纪初的"粉红浪潮"中，左翼进步政府设计了一系列旨在加强拉美国家经济合作、助其获得金融自主权的机制，即所谓的"南美金融结构"。在时任委内瑞拉总统乌戈·查韦斯和厄瓜多尔总统拉斐尔·科雷亚等的大力支持下，南方银行、南方基金和区域单一清算系统应运而生。然而，这些倡议均未得到实质性的应用和巩固。在拉美一体化发展重现曙光的背景下，卢拉政府将振兴上述机制来实现为区域项目提供资金、降低汇率风险、促进区域国家间贸易等目标。为此，卢拉在参加拉共体第七届峰会期间还与阿根廷总统阿尔韦托·费尔南德斯讨论了创造共同货币的议题。

第三，团结拉美国家向世界发出"自己的声音"。巴西乐于重返国际舞台，也十分重视拉美国家的影响力。博索纳罗曾放弃联合国气候变化大会的主办权，而卢拉在"重掌大权"不久后便积极提名巴西热带雨林城市贝伦为2025年《联合国气候变化框架公约》第30次缔约方大会的举办地，并呼吁其他拉美国家提供支持。巴西将捍卫拉美的"独立"，剔除其对域外大国的"依附"。卢拉承诺巴西会尽快召开亚马孙国家首脑会议，并表示欢迎域外国家参与其中，但他着重强调"只有亚马孙国家才能起领导作用"。可见，卢拉政府有意广泛团结周边国家，并保证拉美国家的主权在多边合作机制中不被侵犯。这不仅有利于拉美区域一体化进程，还将提高巴西在与欧盟和美国谈判时的话语权。

（三）拉美区域一体化的机遇和挑战

巴西将联合其他拉美国家强化地区集体身份认同并推动区域一体化进程，力争在日趋复杂的国际环境中维护拉美的战略自主性。卢拉曾表示，如果拉美国家能够协调一致，那么一体化就会更加顺畅。然而，协调的拉美并不容易达成，一体化进程中的机遇和挑战并存。

　　机遇方面，拉美新一轮"左翼回潮"在客观上推动了区域一体化进程。拉美左翼向来是支持一体化的坚强后盾。目前，拉美前六大经济体中有5个（巴西、墨西哥、智利、哥伦比亚和秘鲁）由左翼力量执政。巴西把促进地区国家协同发展视为己任；墨西哥曾在拉共体处于低谷时主动承担责任，2020年和2021年连续担任轮值主席国。地区大国的齐心协力让人们看到了一体化的光明前景，这是不可多得的机遇。

　　挑战方面，拉美国家的政治极化是区域一体化的最大威胁。一旦拉美地缘政治环境出现变故，如"左翼退潮"，那么一体化进程就将面临严峻考验。卢拉重获总统职位给拉美一体化发展带来了新希望，但是他在巴西国内的权力并不稳固。2022年底举行的大选是巴西再民主化以来最激烈的选举，经过两轮投票，卢拉仅以微弱优势胜出，凸显巴西政治极化的现状。在国会选举中，卢拉所属的竞选联盟在参众两院分别获得16个席位和144个席位，而博索纳罗所在的竞选联盟在两院的议席数分别高达25席和194席，府院之争加剧在所难免，反对派未来有可能利用国会来阻碍有关一体化的议案获得通过。政治极化问题在秘鲁和哥伦比亚等左翼国家同样存在，"府院对峙"已成常态。同时，各国保守力量均可通过立法途径对一体化进程形成掣肘。阿根廷极右翼的上台对拉美左翼推动的一体化进程形成巨大挑战。

　　拉美国家经济方面的同质性也不利于一体化进程的展开。实现一体化的前提是满足区域国家各自的利益诉求，避免矛盾。然而，拉美国家在经济上大多依赖出口初级产品，尤其是南美洲国家的经济同质性更强，如安第斯国家能矿资源丰富，南锥体国家农牧业发达。正因如此，区域内贸易不断下滑、不平衡问题凸显。2022年，乌拉圭对巴西的贸易逆差为10.6亿美元，这显然不能令乌方满意。实际上，这也是智利、秘鲁、哥斯达黎加和乌拉圭等国独辟蹊径，寻求直接与中国等域外经济体签署自贸协定的根本原因。因此，能否在经济上形成互补并找到更多共同利益，是拉美一体化面临的另一大考验。

　　巴西重返拉共体后带动了拉美国家走联合自强的发展道路，包括拉共

体、南共市和南美国家联盟在内的众多区域一体化机制也将因此焕发新生。卢拉政府的努力会促进拉美各国在政治、经济、社会和文化等方面的一体化合作，拉美国家有望成为"南南合作"的新榜样。与此同时，拉丁美洲作为整体也将为构建一个以和平对话、多边主义为基础的国际秩序贡献出自己的力量。

四　阿根廷极右翼崛起，挑战拉美左翼的发展模式

在新一轮左翼开始兴起的 2018 年，拉美极右翼博索纳罗在巴西总统选举中获胜。博索纳罗在 2019 年上台执政后，退出南美国家联盟和拉共体，要求古巴医生撤出巴西，在国内迅速推进养老金改革，将公民的退休时间直接延长 5 年，削减左翼时期的社会计划，调整对外关系，巴西成为美国和北约的盟友。在 2022 年智利举行的首轮总统选举中，卡斯特拔得头筹，虽然在第二轮选举中败给左翼的博里奇，但博里奇上台后右翼势力继续发展，在新的制宪委员会中占据多数，并通过了一部右翼主导的宪法草案，改变了智利政治改革的方向。2023 年 11 月，阿根廷极右翼米莱在总统选举中获胜，不仅打破了本国持续近 80 年的"庇隆主义-反庇隆主义"政党格局，而且提出一系列政治、经济、社会改革措施，标志着拉美政治中的左右翼在发展模式方面的分歧加剧，这是拉美政治发展的新方向。[①]

阿根廷极右翼崛起产生的影响主要有以下几个方面。

第一，在经济上实行自由主义政策，促进阿根廷产品出口，抑制进口。新政府宣布货币贬值 100%，新的官方汇率为 1 美元对 800 比索（此前为不到 400 比索），大大超出市场预期。根据米莱的自由主义"哲学"，应该取消所有出口征税，包括农业领域的关税和其他出口行业的税收。进口方面，新政府将"阿根廷团结和包容税"（PAÍS）的税率从 7.5% 提高

---

① María Celeste Ratto, "Ideología, Votantes y Partidos: El Espacio Ideológico de la Competencia Partidaria en la Argentina", *Question*, Vol. 1, Núm. 60, 2018, https://perio.unlp.edu.ar/ojs/index.php/question/article/view/4839/4002.

至 17.5%，适用于 2023 年 12 月 13 日起的所有外汇购买交易，包括外币和现金购买。通过这一调整，进口美元汇率将上升至 940 比索，直接影响依赖外部原材料的企业成本。新政府的目的是对奢侈品进口和工业企业的生产资料进口加税，为将来取消或降低农业出口税买单，回馈在选举中支持米莱的农业生产者。而"阿根廷团结和包容税"将成为实现财政平衡目标至关重要的因素。①至于米莱在竞选期间提出的核心经济政策，如美元化、私有化和放开外汇管制等，都将推迟执行，当务之急是稳定经济、控制通货膨胀。

第二，大幅削减社会公共开支，可能造成失业率上升，影响社会稳定。经济部长卡普托指出，本届政府继承了阿根廷历史上最糟糕的经济遗产，财政赤字占 GDP 的 5.5%，年通货膨胀率为 143%，外汇严重短缺。卡普托提出了 10 项措施，削减了相当于 GDP 的 2.9% 的公共支出，并通过减少能源和交通补贴来节省开支；将联邦对各省的转移支付维持在最低限度；削减社会保障和养老金；将政府部委（从 18 个减至 9 个）和部门（从 106 个减至 54 个）的数量减半；取消公共工程招标，卡普托认为这是政府腐败的主要来源。上述措施虽然可以节约政府公共开支，但对民生产生极大的不利影响，阿根廷超过 40% 的人口生活在贫困中，失业率大幅上升的风险也急剧增加。虽然为了减轻对阿根廷最弱势群体的影响，政府提供的食品卡价值将提高 50%，儿童福利将翻一番，但在大盘子大幅变小的情况下的境况可想而知。新政府的上述经济社会措施得到美洲开发银行和国际货币基金组织负责人的谨慎欢迎②，但遭到阿根廷主要工会劳工总联合会的批评，劳工总联合会认为这些措施主要损害了普通人的利益。③ 自由主义的社会政策将引发更多的社会抗议甚至社会危机。

---

① "Argentina：Milei's Government Unveils Economic Shock Measures"，*LatinNews Daily*，December 13，2023.

② "Argentina：Milei's Government Unveils Economic Shock Measures"，*LatinNews Daily*，December 13，2023.

③ "Argentina：Mixed Response to Milei's Shock Measures"，*LatinNews Daily*，December 14，2023.

第三，米莱政府和美国的关系会进入"蜜月期"，将影响拉美一体化进程，并对中阿关系构成挑战。米莱的亲美立场可能恢复梅内姆时期美阿之间的亲密关系。在竞选期间，米莱强调，他的首选盟友将是美国、以色列和"自由世界"。在就职前，米莱就访问了美国，奉上"投名状"，就阿以冲突和乌克兰危机等明确表态，得到白宫的积极回应。国际货币基金组织也表示向阿根廷提供资金支持。美国和阿根廷可能开启一段"蜜月期"。但美国能否如米莱期待的那样帮助阿根廷渡过经济社会危机决定这段"蜜月期"的长度。事实上，乌克兰危机和阿以冲突使美国难以大规模援助阿根廷。

极右翼在阿根廷执政造成地区政治的分裂，影响地区一体化进程。米莱当选后，地区右翼政要和前政要都表示祝贺，而左翼领导人则批评阿根廷选举的"悲惨结果"，称米莱的当选对拉美地区构成了"巨大威胁"。[1] 在竞选中，米莱反对区域一体化，但在当选后缓和了立场。随着米莱当选，南共市的4个国家中有3个由右翼执政。作为南共市唯一的左翼领袖，卢拉在推动委内瑞拉重返该组织等具有意识形态性质的议题上可能会遇到阻力。米莱可能会得到其他国家领导人的支持，进而撕裂南共市。

五 拉美政治动向

2024年，拉美地区有萨尔瓦多、巴拿马、多米尼加、墨西哥、乌拉圭和委内瑞拉6个国家举行大选，但不会根本改变现有的地区政治版图。2024年的选举与前些年的选举有所不同，2021~2023年，拉美国家的选举大多以反现任、反建制和"愤怒"投票为特点，许多意识形态极化的极左翼、极右翼政党和政治局外人登上政治舞台，如秘鲁的极左翼卡斯蒂略（2022年12月被弹劾下台）、智利的极左翼总统博里奇以及2023年新当选的阿根廷

---

① "Victoria de Milei en Argentina Divide a Latinoamérica y Presagia Tensiones en la Región", Independent en Español, 21 de noviembre de 2023, https：//www.independentespanol.com/noticias/mundo/europa/victoria-de-milei-en-argentina-divide-a-latinoamerica-y-presagia-tensiones-en-la-region-b2451288.html.

极右翼"政治局外人"米莱等，上述领导人提出的纲领所呈现的政治理念和政策对这些国家的经济社会政策和外交政策产生了重要影响。

2024年拉美主要国家的选举呈现出稳定性和连续性特点，而反现任和反建制将按下"暂停键"。萨尔瓦多的布克尔总统解决毒品和治安等问题的强力措施卓有成效，被称为"布克尔模式"，其作为总统候选人的支持率达到93%；而反对党民族大团结联盟和老牌政党法拉本多·马蒂民族解放阵线的支持率分别仅为3%和2%。墨西哥执政党国家复兴运动党控制着议会的多数席位和2/3以上的州长职位，执政党现任总统和其推出的候选人民调支持率都在60%以上，由国家行动党、革命制度党和民主革命党组成的反对派联盟的净支持率则为负数。

2024年2月4日，萨尔瓦多举行大选。现任总统纳伊布·布克尔以绝对优势获胜（得票率85%），获得126万张选票。执政党获得一院制议会60个席位中的58个席位。左翼法拉本多·马蒂民族解放阵线和右翼民族主义共和联盟得票数都为10万张左右，传统政党式微，执政党新思想党仍然如日中天。选举前布克尔的候选人资格合法性存在争议，因为宪法禁止现任总统连任。2021年9月，布克尔任用新的最高法院法官，推翻了禁止总统连任的禁令，允许他竞选第二个任期。①

2024年5月5日，巴拿马举行大选。2021年建立的右翼政党实现目标党和联盟党的共同候选人何塞·劳尔·穆利诺（José Raúl Mulino）以34.4%的得票率胜选，7月1日正式就职，任期5年。

2024年5月19日，多米尼加举行国会议员和总统选举。民意调查显示，现任总统阿比纳德尔的支持率最高，其次是前总统莱昂内尔·费尔南德斯（1996~2000年和2004~2012年在任）和左翼人民力量党领导人，以及中左翼多米尼加解放党的阿贝尔·马丁内兹。②

---

① "Bukele Claims Landslide Victory", *LatinNews Daily*, February 5, 2024.
② Chase Harrison, Jon Orbach, Jennifer Vilcarino, "2024 Elections in Latin America: A Preview", AS/COA, January 4, 2024, https://www.as-coa.org/articles/2024-elections-latin-america-preview.

2024 年，墨西哥除了举行总统选举之外，该国所有 32 个州将首次同时举行地方席位选举，墨西哥选民将为全国 20000 多个职位投票。这大约是 2018 年上一次大选期间可供争夺的职位数量的 6 倍。

国家复兴运动党领导的竞选联盟"我们不断创造历史"的候选人是前墨西哥城市长克劳迪娅·辛鲍姆（Claudia Sheinbaum）。参议员索奇特尔·加尔韦斯（Xóchitl Gálvez）是反对党联盟墨西哥广泛阵线的候选人，该联盟由国家行动党、革命制度党和民主革命党组成。2024 年 6 月 2 日，墨西哥顺利举行大选。由执政党国家复兴运动党、劳动党和绿色生态党组成的"我们不断创造历史"竞选联盟成为最大赢家。国家复兴运动党籍候选人克劳迪娅·辛鲍姆以超过 58% 的得票率毫无争议地当选墨西哥历史上第一位女性总统。

2024 年 7 月 29 日，委内瑞拉总统尼古拉斯·马杜罗·莫罗斯（Nicolás Maduro Moros）顺利当选连任。大爱国联盟候选人、现任总统马杜罗赢得了 51% 的选票，击败了反对派联盟"民主团结联盟"候选人埃德蒙多·冈萨雷斯（Edmundo González），再次连任委内瑞拉总统。马杜罗于 2025 年 1 月 10 日开启他的第三个任期。马杜罗是查韦斯主义的坚定支持者和实践者。他的成功连任不仅保持住委内瑞拉左翼连续 25 年的执政地位，而且在拉美地区总体政治格局中有力地支持了新一轮左翼浪潮继续高涨。

2024 年 10 月 27 日，乌拉圭举行第一轮总统选举投票，广泛阵线候选人亚曼杜·奥尔西（Yamandú Orsi）领先，得票第二位的是执政党民族党（白党）候选人阿尔瓦罗·德尔加多（Álvaro Delgado）。11 月 24 日，乌拉圭第二轮选举投票结果显示，奥尔西战胜德尔加多当选总统。同时，左翼广泛阵线在参议院占据多数席位（30 个中的 16 个）；在众议院 99 个席位中，广泛阵线获得 48 席，民族党获得 29 席，红党获得 17 席，左翼仍然占优。

（刘维广　审读）

Y.3

2023~2024年拉美和加勒比经济形势：
经济低增长，预期不乐观

谢文泽*

摘　要： 2023年拉美和加勒比地区GDP增长率约为2.2%。受宏观经济失衡以及全球经济增长乏力、气候变化等内外部因素影响，绝大部分拉美和加勒比国家的财政、货币政策空间有限，内需不振，外需不稳。中拉经贸合作有助于拉美和加勒比国家抑制宏观失衡，稳定经济增长。

关键词： 拉美和加勒比地区　宏观经济　经济增长　中拉关系

2022年拉美和加勒比地区实现了4.1%的经济增长，随着疫情后反弹效应消退，2022年下半年地区经济增速显著下滑。2023年拉美和加勒比地区的GDP增长率预计为2.2%。

一　地区经济低增长

拉美和加勒比地区3个次地理区域的经济增速虽有所差异，但均表现出减速趋势。2023年南美地区的GDP增长率约为1.5%，中美洲地区约为3.5%，加勒比地区约为3.4%。

2023年地区经济形势有3个显著特点。第一，经济增长速度与经济增

---

* 谢文泽，中国社会科学院拉丁美洲研究所研究员，中国社会科学院大学国际政治经济学院教授，主要研究方向为拉美经济。

长潜力相吻合。按 2018 年美元不变价格计算，2014~2022 年地区生产总值年均复合增长率仅为 0.7%。[①] 2023~2030 年拉美和加勒比地区年均经济增长潜力为 2.2%，2023 年的经济增速（2.2%）符合地区经济增长潜力。第二，GDP 总量和人均 GDP 显著增长。如表 1 所示，按美元现价计算，2023 年地区生产总值约为 65725 亿美元，为 2020 年（43989 亿美元）的 1.5 倍；2023 年地区人均生产总值约为 9884 美元，也为 2020 年（6748 美元）的 1.5 倍。第三，经济增速相对较低。根据国际货币基金组织 2024 年 4 月更新的"世界经济展望数据库"，拉美和加勒比地区的经济增长速度略高于中东和中亚地区（2.0%），但明显低于亚洲（5.6%）、撒哈拉以南非洲（3.4%）、东欧（3.2%）的新兴市场和发展中经济体。[②]

在南美地区，10 个国家均为初级产品依赖型经济体，2019~2021 年初级产品占 10 国商品出口的平均比重为 84.5%。[③] 2023 年，巴拉圭（4.5%）、委内瑞拉（4.0%）、巴西（3.1%）的经济增速较高，乌拉圭、秘鲁、厄瓜多尔、哥伦比亚、玻利维亚的增速介于 1.0%~2.0%，阿根廷（-2.5%）、智利（-0.5%）则出现不同程度的经济衰退。在中美洲地区，绝大部分国家的经济多元化程度相对较高，商品出口以工业制成品为主。2023 年，巴拿马（6.0%）、哥斯达黎加（4.4%）、危地马拉（3.4%）经济增速较高，萨尔瓦多、洪都拉斯、尼加拉瓜经济增速介于 2.0%~3.0%。在加勒比地

---

① 根据联合国拉美经委会发布的统计数据计算，具体参见"Principales Cifras de América Latina y el Caribe"，CEPALSTAT，https：//statistics. cepal. org/portal/cepalstat/index. html，accessed April 22，2024。按 2018 年美元不变价格计，2018~2022 年拉美地区 GDP 由 54403 亿美元增至 57738 亿美元。

② International Monetary Fund，World Economic Outlook Database，April 2024，https：//www. imf. org/en/Publications/WEO/weo-database/2024/April，accessed April 29，2024.

③ 根据联合国贸易和发展会议（United Nations Conference on Trade and Development，UNCTAD）的定义，初级产品依赖型经济体的初级产品占其商品出口的 60%以上。南美地区的 10 个国家包括厄瓜多尔、秘鲁、玻利维亚、智利、阿根廷、巴拉圭、乌拉圭、巴西、委内瑞拉、哥伦比亚。2019~2021 年，初级产品占南美 10 国商品出口的比重由高到低依次为玻利维亚（94.6%）、厄瓜多尔（94.1%）、秘鲁（90.9%）、智利（88.2%）、巴拉圭（87.3%）、阿根廷（82.1%）、乌拉圭（81.9%）、哥伦比亚（78.6%）、巴西（73.5%）、委内瑞拉（73.5%）。2019~2021 年初级产品占南美 10 国商品出口的平均比重为算术平均值。UNCTAD，*State of Commodity Dependence 2023*，Geneva，2023.

区，安提瓜和巴布达、巴哈马、巴巴多斯、多米尼克、圣基茨和尼维斯5国是旅游业依赖型经济体，伯利兹、格林纳达、圭亚那、牙买加、圣卢西亚、圣文森特和格林纳丁斯、苏里南7国是初级产品依赖型和旅游业依赖型经济体，特立尼达和多巴哥是一个初级产品依赖型经济体。2023年，圭亚那（38.4%）经济保持高速增长，海地（-1.5%）经济则持续衰退，其他国家经济增速介于2.1%~6.2%。①

表1 2020~2024年拉美和加勒比地区主要宏观经济指标

项目	2020年	2021年	2022年	2023年	2024年
一、宏观经济					
GDP增长率(%)[a]	-7.0	7.0	4.1	2.2	1.9
南美地区	-5.6	7.3	3.8	1.5	1.4
中美洲地区	-8.4	6.9	4.1	3.5	2.7
加勒比地区	-9.7	5.9	6.4	3.4	2.6
GDP(亿美元，美元现价)[b]	43989	51223	58554	65725	70047
人均GDP(美元，美元现价)[c]	6748	7807	8868	9884	10455
通胀率(%)[d]	6.3	11.5	14.6	16.6	12.7
二、政府收支[d]					
政府收入占GDP比重(%)	28.5	29.7	31.3	30.1	30.5
政府支出占GDP比重(%)	36.7	33.5	34.5	35.1	35.1
政府赤字占GDP比重(%)	-8.2	-3.8	-3.3	-5.0	-4.6
政府债务占GDP比重(%)	76.2	70.4	68.0	73.7	68.1
三、储蓄与投资[d]					
储蓄率(国内总储蓄额占GDP比重,%)	17.8	18.5	18.0	18.3	18.2
投资率(总投资额占GDP比重,%)	18.1	20.5	20.4	19.5	19.5
储蓄赤字(储蓄率-投资率,%)	-0.3	-2.0	-2.5	-1.2	-1.3
四、国际收支[d]					
商品和服务贸易平衡:金额(亿美元)	199	-494	-975	-179	-130
占GDP比重(%)	0.5	-1.0	-1.7	-0.3	-0.2
外国直接投资:净流入量(亿美元)	930	1004	1206	1358	1071
占GDP比重(%)	2.1	2.0	2.1	2.1	1.5

① International Monetary Fund, *Regional Economic Outlook*, *Western Hemisphere*, *Securing Low Inflation and Nurturing Potential Growth*, Washington, D. C., October 2023, p. 31.

续表

项目	2020 年	2021 年	2022 年	2023 年	2024 年
五、外部融资[d]					
外债增加额(亿美元)	346	795	384	691	772
外债增加额占 GDP 比重(%)	0.8	1.6	0.7	1.1	1.1
外债总额(年末余额,亿美元)	24623	25418	25802	26493	27265
外债总额占 GDP 比重(%)	55.9	51.5	46	46.7	39.9
外债本息偿还额(亿美元)	6500	5964	5973	6430	6527
其中,外债利息偿还额(亿美元)	907	809	907	1171	1168
外债本息偿还额占出口收入比重(%)	59.7	43.0	36.6	38.7	38.0

资料来源:a. 2020 年、2021 年 GDP 增长率根据联合国拉美经委会公布的统计数据计算,具体参见" Principales Cifras de América Latina y el Caribe ", CEPALSTAT, https://statistics.cepal.org/portal/cepalstat/index.html, accessed March 22, 2024。2022~2024 年 GDP 增长率来自 CEPAL, *Anuario Estadístico de América Latina y el Caribe 2023*, Santiago, 2024, p.38; CEPAL, *Balance Preliminar de las Economías de América Latina y el Caribe 2023*, Santiago, 2023, p.16。b. 数据来自 International Monetary Fund, World Economic Outlook Database, April 2024, https://www.imf.org/en/Publications/WEO/weo-database/2024/April, accessed April 29, 2024。c. 根据国际货币基金组织数据和联合国拉美经委会的地区人口数据计算。d. 数据来自 International Monetary Fund, World Economic Outlook Database, April 2024, https://www.imf.org/en/Publications/WEO/weo-database/2024/April, accessed April 29, 2024。

　　家庭消费和投资是支撑拉美经济增长的两大重要因素。2020~2022 年,家庭消费占地区生产总值的年均比重为 62.9%,对地区生产总值增长的贡献率约为 68.4%;投资占地区生产总值的年均比重为 18.8%,对地区生产总值增长的贡献率约为 27.7%;家庭消费和投资占地区生产总值的年均比重为 81.7%,对地区生产总值增长的贡献约为 96.1%。2022 年第三季度,家庭消费增速开始减缓,尤其是家庭的商品消费需求明显减少。2023 年,拉美和加勒比地区的投资率约为 19.5%,较低的投资水平对经济增长的带动作用相对有限。

　　服务业在拉美和加勒比地区经济中的地位较高,2020~2022 年服务业占地区生产总值的年均比重为 68.5%。除圭亚那、苏里南、特立尼达和多巴哥等少数国家外，绝大多数拉美和加勒比国家服务业占 GDP 的比重介于 60%~88%。[①] 因此，服务业对地区经济增长有较大影响。在服务业部门，2023 年金融业略有增长，运输、仓储、通信、商业、社区和家政服务等行业的增速均有不同程度的下滑。在工业部门，制造业、建筑业、水电气产业的增速均下滑。拉美和加勒比地区 3/4 左右的制造业集中在墨西哥、巴西、阿根廷，尤其是墨西哥制造业规模约占整个地区的 1/3。2022 年墨西哥制造业实现了 6.3% 的增长，2023 年的增长率仅为 0.9% 左右，2023 年第四季度出现了小幅衰退（-1.1%）。[②] 巴西制造业在 2022 年下半年开始出现衰退，2023 年仍呈现衰退趋势，2023 年第一至第四季度的增长率依次为 -1.4%、-1.6%、-1.6% 和 -1.3%。[③] 农业和矿业在地区生产总值中的比重虽然不高，但对地区经济增长尤其是对初级产品依赖型经济体的经济增长具有重要作用。2023 年，农业和矿业是拉美保持较高增速的两大产业。以农业和矿业大国巴西为例，2023 年巴西的农业增长率约为 19.5%，矿业约为 8.2%。[④]

2023 年，拉美和加勒比地区的通胀率约为 16.6%，略高于 2022 年的 14.6%。但绝大部分拉美和加勒比国家 2023 年的通胀率有所下降。哥斯达黎加的通胀率降幅超过 90%，墨西哥和中美洲地区的伯利兹、萨尔瓦多、巴拿马、多米尼加，加勒比地区的圭亚那、安提瓜和巴布达、牙买加、圣卢西亚、巴哈马、多米尼克，南美地区的智利、乌拉圭、厄瓜多尔、巴西、巴

① 根据联合国拉美经委会统计数据计算，具体参见 "Principales Cifras de América Latina y el Caribe"，CEPALSTAT，https：//statistics. cepal. org/portal/cepalstat/index. html，accessed March 29，2024。

② Instituto Nacional de Estadística，Geografía e Informática（INEGI），*Producto Interno Bruto Trimestral*，*Año Base 2018*，Series desestacionalizadas，Variación porcentual respecto al mismo trimestre del año anterior，https：//inegi. org. mx/programas/pib/2018/# tabulados，accessed April 15，2024.

③ Instituto Brasileiro de Geografia e Estatística（IBGE），*Sistema IBGE de Recuperação Automática - SIDRA*，Taxa acumulada ao longo do ano（em relação ao mesmo período do ano anterior）（%），https：//sidra. ibge. gov. br/tabela/5932#resultado，accessed May 5，2024.

④ 根据巴西经济和地理统计局统计数据计算，具体参见 Instituto Brasileiro de Geografia e Estatística，*Sistema IBGE de Recuperação Automática - SIDRA*，Taxa acumulada ao longo do ano（em relação ao mesmo período do ano anterior）（%），https：//sidra. ibge. gov. br/tabela/5932#resultado，accessed May 5，2024。

拉圭等16个国家的通胀率降幅介于30%～55%，危地马拉、洪都拉斯、尼加拉瓜、圣文森特和格林纳丁斯、特立尼达和多巴哥、秘鲁、苏里南等7国的通胀水平也有不同幅度的下降。巴巴多斯、格林纳达、圣基茨和尼维斯、海地、古巴、哥伦比亚、玻利维亚、委内瑞拉、阿根廷等9国的通胀水平有不同幅度的上升。

二　经济增长预期不乐观

对于2024年拉美地区增长预测，美洲开发银行的预测为1.6%，拉美经委会预计为1.9%，国际货币基金组织预计为2.0%，世界银行预计为2.3%。[①]对于2025年的经济增长预期，美洲开发银行预计为2.3%，国际货币基金组织和世界银行均预计为2.5%。[②]

对于拉美和加勒比地区经济增长前景，拉美经委会、美洲开发银行等多边组织和金融机构普遍认为，全球经济增长预期、主要经济体利率水平、大宗商品价格是影响拉美地区经济增长预期的三大重要外部因素。这些多边组织和机构调低了2024年全球经济增长预期，认为主要经济体（尤其是美国）短期内不会降低基准利率。美洲开发银行甚至做出了较为悲观的预期，认为2024～2026年美国经济增速减缓、美国基准利率水平较高、原油等大

---

① Arturo J. Galindo, Alejandro Izquierdo, *Ready for Take-off?: Building on Macroeconomic Stability for Growth*, 2024 Latin American and Caribbean Macroeconomic Report, Washington D. C.: Inter-American Development Bank, 2024, p. 5; CEPAL, *Balance Preliminar de las Economías de América Latina y el Caribe 2023*, Santiago, 2023, p. 16; International Monetary Fund, *World Economic Outlook—Steady but Slow: Resilience amid Divergence*, Washington D. C., April 2024, p. 143; The World Bank, *Global Economic Prospects 2024*, Washington, D. C., January 2024, p. 196.

② Arturo J. Galindo, Alejandro Izquierdo, *Ready for Take-off?: Building on Macroeconomic Stability for Growth*, 2024 Latin American and Caribbean Macroeconomic Report, Washington D. C.: Inter-American Development Bank, 2024, p. 15; International Monetary Fund, World Economic Outlook Database, April 2024, https://www.imf.org/en/Publications/WEO/weo-database/2024/April, accessed April 29, 2024; The World Bank, *Global Economic Prospects 2024*, Washington, D. C., January 2024, p. 196.

宗商品价格波动会使拉美和加勒比地区经济增长率损失 1.6 个百分点，受此影响，拉美和加勒比地区存在经济衰退的可能性。2024~2026 年，低增长、高利率等来自美国的消极因素将使拉美和加勒比地区经济增速损失 1.4 个百分点。受美国消极因素影响，墨西哥经济增速将损失 1.7 个百分点。[①]

全要素生产率水平是抑制拉美和加勒比地区经济增长潜力的重要内部因素之一。1960~2019 年，亚洲新兴市场和发展中经济体的年均 GDP 增长率为 4.6%，全要素生产率的贡献率约为 50.7%，其他要素和因素的贡献率依次为教育 25.9%、劳动 12.5%、资本 11.0%。同期，拉美和加勒比地区的年均 GDP 增长率为 1.8%，全要素生产率的贡献率仅为 5.6%，教育、劳动的贡献率较高，分别为 55.6%、33.3%，资本的贡献率也仅为 5.6%。[②] 这表明 1960~2019 年全要素生产率的增长是亚洲新兴市场和发展中经济体经济增长的主要推动因素，其对亚洲新兴市场和发展中经济体经济增长的贡献率是拉美和加勒比地区的 9 倍多，这是亚洲地区经济增长率远高于拉美和加勒比地区的重要原因之一。

宏观失衡是影响拉美和加勒比地区经济增长的一个重要内部结构性因素，政府赤字、储蓄赤字、贸易赤字（商品和服务贸易逆差）是宏观失衡的主要表现，如表 1 所示，2023 年这 3 个赤字占地区生产总值的比重分别约为-5.0%、-1.2%、-0.3%。

政府支出有一定规模的增加，政府赤字有所扩大。根据国际货币基金组织的统计或估算数据，按美元现价计，2023 年拉美和加勒比各国政府支出规模合计 23062 亿美元左右，约占地区生产总值的 35.1%。各国政府收入总

---

① Arturo J. Galindo, Alejandro Izquierdo, *Ready for Take-off*？: *Building on Macroeconomic Stability for Growth*, 2024 Latin American and Caribbean Macroeconomic Report, Washington D. C. : Inter-American Development Bank, 2024, p. 15. 较为悲观的预期是，2024 年、2025 年拉美和加勒比地区 GDP 增长率分别约为-0.7%和-0.8%。

② 根据 Table 2.1 中的数据整理和计算，具体参见 Arturo J. Galindo, Alejandro Izquierdo, *Ready for Take-off*？: *Building on Macroeconomic Stability for Growth*, 2024 Latin American and Caribbean Macroeconomic Report, Washington D. C. : Inter-American Development Bank, 2024, p. 20。

额有所增加（由2022年的18301亿美元增至19764亿美元），但占地区生产总值的比重有所下降（由2022年的31.3%降至2023年的30.1%）。因此，2023年拉美和加勒比地区的政府赤字占地区生产总值的比重由2022年的-3.3%扩大至-5.0%。2023年16个拉美和加勒比国家的政府赤字有所扩大。在南美地区，巴西、智利、厄瓜多尔、巴拉圭、乌拉圭、秘鲁、阿根廷等7国政府赤字有所扩大。例如，巴西政府赤字占GDP的比重由2022年的-3.1%扩大至2023年的-7.9%。在中美洲地区，萨尔瓦多、洪都拉斯、哥斯达黎加、多米尼加等4国政府赤字有所扩大。例如，2022~2023年萨尔瓦多政府赤字由-2.7%扩大至-4.7%。在加勒比地区，特立尼达和多巴哥、圣文森特和格林纳丁斯、圣卢西亚、圭亚那、伯利兹等5国政府赤字有所扩大。例如，2022~2023年圭亚那政府赤字由-5.2%扩大至-5.7%。哥伦比亚、玻利维亚、委内瑞拉、墨西哥、危地马拉、巴拿马、巴巴多斯、巴哈马、安提瓜和巴布达、多米尼克、苏里南等11个国家政府赤字有所缩小。例如，2022~2023年哥伦比亚政府赤字由-6.2%缩小至-2.7%。牙买加、尼加拉瓜、圣基茨和尼维斯、格林纳达等少部分国家政府实现了财政盈余。例如，2022~2023年格林纳达政府盈余占GDP的比重由0.9%上升至6.4%。①

国内储蓄不足，投资率较低。2020~2023年亚洲新兴市场和发展中经济体、中东和中亚地区、撒哈拉以南非洲、拉美和加勒比地区的年均储蓄率分别为40.5%、28.5%、20.0%和18.2%，年均投资率分别为39.2%、25.7%、22.0%和19.6%，这意味着拉美和加勒比地区的储蓄率、投资率略低于撒哈拉以南非洲，远低于亚洲新兴市场和发展中经济体、中东和中亚地区。2024年拉美和加勒比地区的储蓄率（18.2%）、投资率（19.5%）难有起色。圭亚那、尼加拉瓜、危地马拉、苏里南、厄瓜多尔、巴拉圭、牙买加等少部分国家有储蓄盈余，例如，2023年圭亚那的储蓄盈余占GDP比重约为22.9%。绝大部分拉美和加勒比国家存在储蓄赤字，多米尼加

---

① 根据国际货币基金组织数据计算，具体参见International Monetary Fund, World Economic Outlook Database, April 2024, https：//www.imf.org/en/Publications/WEO/weo-database/2024/April, accessed May 4, 2024。

（-20.1%）、格林纳达（-17.0%）等加勒比国家的储蓄赤字较大，墨西哥（-0.7%）、秘鲁（-1.1%）、巴西（-1.4%）等国家的储蓄赤字较小。①

贸易状况有所改善，外资流入量增加。根据国际货币基金组织的统计或估计，2021~2022年拉美和加勒比地区的贸易赤字有较大幅度的扩大，2023年贸易赤字缩小至-179亿美元，2024年将进一步缩小至-130亿美元。然而，根据拉美经委会的统计或估计，2023年拉美和加勒比地区实现贸易顺差43.1亿美元左右，其中，商品贸易顺差约为436.8亿美元（商品出口额约为14106.3亿美元，进口额约为13669.5亿美元），服务贸易逆差约为-393.7亿美元（服务出口额约为2305.8亿美元，进口额约为2699.5亿美元）。② 商品出口方面，出现了量增价跌，拉美国家的商品出口量增加了3.1%，但商品出口价格指数下跌了5.3%，致使单位商品出口收入减少了1.5%。③根据国际货币基金组织的估计，2023年拉美和加勒比地区的外资净流入量（外资流入量-外资流出量）约为1358亿美元。墨西哥、巴西、智利、阿根廷、哥伦比亚、秘鲁6国是外资流入较多的国家，2023年上半年，6国的外资流入量合计828.4亿美元左右，约占地区外资流入总量（922.5亿美元）的89.8%。④

三　经济动向

政府赤字趋于缩小。除玻利维亚、墨西哥、哥伦比亚、巴拿马等少部分

① 根据国际货币基金组织数据计算，具体参见 International Monetary Fund, World Economic Outlook Database, April 2024, https://www.imf.org/en/Publications/WEO/weo-database/2024/April, accessed May 4, 2024。

② CEPAL, *Perspectivas del Comercio Internacional de América Latina y el Caribe 2023*, Santiago, 2023, pp. 82, 83.

③ CEPAL, *Balance Preliminar de las Economías de América Latina y el Caribe 2023*, Santiago, 2023, p. 155.

④ CEPAL, *Balance Preliminar de las Economías de América Latina y el Caribe 2023*, Santiago, 2023, p. 158.

国家外，大部分拉美和加勒比国家的政府赤字趋于缩小。大部分拉美国家正在调整福利政策，减轻社会发展支出的财政负担，从而达到抑制或削减政府赤字的目的。例如，2022 年拉美国家的社会发展支出占 GDP 的比重降低至 11.5%，占政府财政支出的比重降至 53.4%。[①]阿根廷新政府采取了较为极端的措施，废止部分国家福利项目，大幅度削减国家福利支出。与此同时，部分国家加大税制改革力度，加大税收征管力度，探讨征收碳税的可行性。[②]

通胀压力趋于减轻，这为部分拉美和加勒比国家降低利率水平创造了有利条件。2024 年拉美和加勒比地区的通胀率预计降至 12.7%，大部分国家的通胀率将明显下降，尤其是委内瑞拉、阿根廷等高通胀国家，其通胀降幅会较大。

外债负担趋于减轻。外债总额将有一定幅度的增加，2024 年地区外债总额预计超过 2.7 万亿美元。外债偿还额有所增加，2023 年、2024 年到期外债本息偿还额分别约为 6430 亿美元和 6527 亿美元。尽管如此，拉美和加勒比地区的外债负担趋于减轻，主要有两方面的表现：一是外债总额占 GDP 的比重将降至 39.9%，二是外债本息偿还额占出口收入的比重将降至 38.0%。

增加出口、吸引外资、多元化融资是拉美和加勒比地区抑制宏观失衡、稳定经济增长的三大迫切需求，中拉经贸合作有助于满足该地区这三大需求。中拉商品贸易、中国对拉投资、中拉金融合作有助于直接改善拉美和加勒比地区的国际收支状况；通过创造就业，增加家庭收入，降低家庭消费成本，减少企业投资和运营成本，间接改善拉美和加勒比地区国家的国内储蓄；通过双边金融合作，可以提高拉美和加勒比地区国际融资的多元化程度。

（张　勇　审读）

---

① CEPAL, *Panorama Social de América Latina y el Caribe 2023*, Santiago, 2023, p. 35.

② CEPAL, *Panorama Fiscal de América Latina y el Caribe 2024*, Santiago, 2024.

Y.4

2023~2024年拉美社会形势：
发展推动不足，移民和安全问题突出

林 华*

摘　要：　2023年，新冠疫情对拉美和加勒比地区社会形势的影响显著减弱，但在经济不景气的背景下，社会发展呈现出低迷不振的特点。一方面，贫困、就业等社会指标没有明显改善，减贫和创造就业缺乏推动力。虽然贫困水平相比疫情之前有所下降，但拉美国家实现联合国《2030年可持续发展议程》减贫目标的前景不容乐观。劳动力市场在保持平稳的同时，呈现复苏乏力的迹象。就业形势缓慢恢复，但只是对疫情发生后迅速恶化的劳动力市场的修复。另一方面，受经济环境不佳的影响，移民和有组织犯罪等问题越发突出，社会矛盾加剧。以美国为目的地的移民潮未见消退。哥伦比亚与巴拿马交界处的达连丛林成为移民从南美洲进入中美洲的重要通道。有组织犯罪是拉美和加勒比国家的痼疾，大多与毒品生产和买卖有关。萨尔瓦多在打击有组织犯罪方面的成功引发国际社会广泛关注，但其模式并不具有普遍性。疫情期间拉美民众的消费观念、习惯和行为发生了很大变化，并延续到疫情后。网络购物和电子支付的兴起激发了市场活力，也改变了人们的生活方式。

关键词：　拉丁美洲和加勒比地区　减贫　移民　有组织犯罪　消费

---

* 林华，中国社会科学院拉丁美洲研究所副研究员，阿根廷研究中心秘书长，主要研究方向为拉美社会问题和阿根廷。

2023 年，新冠疫情对拉美和加勒比（以下简称"拉美"）地区社会发展的影响显著降低。但在经济不景气的背景下，社会发展呈现出低迷不振的特点。一方面，贫困、就业等社会指标没有明显改善，减贫和创造就业缺乏推动力；另一方面，经济和社会形势的低迷导致移民、有组织犯罪等问题越发突出，加剧了社会矛盾。疫情在对社会造成冲击的同时，也加速了社会变革。民众消费习惯和行为的改变不仅推动了线上消费的蓬勃发展，也促使商家进行营销战略调整和创新，以顺应市场的需要。

一 减贫前景堪忧

2023 年，联合国拉丁美洲和加勒比经济委员会（以下简称"拉美经委会"）对拉美地区贫困水平进行了数据修正。根据报告，2022 年拉美地区贫困人口比重和极端贫困人口比重同比分别下降 3.6 个和 1.8 个百分点，[1]甚至比新冠疫情之前的 2019 年还分别下降 1.2 个和 0.1 个百分点。这意味着新冠疫情已经不再是影响拉美地区减贫进程的主要因素。贫困水平的大幅度下降与 2022 年就业形势的好转有关，也得益于各国政府为缓解高通货膨胀对低收入群体的冲击所采取的社会政策。相比于 2022 年，2023 年拉美地区的反贫困进程未能取得明显成效。贫困人口比重上升 0.1 个百分点，为 29.1%；极端贫困人口比重上升 0.2 个百分点，为 11.4%（见图 1）。贫困人口和极端贫困人口分别达到 1.83 亿人和 7200 万人（见图 2）。2023 年拉美地区减贫进程受阻主要是经济增长乏力所致。

虽然拉美国家贫困水平相比疫情之前有所下降，但距离联合国《2030 年可持续发展议程》（以下简称《议程》）的减贫目标还有很大差距。《议程》共有 17 项目标，以 2015 年为起点，明确了此后 15 年内世界各国在实现可持续发展方面共同努力的方向。其中目标 1 涉及减贫，要求"在全世

---

[1] 本部分数据均来自 CEPAL, *Panorama Social de América Latina y el Caribe 2023*, Santiago, 2023, p. 60。

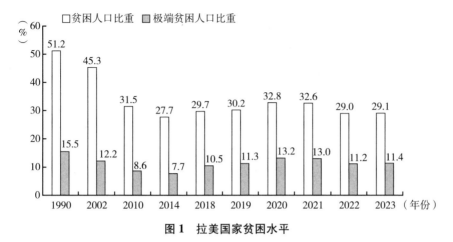

图1 拉美国家贫困水平

资料来源：CEPAL, *Panorama Social de América Latina y el Caribe 2023*, Santiago, 2023, p.60。

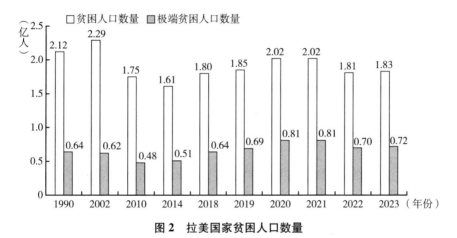

图2 拉美国家贫困人口数量

资料来源：CEPAL, *Panorama Social de América Latina y el Caribe 2023*, Santiago, 2023, p.60。

界消除一切形式的贫困"。子目标1.1和1.2是最关键的目标，即消除极端贫困和贫困率减半。到2023年，《议程》规定的时间已经过半。但相比2015年，拉美国家极端贫困率上升了2.7个百分点，而贫困率仅下降了0.1个百分点。① 这表明，在上述两项子目标上，拉美国家不仅没有进展，还出

① CEPAL, *América Latina y el Caribe ante el Desafío de Acelerar el Paso hacia el Cumplimiento de la Agenda 2030: Transiciones hacia la Sostenibilidad*, Santiago, 2024, p.26.

现了倒退。

地区国家之间的减贫进展存在较大差异。在"消除极端贫困"这一目标上，根据进展可以分为三种情况。第一种情况是极端贫困水平较低，但近年来出现反弹。例如，乌拉圭的极端贫困率在 2019 年已经降到 0.1%，2022 年上升到 0.3%；智利的极端贫困率在 2017 年降至 1.4%，2022 年反弹到 2.1%。这两个国家极端贫困水平的增幅虽然较大，但基数很小，即使出现反弹，也可以视为基本或接近消除了极端贫困。第二种情况是极端贫困水平有所下降。这类国家包括玻利维亚、哥斯达黎加、萨尔瓦多、墨西哥、巴拿马、秘鲁等。其中玻利维亚的极端贫困率由 2014 年的 14.9% 下降到 2021 年的 9.9%。这些国家能否在 2030 年消除极端贫困还存在不确定性，但至少减贫趋势与目标方向是一致的。第三种情况是极端贫困水平上升。这类国家包括阿根廷、巴西、哥伦比亚、厄瓜多尔、洪都拉斯、巴拉圭等。这些国家必须加快减贫进程才有可能在 2030 年实现消除极端贫困的目标。在"贫困率减半"这一目标上，按当前趋势最有可能实现目标的国家包括智利、玻利维亚、萨尔瓦多、巴拿马和墨西哥，其他国家要么进展缓慢，要么出现倒退。①

如果按照多维贫困②的标准来衡量，那么拉美国家的贫困水平要低得多。根据联合国开发计划署和"牛津贫穷与人类发展倡议"（Oxford Poverty and Human Development Initiative）共同提出的多维贫困指数，拉美地区共有 3300 万人处于极端多维贫困状态，约占总人口的 5.6%，这一比重接近按照国际贫困线③测算的极端贫困率 4.9%。④ 对多维贫困影响最大的因素是生活

---

① 本部分数据均来自 CEPAL, *Panorama Social de América Latina y el Caribe 2023*, Santiago, 2023, pp. 85-86。

② 多维贫困认为贫困不仅指收入水平低和消费能力不足，还包括健康、卫生、教育、居住条件等方面的机会和权利剥夺（deprivation）。

③ 指世界银行采用的按 2017 年购买力平价计算、每人每天生活费不足 2.15 美元的极端贫困标准。

④ UNDP, Oxford Poverty and Human Development Initiative, *Global Multidimensional Poverty Index 2023— Unstacking Global Poverty: Data for High-Impact Action*, New York, 2023, p. 21.

条件（包括住房和基础设施），贡献率达到38.9%，其次是医疗和教育，贡献率分别为33.5%和27.6%。[①] 通过对2016年和2019年两个年份的考察，在有数据的12个拉美国家中，与生活条件相关的所有指标均有所好转，其中排污设施的改善最明显，其次是住房建材、厨房燃料类型、饮用水来源、住房设施和电力。在教育维度，辍学率显著下降是最重要的进展。医疗卫生维度的两个关键指标——儿童营养不良率和死亡率，已经处于较低水平，进一步改善的空间有限。虽然从多维贫困的发展趋势上看，拉美国家的减贫前景更为乐观，各国为消除权利剥夺所进行的努力也值得肯定，但考虑到多数拉美国家属于世界银行划定的中等偏上收入经济体，仅仅将多维贫困改善作为减贫目标远远不够，这会低估拉美地区贫困问题的严重性和减贫面临的严峻挑战。提高贫困群体的货币收入水平仍是未来几年拉美国家减贫事业的首要任务。

二　劳动力市场复苏乏力

2023年，拉美地区劳动力市场保持平稳，但表现出复苏乏力的迹象。从各项指标来看，就业形势的缓慢恢复仍属于对疫情发生后迅速恶化的劳动力市场的修复。

与2022年下半年相比，2023年上半年劳动力市场的复苏略显疲弱。如图3所示，到2023年第二季度，劳动参与率尚未恢复到2019年第四季度的水平，而且与2022年下半年相比也有所降低；就业率已与疫情之前持平，但相比2022年第四季度下降0.3个百分点；失业率则远低于疫情前。拉美经委会认为失业率之所以处于较低水平，是因为劳动参与率没有恢复，也就是说仍有一些劳动力因为就业困难而选择退出劳动力市场。这种现象始于新冠疫情发生，此后一直存在，由此拉低了2020年以来拉美地区的调查失业

---

① UNDP，Oxford Poverty and Human Development Initiative，*Global Multidimensional Poverty Index 2023—Unstacking Global Poverty：Data for High-Impact Action*，New York，2023，p. 21.

率。按照测算，假设劳动参与率以正常速度上升，2020 年上半年拉美地区的失业率不是公布的 10.2%，而会达到 17.2%，2023 年上半年的失业率也不是 6.6%，而是 7.5%。[①] 这解释了为何在拉美地区经济形势低迷的情况下失业率处于低水平。

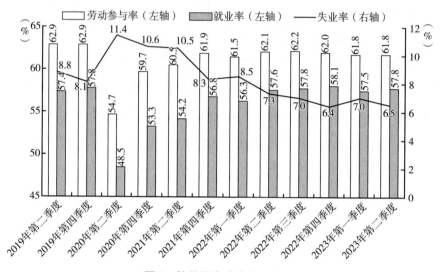

图 3　拉美国家季度就业指标

资料来源：OIT, *Panorama Laboral 2023 de América Latina y el Caribe*, Perú, 2023, p. 41。

受疫情影响，就业人数在 2020 年大幅度减少，从 2021 年上半年起恢复增长，下半年同比增长 12.8%。此后，就业增幅不断下降，2023 年上半年跌至 2%。[②] 这一水平与 2019 年差不多。也就是说，到 2023 年，拉美国家创造就业的能力在经历了疫情期间的起伏之后已经基本恢复到正常状态。巴西、智利、哥伦比亚和牙买加等国 2023 年上半年就业增长率比 2022 年下半年下降了 6 个百分点以上，哥斯达黎加、秘鲁等国的就业人数出现了负增长，这说明部分国家进入 2023 年之后劳动力市场形势急转直下。

① CEPAL, *Balance Preliminar de las Economías de América Latina y el Caribe 2023*, Santiago, 2023, p. 89.

② CEPAL, *Balance Preliminar de las Economías de América Latina y el Caribe 2023*, Santiago, 2023, p. 83.

就业增长率下降体现在所有行业。从季度数据来看，转折点出现在2022年第三季度，各行业就业增长的速度都开始下降，其中商业的就业增长率降幅最为明显，由2022年第二季度的11.1%下降到第三季度的6.2%。[①] 2023年第一度金融业和基本服务业的就业出现了短暂的反弹，但未能延续，而其他行业保持了就业增长减速的趋势。农业的就业增长率从2022年第四季度起连续3个季度出现负值，建筑业的就业增长率在2023年第二季度同比下降了1.8%，[②] 这是国内需求疲软、利率提高和信贷收缩导致的建筑业萎缩所致。

在拉美国家的劳动力市场上，雇佣劳动被认为是相对较好的就业方式，大多数正规就业者是公共部门或私营部门的雇员。非正规就业者以个体劳动者、家政服务人员和无报酬的家庭劳动者为主。2023年上半年，由于拉美国家创造正规就业机会的能力增强，拉美地区非正规就业在全部就业中所占比重下降到47.3%，已低于疫情之前，比2022年上半年也降低了0.5个百分点。[③] 国际劳工组织的数据也显示，尽管疫情发生后非正规就业在创造就业方面发挥主导作用，但对拉美地区就业恢复的贡献率已经由2020年第四季度的约90%下降到2023年第二季度的61%。[④]

通货膨胀率的下降和名义最低工资的提高使得多数拉美国家的实际最低工资水平有所上涨，但国家间差距较大。在牙买加和墨西哥，2023年上半年实际最低工资同比涨幅分别达到13.3%和12.5%。[⑤] 也有一些国家的实际最低工资下降，如萨尔瓦多、海地、特立尼达和多巴哥等。11个有数据的拉美国家的实际平均工资水平提高了0.4%，其中巴西、墨西哥等4个国家

① CEPAL, *Balance Preliminar de las Economías de América Latina y el Caribe 2023*, Santiago, 2023, p. 85.

② CEPAL, *Balance Preliminar de las Economías de América Latina y el Caribe 2023*, Santiago, 2023, p. 85.

③ CEPAL, *Balance Preliminar de las Economías de América Latina y el Caribe 2023*, Santiago, 2023, p. 92.

④ OIT, *Panorama Laboral 2023 de América Latina y el Caribe*, Perú, 2023, p. 55.

⑤ CEPAL, *Balance Preliminar de las Economías de América Latina y el Caribe 2023*, Santiago, 2023, p. 95.

的实际平均工资涨幅超过 3%，而尼加拉瓜、秘鲁等国的实际平均工资下降幅度超过了 3%。① 如果从更长的周期观察，那么大部分拉美国家的购买力水平受到了不同程度的侵蚀。2019 年第二季度到 2023 年第二季度，9 个拉美国家中，只有墨西哥和乌拉圭实际平均工资有所上涨，而阿根廷、哥斯达黎加和巴拉圭实际平均工资都下降了 10%。②

从 2023 年上半年拉美劳动力市场的平淡表现来看，下半年不会有太大起色，全年平均失业率有可能维持在 6.2%~6.4% 区间内。考虑到 2024 年的经济增长率与 2023 年大致持平，就业形势也难以明显好转，失业率将略微上升至 6.5%~6.8%。③

三　对外移民和侨汇继续增长

近年来，受经济环境恶化的影响，拉美地区的移民问题日益尖锐。在经过 2020 年的短暂停息之后，2021 年移民潮卷土重来。拉美地区的人口迁移从目的地上可分为两类：一是本地区内部的迁移，即人口从经济发展水平低或经济社会环境恶化的国家向经济发展水平较高、经济社会形势稳定的国家迁移；二是人口向地区外部发达国家迁移，主要目的地是美国和西班牙。

自 2015 年以来，委内瑞拉对外移民成为拉美地区内部规模最大的人口迁移活动。截至 2023 年底，约 772 万名委内瑞拉难民和移民分布在世界各地，其中 654 万人集中在拉美地区；哥伦比亚和秘鲁接收的委内瑞拉移民最多，分别有 288 万名和 154 万名委内瑞拉人居住在这两个国家。④ 巴西、厄瓜多尔、智利等国的委内瑞拉移民也都超过了 40 万人。拉美国家已经向约

① CEPAL, *Balance Preliminar de las Economías de América Latina y el Caribe 2023*, Santiago, 2023, p. 94.

② OIT, *Panorama Laboral 2023 de América Latina y el Caribe*, Perú, 2023, pp. 74-75.

③ OIT, *Panorama Laboral 2023 de América Latina y el Caribe*, Perú, 2023, p. 78.

④ OIM, "Tendencias Migratorias en las Américas: Personas Migrantes en Tránsito", *Informe Trimestral octubre-diciembre 2023*, p. 10.

449 万名委内瑞拉移民发放了居留许可。① 与 2022 年不同的是，2023 年返回委内瑞拉的移民数量有所增多，但迁出人口仍多于迁入人口。委内瑞拉人返乡的主要原因是家庭团聚和私人事务。

以美国为目的地的移民潮没有消退迹象。2021 年拜登政府上台后，曾表示要放宽移民政策。但面对南部边境不断扩大的移民潮，拜登政府难以兑现承诺。在共和党与民主党的双重压力下，拜登政府骑虎难下，一方面不得不保留特朗普执政时期的大部分移民政策，另一方面出台了一些安抚移民的举措，旨在平息外界对其在移民问题上无所作为的批评。2023 年 1 月 5 日，拜登宣布每月允许 3 万名来自古巴、海地、尼加拉瓜和委内瑞拉的移民合法入境。也就是说，美国给予上述 4 国每年 36 万个合法移民的配额。但是，相比于整个拉美地区数以百万计的移民需求来讲，仅为一小部分人开辟移民通道是远远不够的，也无法掩盖美国在移民问题上的敷衍和不负责任。尽管美国政府自身在移民问题上没有行之有效的措施，却不断向其邻国墨西哥施压，要求墨西哥采取措施阻止非法移民。2023 年 12 月，美国国务卿安东尼·布林肯（Antony Blinken）访问墨西哥，试图说服墨西哥配合美国共同打击非法移民。墨西哥反对采取强制和非人道的手段对待移民，认为美国应该加大对拉美国家的资金支持，帮助其发展经济，从源头上解决移民问题。在此之前，墨西哥于 10 月召集另外 11 个拉美国家举行了移民峰会，商讨如何采取共同行动应对移民危机。

2023 年 5 月，美国政府在疫情期间颁布的"第 42 条边境条款"② 到期失效，不能再以防疫为由快速驱逐非法移民。"第 42 条"到期之后，美国恢复使用疫情之前执行的"第 8 条"法案程序处理非法移民问题。根据"第 8 条"的规定，被驱逐出境的移民在 5 年内不得进入美国，否则将面临

① OIM, "Tendencias Migratorias en las Américas: Personas Migrantes en Tránsito", *Informe Trimestral octubre-diciembre 2023*, p. 10.

② "第 42 条边境条款"指美国国会赋予总统在卫生紧急状态下限制外国人入境的权力，这项法案作为联邦法律的"第 42 条"被纳入公共卫生法律。2020 年 3 月，时任美国总统特朗普以防疫为由引用了该条款。

指控和监禁。2019~2023 年，美国依据"第 8 条"拘押和驱逐的非法移民
达到 525.5 万人；2020 年 5 月至 2023 年 5 月，依据"第 42 条"驱逐的非法
移民达到 290.6 万人。①

"第 42 条"虽然失效，但墨美边境的混乱并未结束。从 2023 年 7 月起，
在墨美边境被拦截和扣押的非法移民数量逐月增多，12 月更是创下了自
2021 年以来的单月最高纪录，达到 30.2 万人。② 2023 年全年美国西南边境
共计 254.2 万人被禁止入境美国，比 2022 年减少 3.7 万人，但比 2021 年增
加 50.7 万人。③ 从非法移民的原籍国构成来看，2023 年的最大变化在于南
美洲移民明显增多，其中来自委内瑞拉和厄瓜多尔的移民大幅度增加。前者
达到 36 万人，远多于 2022 年的 16.7 万人；后者虽然数量不多，为 12.4 万
人，但同比增长高达 116%,④ 这主要是因为厄瓜多尔国内安全局势恶化。
在被拦截人员中，墨西哥移民的占比最高，达 29%；其次是委内瑞拉移民，
占 14%；危地马拉、洪都拉斯和萨尔瓦多 3 个中美洲国家的移民合计
占 22%。⑤

随着以美国为目的地的南美洲移民增多，哥伦比亚与巴拿马交界处的达
连（Darién）丛林成为移民从南美洲进入中美洲的重要通道。自 2021 年以
来，冒着生命危险非法穿越这条通道的移民数量逐年增多，2023 年达到 52
万人，是 2022 年的 2 倍，其中委内瑞拉移民约 32.9 万人，厄瓜多尔移民约
5.7 万人。⑥ 不断向墨美边境集结的移民潮给途经国家也造成了极大压力。
2023 年 9 月，哥斯达黎加政府宣布进入紧急状态。为了尽快疏散移民，巴拿
马和哥斯达黎加两国政府于 10 月达成协议，为移民和难民开通公共交通专线，
将其由巴拿马的达连地区移民接收站直接运送至哥斯达黎加的移民临时安

① OIM, "Estadísticas Migratorias para México", *Boletín Anual 2023*, México, marzo de 2024, p. 5.
② OIM, "Estadísticas Migratorias para México", *Boletín Anual 2023*, México, marzo de 2024, p. 5.
③ OIM, "Estadísticas Migratorias para México", *Boletín Anual 2023*, México, marzo de 2024, p. 5.
④ OIM, "Estadísticas Migratorias para México", *Boletín Anual 2023*, México, marzo de 2024, pp. 6-7.
⑤ OIM, "Estadísticas Migratorias para México", *Boletín Anual 2023*, México, marzo de 2024, p. 6.
⑥ OIM, " Tendencias Migratorias en las Américas: Personas Migrantes en Tránsito ", *Informe Trimestral octubre–diciembre 2023*, p. 35.

置点。

拉美地区的经济低迷及其与发达国家之间收入水平的差距继续推动侨汇增长。2023 年，拉美国家接收的侨汇达到创纪录的 1559 亿美元，比 2022 年增加 9.5%。[①] 墨西哥以 647 亿美元的侨汇收入稳居榜首，其次是中美洲国家，侨汇收入约 440 亿美元。[②] 拉美国家约 60%的侨汇收入来自美国，因此美国经济的发展形势对拉美国家的侨汇收入有重要影响。2023 年美国经济继续转好、平均工资水平提高和拉丁裔移民中就业人数增加，构成了拉美国家侨汇收入增长的主要原因。

移民不仅通过侨汇为原籍国做出贡献，对侨居国的经济发展也发挥着重要作用。根据拉美经委会对智利、哥斯达黎加、多米尼加、哥伦比亚、厄瓜多尔和阿根廷 6 个拉美国家的研究，2022 年移民对这些国家 GDP 增长的贡献率为 2.5%~11.5%，[③] 其中 4 个国家呈现明显上升态势。在智利，移民对 GDP 的贡献率从 2009 年的 1.8%提高到 2022 年的 11.5%；在哥伦比亚，这一比重由 2010 年的 0.4%提高到 2022 年的 4.8%。[④] 拉美移民对美国经济的重要性更是不言而喻。据统计，美国拉丁裔人口创造的 GDP 在 2021 年达到 3.2 万亿美元，相当于印度、英国或法国的经济总量。如果将其视为一个独立的经济体，那么可以排到世界第 5 位。美国拉丁裔创造的 GDP 的增长率在 2021 年达到 3.5%，也远高于该国非拉丁裔的 1.6%。[⑤] 在美国的拉丁裔人口中，移民约占 1/3。[⑥] 尽管拉美移民对美国经济的贡献不能简单地用人

---

① René Maldonado, Jeremy Harris, *Las Remesas a Latinoamérica y el Caribe en 2023*：*Retomando el Crecimiento Previo*，BID，noviembre de 2023，pp. 7-8.

② René Maldonado, Jeremy Harris, *Las Remesas a Latinoamérica y el Caribe en 2023*：*Retomando el Crecimiento Previo*，BID，noviembre de 2023，p. 9.

③ CEPAL, *Panorama Social de América Latina y el Caribe 2023*, Santiago, 2023, p. 169.

④ CEPAL, *Panorama Social de América Latina y el Caribe 2023*, Santiago, 2023, p. 169.

⑤ Dan Hamilton, David Hayes - Bautista, *2023 U. S. Latino GDP Report*, California Lutheran University, Los Angeles, September 2023, p. 3.

⑥ Shannon Schumacher et al. , "Most Hispanic Immigrants Say Their Lives Are Better in the U. S. But Face Financial and Health Care Challenges：The 2023 KFF/LA Times Survey of Immigrants", KFF, January 18, 2024, https：//www. kff. org/racial-equity-and-health-policy/poll-finding/most-hispanic-immigrants-say-lives--are-better-in-the-us/, accessed April 30, 2024.

口占比来衡量，但也可从中管窥到移民的重要作用。非法移民对美国劳动力市场也是一个巨大补充来源，他们是农业、建筑业、家政服务业等行业的主要劳动力，解决了美国就业市场低端劳动力和体力劳动力不足的问题。

四　有组织犯罪问题突出

智利天主教大学国际问题研究中心（CEIUC）在 2023 年和 2024 年发布的《拉丁美洲政治风险》年度报告中，连续两年将有组织犯罪和治安恶化列为拉美地区十大风险之首。在全球打击跨国有组织犯罪倡议组织（Global Initiative against Transnational Organized Crime）发布的 2023 年全球有组织犯罪指数排名中，哥伦比亚、墨西哥和巴拉圭分别排在第 2、3、4 位；[①] 复原力指数[②]排名最高的国家是乌拉圭、智利和阿根廷，分别排在第 13、33、39 位。[③]

拉美地区有组织犯罪大多与毒品生产和买卖有关。新冠疫情期间，受制于各国采取的限制人员流动和隔离措施，贩毒活动有所收敛，有组织犯罪行为更多表现为敲诈勒索、网络犯罪和黑市交易等。防疫措施放松后，犯罪集团不仅恢复了毒品买卖，而且变本加厉，继续扩张市场。根据拉美有组织犯罪方面的研究机构"洞察犯罪"（InSight Crime）的不完全统计，2023 年 18 个拉美国家共收缴约 1260 吨可卡因，其中在最重要的毒品生产国哥伦比亚收缴的可卡因高达 739.5 吨，比 2022 年增加 12.1%。[④] 玻利维亚在 2023 年收缴的可卡因达到 33 吨，比 2022 年增加 62%，同时取缔了 10302 公顷的古

---

① Global Initiative against Transnational Organized Crime, *Índice Global de Crimen Organizado 2023*, Ginebra, 2023, p. 209.

② 复原力指数反映了一国通过政治、经济、法律、社会等手段遏制和瓦解有组织犯罪的综合能力。指数和排名越高，说明能力越强。

③ Global Initiative against Transnational Organized Crime, *Índice Global de Crimen Organizado 2023*, Ginebra, 2023, p. 228, 230.

④ 本部分数据均来自 InSight Crime, *Balance de Incautaciones de Cocaína de 2023 de InSight Crime*, marzo de 2023, pp. 4, 6, 7。

柯种植，比 2022 年略有增加。上述两国政府均加大了打击制毒、贩毒的力度，毒品收缴量大幅度增加。厄瓜多尔虽然不是毒品生产国，但由于地理位置特殊，已经成为拉美地区最重要的毒品转运国。2023 年，厄瓜多尔收缴的可卡因达到 195.4 吨，仅次于哥伦比亚。尽管拉美国家的执法机关每年都查获大量毒品，但是漏网之鱼不计其数。欧洲市场巨大的需求导致南美洲的毒品源源不断地输入欧洲。2023 年，西班牙、德国、荷兰、比利时等欧洲国家都查获了数以吨计的来自南美洲国家的毒品。

贩毒集团为了保护毒品种植、运输路线和交易场所，不仅全副武装，而且配有重型武器装备。这导致 2021 年以来有组织犯罪活动的暴力危害越来越严重。根据联合国毒品和犯罪问题办公室的信息，拉美地区一半左右的凶杀案与有组织犯罪相关。① 这也是近年来大部分拉美国家的社会治安没有明显改善的主要原因。在疫情最严重的 2020 年，不少国家的凶杀率不降反升。厄瓜多尔安全形势明显恶化。邻国毒品产量不断提高以及厄瓜多尔作为贩毒通道所带来的巨额利润，导致厄瓜多尔有组织犯罪活动日益猖獗。2019 ~ 2022 年，厄瓜多尔的凶杀率由 10 万分之 6.8 上升到 10 万分之 27。② 2024 年 1 月，厄瓜多尔发生了毒贩越狱、武装人员攻占电视台等一系列暴力事件。总统丹尼尔·诺沃亚（Daniel Noboa）宣布该国进入为期 60 天的紧急状态。而萨尔瓦多因得益于纳伊布·布克尔（Nayib Bukele）政府对黑帮组织的高压政策，成为拉美地区治安状况改善最为显著的国家，其凶杀率由 2015 年的 10 万分之 106.8 下降到 2022 年的 10 万分之 7.8。③

向政治领域渗透是拉美国家有组织犯罪的典型特征。一方面，政界人士与犯罪集团的勾结屡见不鲜。2022 年 12 月秘鲁总统佩德罗·卡斯蒂略（Pedro Castillo）遭弹劾下台并被逮捕，其罪名之一即为"涉嫌参与有组织犯罪"。2023 年 8 月就职的巴拉圭总统圣地亚哥·培尼亚（Santiago Peña）

---

① Jorge Sahd K., Daniel Zovatto y Diego Rojas, eds., *Riesgo Político América Latina*, CEIUC, Santiago de Chile, enero de 2024, p. 11.

② UNODC, *Global Study on Homicide 2023*, December 2023, New York, p. 106.

③ UNODC, *Global Study on Homicide 2023*, December 2023, New York, p. 104.

组建的内阁被认为与有组织犯罪利益有牵连。另一方面，犯罪集团甚至会采取暴力手段铲除威胁其利益的政治领袖。2023 年，厄瓜多尔大选前夕发生了数起针对政治领导人的枪杀事件，其中包括以打击毒品犯罪为竞选纲领的总统候选人费尔南多·比利亚维森西奥（Fernando Villavicencio）。2021 年以来海地局势的恶化则是黑帮组织介入政治斗争、政治人物与黑帮相互勾结利用的直接结果。

有组织犯罪是拉美国家的痼疾。长期以来，各国政府都采取过多种措施试图遏制有组织犯罪，改善治安，但收效甚微。而萨尔瓦多对有组织犯罪的有效治理不仅引发了国际社会的广泛关注，也促使各国反思如何更加有效地打击犯罪。萨尔瓦多曾经是拉美地区治安最差、犯罪率最高的国家之一。2014 年，萨尔瓦多·桑切斯·塞伦（Salvador Sánchez Cerén）担任总统后，对黑帮势力展开攻势，萨尔瓦多安全形势有所改观。布克尔上台后继续采取严惩犯罪的策略，并于 2022 年 3 月宣布全国进入紧急状态，开始对国内黑帮势力实施更为严厉的打击，取得了明显成效。截至 2023 年 12 月，紧急状态经萨尔瓦多议会每月延长一次，执法机关累计抓捕黑帮成员 7.7 万人，监狱共关押囚犯 10.5 万人。[①] 2024 年 2 月，布克尔连任总统后，表示将延续原有打击犯罪政策。萨尔瓦多治理犯罪的模式虽然成效显著，但也引发了巨大争议。质疑主要来自几个方面。第一，萨尔瓦多的扫黑行动是在暂停宪法权利之后实施的，执法机构抓捕和关押犯罪人员在程序上缺乏合法性。第二，在紧急状态下，执法机关虽然可以在无证据、无正式指控的情况下关押囚犯，但萨尔瓦多现行的法律体系并不能为这一策略提供长期保障。第三，萨尔瓦多监狱人满为患，囚犯的人权得不到保障。第四，尽管帮派势力被严重削弱，但并未被完全取缔，仍有少部分黑帮组织处于活跃状态；如果不能从源头上予以根治，有组织犯罪很快会卷土重来。第五，执政党利用在议会的绝对多数席位使高压政策得以顺利推行，并改组了最高法院，但行政机关

---

① InSight Crime, *El Régimen de Excepción（perpetuo）de El Salvador：Cómo el Gobierno de Bukele Sometió a las Pandillas*, diciembre de 2023, p. 51.

权力过大很容易滋生腐败。总体来看，这些质疑主要围绕"用铁腕和强硬手段打击犯罪是否具有可持续性"这一问题展开。对于萨尔瓦多政府而言，这的确是一个十分重要的问题。仅仅通过囚禁黑帮成员的方式来遏制犯罪不是长久之计。萨尔瓦多政府不仅要进一步完善法律制度，使其打击犯罪的行动更具合法性和说服力，最重要的是要从发展经济、改善民生、促进就业等层面切断造成有组织犯罪盛行的根源。

"萨尔瓦多模式"取得的初步成效并不意味着这一模式适用于其他拉美国家。实际上，多数拉美国家有过重拳出击、惩治犯罪的经历，但皆因各种原因未能奏效。国情差异决定了"萨尔瓦多模式"不可复制。仅布克尔政府具备的政治条件和资源这一有利因素，就非其他国家所能比拟。无论如何，对于深受暴力活动困扰的拉美地区而言，萨尔瓦多在犯罪治理上的探索仍具有借鉴意义，值得思考。

除了制毒、贩毒之外，拉美地区有组织犯罪的其他表现形式还包括环境犯罪、金融犯罪、武器贩运、买卖人口、走私、敲诈勒索等。环境犯罪以安第斯国家的非法采掘和亚马孙流域的非法砍伐、贩卖野生动植物等为代表。这些活动不仅会破坏自然环境，导致环境退化，而且会造成人员伤亡，因为犯罪分子受利益驱使，不惜采用武力手段对抗阻挡其犯罪行为的印第安居民、环保人士和地方官员。巴拉圭、牙买加、巴西和墨西哥的非法武器贩运十分猖獗。[1]

五　消费习惯变化

2020年新冠疫情发生后，拉美民众的消费观念、习惯和行为发生了很大变化，传统的消费模式不得不快速适应新的形势和需要。

最大的变化莫过于网络购物的兴起。疫情之前，拉美地区的网络购物和

---

[1]　Global Initiative against Transnational Organized Crime, *Índice Global de Crimen Organizado 2023*, Ginebra, 2023, p. 101.

电子商务已经取得一定程度的发展，但落后于亚洲、北美和欧洲。新冠疫情成为拉美地区线上购物蓬勃发展的催化剂，加速了消费习惯的改变。疫情期间，各国采取的隔离措施使网络购物量明显增加。拉美国家数字化建设的加快也为线上消费提供了便利。据统计，疫情期间共有 9700 万拉美消费者首次线上购物。[1] 消费行为的变化极大地推动了电子商务的发展。根据"支付与商业市场情报公司"（Payments & Commerce Market Intelligence）发布的报告，2019 年 15 个拉美国家电子商务交易量为 1760 亿美元，2023 年激增到 5090 亿美元；其中零售业占 53%，达到 2720 亿美元，比 2022 年增长 30%。[2] 另外两个在电子商务交易中占比较多的类别是旅行，占 24%，网约车和快递，占 13%。[3] 拉美国家电商零售额同其他地区相比虽然还有很大差距，但发展势头迅猛，而且人均年消费额达到 467 美元，比 2019 年的 219 美元增加了 1 倍以上。[4] 得益于疫情期间的良好体验，大量中青年在后疫情时代延续了新的消费习惯，将线上消费作为主要的消费方式之一。相比传统的线下模式，线上消费能够为消费者提供更丰富、更优质的服务，这使得消费者对电商平台的依赖性越来越强。拉美地区最大的电商平台 Mercado Libre（中文直译为"自由市场"）在疫情期间实现了井喷式发展，大幅度增长的势头一直延续到疫情之后。2023 年 Mercado Libre 的年收入达到创纪录的 145 亿美元，比 2022 年增长 37.4%，活跃买家达到 8500 万人，月访问量 7263 万人次。[5]

疫情对支付模式也产生了很大影响。根据世界银行的统计，拉美国家

① Kushki, PCMI, *Payment Trends 2024 in Latin America*：*Technology Shaping the Future*，*The Six Industry Trends*，2024, p. 7.
② PCMI，*The 2023 Latin America E-commerce Blueprint*，2023, pp. 12, 13, 14.
③ PCMI，*The 2023 Latin America E-commerce Blueprint*，2023, p. 13.
④ PCMI，*The 2023 Latin America E-commerce Blueprint*，2023, p. 14.
⑤ Lizbeth Serrano, "Mercado Libre Presenta Resultados Récord en 2023 con Ganancias a Más del Doble", InformaBTL, 26 de febrero de 2024, https://www.informabtl.com/mercado-libre-presenta-resultados-record-en-2023-con-ganancias-a-mas-del--doble/, accessed May 15, 2024.

14%的成年消费者在疫情期间进行了首次电子支付。① 拉美消费者最习惯使用的信用卡支付在电子商务中所占份额由 2018 年的 55% 下降到 2023 年的 48%，② 虽然信用卡仍是最主要的支付方式，但面临其他支付方式的强有力竞争。巴西中央银行于 2020 年推出的 Pix 实时支付系统到 2023 年已经占据 16% 的市场份额，③ 未来发展潜力巨大。

消费行为的另一个新变化在于消费者更加精打细算。疫情期间，拉美地区就业形势低迷，居家隔离导致很多非正规就业者失去收入来源。2022 年通货膨胀水平攀升对民众购买力造成严重侵蚀。在此背景下，拉美消费者越来越倾向于理性消费，同时减少浪费，以降低生活成本。超市为迎合市场需要，增加了对自有品牌的投资，以便为消费者提供更多价格低廉的商品。

更加注重环保是消费观念升级的重要表现。国际知名的消费者研究和咨询机构凯度（Kantar）集团按照消费者在购买商品和服务时对环保的重视程度将其分为三类，即生态倡行者（Eco‑Actives）、生态关注者（Eco‑Considerers）和生态漠视者（Eco‑Dismissers）。2023 年，拉美国家消费者中生态倡行者的比重时隔 2 年再次增长，达到 18%，生态关注者也占到 37%。④ 这两项比重在全球 5 个地区⑤中均排在第 2 位，仅次于欧洲。这说明半数以上的拉美消费者在购物过程中会或多或少有意识地改变消费行为，以减少对环境的影响。对环保消费行为造成阻碍的最大因素在于价格。即使在生态倡行者中，也有 70% 的人表示在意产品价格。⑥ 其他的影响因素还包括产品选择余地小、缺乏信息等。但无论如何，消费者对生态保护的重视将

---

① "La COVID‑19 Incrementa el Uso de los Pagos Digitales a Nivel Mundial", Banco Mundial, 29 de junio de 2022, https：//www.bancomundial.org/es/news/press‑release/2022/06/29/covid‑19‑drives‑global‑surge‑in‑use‑of‑digital‑payments, accessed May 15, 2024.

② PCMI, *The 2023 Latin America E‑commerce Blueprint*, 2023, p.21.

③ PCMI, *The 2023 Latin America E‑commerce Blueprint*, 2023, p.21.

④ Kantar, *Who Cares? Who Does? 2023*, September 2023, p.3.

⑤ 包括欧洲、拉美和加勒比、北美洲、亚洲、中东和非洲。

⑥ "Sustainable Shopping Is on the Rise again in Latin America after a Two‑year Decline", Kantar, November 9, 2023, https：//www.kantar.com/inspiration/sustainability/sustainable‑shopping‑is‑on‑the‑rise‑again‑in‑latin‑america‑after‑a‑two‑year‑decline, accessed May 16, 2024.

增强企业改进产品、扩大研发的动力，也有助于壮大绿色、环保产品的市场规模，从需求端引领企业的发展，创造市场机遇。

流媒体消费出现的新趋势是拉美消费者更倾向于观看免费的视频内容。在线视频在拉美网民中的普及率已经达到顶峰，99%的网民会在社交媒体或免费的视频网站上观看视频。① 相比之下，奈飞（Netflix）、HBO 等收费点播视频消费的渗透率约为 70%，② 从近几年的趋势来看，进一步提高的可能性较小。民调显示，约有 35%的拉美网民表示愿意用观看广告来换取免费视频。③ 这些变化使收费视频网站不得不做出调整。例如，2022 年 11 月，奈飞在墨西哥和巴西推出了更经济和带有广告内容的注册方式。其他流媒体在未来几年也将陆续跟进，以顺应消费者的需求。

总体来看，近年来拉美民众消费习惯和行为的变化主要受到疫情的影响，也和经济环境有关。虽然疫情对社会发展造成了巨大冲击，但也在一定程度上加速了社会变革，迫使人们适应新的生活方式。从这个意义上讲，疫情产生的影响是极其深远的。

结　语

2014～2023 年，拉美经济持续低迷，GDP 年平均增长率仅为 0.8%。④ 这是继 20 世纪 80 年代之后，拉美地区再次陷入"失去的十年"。受此影

① Valentina Duque, "5 Tendencias de los Consumidores Latinoamericanos en 2023", AMI, January 7, 2023, https：//americasmi. com/insights/preferencias-consumidores-latinoamericanos/, accessed May 16, 2024.

② Valentina Duque, "5 Tendencias de los Consumidores Latinoamericanos en 2023", AMI, January 7, 2023, https：//americasmi. com/insights/preferencias-consumidores-latinoamericanos/, accessed May 16, 2024.

③ "Gran Oportunidad para Anunciantes en Latinoamérica：El 41% de la Población Digital de la Región son Connected TV Watchers", Comscore, 19 de diciembre de 2022, https：//www. comscore. com/lat/Prensa-y-Eventos/Comunicados-de-prensa/2022/12/Gran-oportunidad-para-anunciantes-en-Latinoamerica, accessed May 17, 2024.

④ CEPAL, *América Latina y el Caribe en la mitad del Camino hacia 2030：Avances y Propuestas de Aceleración*, Santiago, 2023, p. 14.

响，拉美国家在消除贫困、减少不平等、创造就业、提高民众生活水平等方面都面临严峻挑战。新冠疫情进一步加剧了拉美国家的发展困境，加大了各国政府解决社会问题的难度。值得肯定的是，疫情期间几乎所有拉美国家都增加了社会投入，努力缓解疫情对低收入群体的冲击，保持了社会的基本稳定。从各项社会指标来看，到 2023 年拉美国家已经摆脱了疫情影响，回归正常发展轨道。经济形势的变化成为社会发展的决定性因素。

拉美经委会预测 2024 年拉美地区经济将增长 2.1%。[1] 根据其推断，如果拉美国家难以进行深度的结构性经济改革，在中短期内很有可能维持常态化的低速增长模式。一旦出现这种情况，那么社会发展进程也会受到很大影响，将不可避免地陷入"低迷期"。这将会严重拖累拉美国家落实联合国《2030 年可持续发展议程》，从已经取得的进展来看，实现目标的前景不容乐观。

疫情产生的社会影响并非完全负面。一方面，疫情暴露并放大了拉美国家的发展短板，有助于推动各国在医疗卫生、数字化建设等方面加快发展步伐；另一方面，疫情加速了民众消费理念和习惯的更新换代，进而带动了新兴产业、新型业态的兴起和发展，激发了市场活力。当前拉美国家在科技创新、数字经济、人工智能等领域的发展与世界先进水平之间存在巨大差距，如果能把握好后疫情时代的机遇，实现产业转型升级，那么必将增强经济韧性和内生动力，从而带动社会进步。

（郭存海　审读）

[1] "Economías de América Latina y el Caribe Crecerán 2, 1% en 2024, en un Contexto de Incertidumbre a Nivel Global", CEPAL, 9 de mayo de 2024, https://www.cepal.org/es/comunicados/economias-america-latina-caribe-creceran-21-2024-un-contexto-incertidumbre-nivel-global, accessed May 19, 2024.

Y.5
2023~2024年拉美对外关系：
多点联动中的动态平衡

周志伟*

摘　要：　当前，拉美对外关系呈现多点联动的显著特征。一方面，地区政治生态阶段性集体"左转"扭转了上个周期的政治对立局面，地区集体身份意识重新得到强化。受此影响，整个地区受到域外大国的更多外交关注，地区战略自主在诸多国际参与中也有充分体现。另一方面，域外大国显著加强了对拉美地区的政策规划，且相互之间关联性较清晰，这也体现出拉美地区的战略价值有所提升，且对域外大国具有相似的价值内涵。在这种局面下，拉美地区国家的外交选择呈现差异，但平衡战略是主流导向。下个阶段，全球政治生态的转换调整、大国关系的复杂演变、"全球南方"的发展动向、地区因素的叠加影响都将成为影响拉美外交走势的重要方面。

关键词：　拉丁美洲　国际关系　平衡战略　战略自主

　　2023~2024年，拉美对外关系呈现显著的活跃态势，经济合作成为拉美域内、域外外交互动的主线。从地区关系来看，地区一体化重回正常轨道。拜登政府启动了一揽子政策，欧盟启动了"欧盟-拉共体全球门户投资计划"，俄罗斯和日本也对拉美地区采取各具特色的政策。中拉关系持续高效

---

* 周志伟，中国社会科学院拉丁美洲研究所研究员，巴西研究中心执行主任，主要研究方向为巴西国别问题、拉美国际关系、国际战略、新兴大国合作。

推进，在高层交往的带动下，中拉双方政治互信显著提升，经贸机制更趋丰富，合作领域不断延伸，中拉伙伴关系面临"提质升级"的好局面。

一 地区关系：一体化重回正轨

随着拉美多数国家先后阶段性"左转"，2023 年的拉美地区关系呈现出显著回暖态势，区域团结与合作重新成为域内国家间互动的核心议题，地区一体化出现了一系列积极动向。这种局面既体现了拉美国家对上一周期域内阵营政治对立的广泛反思与纠正，也是拉美国家在地区与全球大变局下的因应求变。

在整个地区层面，巴西"优先周边"的外交回归盘活了地区对话，而左翼集体执政客观上也有效地强化了地区政治共识。2023 年 1 月 5 日，巴西外交部宣布"全面并立即"重新加入拉美和加勒比国家共同体（以下简称"拉共体"）的所有政治和技术实体，同时告知欧盟、中国、印度、东盟、非盟等与拉共体保持定期对话的域外伙伴。巴西外交部公告还强调，"重返拉共体是恢复巴西外交遗产以及充分融入国际社会的不可或缺的一步"。①

2023 年 1 月 24 日，阿根廷费尔南德斯政府牵头在布宜诺斯艾利斯召开了拉共体第 7 届峰会，包括 15 国元首或政府首脑在内的全部 33 个成员国政府代表与会，这也是自 2016 年以来本地区国家参与度最高的一届拉共体首脑峰会。中国国家主席习近平应邀向峰会做视频致辞，欧洲理事会主席夏尔·米歇尔（Charles Michel）、美国总统美洲事务特别顾问克里斯·多德（Chris Dodd）、联合国粮农组织总干事屈冬玉、拉美开发银行执行行长塞尔希奥·迪亚斯-格拉纳多斯（Sergio Díaz-Granados）、拉丁美洲一体化协会秘书长塞尔希奥·阿夫雷乌（Sergio Abreu）等国际政要参会。本届峰会通过的《布宜诺斯艾利斯宣言》尤其强调加速推进拉美一体化进程，也表达了

---

① "Retorno do Brasil à CELAC", Ministério das Relações Exteriores, 5 de janeiro de 2023, https：//www.gov.br/mre/pt-br/canais_atendimento/imprensa/notas-a-imprensa/retorno-do-brasil-a-celac, accessed March 3, 2024.

该地区在疫后经济恢复、粮食和能源安全、卫生战略、环境合作、科学技术、数字转型、基础设施等广泛问题上的共同愿景。此外，本届峰会还针对马尔维纳斯群岛（英称福克兰群岛）问题、解除美国对古巴的经济金融封锁、打击一切形式的恐怖主义等 11 项议题发布特别声明①，这也体现出拉美国家在地区和国际事务上共同发声的积极态势。

2024 年 3 月 1 日，拉共体第 8 届峰会在圣文森特和格林纳丁斯首都金斯顿举行，阿根廷、乌拉圭、巴拉圭、厄瓜多尔等 9 个国家的领导人缺席本次峰会。会议通过的《金斯顿宣言》② 涉及和平与安全、地区安全局势、经济稳定、粮食安全、能源转型、气候变化、灾害融资、可持续发展目标、跨国有组织犯罪、太空合作等重要议题。此外，峰会针对加沙局势发表了一份特别声明，支持联合国关于在加沙地带立即实现人道主义停火的决议，呼吁释放人质，并支持"两国方案"，但 33 个成员国中只有 24 个国家签署这份声明，阿根廷、巴拉圭、厄瓜多尔、乌拉圭、秘鲁、巴拿马、萨尔瓦多、哥斯达黎加、圣基茨和尼维斯等 9 国拒绝签字。总体来看，拉美地区一体化走出了过去几年基本"停摆"的局面，但由于本地区国家政治周期不一致，加之对全球热点冲突持不同立场，拉美地区的凝聚力和政治共识仍然较为脆弱。巴西总统卢拉强调，本地区在过去这些年呈现出"巴尔干化"和"分裂"特征，在对外立场上更是如此。③

在次区域层面，地区团结氛围重新回归，次区域一体化建设总体呈现积极向好态势。2023 年 4 月，巴西、阿根廷相继宣布重返南美国家联盟；5 月

---

① "Cumbre CELAC: Declaración de Buenos Aires", Ministerio de Relaciones Exteriores, Comercio Internacional y Culto, República Argentina, 24 de enero de 2023, https://www.cancilleria.gob.ar/es/actualidad/noticias/cumbre-celac-declaracion-de-buenos-aires, accessed March 3, 2024.

② "Declaration of Kingstown: VIII Summit of Heads of State and Government of the Community of Latin American and Caribbean States (CELAC)", March 1, 2024, https://onenewsstvincent.files.wordpress.com/2024/03/final-declaration-of-kingstown.pdf, accessed March 14, 2024.

③ "Discurso do Presidente Lula durante a Cúpula da Comunidade de Estados Latino-Americanos e Caribenhos (CELAC)", Presidência da República, 1 de março de 2024, https://www.gov.br/planalto/pt-br/acompanhe-o-planalto/discursos-e-pronunciamentos/2024/discurso-do-presidente-lula-durante-a-cupula-da-comunidade-de-estados-latino-americanos-e-caribenhos-celac, accessed March 14, 2024.

30 日，巴西总统卢拉牵头重启南美国家领导人峰会，除秘鲁总统博鲁阿尔特外，南美国家领导人全部出席，会议签署的《巴西利亚共识》明确了深化南美一体化的必要性和迫切性。美洲玻利瓦尔联盟延续团结互助、集体发声的合作氛围，一方面支持委内瑞拉国内政治对话进程，另一方面声援古巴、委内瑞拉、尼加拉瓜等国捍卫国家主权的斗争。2023 年，安第斯共同体选举产生了新任秘书长贡萨洛·古铁雷斯·雷内尔（Gonzalo Gutiérrez Reinel），并授予巴拿马观察员国地位，还针对区域电力互联、打击跨国有组织犯罪、促进安第斯文化认同、环境治理、灾害风险管理等议题加强了政策沟通与协调。① 加勒比共同体（以下简称"加共体"）和中美洲一体化体系都维持较好的运行态势，两个地区组织 2023 年都分别举办了两届政府首脑会议，聚焦地区经济一体化、气候融资、能源安全、粮食安全、防灾减灾、数字化转型、移民、海地局势等重点议题。在庆祝加共体成立 50 周年的研讨会上，该组织秘书长卡拉·巴尼特（Carla Barnett）重申加共体的四大支柱——经济一体化、人类和社会发展、外交政策协调以及安全合作，呼吁持续推进区域一体化议程。②

相比而言，南方共同市场（以下简称"南共市"）的情况较为复杂。首先，南共市在扩员方面有所突破，2023 年 12 月吸收玻利维亚为正式成员国；其次，南共市对原产地规则进行了修订，并围绕共同货币的可行性进行了政策沟通。与此同时，南共市成员国在恢复委内瑞拉的成员国资格、南共市与域外国家及集团的自由贸易谈判节奏等问题上的立场依然差异明显。加之阿根廷政治生态的"右转"，南共市一体化合作仍面临较多挑战。太平洋联盟的情况更为特殊。由于墨西哥总统洛佩斯认为秘鲁前总统卡斯蒂略被解职是非

---

① "Países Miembros de la Comunidad Andina Eligen a Gonzalo Gutiérrez como Secretario General de la CAN", Comunidad Andina, August 4, 2023. https：//www.comunidadandina.org/notas - de - prensa/paises-miembros-de-la-comunidad-andina-eligen-a-gonzalo-gutierrez-como-secretario - general-de-la-can/, accessed April 16, 2024.

② "Keynote Address by CARICOM Secretary - General at 'CARICOM at Fifty' Symposium", CARICOM, April 14, 2023, https：//caricom.org/keynote - address - by - caricom - secretary - general-at-caricom-at-50-symposium/, accessed April 17, 2024.

法的，墨西哥拒绝直接向秘鲁移交轮值主席国席位。最终，墨西哥将轮值主席国移交给智利，由智利再移交给秘鲁。墨西哥与秘鲁两国政府之间的不信任严重影响了太平洋联盟的活跃度，2023年该组织未召开每年一度的首脑会议。2023年8月1日，秘鲁在接任轮值主席国时尤其强调性别、青年、一体化、贸易、环境、数字市场、中小企业、加强与亚太的联系等主要议程。[1]

尽管地区关系改善明显，一体化议程重新回归区域合作的优先位置，但是局部双边关系依然存在欠和谐的成分。除上面所谈到的墨西哥与秘鲁两国政府之间缺乏信任以外，拉美地区关系中还存在三个局部矛盾。第一，委内瑞拉与圭亚那两国在长期存在争议的埃塞奎博（Essequibo）主权归属问题上的矛盾有所激化，但在国际社会和地区邻国的积极协调下，委圭两国关系有所缓和，但埃塞奎博地区的主权归属争议仍可能是中短期影响拉美地区关系的重要风险点。第二，厄瓜多尔警方强闯墨西哥驻厄使馆执法的行为直接引发墨厄两国断交，与此同时，绝大多数拉美国家政府声援墨西哥，致使厄瓜多尔与地区多个邻国之间的关系也受到不同程度的破坏。第三，阿根廷右翼米莱当选总统后，米莱政府与本地区多数左翼政府之间的关系也有所降温，阿根廷对地区事务的关注度和参与度大概率会有所降低。

总体来看，与21世纪第二个十年的中后期相比，拉美地区团结和一体化议程呈现出阶段性向好态势。一方面，这反映出拉美国家之间关系在经历"集体左转"后显著改善，政治对立情绪有所缓和，最具代表性的是委内瑞拉与哥伦比亚关系取得了根本改善，2023年11月巴拉圭也与委内瑞拉恢复自2019年断绝的外交关系，对话与合作重新成为地区关系的主流。另一方面，一体化重回正轨也属于拉美国家在全球大变局之下的主动应变。随着全球化减速和大国竞争日益激烈，全球政治经济格局呈现出区域化、阵营化、多极化等显著特征。在这种局面下，各个地区（尤其是发展中地区）都在推进灵活多变的全球合作网络，以求在大国竞争的局面中谋得战略自主、获

---

① "Traspaso de la Presidencia Pro Tempore de la Alianza del Pacífico", Alianza del Pacífico, El poder de la Integración, 1 de agosto de 2023, https：//alianzapacifico.net/traspaso-de-la-presidencia-pro-tempore-de-la-alianza-del-pacifico/, accessed April 19, 2024.

得利益最大化。在拉美地区，除巴西、墨西哥、阿根廷三个地区大国，绝大多数均为中小型经济体，在全球事务中的影响力非常有限，因此，在全球治理层面，在大国竞争激烈和多边主义受限的局面下，强化区域共同体建设成为拉美国家维护自身利益、争取战略自主的迫切需求。

二 美国与拉美关系：多维互动增强

拜登执政后，美国与拉美的双向互动趋于常态。随着拉美地区战略自主性增强以及多元化外交持续推进，美国在拉美地区的战略焦虑显著上升，泛安全思维成为当前美国推进对拉政策的重要导向，它不仅体现在美国更多地从国家安全的视角处理拉美地区事务，也表现在美国将域外大国与拉美国家的合作视作潜在的"安全威胁"。受战略焦虑和泛安全思维的影响，美国在拉美地区加快了多维度的政策部署。

第一，加大"民主价值观"外交力度，塑造符合美国利益的拉美地区政治生态。近年来，政治极化成为全球政治生态的普遍特征，且在美国和拉美地区体现得更为显著，其典型现象便是美国与拉美国家的极右翼保守势力形成了多点联动呼应的局面。在这种局面下，"民主价值观"成为拜登总统任内美国对拉美政策的主导原则，其目标既在于维护拉美地区的秩序稳定，也为了挤压拉美激进左翼政府的执政空间，还在于对美国极右翼保守势力形成间接规制。具体来看，美国的"民主价值观"外交体现在三个方面。其一，支持巴西、秘鲁两国维护民主秩序。2023年1月8日，巴西发生极右翼势力暴乱事件后，拜登政府便宣布支持卢拉政府维护巴西民主秩序。2023年2月，拜登在接见来访的巴西总统卢拉时再次强调"两国都经受了严峻的考验……美国坚定不移地支持巴西的民主并尊重巴西人民的自由意志"。①

---

① "Remarks by President Biden and President Lula da Silva of Brazil before Bilateral Meeting", The White House, February 10, 2023, https：//www. whitehouse. gov/briefing－room/speeches－remarks/2023/02/10/remarks－by－president－biden－and－president－lula－da－silva－of－brazil－before－bilateral－meeting/, accessed April 26, 2024.

此外，秘鲁在经历了2022年12月的政权更迭后，继任的博鲁阿尔特政府也获得拜登政府的支持，这也大大缓解了博鲁阿尔特总统因拉美多数左翼政府不承认其合法性所面临的外部压力。其二，加强民主促进机制建设。拜登政府先后于2021年和2023年举办了两届全球"民主峰会"，绝大多数拉美国家受到邀请。尽管如此，这种加剧全球和地区对立的做法并不被拉美国家所认同。比如，受拜登邀请但最终并未出席第二届全球"民主峰会"的巴西总统卢拉在致会议信函中呼吁"捍卫民主的旗帜不能用来筑墙或制造分裂"①，这也充分揭示出美国"假民主、真霸权、谋私利"的实质。除全球"民主峰会"机制外，美国还强化了对拉美地区"民主发展联盟"（Alliance for Development in Democracy，ADD）②的政策关注，称赞该倡议是"西半球领导人围绕共同关心的问题如何开展合作并取得进展的典范"③。尤其是在拉美地区政治极化加剧的局面下，该联盟被视为"美国在多个层面的最佳盟友"④。2022年9月，美国与"民主发展联盟"举行了第一次供应链伙伴关系磋商对话会，美国国务卿布林肯在本次会议上不仅谈到集体供应链建设，而且强调美国与"民主发展联盟"之间的"价值观共识"⑤。在拉美重新回归左翼集体主政的现阶段，"民主发展联盟"有可能成为美国推行"民主价值观"外交及其他政策的重要支点。其三，以"民主价值观"为由干涉拉美国家内政。拜登执政后，美国延续对古巴、委内瑞拉、尼加拉瓜等左翼政府的敌视态度。针对该群体国家，拜登政府采取"内外合围"的打压

---

① Victor Ohana, "Brasil Não Assina Declaração de Bloco Liderado por Biden Contra a Rússia", *Carta Capital*, 30 de março de 2023.

② "民主发展联盟"是哥斯达黎加、多米尼加和巴拿马三国在2021年9月22日发起建立的一种灵活机制，旨在促进成员国之间的政治对话和发展合作，并加强相互之间以及与美国等战略伙伴的商业联系。2022年6月，厄瓜多尔获批成为该机制的第4个成员国。

③ "Memorandum", Congress, September 21, 2022, https：//www.congress.gov/117/meeting/house/115169/documents/HMTG-117-FA07-20220930-SD001.pdf, accessed April 26, 2024.

④ Robert Carlson, "The Alliance for Development in Democracy: An Overlooked Partner for the United States", *Global Americans*, June 16, 2022.

⑤ "Secretary Blinken at the Ministerial Meeting of the Alliance for Development in Democracy", U. S. Embassy in Chile, September 20, 2022, https：//cl. usembassy. gov/secretary-blinken-at-the-ministerial-meeting-of-the-alliance-for-development-in-democracy/, accessed April 27, 2024.

策略，一方面，打着"民主"的幌子，利用霸权制裁的手段，直接干涉上述国家内政；另一方面，在与其他拉美国家的双边互动中强行加入上述三国的内政问题，助推地区政治对立氛围，进而限制上述国家在本地区层面的回旋空间。另外，墨西哥、洪都拉斯、哥伦比亚、玻利维亚等多个拉美国家公开抨击美国国务院公布的 2023 年《国别人权报告》是对他国内政的干涉和干预。

第二，推出一揽子经贸合作政策，聚焦产业链、供应链安全。近年来，在经济安全战略的驱动下，提升产业链、供应链韧性与安全已上升为美国对外战略的重要关切，且也成为美国对拉美地区经贸合作的主要政策导向。比如，曾积极促成《西半球近岸外包法案》（The Western Hemisphere Nearshoring Act）的美国众议院西半球公民安全、移民和国际经济政策小组委员会成员马克·格林（Mark Green）在 2023 年初再次强调，近岸外包能实现"减少美国对中国制造业的依赖，实现拉美经济增长和就业，减少拉美移民流入"[①] 的三重效果。具体而言，拜登政府在拉美地区的经贸合作动向体现在三个方面。其一，深化美墨加"利益共同体"关系。2023 年 1 月，第 10 届北美领导人峰会在墨西哥城举行。与前几届峰会不同的是，本届峰会尤其关注增强北美经济的竞争力，强调三国将规划更强大的区域供应链，促进对半导体、电动汽车电池等未来关键产业的投资。[②] 尽管墨西哥总统洛佩斯对美国忽视拉美的做法略有微词，但对本次峰会以及加强北美经济竞争力的合作思路持积极认可态度。[③] 其二，正式启动"美洲经济繁荣伙伴关系"。2023 年 1 月，美国与巴巴多斯、加拿大、智利、哥伦比亚、哥斯达黎加、多米尼加、厄瓜

---

① "Rep. Green Re-Introduces Nearshoring Bill", Dr. Mark Green, February 1, 2023, https：//markgreen. house. gov/2023/2/rep-green-re-introduces-nearshoring-bill, accessed April 28, 2024.

② "Declaration of North America（DNA）", The White House, January 10, 2023, https：//www. whitehouse. gov/briefing-room/statements-releases/2023/01/10/declaration-of-north-america-dna/, accessed April 28, 2024.

③ "What the 'Three Amigos' Promised at the North American Leaders' Summit", Mexico News Daily, January 11, 2023, https：//mexiconewsdaily. com/news/amlo-promises-tres-amigos-summit/, accessed April 28, 2024.

多尔、墨西哥、巴拿马、秘鲁、乌拉圭一道启动了"美洲经济繁荣伙伴关系",确定了提高区域竞争力、增强供应链可持续性和韧性、实现共享繁荣、促进包容性和可持续投资等4个合作目标。2023年11月,上述12国举行了"美洲经济繁荣伙伴关系"首届领导人会议,确定了5个初步的宽领域优先事项,即增强区域竞争力和一体化、促进共同繁荣和善治、建设可持续基础设施、保护气候和环境、促进健康社区建设。另外,还明确了联系工作机制以及相关的政策举措。例如,美国国际开发金融公司(DFC)和美洲开发银行投资公司(IDB Invest)将建立一个新的联合投资平台,为可持续基础设施建设提供数十亿美元的融资;美国国际开发署(USAID)将建立一个多年期加速器计划,以支持和引导企业投资;美洲开发银行将向该地区受移民影响最严重的国家提供8900万美元支持;开展半导体方面的人力资源培训;美洲开发银行将设立一个新基金,以促进对创新气候融资解决方案的投资。[①] 其三,推进更广泛的地方政府合作网络建设。2023年4月,由拜登总统倡议的美洲城市峰会在丹佛市举行首次会议。本届峰会主题为"全球挑战,本地方案",参会群体包括拉美多国州(省)、市两级地方政府领导以及印第安部落首领,明确了民主治理、包容性经济增长、人道有序的移民、可持续性和韧性、公平的社会包容等合作领域。该机制被认为是美国"将地方政府纳入西半球外交"[②]的重要举措。

第三,强化西半球安全体系建设。拉美地区对美国具有举足轻重的地缘战略价值,随着大国竞争日益激烈和全球地缘政治经济紧张度上升,拉美地区成为美国加强西半球安全体系建设的重要环节。首先,美国启动了"大西洋合作伙伴关系"机制,强调泛大西洋多层次安全概念。2023年9月18

---

① "Fact Sheet: President Biden Hosts Inaugural Americas Partnership for Economic Prosperity Leaders' Summit", The White House, November 3, 2023, https://www.whitehouse.gov/briefing-room/statements-releases/2023/11/03/fact-sheet-president-biden-hosts-inaugural-americas-partnership-for-economic-prosperity-leaders-summit/, accessed April 28, 2024.

② Willow Fortunoff, Diego Area, "Advancing Summit of the Americas Commitments", Atlantic Council, https://www.atlanticcouncil.org/in-depth-research-reports/report/future-of-the-cities-summit-of-the-americas/, accessed April 28, 2024.

日，在第 78 届联合国大会期间，32 个大西洋国家通过了《大西洋合作宣言》和《行动计划》①，启动了新的"大西洋合作伙伴关系"。《大西洋合作宣言》提出"共同致力于建设一个和平、稳定、繁荣、开放、安全、合作的大西洋地区"的合作目标。虽然该宣言提到"大西洋合作伙伴关系不会处理与国防、安全和治理有关的事务"，但具体涉及包括环境生态、资源、技术、海盗、跨国有组织犯罪、毒品贩运、非法捕捞、自然灾害、外部威胁等广义安全内容。美国国务院强调，设立该多边机制的目的有两个：一是将大西洋国家团结在一个框架内，以实现更有效地参与；二是明确一套大西洋合作指导原则。② 2023 年 11 月和 2024 年 2 月，由美国大西洋合作高级协调员杰西·拉朋（Jessye Lapenn）牵头，先后召开了两次大西洋合作伙伴关系高官会，明确细化了中短期合作领域和项目。目前，共有 38 个国家加入"大西洋合作伙伴关系"，其中有 10 个拉美国家③。其次，美国强化了对拉美地区的安全关切。一方面，美国运用"安全威胁假设"离间拉美与域外大国之间的合作。比如，美国和平研究所（USIP）一份报告指责俄罗斯利用虚假信息、经济胁迫以及公开和隐蔽的政治行动，在拉美散布反美情绪并削弱民主制度，以促进俄罗斯在该地区的战略利益。④ 美国安全自由社会中心（SFS）负责人、全球安全与反恐问题专家约瑟夫·胡米尔（Joseph Humire）则认为，伊朗和黎巴嫩真主党在拉美部分国家开展持续的渗透活动，这是拉美地区当前面临的最大威胁，拉美民众应该阻止这种关系。⑤ 另

---

① "Declaration on Atlantic Cooperation", The White House, September 18, 2023, https：//www.whitehouse.gov/briefing-room/statements-releases/2023/09/18/declaration-on-atlantic-cooperation/, accessed April 30, 2024.

② "Secretary Blinken Launches the Partnership for Atlantic Cooperation", U. S. Department of State, September 18, 2023, https：//www.state.gov/secretary-blinken-launches-the-partnership-for-atlantic-cooperation/, accessed April 30, 2024.

③ 包括阿根廷、伯利兹、巴西、哥斯达黎加、多米尼克、多米尼加、危地马拉、圭亚那、苏里南和乌拉圭。

④ Douglas Farah and Román D. Ortiz, "Russian Influence Campaigns in Latin America", Special Report, No. 525, October 2023.

⑤ Sabina Nicholls, "Iran's Stealthy Steps in the Region：Latin America under Threat", *Diálogo Americas*, February 23, 2024.

一方面，美国持续推进与拉美国家在多个安全领域的合作。比如，2023 年 3 月，美国与哥伦比亚举行第 10 次高层对话，涉及移民、禁毒、安全等重要议题；4 月，美国与巴拿马、哥伦比亚举行会议，协调应对达连峡谷（Darién Gap）地带的非法移民问题；7 月，美国和厄瓜多尔签署谅解备忘录，以加强厄瓜多尔安全部门的能力建设；8 月，美国向厄瓜多尔陆军和海军交付价值 310 万美元的军事、通信和基础设施设备；9 月，美国与智利召开政治军事对话，深化在海上安全、维和行动、国防和战略贸易、信息共享等领域的伙伴关系；10 月，美国国土安全调查局和秘鲁国家警察签署合作备忘录，联合成立跨国刑事调查组。总体来看，美国与拉美国家的安全合作呈现宽幅、广维的推进态势。

第四，气候变化和非法移民仍是美拉对话的两大常设议题。拜登执政后，美国与拉美国家在气候变化、非法移民两大议题上保持积极互动。在气候变化议题上，气候融资和援助是美国的政策抓手。2023 年 2 月，巴西与美国围绕气候议题发表联合声明，明确了共同关心的领域以及优先合作主题，美国承诺为亚马孙基金提供资金；8 月，拜登总统承诺在 5 年内向美国国会请求 5 亿美元用来支持亚马孙基金，还将筹集约 10 亿美元资金，并通过美国国际开发金融公司支持巴西和亚马孙地区退化土地的修复。另外，2023 年 6 月举办的美国-加勒比领导人峰会也启动了"美国-加勒比应对2030 年气候危机伙伴关系"①，该计划旨在提高整个地区的气候适应力、增强复原力并扩大清洁能源的获取。针对与加勒比地区不同的合作方向，美国提出了相关的援助规划。针对非法移民问题，强化多边政策协调是核心内容。2023 年初，拜登政府宣布将来自古巴、海地、尼加拉瓜和委内瑞拉的合法移民接收人数增至每月 3 万人，但也宣布加大力度驱逐来自这些国家的非法移民。为应对非法移民问题，美国政府一方面调动私营部门加大对中美

---

① "Fact Sheet：Vice President Harris Announces New Initiatives to Strengthen U. S - Caribbean Partnership"，The White House，June 8，2023，https：//www. whitehouse. gov/briefing-room/statements-releases/2023/06/08/fact-sheet-vice-president-harris-announces-new-initiatives-to-strengthen-u-s-caribbean-partnership/，accessed January 9，2024.

洲国家的投资，并增加人道主义援助；另一方面加强与墨西哥、巴拿马、哥斯达黎加、哥伦比亚等非法移民主要过境国之间的政策协调，处理非法移民潮引发的人道主义危机。从效果来看，非法移民问题不仅进一步激化了美国两党争斗，而且并未弥合美拉之间的移民矛盾。

三 欧盟与拉美关系：重塑传统伙伴关系

过去10年间，受欧债危机、全球新冠疫情、乌克兰危机、拉美政治极化、大国竞争日益激烈等诸多因素的影响，欧盟在拉美地区对外关系中的角色有所弱化。有学者指出，随着中国、美国在拉美地区影响力不断提升，欧盟与拉美的关系显得次要和被动。[①] 在这种局面下，欧盟强化了对拉美地区的政策筹划，旨在重塑欧拉伙伴关系，尤其是挖掘拉美在欧盟全球伙伴关系网络中的特性。

2023年7月，欧盟和拉共体召开第三届首脑峰会，这是双方时隔8年重启该对话机制，也被视为欧盟重塑与拉美关系的重要标志。本次峰会的一项重要成果是启动"欧盟-拉共体全球门户投资计划"（EU-LAC Global Gateway Investment Agenda），该计划专注于促进绿色、数字化和公平的转型，挖掘拉美地区在生物多样性、自然资源、可再生能源、绿色氢气、农业生产和战略关键原材料方面的独特潜力，加强共同价值链建设，促进基于共享技术的创新，创造当地附加值，促进拉美地区的增长、就业，提高社会凝聚力。从政策文件来看，欧盟尤其关注公平绿色转型、包容性数字转型、人类发展、健康复原力和疫苗四大领域。欧盟委员会主席冯德莱恩在本次峰会上提出"欧盟和加勒比全球门户投资议程"，计划在2027年前推进130多个合作项目，总投资额约为450亿欧元，其中包括关键原材料（如锂）供应链合作、亚马孙地区电信网络建设、哥伦比亚地铁项目、智利绿色氢能合

---

① Andrea Rocio Limon, "Latin America and the EU: The Importance of Transatlantic Relations", IDRN, January 22, 2021, https://idrn.eu/latin-america-and-the-eu-the-importance-of-transatlantic-relations, accessed May 5, 2024.

作、亚马孙基金融资计划等。① 另外，在本次峰会上，欧拉双方还签署了
《欧盟-拉美数字联盟联合声明》，旨在促进数字、空间等领域的合作，明确
了至少召开 20 次欧盟-拉美政策对话会、建立区域性欧盟-拉美数字加速器
（EU-LAC Digital Accelerator）、创建 50 家合资企业，在巴拿马和智利建立两
个区域哥白尼中心等内容。②

事实上，在欧盟-拉共体首脑峰会召开之前，欧盟提前发布了《欧盟与
拉丁美洲和加勒比地区关系新议程》③，该文件也被视为当前欧盟对拉美地
区的政策性文件。从文件内容来看，有两个方面值得重点关注。首先，强调
欧盟和拉美在全球变局之中属于一种新的战略伙伴关系，其中包含三个层
面：第一，双方是强化基于规则的国际体系和加强联合行动促进和平、安
全、民主、法治和人权的重要盟友；第二，双方是密切的贸易和投资伙伴，
在促进可持续增长和增强经济弹性、减少过度依赖和实现贸易关系多元化方
面拥有共同利益；第三，双方都希望在对联合国《2030 年可持续发展议程》
及可持续发展目标（SDGs）共同承诺的基础上，建设包容和可持续的社会。

其次，欧盟明确了六大优先事项和一系列行动安排。第一，在政治关系
层面，强化欧盟-拉共体对话机制，加强欧盟与加勒比地区的政治接触，重
启与巴西、墨西哥等战略伙伴的双边对话机制，相互支持对方参选国际多边
机制领导职位。第二，在贸易关系层面，批准欧盟与智利临时自由贸易协
定，推进欧盟与墨西哥、欧盟与南共市两个自贸协定的签署和批准程序，完

① "Commission Presents Global Gateway Investment Agenda with Latin America and Caribbean",
European Commission, July 17, 2023, https: //cyprus. representation. ec. europa. eu/news/
commission-presents-global-gateway-investment-agenda-latin-america-and-caribbean-2023-
07-17_en, accessed May 5, 2024.

② "EU - Latin America and Caribbean Digital Alliance", European Commission, https: //
international - partnerships. ec. europa. eu/policies/global - gateway/eu - latin - america - and -
caribbean-digital-alliance_en#related-links, accessed May 5, 2024.

③ "Joint Communication to the European Parliament and the Council: A New Agenda for Relations
between the EU and Latin America and the Caribbean", European Commission, EUR - Lex,
https: //eur - lex. europa. eu/legal - content/EN/TXT/? uri = CELEX% 3A52023JC0017&qid =
1686302597845, accessed May 5, 2024.

成欧盟与加勒比论坛经济伙伴关系协定审查流程，加强欧盟和拉美在绿色转型领域的政策对话，加强欧盟与拉美在世界贸易组织中的合作，与相关拉美国家建立关键原材料俱乐部。第三，在"全球门户"下的绿色和数字化转型层面，共同推动绿色投资项目的实施，加大遏制森林和生物多样性丧失及森林退化力度，缔结能源谅解备忘录，就防灾和灾害风险管理合作签署谅解备忘录，共同开发包容性数字转型的投资项目，加强有关数字政策的区域和双边对话并促进监管趋同，推动海底 BELLA 光缆延伸至中美洲和加勒比地区，加强在高等教育、职业培训、疫苗和药品制造等领域的合作。第四，在打击跨国有组织犯罪层面，加强欧盟-拉美司法与安全伙伴关系，进一步支持拉美能力发展以及与拉丁美洲内部安全委员会（CLASI）和美洲警察共同体（AMERIPOL）的合作，推进在毒品政策方面的合作，加大力度预防和打击人口贩运，加强网络安全和网络犯罪专业知识方面的合作。第五，在人道主义援助层面，加强与美洲人权体系的磋商与合作，提高妇女和女童权能，加强国际犯罪问责方面的合作，为应对人为危机和自然灾害提供政治和财政援助，支持拉美实施关于环境问题的信息获取、公共参与和正义的创新区域协议（"埃斯卡苏协议"），探索在安全和国防领域建立新的定制伙伴关系的可能性，合作应对外国信息操纵和干扰。第六，在人文交流层面，加强"伊拉斯谟+"（Erasmus+）下的教育和研究合作，深化跨地区文化关系并鼓励设立跨文化网络和联合倡议，促进民间社会的积极参与和跨区域网络的建设，加强欧盟-拉美和加勒比基金会（EU-LAC Foundation）在跨区域对话中的作用。

与此同时，欧盟及其成员国与拉美多国互动也显著增强。2023 年 3 月，欧盟外交与安全政策高级代表何塞普·博雷利（Josep Borrell）访问多米尼加，出席第 28 届伊比利亚美洲首脑会议，并为拉美网络能力中心（LAC4）揭幕；4 月和 5 月博雷利先后访问哥伦比亚、古巴两国；6 月，欧盟委员会主席冯德莱恩访问巴西、阿根廷、智利、墨西哥，旨在加强欧盟与拉美地区大国的伙伴关系。从拉美国家方面来看，巴西和古巴两国与欧洲国家互动相对更引人关注。2023 年，巴西总统卢拉访问了葡萄牙、西班牙、意大利、

法国、比利时、德国等6个欧盟成员国，一方面旨在恢复博索纳罗执政后受损严重的巴西与主要欧盟成员国的双边关系，另一方面展示巴西"积极且自信"的外交姿态，提升巴西的国际影响力。古巴方面，2023年最高领导人米格尔·迪亚斯-卡内尔（Miguel Díaz-Canel）访问意大利、法国、比利时、葡萄牙等4个欧盟成员国。另外，2023年5月，第三届欧盟-古巴联席会议在哈瓦那举行，双方对2016年签署的《政治对话与合作协议》（PDCA）进行了更新，其中推出一项2021~2027年合作计划，重点支持古巴的国民经济及城市可持续发展，重点关注能源、通信技术、创意文化、生物技术等产业。

尽管欧盟与拉美之间呈现积极互动态势，但欧拉关系在现阶段仍存在三个主要分歧。第一，双方在乌克兰危机上的立场差异明显。乌克兰危机爆发后，尽管美西方国家努力拉拢拉美国家制裁俄罗斯，但多数拉美国家坚持中立立场，主张通过政治对话解决争端，反对美西方国家的单边制裁以及其他"拱火"行为。2023年，上述分歧同样体现在欧盟-拉共体峰会层面。欧盟原本计划邀请乌克兰总统泽连斯基参会，并说服拉共体国家签署一份严厉谴责俄罗斯的声明，但遭到拉共体方面的拒绝，拉共体方面认为俄乌局势不适合在欧盟-拉共体峰会上进行讨论。最终，欧盟方面不得不做出妥协，泽连斯基并未出席本次峰会，峰会宣言①也删除了支持乌克兰的内容。

第二，欧盟与南共市之间的贸易政策存在分歧。欧盟与南共市早在2019年就完成了自由贸易谈判，但该协议在双方成员国的审批过程中陷入僵局，巴西和阿根廷反对欧盟提出的额外环境要求，并认为自贸协定的搁浅责任在于欧盟缺乏灵活性和贸易保护主义政策。②另外，考虑到欧盟、南共

---

① "Declaration of the EU – CELAC Summit 2023", European Commission, July 18, 2023, https：//data. consilium. europa. eu/doc/document/ST-12000-2023-INIT/en/pdf, accessed May 7, 2024.

② Ingrid Soares, "Acordo Mercosul-UE Fracassa: Lula Diz que Não foi Possível Flexibilizar o Coração de Macron", *Correio Braziliense*, 7 de dezembro de 2023.

市两个地区组织成员国内部也存在政策一致性不足的问题，双方自贸协定的前景并不明朗和乐观。①

第三，加勒比国家积极推进对欧洲殖民主义历史责任的追讨索赔运动。21世纪初，牙买加历史教授维琳·谢泼德（Verene Shepherd）发起对欧洲前宗主国在加勒比国家实施奴隶制进行历史责任追讨运动，要求欧洲前宗主国进行赔偿，但是该倡议在当时并未引起广泛的国际关注。近几年，殖民主义历史责任追讨问题不仅成为加勒比地区广泛谈论的政治议题，该地区各国成立了赔偿委员会，而且频繁出现在多边外交议程之中，且迫使部分欧洲国家正式道歉，但赔偿问题一直没有实质性进展。总体来看，加勒比地区的赔偿方案主要基于由加勒比共同体起草的"十点计划"，其主要内容包括呼吁欧洲各国政府做出全面正式的道歉、为各国健康和教育领域提供资金、提供技术援助、免除债务等。② 作为牙买加国家赔偿委员会成员、加共体赔偿委员会副主席以及联合国消除种族歧视委员会主席的谢泼德向欧洲各国政府施压，要求召开会议，商讨具体的赔偿步骤。2023年8月，巴巴多斯总理米娅·莫特利（Mia Mottley）则强调，加勒比国家必须以平等姿态，而不是作为施舍的接受方，参加与前宗主国的赔偿谈判。

四　俄罗斯、日本与拉美的关系：着力加强的一环

拉美在俄罗斯、日本两国的外交版图中不属于优先地区，但是两国着力加强的重要环节。对俄罗斯而言，在乌克兰危机中保持中立的拉美多数国家是其争取外交回旋余地的重要一环，与此同时，拉美反美政府更给俄罗斯在美国的战略后方巧妙布局提供了机遇和空间。对日本而言，其与拉美的关系具有较好基础，但双方合作欠活跃，尤其在大国加大对拉美的政策投入的局

---

①　Catherin Osborn, "The Mercosur - EU Trade Deal Fails to Launch", *Latin America Brief*, December 8, 2023.

②　"CARICOM Ten Point Plan for Reparatory Justice", CARICOM, https：//caricom.org/caricom-ten-point-plan-for-reparatory-justice/, accessed May 7, 2024.

面下，日本在拉美外交中呈现"边缘化"趋势。另外，在地缘政治风险上升的局面下，拉美地区对日本的粮食安全、能源安全、关键矿产供应链安全至关重要。相比而言，俄罗斯与拉美国家的互动呈散点分布态势，日本则更侧重与各次区域的整体联动。

具体而言，俄罗斯与拉美的互动关系体现在以下几个方面。第一，俄罗斯创立与拉美国家议会的对话机制。2023年9月29日至10月3日，俄罗斯在莫斯科召开了首届俄罗斯-拉丁美洲国际议会会议，会议主题为"俄罗斯和拉丁美洲：合作建设人人享有公正的世界"。拉美多国议员、政党领袖、社会人士、外交官等200余人参加了本次会议，会议设置了平等互利的经济合作、人道主义合作、多极世界、所有人的安全等4个圆桌议题。俄罗斯总统普京在本次会议致辞中强调，俄罗斯和拉美国家对于国际问题存在较多共识，俄拉关系是友好、建设性和互利的，是在平等和尊重彼此利益的基础上发展的。[①] 在本次会议期间，俄罗斯国家杜马理事会批准了与中美洲议会签署协议的决定，该协议授予俄罗斯国家杜马中美洲议会观察员身份。

第二，俄罗斯与古巴、委内瑞拉、尼加拉瓜等拉美传统左翼政府维持密切互动，协同应对美国的干涉和制裁成为合作的核心内容。自俄罗斯与美西方关系恶化以来，俄罗斯在拉美地区的伙伴关系网络显著收缩，与拉美激进左翼力量互动成为俄拉关系中的一条主线，古巴、委内瑞拉、尼加拉瓜、玻利维亚等长期由左翼执政的国家成为俄罗斯对拉美外交工作的重中之重。总体来看，俄罗斯与该群体国家的互动关系侧重于三个方面。其一，持续推进政治互信，相互支持各自核心利益关切。2023年，俄罗斯与这些国家之间的高层互动较为频繁，反对美国霸权、干涉、制裁、封锁成为双方共同的政治话语。俄罗斯安全会议秘书尼古拉·帕特鲁舍夫在2024年2月访问尼加拉瓜期间与尼加拉瓜、古巴、委内瑞拉、玻利维亚等国代表举行安全磋商时强调，发展与拉美地区友好合作伙伴关系是俄罗斯的主要国际优先事项，俄

---

① "Speech by Vladimir Putin at the Opening Meeting of the International Parliamentary Conference 'Russia-Latin America' ", The State Duma, September 29, 2023, http://duma.gov.ru/en/news/57955/, accessed May 8, 2024.

罗斯将继续帮助不愿依赖美国的拉美国家免遭来自外部的干涉。其二，俄罗斯与上述拉美国家的合作领域不断延伸，俄罗斯尤其重视对这些国家的经济援助。比如，2023 年 3 月，俄罗斯与尼加拉瓜两国军方高层会晤，双方有意扩大国防部门之间的全方位合作。2023 年 2 月，俄罗斯向古巴捐赠 25000吨小麦；5 月，俄罗斯副总理德米特里·切尔内申科访问古巴，双方签署贸易、工业、能源、农业、建筑和教育领域的合作协议；6 月，普京在与到访的古巴总理马雷罗举行会晤会谈时表示，俄罗斯将尽全力帮助古巴克服美国非法制裁的影响。2023 年 8 月，玻利维亚总统阿尔塞表示，愿意推进与俄罗斯在核医学、锂矿开采等领域的合作。另外，俄罗斯与委内瑞拉在石油天然气、宇航员培训、金融支付系统等领域维持密切合作。其三，俄罗斯支持委内瑞拉、玻利维亚两国申请加入金砖国家的政治意愿，也欢迎古巴加强与金砖国家之间的密切互动。

第三，俄罗斯积极推进与巴西的磋商对话。不管是博索纳罗执政时期，还是卢拉重新回归，俄罗斯与巴西的对话渠道一直较为通畅。2023 年 4 月和 2024 年 2 月，俄罗斯外长拉夫罗夫两次访问巴西；2023 年 4 月和 2024 年 4 月，巴西总统国际事务特别助理塞尔索·阿莫里姆（Celso Amorim）两次访问俄罗斯。一方面，两国围绕双边、多边、全球三个层面的重要议题保持密切沟通，尤其重视双边层面的经贸、安全合作以及多边层面的金砖国家和二十国集团框架下的立场协调；另一方面，巴西也在努力推动乌克兰危机的和平解决，相关政策主张受到国际社会的广泛关注。由于巴西对乌克兰危机的立场与美西方国家存在较大差异，且在全球南方国家范围内具有一定的代表性，因此俄罗斯将巴西视为至关重要的协调方。

日本与拉美关系具有很强的延续性。2014 年，安倍政府制订了对拉美地区的"三共同政策"①；2023 年 1 月，日本时任外相林芳正提出了维护法治、保护地球、共同发展的"三团结网络"对拉政策目标。2024 年 5 月，时任首相岸田文雄在访问巴西期间发表题为"与拉丁美洲和加勒比地区一

---

① 即共同进步、共同领导和共同启迪。

起为'人类尊严'铺平道路"的讲话，这也是自 2014 年以来日本首相首次针对拉美地区政策的系统表述。从内容来看，岸田文雄强调日拉合作的四个方向：一是确保基于法治的自由开放的国际秩序，二是克服环境、气候变化等人类面临的共同挑战，三是追求世界人民共享的、不以牺牲他人利益为代价的繁荣，四是促进人文交流。① 从政策导向来看，一方面重视"价值观外交"，另一方面也加大了日本"印太战略"和"国际秩序观"在拉美地区的推介力度。

从国别来看，日本与巴西的互动较为频繁。2023 年 1 月，时任日本外相林芳正访问巴西；5 月，巴西总统卢拉访问日本；2024 年 5 月，时任日本首相岸田文雄访问巴西；此外，两国外长保持频繁的互动对话。相比而言，联合国安理会改革是日本和巴西之间的优先事项。2023 年 9 月，日本、巴西、德国、印度四国集团外长在联合国大会期间发表共同声明②，强调联合国安理会扩员的必要性和紧迫性，重申在"入常"问题上相互支持的立场。2023 年 5 月，卢拉访问日本期间，双方一致表示，利用好日本、巴西共同担任联合国安理会非常任理事国的机会，共同引领联合国安理会改革。2024年 5 月，在两国政府发表的《关于进一步加强日本-巴西战略和全球伙伴关系的联合声明》③ 中明确强调，协同推进联合国安理会改革议程，相互支持对方"入常"。另外，气候议题也是日巴两国合作的重要领域。2024 年 3月，日本成为亚洲首个向亚马孙基金捐资的国家。5 月，两国发表《关于巴西-日本环境、气候、可持续发展和韧性伙伴关系倡议的联合声明》，两国协同发起了"日本-巴西绿色伙伴关系倡议"，启动了"可持续燃料和交通

---

① "Paving a Pathway to 'Human Dignity' with Latin America and the Caribbean", Ministry of Foreign Affairs of Japan, May 4, 2024, https：//www. mofa. go. jp/mofaj/files/100665011. pdf, accessed May 11, 2024.

② "G4 Ministerial Joint Press Statement", September 21, 2023, https：//www. mofa. go. jp/files/ 100557077. pdf, accessed May 11, 2024.

③ "Joint Statement on Further Strengthening the Brazil-Japan Strategic and Global Partnership", Ministry of Foreign Affairs of Japan, May 3, 2024, https：//www. mofa. go. jp/files/100664791. pdf, accessed May 11, 2024.

倡议"，旨在深化两国在环境、气候变化和可持续发展领域的合作。

与此同时，日本也加大了对拉美整个地区的外交力度。2023 年 1 月，日本时任外相林芳正先后访问墨西哥、厄瓜多尔、巴西、阿根廷四国；4 月底至 5 月初，林芳正再访秘鲁、智利、巴拉圭三国；7 月，前外相、自民党干事长茂木敏充访问秘鲁、巴西两国；2024 年 5 月，日本时任首相岸田文雄访问巴西、巴拉圭两国。总体来看，拉美地区相对稳定的政治环境、农产品生产和关键矿产储藏丰富的优势是现阶段促使日本深化与拉美地区合作的重要因素。

五 中拉关系：持续高效突破

中国与拉美地区的合作活力和高效率在疫情后得到更充分的体现。在高层交往的带动下，中拉双方政治互信显著提升，合作机制不断丰富，合作范围持续扩大，战略对接更加精准，就全球事务沟通频繁，这些都体现了新时代中拉关系的平等、互利、创新、开放、惠民特征，也为构建高质量的中拉伙伴关系、中拉命运共同体提供了坚实基础。

第一，中拉元首外交提升政治互信。2023 年，巴西、洪都拉斯、巴巴多斯、圭亚那、委内瑞拉、智利、阿根廷、哥伦比亚、乌拉圭等 10 个拉美国家领导人相继访华。2023 年 1 月，应拉共体轮值主席国阿根廷时任总统费尔南德斯的邀请，习近平主席向拉共体第七届峰会做视频致辞[①]。在致辞中，习近平主席高度肯定拉美国家的重要地位，强调中方一贯支持拉美和加勒比地区一体化进程，高度重视发展同拉共体关系，将拉共体视为巩固发展中国家团结、推动南南合作的重要伙伴，中方愿同拉美和加勒比国家继续守望相助、携手共进，弘扬和平、发展、公平、正义、民主、自由的全人类共同价值，促进世界和平与发展，推动构建人类命运共同体，共同开创更加美

---

① 《习近平向拉美和加勒比国家共同体第七届峰会作视频致辞》，中国政府网，2023 年 1 月 25 日，https：//www.gov.cn/xinwen/2023-01/25/content_5738681.htm，最后访问日期：2024 年 5 月 11 日。

好的未来。2023年8月，习近平主席在约翰内斯堡出席金砖国家领导人会晤期间会见古巴国家主席迪亚斯-卡内尔；11月，习近平主席在美国旧金山会见墨西哥总统洛佩斯和秘鲁总统博鲁阿尔特；12月，习近平主席与尼加拉瓜总统奥尔特加通电话。上述中拉双方元首外交直接促进了这些国家与中国政治互信的升级。比如，中国与哥伦比亚、尼加拉瓜建立战略伙伴关系，同乌拉圭的关系升级为全面战略伙伴关系，与委内瑞拉的关系提升为全天候战略伙伴关系。

第二，中拉经贸合作机制不断丰富、升级。2023年5月，中国同厄瓜多尔签署自由贸易协定，厄瓜多尔成为继智利、秘鲁、哥斯达黎加之后中国在拉美的第4个自贸伙伴，同时也是中国在全球的第27个自贸伙伴。2023年8月，中国与尼加拉瓜签署自由贸易协定。另外，中国稳步推进与洪都拉斯、萨尔瓦多的自由贸易谈判，与秘鲁的自贸协定升级谈判，以及与乌拉圭开展自贸协定可行性研究。可以预期，自贸伙伴网络的扩大不仅直接加深中拉贸易的广度和深度，而且将带动更多拉美国家提升与中国的贸易便利化水平。

与此同时，中拉金融合作也得到持续推进。2023年2月，中国与巴西签署在巴西建立人民币清算安排的合作备忘录，促进两国企业和金融机构使用人民币进行跨境交易；4月，两国同意推进双边贸易本币结算；10月，两国贸易首次实现人民币全流程闭环交易。2023年6月，中国人民银行与阿根廷中央银行续签双边本币互换协议，互换规模为1300亿元人民币/4.5万亿比索，有效期3年；7月，阿根廷首次使用人民币偿付国际货币基金组织到期的17亿美元债务。2023年7月，玻利维亚联合银行（Banco Unión）决定推进人民币交易业务；2024年2月，该银行与中国工商银行签订协议，允许使用人民币进行双边贸易结算。另外，2023年11月召开的中国-拉美开发性金融合作机制第二届理事会会议暨金融合作论坛围绕绿色金融与可持续发展、助力中拉基础设施数智化发展、加强本外币融资合作等议题进行了深入研讨。会议期间，各方共同签署《中国-拉美开发性金融合作机制补充协议》。金融合作的逐步落实一方面为中拉贸易、投资关系提供更便利的条件，另一方面也将促进人民币国际化在拉美地区的持续深化。

共建"一带一路"合作在拉美地区呈现积极向好态势。2023 年 6 月，中国与洪都拉斯两国政府签署《中华人民共和国政府与洪都拉斯共和国政府关于共同推进丝绸之路经济带和 21 世纪海上丝绸之路建设的谅解备忘录》，共建"一带一路"在拉美地区的参与数量增至 22 个。2023 年 10 月，智利、阿根廷两国总统出席在北京举行的第三届"一带一路"国际合作高峰论坛。其间，中国与智利、阿根廷两国分别签署了《关于共同推进"一带一路"建设的合作规划》（以下简称《合作规划》）。2023 年 11 月，中国与乌拉圭也签署了《合作规划》。《合作规划》的签署进一步明确了在共建"一带一路"框架下的重要合作领域，为双方的发展战略对接提供了效率保障。此外，委内瑞拉、圭亚那表示愿意同中方商签共建"一带一路"合作规划。尽管巴西尚未与中国签署共建"一带一路"合作协议，但中巴两国在 2023 年 4 月签署的《中华人民共和国和巴西联邦共和国关于深化全面战略伙伴关系的联合声明》明确提出，双方愿意探讨南美一体化等巴西发展政策和投资计划，同"一带一路"倡议等中国发展政策和国际倡议进行对接。[1]

中拉经贸合作效果非常显著。货物贸易方面，据中国海关总署统计[2]，2023 年中拉进出口贸易总额约为 4890 亿美元，同比增长 1.1%。其中，中国对拉美出口总额约为 2451 亿美元，同比下降 2.4%；中国自拉美进口总额约为 2440 亿美元，同比实现 4.9% 的增长。尽管中国对拉美出口同比有所下降，但从全球各地区横向对比来看，拉美地区的降幅要低于欧盟和东盟两个地区。与此同时，中国自拉美地区进口表现则远优于其他地区。由此可见，中拉贸

---

[1] 《中华人民共和国和巴西联邦共和国关于深化全面战略伙伴关系的联合声明》，中华人民共和国外交部网站，2023 年 4 月 14 日，https://www.mfa.gov.cn/wjb_673085/zzjg_673183/xws_674681/xgxw_674683/202304/t20230414_11059627.shtml，最后访问日期：2024 年 5 月 11 日。

[2] 《2023 年 12 月进出口商品主要国别（地区）总值表（美元）》，中华人民共和国海关总署网站，2024 年 1 月 12 日，http://www.customs.gov.cn/customs/302249/zfxxgk/2799825/302274/302275/5624373/index.html，最后访问日期：2024 年 5 月 12 日。

易活跃度相对较高。投资方面，2022 年中国流向拉美的投资达 163.5 亿美元，同比下降 37.5%，但截至 2022 年底对拉投资存量为 5961.5 亿美元，占中国对外投资总存量的 21.6%，主要分布在英属维尔京群岛、开曼群岛、巴西、秘鲁、阿根廷、墨西哥、巴哈马、智利、巴拿马、牙买加、委内瑞拉、厄瓜多尔等国家（地区）。[①] 承包工程方面，拉美是中国第三大海外承包工程市场，近两年启动了一批意义重大、影响广泛的基础设施工程项目。

第三，科技合作的重要性显著提高。近年来，中拉合作向高科技领域的延伸态势明显，这为提升中拉产能合作层次、促进拉美国家工业化提供了重要支撑。例如，2023 年 4 月，中国与巴西两国在科研创新、信息和通信技术、数字经济、空间科学技术等领域签署了多个合作备忘录。另外，中巴两国开始筹划在半导体技术，5G、6G 和下一代网络，人工智能，以及光伏电池等具体技术领域深化合作。2024 年 4 月，中国举办了首届"中国-拉美和加勒比国家航天合作论坛"，该论坛是落实《中国—拉共体成员国重点领域合作共同行动计划（2022—2024）》的具体成果，旨在促进中拉航天合作，助力拉美和加勒比地区航天发展。论坛发布的《武汉宣言》指出，中国同拉美和加勒比多国签署了航天合作文件，务实推动了中拉航天交流与项目合作，顺利完成中巴地球资源系列卫星、委内瑞拉通信和遥感卫星、玻利维亚通信卫星等航天合作项目，促进了航天技术服务于中国与拉美和加勒比国家经济社会发展，成为南南合作不可或缺的推动力量，有助于联合国 2030 年可持续发展目标的实现。[②]

第四，中拉合作局面实现重大突破。2023 年 3 月 26 日，中国和洪都拉斯两国外长在北京签署《中华人民共和国和洪都拉斯共和国关于建立外交关系的联合公报》，中洪两国建立大使级外交关系。8 月 21 日，中美洲议会

[①] 中华人民共和国商务部、国家统计局、国家外汇管理局编《2022 年度中国对外直接投资统计公报》，中国商务出版社，2023。

[②] 《中拉航天合作论坛通过〈武汉宣言〉》，新华网，2024 年 4 月 24 日，http://www.xinhuanet.com/20240424/3654b126411741a7885a90801596d23d/c.html，最后访问日期：2024 年 5 月 14 日。

投票通过关于取消台湾地区立法机构的"常驻观察员"地位、接纳中国全国人民代表大会成为议会常驻观察员的两项动议。

六　外交发展动向

全球政治生态的转换调整、大国关系的复杂演变、"全球南方"的发展动向、地区因素的叠加影响都将成为影响拉美外交走势的重要方面。总体来看，可从以下几个维度观察拉美外交的发展动向。

第一，拉美地区凝聚力的可持续性。如上所述，拉美国家阶段性集体"左转"大大缓和了地区政治对立的紧张度，合作对话和地区一体化成为地区关系的主基调。与此同时，一些因素或将冲击拉美地区关系。首先，阿根廷政治生态"右转"。米莱政府执政以来，阿根廷外交关系呈现广幅调整态势，周边外交、多边外交、南南合作的重要性显著降低，米莱政府的意识形态外交很可能影响阿根廷与地区邻国的互动关系，甚至不排除阿根廷与拉美左翼主政国家之间的关系倒退，拉美地区重新面临政治对立的风险。其次，南共市、安第斯共同体等次区域组织内部分歧严重。从南共市来看，除米莱政府对地区事务的忽视以外，巴西与乌拉圭围绕南共市的开放存在显著分歧，集体谈判和"单飞"模式两种思路的矛盾在短期内难以解决。从安第斯共同体来看，厄瓜多尔因"闯馆"事件与地区邻国关系恶化，玻利维亚甚至跟随墨西哥与厄瓜多尔断交，这无疑将直接影响该机制的正常运转。再次，委内瑞拉内政、外交是地区关系的一大不确定性因素。一方面，2024年委内瑞拉大选的选情和选举结果会对地区力量平衡构成影响，进而使地区关系趋于复杂；另一方面，委内瑞拉与圭亚那两国的领土争端也会对拉美地区团结构成挑战。

第二，大国与拉美的合作效率存在不确定性。首先，2024年美国大选结果直接影响美拉关系走势，因为特朗普与拜登对待拉美的态度、对拉美政策内容、对域外大国的排斥力度均存在较大差异。其次，以"近岸外包""友岸外包"为依托的"美洲经济繁荣伙伴关系"的可持续性和效率均不明

了，一方面源于美国政府更迭，另一方面则与美国政策落实力度直接相关，加之拉美国家普遍面临宏观经济不景气的困局，美拉之间的合作效率能否符合预期还需要持续观察。最后，欧盟、俄罗斯、日本与拉美的互动频率虽仍增加，但拉美在现阶段都不是上述三方的外交优先地区，因此，政策能否持续跟进、政策工具的可供给性等是观察上述三方与拉美合作效率的主要视角。

第三，主场峰会对拉美外交的促进。2024 年，巴西和秘鲁分别担任二十国集团和亚太经合组织轮值主席国；2025 年，巴西还将举办金砖国家首脑峰会和《联合国气候变化框架公约》第三十次缔约方大会（COP30），上述主场峰会无疑将提高峰会主办国和拉美地区的外交活跃度。围绕这个问题，有两个方面值得关注：其一，在全球地缘政治经济高度复杂的局面下，拉美国家如何引导各场多边峰会的讨论？拉美国家和地区特性会不会衍生出创新性峰会议题？其二，从提高地区战略自主性的诉求出发，拉美地区能否强化立场整合力度？尤其在亚马孙雨林保护、能源转型、粮食安全、反贫困等议题上，能否推出本地区的共同方案？

第四，中拉合作面临提质升级的有利局面。中短期内，中拉双方具备延续高效合作的有利局面。一方面，政治互信提升、经贸合作机制丰富、科技合作开拓将为中拉关系提供更强劲的驱动力，尤其考虑到拉美国家普遍处在国家治理的困难周期，而中拉合作的高效率势必提升中国在拉美国家和地区外交的权重。另一方面，全球南方国家的崛起也将为中拉双方在全球治理上的合作提供更广泛空间，捍卫国际关系民主化、维护全球南方国家的现实关切、推进国际体系改革等共同利益也将使中拉关系更具战略性。

（谌园庭　审读）

专题报告：中拉文明互鉴

Y.6

中拉人文交流机制创新：
功能领域与路径选择

孙洪波*

摘　要：　新时代中拉人文交流的总目标是弘扬全人类共同价值，助力中拉命运共同体构建。全球文明倡议是新时代中国为世界文明交流互鉴提供的重要公共产品，为中拉人文交流指明了方向。中拉人文交流可助力社会资本积累，有利于构建社会交流网络、互惠性规范并增强相互信任。中拉人文交流领域、项目类别不断增多，既涉及语言推广、文艺交流、教育合作、人力资源培训等领域，也有治国理政、现代化交流互鉴等方面内容。按照公共产品的划分标准，中拉人文交流的内容和路径可细分为纯公共产品、准公共产品或俱乐部产品等类别。从区域性公共产品看，拉美的西语国家因共同的语言和其他文化联系为中拉人文交流提供了有利条件。政府间官方渠道、社会民间渠道、市场企业渠道、国际区域组织渠道等，都可纳入中拉人文交流路径创新方向。中拉人文交流的各细分功能领域需要进一步明确目标定位、优化

---

* 孙洪波，中国社会科学院拉丁美洲研究所副研究员，主要研究方向为拉美发展问题。

路径选择以及确定执行路线图，同时构建中拉整体、次区域及双边层面的人文交流统筹协调机制，完善多渠道、多平台交流机制建设，发挥人文交流在构建中拉命运共同体中的重要作用。

关键词： 中拉关系　人文交流、全球文明倡议　公共产品

党的十八大以来，在元首外交引领下，中拉关系进入平等、互利、创新、开放、惠民的新时代，推动中拉命运共同体构建。习近平主席五次访问拉美，讲述中拉友好交往故事，在演讲和署名文章中赞美斑斓多彩的拉美文明，亲自推动中拉人文交流工作。元首外交既有极具战略性的高层对话，也有饱含人情味的心灵沟通。① 习近平主席指出，文化关系是中拉整体外交的重要一翼②，人文上互学互鉴是新时代构建中拉五位一体新格局、推进中拉全面合作伙伴关系的重要功能领域③。在习近平外交思想的指引下，中拉人文交流蓬勃开展，既涉及语言推广、文艺交流、教育合作、人力资源培训等领域，也有中国式现代化、治国理政等的互学互鉴。中拉人文交流的功能领域日益丰富多元，交流机制、平台及组织方式不断创新，在促进民心相通方面取得显著成效。为建设全球文明倡议践行机制、扩大国际人文交流合作④，新时代中拉人文交流的总目标是弘扬全人类共同价值，不断完善中拉整体、次区域以及双边层面的人文交流统筹协调机制，进一步明确具体功能领域的目标定位并优化交流路径的设计与选择，为构建中拉命运共同体提供重要的功能性支撑。

---

① 《王毅：元首外交铸就中国特色大国外交新丰碑》，中华人民共和国外交部网站，2024年1月9日，https://www.fmprc.gov.cn/web/wjdt_674879/gjldrhd_674881/202401/t20240109_11220454.shtml，最后访问日期：2024年7月1日。

② 《习近平和彭丽媛同秘鲁总统库琴斯基夫妇共同出席中拉文化交流年闭幕式并参观"天涯若比邻—华夏瑰宝展"》，《人民日报》2016年11月23日，第1版。

③ 《努力构建中拉关系五位一体新格局》（2014年7月17日），载《习近平外交演讲集》第一卷，中央文献出版社，2022，第164～168页。

④ 《中国共产党第二十届中央委员会第三次全体会议文件汇编》，人民出版社，2024，第57页。

一　公共产品视角下的中拉人文交流路径理论探讨

国家间人文交流具有正面外部效应，可促进两国人民相互了解。人文交流旨在深化两国相互认知、促进民心相通。民相亲在于心相通。民心相通是最基础、最坚实、最持久的互联互通。[①] 人文交流机制或路径是为民心相通搭建的桥梁，具有公共产品属性。人文产品本身不是纯粹的公共产品，多数情况下属于俱乐部产品。从公共产品供应看，国家间人文交流存在市场失灵情景，常常出现供应不足状况；同时，也可能存在人文交流同政治、经贸关系发展水平不匹配状况。长期来看，人文交流的短板或不足会制约双边政治关系、经贸合作的发展。因此，在主权国家体系下，跨国人文交流公共产品难以完全依赖市场供应机制，需要政府在政治、外交及资源投入等方面给予必要支持，加大人文交流网络、机制及路径选择等方面的建设投入。

第一，文化作为符号或象征意义上的公共产品。有关"文化""人文""文明"的定义宽泛繁杂，通常把文化看成人类借助符号和象征物寻求意义的过程和方式。[②] 中国传统意义上的"人文"指诗、书、礼、乐等。[③] 文化的差异性标识了拥有不同"意义"和"价值"体系的社会群体。《周易·贲》中提出"文明以止，人文也；观乎天文，以察时变；观乎人文，以化成天下"。[④] 人类社会规范内化的能力，基本上遵循了利他性演化，特别是强互惠的演化，具有亲社会性，促进异质人群中的合作。[⑤] 文化通过符号获得，通过符号传播，其代表的价值观是文化的核心。文化是人类、民族或群

---

① 习近平：《在会见出席中国国际友好大会暨中国人民对外友好协会成立 70 周年纪念活动外方嘉宾时的讲话》，《人民日报》2024 年 10 月 12 日，第 2 版。
② 苗长弘、魏也华、吕拉昌：《新经济地理学》，科学出版社，2011，第 90~93 页。
③ 笔者根据《辞海》网络版对"人文"概念的线上查询，https：//www.cihai.com.cn/yuci/detail？docLibId = 1107&docId = 5719209&q = % E4% BA% BA% E6% 96% 87，最后访问日期：2024 年 6 月 25 日。
④ 《周易》，杨天才译注，中华书局，2016，第 126 页。
⑤ 〔美〕赫伯特·金迪斯、萨缪·鲍尔斯等：《走向统一的社会科学：来自桑塔费学派的看法》，浙江大学跨学科社会科学研究中心译，上海人民出版社，2005，第 42~46 页。

体共同具有的符号、价值观及其规范，具有公共产品属性。

第二，文化作为价值规范、认同、习俗意义上的公共产品。文化指人类社会的生存方式以及建立在此基础上的价值体系。① 文明是具有组织性功能的概念，具有鲜明的道德和意识形态意涵。② 文化认同包含文化价值判断，指文化群体或文化成员承认群内新文化或群外异文化因素符合其传统文化价值标准，经认同的新文化或异文化被接受、传播。③ 文化交流指不同的文化群体之间通过各种媒介进行的、在不同文化中传播的行为，途径多种多样。④ 文化是世代相传的信息图书馆，以具有象征性的文化产品的方式直接编码进入人类大脑。⑤

第三，拉美和加勒比地区的区域认同，作为整体意义具有外部性。文化或者说文明两个词多数情况下可交换使用，与经济一样，是构成空间的一个范畴。⑥ 拉美独立初期自发形成的区域认同经历了会议模式向国际惯例、多边机制、地区组织等制度化的国际合作演进，区域认同得到加强和深化。⑦ 考虑语境差异，对拉美区域认同的认识不能照抄照搬美欧学者对"认同"概念的字面解释，"认同"实质上包括从接触意义上的相认或认识，到相互接受，再到相互趋同、同化或内化的三个认知互动、深化阶段。就认同面临的

① 笔者根据《辞海》网络版对"文化"概念的线上查询，https：//www.cihai.com.cn/baike/detail/72/5587347?q=%E6%96%87%E5%8C%96，最后访问日期：2024 年 6 月 25 日。

② 李剑鸣：《文明的概念与文明史研究》，《华中师范大学学报》（人文社会科学版）2016 年第 1 期，第 108~116 页。

③ 笔者根据《辞海》网络版对"文化认同"概念的线上查询，https：//www.cihai.com.cn/baike/detail/72/5581002?q=%E6%96%87%E5%8C%96%E8%AE%A4%E5%90%8C，最后访问日期：2024 年 6 月 25 日。

④ 笔者根据《辞海》网络版对"文化交流"概念的线上查询，https：//www.cihai.com.cn/baike/detail/72/5580955?q=%E6%96%87%E5%8C%96%E4%BA%A4%E6%B5%81，最后访问日期：2024 年 6 月 25 日。

⑤ 〔美〕赫伯特·金迪斯：《个体性与纠缠：社会生活的道德与物质基础》，宋超威、杨东东译，格致出版社、上海人民出版社，2021，第 13~17 页。

⑥ 〔法〕费尔南·布罗代尔：《十五至十八世纪的物质文明、经济和资本主义》（第三卷上册），顾良、施康强译，商务印书馆，2018，第 65 页。

⑦ 高程、王帅：《拉丁美洲区域认同的形成与演变》，载张蕴岭主编《国际区域认同研究》，山东大学出版社，2024，第 317 页。

"主体性"难题而言，拉美地区的认同意识经历了不断重塑的历史过程。较大规模集团的集体行动实现最优结果，需要充足而有效的包括国际制度在内的公共产品供给，通过区域共同体的确立，促进区域认同再次升级至最高阶段。①

习近平主席指出，中拉在相互尊重、平等互利基础上，深化文化对话，让文明互鉴成为增进中拉人民友谊的桥梁、推动人类社会进步的动力、推动世界和平的纽带。② 人类的沟通行为本质上是一种合作，由共享意图或"我们"意图所组成，有共同的目标、意念、知识，且具有合作动机情景。③ 2024 年 6 月 7 日，第七十八届联合国大会一致通过中国提出的将 6 月 10 日设立为文明对话国际日决议。④ 全球文明倡议是新时代中国为世界提供的又一重要国际公共产品⑤，强调尊重世界文明多样性、弘扬全人类共同价值、重视文明传承和创新以及加强国际人文交流合作⑥。构建全球文明对话合作网络，丰富交流内容，拓展合作渠道，促进各国人民相知相亲，共同推动人类文明发展进步。⑦

2022 年联合国教科文组织在墨西哥城举办世界文化政策与可持续发展会议，其联合声明将"文化"界定为全球公共产品。⑧ 基于公共产品视角，创新中拉人文交流机制，应突出区域性公共产品和拉美历史文化特点。基于共同语言、历史及文化联系等层面的地区认同，拉美国家有较强的共同性或相近

---

① 高程、王帅：《拉丁美洲区域认同的形成与演变》，载张蕴岭主编《国际区域认同研究》，山东大学出版社，2024，第 326 页。

② 《文明互鉴，增进中拉人民友谊的桥梁》，《人民日报》2016 年 11 月 29 日，第 3 版。

③ 〔美〕迈克尔·托马塞洛：《人类沟通的起源》，蔡雅菁译，商务印书馆，2019，第 4~5 页。

④ 《第七十八届联合国大会协商一致通过中国提出的设立文明对话国际日决议》，《人民日报》2024 年 6 月 8 日，第 2 版。

⑤ 《促进文明交流互鉴，丰富世界文明百花园——深入学习贯彻习近平文化思想系列述评之十一》，新华每日电讯，2024 年 2 月 2 日，http://www.xinhuanet.com/mrdx/2024-02/02/c_1310763192.htm，最后访问日期：2024 年 7 月 3 日。

⑥ 习近平：《携手同行现代化之路——在中国共产党与世界政党高层对话会上的主旨讲话》，《人民日报》2023 年 3 月 16 日，第 2 版。

⑦ 习近平：《携手同行现代化之路——在中国共产党与世界政党高层对话会上的主旨讲话》，《人民日报》2023 年 3 月 16 日，第 2 版。

⑧ "MONDIACULT 2022: States Adopt Historic Declaration for Culture", United Nations Educational, Scientific and Cultural Organization (UNESCO), September 30, 2022, https://www.unesco.org/en/articles/mondiacult-2022-states-adopt-historic-declaration-culture, accessed June 27, 2024.

性、类似性。语言是典型的公共产品，西班牙与拉美的西语国家、葡萄牙和巴西，因共同的语言和其他文化联系而形成区域性公共产品。中拉人文交流具有诸多优势或有利条件，有助于中国对拉美话语体系的建设。例如，拉丁美洲社会科学院（FLACSO）是联合国教科文组织倡议成立的区域性政府间国际组织，为拉美三大社科教学研究机构之一。2022年，拉丁美洲社会科学院第24届大会正式接纳中国成为观察员国并与中国签署了合作谅解备忘录。[①]

从人文类公共产品供给角度看，中拉人文交流需要明确合作机构、机制或平台并保持一定的资源投入。中拉人文交流的功能领域和项目类别日益增加，形成了诸多功能细分领域，如语言推广、文化展览、互派留学生、人力资源培训等方面，也有治国理政等方面政治性较强的交流内容。按照公共产品的划分标准，可细分为纯公共产品、准公共产品或俱乐部产品等类别。人文交流机制平台、人文基础设施大多可划归为准公共产品或俱乐部产品。公共产品视角下的人文交流路径选择要坚持以传播力为导向，力争做到可观测、可操作、可衡量及可评估，这需要对广义和狭义上的中拉人文交流做出严格的区分。中拉人文交流应确立国别和功能领域的标志性合作项目以及相应的合作机制。针对拉美国家的人文合作诉求，需要建立甄选、评估机制，利用拉美方面的资源，确保中拉人文交流合作的实效和可持续性。

二　加强中拉人文交流的重要理论及现实意义

党的二十大报告和全球文明倡议为中外人文交流提出了总目标和任务要求，也为中拉人文交流指明了方向。一是增强中华文明传播力影响力，坚守中华文化立场，提炼展示中华文明的精神标识和文化精髓；二是加快构建中国话语和中国叙事体系，讲好中国故事、传播好中国声音，展现可信、可爱、可敬的中国形象；三是加强国际传播能力建设，全面提升国际传播效

① 《中国同拉丁美洲社会科学院的关系》，中华人民共和国外交部网站，2023年1月23日，https：//www.mfa.gov.cn/web/wjb_673085/zzjg_673183/ldmzs_673663/dqzz_673667/ldmzshkxy/gx_690677/，最后访问日期：2024年6月25日。

能，形成同我国综合国力和国际地位相匹配的国际话语权；四是深化文明交流互鉴，推动中华文化更好走向世界；五是弘扬和平、发展、公平、正义、民主、自由的全人类共同价值，促进各国人民相知相亲，尊重世界文明多样性，以文明交流超越文明隔阂、文明互鉴超越文明冲突、文明共存超越文明优越，共同应对各种全球性挑战。①

第一，人文交流体现深层次的价值观及全球治理理念。从全球公共产品视角看待中外人文交流，涉及全球治理的价值理念问题，治理规则的背后是治理理念。② 习近平主席强调，倡导正确义利观、命运共同体、新型大国关系、共建"一带一路"等重大理念，加大传播力度，使其成为世界表达中国故事的源头、读懂中国的标识。③ 人文交流属于软领域，在规则、规范、标准等方面，虽不具有限制性或约束力，但在社会影响上表现出丰富的文化价值观。为了西方文明的存续，美欧国家鼓励拉美的西方化以及拉美国家同西方建立紧密联盟的联盟关系。④ 20 世纪初，"拉美马克思主义思想之父"何塞·卡洛斯·马里亚特吉就敏锐地意识到中华文明与拉美文明的共性，他在《中国革命》中写道："在精神和物质上，中国比欧洲更接近我们。我们人民的心理更像亚洲人而不是西方人。"⑤ 人文交流在国际关系中有不可替代的作用，全人类共同价值构成了中外人文交流的思想基础。中国特色大国外交为推动建设新型国际关系，构建人类命运共同体，需要弘扬全人类共同价值，引领人类进步潮流。⑥

---

① 习近平：《高举中国特色社会主义伟大旗帜　为全面建设社会主义现代化国家而团结奋斗——在中国共产党第二十次全国代表大会上的报告》，中国政府网，2022 年 10 月 25 日，http：//www.gov.cn/xinwen/2022-10/25/content_5721685.htm，最后访问日期：2024 年 7 月 1 日。
② 《中国社科院世经政所召开"全球公共产品视角下的中外人文交流"研讨会》，光明网，2020 年 9 月 30 日，https：//m.gmw.cn/baijia/2020-09/30/34239553.html，最后访问日期：2024 年 6 月 26 日。
③ 中共中央文献研究室编《习近平关于社会主义文化建设论述摘编》，中央文献出版社，2017，第 214 页。
④ 张凡：《跨区域交流与中拉整体合作——兼论中国在拉美的软实力构建》，《拉丁美洲研究》2018 年第 5 期，第 1~27 页。
⑤ 转引自林华《中拉文明互鉴的"和合"之道》，《中国社会科学报》2023 年 12 月 6 日。
⑥ 《中共中央关于党的百年奋斗重大成就和历史经验的决议（全文）》，中国政府网，2021 年 11 月 16 日，https：//www.gov.cn/zhengce/2021-11/16/content_5651269.htm，最后访问日期：2024 年 6 月 23 日。

第二，文化外交为人文交流提供政治保障。文化外交是围绕国家对外关系的工作格局与部署，以文化表现形式为载体或手段，开展的国家间或国际公关活动，实施主体为官方或受其支持与鼓励的机构、团体及个人。[①] 文化外交是带有浓厚政治色彩的对外文化交流行为，通过交换思想、价值观、传统以及文化等方面的一系列活动，增强国家间社会文化合作或提升彼此国家利益。[②] 中拉人文交流在不同历史阶段有不同政策目标和路径。文化外交是中国对拉美外交的重要组成部分，对中拉关系的建立和发展起到重要推动作用。在中拉民间交往时期，中国邀请拉美国家文艺、教育、新闻等领域知名人士访华，同时派中国文化艺术代表团出访拉美，推动拉方建立对华文化协会等友好组织。人文交流具有双向性和公共性特点，基于全球主权国家体系，国际人文交流虽存在多样化的民间渠道，但需要主权国家间签署人文交流合作文件或搭建平台，并以相应的资源投入相配合。

第三，人文交流助力社会资本积累。社会资本指社会网络、互惠性规范和由此产生的信任，特别是社会网络的互惠规范和信任对合作有积极影响。社会资本也存在于国际社会关系网络之中，以共享国际规范、信任为特征的国际社会资源。[③] 国际社会资本以全球社会关系网络为基础，互惠机制和合作规范为国际互动、参与提供了条件及保障。人类命运共同体所依托的国际环境下的网络、社会规范和互信都是国际社会资本的重要特征和体现形式，人类命运共同体的实现离不开国际社会资本的推动。[④] 中拉人文交流的重要功能可增加中拉合作中的社会资本积累，如向拉美展现可信、可爱、可敬的中国形象，在拉美形成同中国影响力相匹配的话语权。以中国与巴西关系为

① 笔者根据《辞海》网络版对"文化外交"概念的线上查询，https://www.cihai.com.cn/baike/detail/72/5581044?q=%E6%96%87%E5%8C%96%E5%A4%96%E4%BA%A4，最后访问日期：2024年7月10日。

② 王亚宁：《中国文化外交可持续发展的基础》，《理论界》2015年第11期，第35~40页。

③ 郝建：《国际社会资本：提升中国国际影响力的规范逻辑》，《贵州社会科学》2012年第12期，第145~148页。

④ 孔梓：《人类命运共同体框架下国际社会资本的作用研究》，《山东社会科学》2020年第5期，第155~159页。

例，正如习近平主席强调的，用更具前瞻性的眼光就中巴双边关系做好战略规划，明确构建中巴命运共同体的长远目标，全面加强立法机构、政党、地方、文化、教育、旅游、青年等各领域交流合作，为中巴合作汇聚更多友好力量，提供更多有力支撑。①

第四，全人类共同价值同拉美的价值观高度契合。拉美文明虽内属于西方文明或为其亚文明，但又有别于西方的独特认同，拉美人自我认同中的西方化和本土化之间存在一些分歧。② 拉美国家强调维护主权和保护人权，对外关系看重经济发展利益，反对殖民主义和霸权主义，秉持多边主义，主张国际格局多极化，拒绝使用武力解决国家间分歧，是维护世界和平的重要力量。据"世界价值观调查"报告，拉美社会作为一个独特的文化圈，属于包括西班牙和葡萄牙在内的西语文化圈的重要组成部分，同其他文化圈有着鲜明界限，但受经济发展水平影响，拉美人看重尊严、平等。③ 据"拉美晴雨表"民意调查报告，2010~2020 年拉美民主制度的脆弱性突出，民众对民主促进社会稳定、经济发展的不信任感上升。④ 拉美人的价值观普遍认同和平、发展、公平、正义、民主、自由的全人类共同价值。中拉充分借鉴彼此文化成果，让中拉文明成为不同文明和谐相处、相互促进的典范，为世界多元文化版图增添更加绚烂的色彩。⑤

第五，中拉可成为不同文明对话的典范。中拉文明交往源远流长。早在16 世纪下半叶，满载着丝绸和瓷器的"中国之船"就从中国的闽粤港口起航，辗转远赴拉美，开创了中拉友好交往的先河。⑥ 大帆船贸易开辟了中拉

① 《习近平会见巴西副总统阿尔克明》，中华人民共和国外交部网站，2024 年 6 月 7 日，https://www.fmprc.gov.cn/zyxw/202406/t20240607_11415435.shtml，最后访问日期：2024 年 7 月 10 日。
② 〔美〕萨缪尔·亨廷顿：《文明的冲突》，周琪、刘绯等译，新华出版社，2017，第 31~32 页。
③ World Values Survey, https://www.worldvaluessurvey.org/wvs.jsp, accessed July 10, 2024.
④ Latinobarómetro, "Informe 2021", Santiago, Chile, octubre de 2021, pp. 18-21.
⑤ 《文明互鉴，增进中拉人民友谊的桥梁》，《人民日报》2016 年 11 月 29 日，第 3 版。
⑥ 习近平：《弘扬传统友好 共谱合作新篇——在巴西国会的演讲》，《人民日报》2014 年 7 月 18 日，第 3 版。

之间的海上"丝绸之路",促进了物质、人员和文化上的交流。① 正如习近平主席强调的,历史上中拉开辟了"太平洋海上丝绸之路",今天要描绘共建"一带一路"新蓝图,打造一条跨越太平洋的合作之路,把中国和拉美两块富饶的土地更加紧密地联通起来,开启中拉关系崭新时代,为推动构建人类命运共同体做出更大贡献。② 就不同文化关系而言,不同民族、不同文明多姿多彩、各有千秋,没有优劣之分,只有特色之别。③ 2024 年 3 月,洪都拉斯总统卡斯特罗在两国建交一周年之际称赞道,中国拥有千年文明,在历史进程中扮演了主要角色,是世界的榜样,也是洪都拉斯的重要伙伴。④中拉要加强文明对话和文化交流,不仅"各美其美",而且"美人之美,美美与共",成为不同文明和谐共处、相互促进的典范。⑤ "关系亲不亲,关键在民心"⑥,这是促进中拉民心相通的根本。"国之交在于民相亲",中拉开展文明对话,使双方人民在文化上彼此欣赏、心灵上相亲相近,夯实中拉关系长远发展民意基础。⑦ 墨西哥诗人阿方索·雷耶斯曾说过:"唯有益天下,方可惠本国",⑧ 这同《道德经》中"有余以奉天下"⑨的思想高度契合。

① 董经胜、林被甸:《冲突与融合:拉丁美洲文明之路》,人民出版社,2011,第 4 页。

② 《打造一条跨越太平洋的合作之路》(2018 年 1 月 22 日),载《习近平谈治国理政》第三卷,外文出版社,2020,第 479 页。

③ 《弘扬和平共处五项原则,建立合作共赢美好世界》(2014 年 6 月 28 日),载《习近平外交演讲集》第一卷,中央文献出版社,2022,第 155 页。

④ 《习近平同洪都拉斯总统卡斯特罗就中洪建交一周年互致贺电》,中华人民共和国外交部网站,2024 年 3 月 26 日,https://www.fmprc.gov.cn/zyxw/202403/t20240326_11270859.shtml,最后访问日期:2024 年 7 月 1 日。

⑤ 《促进共同发展,共创美好未来》(2013 年 6 月 5 日),载《习近平外交演讲集》第一卷,中央文献出版社,2022,第 44 页。

⑥ 《坚持亲诚惠容的周边外交理念》(2013 年 10 月 24 日),载《习近平著作选读》(第一卷),人民出版社,2023,第 155 页。

⑦ 《努力构建中拉关系五位一体新格局》(2014 年 7 月 17 日),载《习近平外交演讲集》第一卷,中央文献出版社,2022,第 166 页。

⑧ 习近平:《弘扬和平共处五项原则 携手构建人类命运共同体——在和平共处五项原则发表 70 周年纪念大会上的讲话》,中华人民共和国外交部网站,2024 年 6 月 28 日,https://www.fmprc.gov.cn/zyxw/202406/t20240628_11443295.shtml,最后访问日期:2024 年 7 月 1 日。

⑨ 《老子》,饶尚宽译注,中华书局,2023,第 191 页。

三 中拉人文交流机制创新：路径选择的案例分析

党的十八大以来，中拉人文交流机制、平台及组织方式不断创新，在促进中拉民心相通方面取得了显著成效。习近平主席强调，完善人文交流机制，创新人文交流方式，发挥各地区各部门各方面作用，综合运用大众传播、群体传播、人际传播等多种方式展示中华文化魅力；① 与此同时，着力推进国际传播能力建设，创新对外宣传方式，加强话语体系建设，着力打造融通中外的新概念新范畴新表述，讲好中国故事，传播好中国声音，增强在国际上的话语权。② 中拉人文交流路径具有公共产品或准公共产品性质，通常以互惠合作的方式提供，中拉传媒合作、以孔子学院为依托的汉语推广以及联合举办的大型文化活动都是较为典型的合作案例。

（一）以传媒合作为案例的人文交流路径

中拉媒体合作是中拉合作的重要组成部分，也是推动构建中拉命运共同体的重要力量。习近平主席指出，加强国际传播能力建设，支持中央媒体走出去，优化战略布局，加快实施本土化战略，成为国际传播生力军。③ 根据这一国际传播指导思想，中国的传媒机构在拉美加速推进传播布局和合作机制建设，为中拉人文交流提供更多传播路径类公共产品。

第一，传媒合作为人文交流提供了传播路径类公共产品。信息互惠是一种利他主义思想。新华社、《人民日报》等央媒在拉美多国有常设机构或派

---

① 中共中央文献研究室编《习近平关于社会主义文化建设论述摘编》，中央文献出版社，2017，第202页。
② 《讲好中国故事，传播好中国声音》，中共中央党史和文献研究院、中央学习贯彻习近平新时代中国特色社会主义思想主题教育领导小组办公室编《习近平新时代中国特色社会主义思想专题摘编》，中央文献出版社，2023，第328页。
③ 中共中央文献研究室编《习近平关于社会主义文化建设论述摘编》，中央文献出版社，2017，第214页。

驻人员,中拉一些新闻机构之间也建立了新闻产品互换机制①,这都可看作人文交流中的互惠合作。传媒合作作为中拉合作的一个功能领域,在信息传播方面具有公共产品供应的互惠合作特征。正如习近平主席强调的,"声同则处异而相应,德合则未见而相亲",媒体交流是中拉关系的重要组成部分,中拉媒体在继承和发展中拉人民友谊方面大有作为。② 例如,中拉新闻交流中心不定期邀请拉美记者亲身感知中国、讲述中国,起到了良好的传播效果。中拉媒体建立新闻共享或互换机制,创新合作传播模式,开展媒体技术应用方面的互学互鉴③,可为双方信息互惠性传播提供保障。拉丁美洲新闻社、墨西哥《改革报》、哥伦比亚《证券报》、巴西《圣保罗页报》等拉美媒体在中国设立了记者站④,有助于拉美媒体客观、真实地报道中国。2017 年中央广电总台与拉美新闻联盟签署合作协议,在拉美传媒合作伙伴拓展至 23 国、68 个成员⑤,中拉新闻合作网络格局初步形成。2018 年11 月,中拉媒体论坛在阿根廷首都布宜诺斯艾利斯举行,发布了中拉媒体论坛公报,⑥ 这是深化中拉人文交流的重要举措。2021 年 11 月,中央广电总台与阿根廷主流媒体举办"中阿全景"论坛。⑦ 中拉媒体作为信息互

① 《人民日报社携手 33 家国际媒体签署合作谅解备忘录,建新闻产品互换机制》,人民网,2015 年 9 月 23 日,http://politics.people.com.cn/n/2015/0923/c1001-27622390.html,最后访问日期:2024 年 6 月 28 日。
② 《习近平出席中拉媒体领袖峰会开幕式》,《人民日报》2016 年 11 月 24 日,第 1 版。
③ 《慎海雄:中拉媒体深化合作,携手抗疫共克时艰》,央视网,2020 年 8 月 28 日,https://news.cctv.com/2020/08/28/ARTI4Tz8AIITpmzuAJZjOkM3200828.shtml,最后访问日期:2024 年 5 月 30 日。
④ 刘安琪:《中拉媒体合作的发展现状与启示》,《中国广播电视学刊》2023 年第 11 期,第 107~110 页。
⑤ 《慎海雄:中拉媒体深化合作,携手抗疫共克时艰》,2020 年 8 月 28 日,央视网,https://news.cctv.com/2020/08/28/ARTI4Tz8AIITpmzuAJZjOkM3200828.shtml,最后访问日期:2024 年 5 月 30 日。
⑥ 《中拉媒体论坛在阿根廷举行》,新华网,2018 年 11 月 20 日,http://www.xinhuanet.com/world/2018-11/20/c_1123740096.htm,最后访问日期:2024 年 6 月 27 日。
⑦ 《中央广播电视总台与阿根廷主流媒体举办"中阿全景"论坛》,央视网,2021 年 11 月 3 日,https://content-static.cctvnews.cctv.com/snow-book/index.html?item_id=9398373202637155870,最后访问日期:2024 年 6 月 27 日。

惠的合作伙伴，可成为中拉关系发展的维护者、务实合作的推动者、友好力量的培育者。① 传媒合作为中拉人文交流提供了传播路径类公共产品，以信息互惠增进相互了解、传承友谊以及增强彼此认同，助力中拉命运共同体构建。

第二，数字化传媒合作增强人文交流的传播力。中拉传媒合作由传统媒体、新闻产品互换等合作方式，不断向多元化、数字化传媒合作转型升级，有助于提高传播路径类公共产品供应能力。2004 年 10 月，《今日中国》杂志社在墨西哥城成立拉美分社，2009 年在利马成立秘鲁代表处，2015 年巴西葡文版创刊。2018 年 2 月，《今日中国》杂志社与墨西哥《改革报》集团签署战略合作协议，该报将《今日中国》杂志社提供的原文稿件刊登在头版或国家版，并在网站、社交媒体以及 App 上同步推送。② 2010 年 12 月，中央电视台拉美中心记者站在巴西圣保罗成立，逐步发展为央视在拉美的节目播出平台。③ 2016 年以来，中国提出加强中拉新闻出版广播影视机构对话与合作，开展联合采访、互换新闻和人员培训，鼓励双方有实力、有影响的网络媒体在门户网站开发、新媒体能力建设等方面加强合作。④ 2019 年 7 月，中央广电总台欧洲拉美地区语言节目中心成立。中国社交媒体平台抖音、快手、微信等在拉美地区大受欢迎。例如，抖音海外版 TikTok 自 2016 年进入拉美市场之后，在该地区的用户超过 1 亿，成为拉美民众使用率第三高的社交网络。⑤ 2021 年 12 月，中央广电总台与拉美地区媒体联合发布《中拉媒体行动》倡议，以云论坛、合作拍片、影视巡展及公益短片等形式

---

① 《为中拉友好贡献媒体智慧和力量》，《人民日报》2016 年 11 月 24 日，第 2 版。
② 刘安琪：《中拉媒体合作的发展现状与启示》，《中国广播电视学刊》2023 年第 11 期，第 107~110 页。
③ 《中国中央电视台拉美中心记者站揭牌》，中国网络电视台网站，2010 年 12 月 22 日，http：//news. cntv. cn/china/20101222/105775. shtml?ptag=vsogou，最后访问日期：2024 年 6 月 27 日。
④ 《中国对拉美和加勒比政策文件》，中国政府网，2016 年 11 月 24 日，https：//www. gov. cn/xinwen/2016-11/24/content_5136911. htm，最后访问日期：2024 年 6 月 24 日。
⑤ 刘安琪：《中拉媒体合作的发展现状与启示》，《中国广播电视学刊》2023 年第 11 期，第 107~110 页。

推动中拉媒体全面合作。① 2021~2023 年，中央广电总台同巴西主流影视媒体"巴西盒子"集团合作，连续三年推出"中国影视作品展播季"活动。② 2021 年 12 月，中国-拉美和加勒比国家共同体论坛第三届部长会议制定的共同行动计划提出，推动新闻媒体合作，鼓励在广播电视、网络视听、节目互播、联合制作、人才培训等领域开展交流，探讨设立中拉媒体合作传播机制。③ 上述多元化、数字化传媒合作及政策导向不断创新传播路径类公共产品，将大幅扩大中拉人文交流的社会受众面和传播力。

第三，经典互译为人文交流提供了兼具传播路径和思想内容的公共产品。习近平主席指出，翻译是促进人类文明交流的重要工作。④ 中拉思想文化经典互译不仅为中拉人文交流提供传播路径类公共产品，且其本身也体现了中拉在思想文化相互传播方面的互惠性交流。2016 年中国出台的第二份对拉政策文件指出，鼓励中拉出版界开展合作，探索实施中拉思想文化经典互译工程，翻译出版更多经典作品。⑤ 2016 年底中拉思想文化经典互译工程启动以来已开展两期资助项目，主要资助中拉文学、影视、学术等领域经典作品的互译出版。中拉思想文化经典互译工程致力于中拉双方优秀文学作品的互译出版，推动中拉文明互鉴、文化共享。⑥ 至 2020 年底，拉美翻译出版 148 部中国文学作品，中国翻译出版多达 1015 部拉美文学作品，仅 2020

① 《总台 CGTN 与拉美地区媒体共同发布〈中拉媒体行动〉倡议》，中央电视台网站，2021 年 12 月 3 日，http：//tv. cctv. cn/2021/12/03/VIDE9tLgGPCoH8mZVY2LDg3E211203. shtml，最后访问日期：2024 年 6 月 25 日。

② 《第三届巴西"中国影视作品展播季"启动仪式在里约举行》，人民网，2023 年 10 月 11 日，http：//world. people. com. cn/n1/2023/1011/c1002 - 40093118. html，最后访问日期：2024 年 6 月 25 日。

③ 《中国—拉共体成员国重点领域合作共同行动计划（2022—2024）》，中华人民共和国外交部网站，https：//www. mfa. gov. cn/web/wjb _ 673085/zzjg _ 673183/ldmzs _ 673663/xwlb _ 673665/202112/t20211207_10463447. shtml，最后访问日期：2024 年 7 月 5 日。

④ 《习近平回信勉励外文出版社的外国专家》，中国政府网，2022 年 8 月 26 日，https：//www. gov. cn/xinwen/2022-08/26/content_5706951. htm，最后访问日期：2024 年 6 月 25 日。

⑤ 《中国对拉美和加勒比政策文件》，中国政府网，2016 年 11 月 24 日，https：//www. gov. cn/xinwen/2016-11/24/content_5136911. htm，最后访问日期：2024 年 6 月 24 日。

⑥ 鲁元珍：《世界的"中拉文化时间"——"中拉文化交流年"对文化走出去的启示》，《光明日报》2016 年 11 月 24 日，第 14 版。

年，中国就出版了 132 部拉美文学图书，如"中国当代文学精品"西班牙语翻译工程已出版了 34 部作品①，上述中拉文学作品相互译介发挥了良好的文化传播效应。作为中拉文化交流的载体之一，文学作品的相互译介反映了中拉文化交流的特点与时代变化，成为不同历史阶段中拉人文交流的华彩篇章。② 特别是近年来中拉文学机构和出版社合作以及参与拉美具有影响力的大型文学活动、书展、诗歌节等方式，可探索适合中国文学在拉美的传播方式。③ 但也要看到，同数字化传媒、社交媒体的传播效果相比，中拉思想文化经典互译作品的传播受众范围相对有限，但其具有历史性、思想性及深度交流等诸多优势，对学术界、教育界等具有深度传播效果。中拉思想文化经典互译工程的实施，为推动中拉文明互鉴、民心相通建立起深厚的文化互信基础。④

（二）以孔子学院为案例的人文交流路径

语言是交流的工具、文化的载体，是促进人类文明交流对话的桥梁。习近平主席指出，语言是了解一个国家最好的钥匙，学习彼此的语言，了解对方的历史文化，将有助于促进两国人民相知相亲，也将为构建人类命运共同体贡献力量。⑤ 孔子学院旨在增进世界人民对汉语和中华文化的了解、发展中国与其他国家的友好关系、促进世界多元文化发展，可为构建人类命运共同体贡献力量。孔子学院是中国为世界和平与国际合作而不懈努力的象征，

① 《孙新堂：中拉文学交流的体会和思考》，西葡拉美之友公众号，2022 年 7 月 24 日，https：//mp. weixin. qq. com/s/qwzh1EismC1KnYVGJNDi8A，最后访问日期：2024 年 6 月 24 日。

② 楼宇：《中拉文化交流 70 年：以拉美文学作品汉译为例》，《西南科技大学学报》（哲学社会科学版）2020 年第 4 期，第 9~14 页。

③ 《孙新堂：中拉文学交流的体会和思考》，西葡拉美之友公众号，2022 年 7 月 24 日，https：//mp. weixin. qq. com/s/qwzh1EismC1KnYVGJNDi8A，最后访问日期：2024 年 6 月 24 日。

④ 《展现新时代文艺担当 描绘文明互鉴新篇章》，中国社会科学网，2023 年 10 月 10 日，https：//www. cssn. cn/ysx/ztzl/202310/t20231010_5689483. shtml，最后访问日期：2024 年 6 月 24 日。

⑤ 《习近平复信沙特中文学习者代表》，《人民日报》2022 年 12 月 8 日，第 1 版。

是连接中国人民和世界人民的纽带，"孔子学院属于中国，也属于世界"。①基于孔子在塑造中国民族性格和文化-心理结构上的历史地位，孔学在世界上已成为中国文化的代名词②。孔子学院作为中拉人文交流的重要载体之一，可淡化政治色彩，让更多拉美人学习汉语、了解中华文化及中国传统价值观。

第一，提供汉语国际推广公共产品。语言是一种公共产品。③ 语言国际推广是推动人类多元文化和谐发展的重要手段，具有全球公共产品属性。④孔子学院依托拉美国家的大学或教育基础设施，双方基于互惠理念合作办学，主要进行汉语教学及开展人文交流活动。具体来说，孔子学院依托外方机构，进行中外合作，内生发展，因地制宜，双方共商共建共管共享。⑤2016年出台的中国第二份对拉政策文件强调，支持拉美及加勒比国家推广汉语教学，继续推动孔子学院、孔子课堂建设和发展。⑥ 在2021年举办的中国-拉美和加勒比国家共同体论坛第三届部长会议上，中国宣布支持拉共体成员国开展中文教育，助力中文纳入拉共体成员国国民教育体系，基于互惠在拉开办孔子学院或孔子课堂。⑦ 至2024年6月底，拉美地区共设立51家孔子学院，其中巴西12家、墨西哥6家、秘鲁4家、阿根廷4家。⑧ 巴西

① 《习近平致信祝贺全球孔子学院建立十周年暨首个全球"孔子学院日"》，《人民日报》2014年9月28日，第1版。
② 李泽厚：《美的历程》，生活·读书·新知三联书店，2009，第51~52页。
③ 张卫国：《作为人力资本、公共产品和制度的语言：语言经济学的一个基本分析框架》，《经济研究》2008年第2期，第144~154页。
④ 王海兰：《全球公共产品视角下的语言国际推广分析》，《制度经济学研究》2015年第2期，第189~202页。
⑤ 许琳：《孔子学院二十年：世界眼中的孔子学院》，《人民日报》（海外版）2024年8月30日，第11版。
⑥ 《中国对拉美和加勒比政策文件》，中国政府网，2016年11月24日，https://www.gov.cn/xinwen/2016-11/24/content_5136911.htm，最后访问日期：2024年6月24日。
⑦ 《中国—拉共体成员国重点领域合作共同行动计划（2022—2024）》，中华人民共和国外交部网站，https://www.mfa.gov.cn/web/wjb_673085/zzjg_673183/ldmzs_673663/xwlb_673665/202112/t20211207_10463447.shtml，最后访问日期：2024年7月5日。
⑧ 数据来自孔子学院官方网站，http://www.ci.cn/#/site/GlobalConfucius/，最后访问日期：2024年7月10日。

是设立孔子学院和孔子课堂最多的拉美国家，哥斯达黎加大学孔子学院是中美洲第一所孔子学院，为增进两国人民相互了解和友谊提供了重要平台。孔子学院在拉美提供汉语学习资源或平台，已建立了区域性汉语推广网络，可将其看作公共产品。语言国际推广具有全球公共产品和国家公共产品双重属性①，存在供给动力不足问题，需要建立以中国政府为主体，合作对象国、非营利组织等多元主体共同参与的汉语国际推广供给体系。② 孔子学院的汉语教学符合全球公共产品属性，坚持汉语教学的公益性，鼓励多元化资金投入，可借助民间资本和力量，创办更多的孔子学院、孔子课堂和其他汉语教学组织。③

第二，搭建人文双向交流公共平台。孔子学院作为双向交流合作平台，促进了中外教育、学术与人文联系更加务实，顺应了深化国际理解、促进文明互鉴的实际需求。④ 拉美的 50 多家孔子学院主要同中国高校合作办学，由中方派遣汉语教师或志愿者，并配备相应的资源投入。孔子学院拉丁美洲中心于 2014 年 5 月成立，主要为拉美的孔子学院分支机构提供信息交流、经验分享及项目合作平台。⑤ 孔子学院定期举办有关书法、武术、绘画、音乐、美食、中医、舞蹈等讲座，向拉美民众宣传中华优秀传统文化。近年来，孔子学院拉丁美洲中心组织的"中国作家讲坛""中国电影人拉美行"等活动成为对拉文化交流重要品牌。⑥ 孔子学院在推动中拉人文交流方面发挥了先锋

---

① 宁继鸣：《语言国际推广：全球公共产品和国家公共产品的二重性》，《文史哲》2008 年第 3 期，第 125~130 页。
② 王海兰：《全球公共产品视角下的语言国际推广分析》，《制度经济学研究》2015 年第 2 期，第 189~202 页。
③ 陆建非：《文化外交的蕴意与实现路径》，《新华月报》2017 年第 5 期，第 62~65 页。
④ 《孔子学院搭建平台：顺应学习需求，促进双向交流》，《人民日报》（海外版）2024 年 1 月 26 日，第 11 版。
⑤ 《让当代中国文化走近拉美民众——访孔子学院拉丁美洲中心主任拉封登》，新华网，2019 年 5 月 24 日，http://big5.xinhuanet.com/gate/big5/m.xinhuanet.com/2019-05/24/c_1124537351.htm，最后访问日期：2024 年 6 月 30 日。
⑥ 《让当代中国文化走近拉美民众——访孔子学院拉丁美洲中心主任拉封登》，新华网，2019 年 5 月 24 日，http://big5.xinhuanet.com/gate/big5/m.xinhuanet.com/2019-05/24/c_1124537351.htm，最后访问日期：2024 年 6 月 30 日。

作用,在加强世界文明互鉴、构建人类命运共同体中起到了基础性作用。① 孔子"己欲立而立人,己欲达而达人"原则演化出"孔子改善",可指文明共同升级、互惠发展所需要的积极概念。② 文明对话的最高目标就是在文明间关系上通过"孔子改善"而最终形成文明的"跨主体性",类似于"美美与共",也就是文明之间的互惠互化,形成我中有你、你中有我的跨主体结构。③ 孔子学院为中拉人文双向交流搭建了公共平台,增强了孔子学院在拉美的文化品牌效应。

第三,提供人文互动仪式类公共产品。除开展汉语教学外,孔子学院还举办书法、服饰、节庆等丰富多彩的文化互动活动,使拉美人能够对中华文化有微观情景的互动仪式体验。这种局部情景经过长期积累可形成社会关联或网络,互动网络关系的发展源于局部际遇形成的互动仪式链。④ 互动仪式的核心机制是相互关注和情感连带,可形成与认知符号相关联的成员身份感,同时也为参与者带来情感能量。⑤ 正如习近平主席强调的,"对外既要展现中华民族五千多年的悠久文明,又要传播当代中国蓬勃发展的多彩文化,以德服人,以礼服人,以文服人,加强情感认同"。⑥ 通过开办孔子学院或课堂、吸引留学生和开展文化交流活动同拉美民众进行双向对话交流,增进相互了解和信任。⑦ 从这个意义上看,跨文化传播的"互惠性理解"需要更多地思考文化嵌入性,通过传播的"功能嵌入"和"意义嵌入",在更

---

① 冯秀文:《从孔子学院的发展看我国与拉美的文化交流》,《中国拉丁美洲史研究会 2024 年度学术年会暨纪念复旦大学拉美研究室成立 60 周年研讨会论文集》,2024 年 6 月 14~16 日,第 18~27 页。
② 赵汀阳:《跨文明与跨主体性的可能条件》,《船山学刊》2023 年第 4 期,第 1~9 页。
③ 赵汀阳:《跨文明与跨主体性的可能条件》,《船山学刊》2023 年第 4 期,第 1~9 页。
④ 〔美〕兰德尔·柯林斯:《互动仪式链》,林聚任、王鹏、宋丽君译,商务印书馆,2012,第 20~24 页。
⑤ 〔美〕兰德尔·柯林斯:《互动仪式链》,林聚任、王鹏、宋丽君译,商务印书馆,2012,第 20~24 页。
⑥ 中共中央文献研究室编《习近平关于社会主义文化建设论述摘编》,中央文献出版社,2017,第 215 页。
⑦ 宋晓丽、韩召颖:《中国对拉美公共外交的演进、活动与效果》,《拉丁美洲研究》2017 年第 3 期,第 123~139 页。

高的层面上进行普遍的沟通。① 人类有在不同语言和文化之间达成"互惠性理解"的愿景，增进跨语言、跨文化的"互惠性理解"需要提高多元文化能力、跨语言能力和多语言能力。② 跨文化传播中的"互惠性理解"表现为在文化差异中形成互补性知识，强调文化观念的相互印证，基于生活事实与文化的动态发展进行对话式理解。③

（三）以文化活动为案例的人文交流路径

从社会参与度、传播效应及影响力看，联合举办的文艺演出及文化展览活动，讲好中拉人文友好故事以及共建人文类基础设施等均可视为人文交流路径中的公共产品。就中拉文化交流政策而言，保持中拉文化主管部门经常性对话，推动文化高层交往，实施双方签订的文化合作协定和相关执行计划，鼓励并支持双方选派高水平文化团组和艺术家作品参加各自举办的国际性艺术节和视觉艺术展览，积极开展中拉文明对话等交流活动。④

第一，提供文艺演出、文化展览类公共产品，增强中华文化传播的社会参与感。以 2016 年中拉文化交流年为例，数百场文化活动覆盖拉美 30 多国，涵盖艺术、文学、电影、图书、旅游等领域，助力夯实中拉友好的民意基础。⑤ 例如，在智利、秘鲁分别举办了"盛世繁华——紫禁城清代宫廷生活艺术展""天涯若比邻——华夏瑰宝展"等文化展览活动，让两国民众深刻感受到中华文化的魅力。墨西哥、秘鲁也多次在中国举办玛雅、印加文化展。2017 年墨西哥"中国文化年"在 22 个州市共举办 20 项、近 200 场文

---

① 《中外学者纵论"互惠性理解与全球普遍主义"》，武汉大学新闻网，2021 年 11 月 18 日，https：//news. whu. edu. cn/info/1015/65957. htm，最后访问日期：2024 年 6 月 24 日。

② 〔瑞典〕延斯·奥尔伍德：《关于达成普遍的互惠性理解》，《跨文化传播研究》2022 年第 2 期，第 41~54 页。

③ 肖珺：《互惠性理解的通路》，《跨文化传播研究》2022 年第 1 期，第 5~10 页。

④ 《中国对拉美和加勒比政策文件》，中国政府网，2016 年 11 月 24 日，https：//www. gov. cn/xinwen/2016-11/24/content_5136911. htm，最后访问日期：2024 年 6 月 24 日。

⑤ 《从"各美其美"走向"美美与共"——写在"中拉文化交流年"闭幕之际》，新华网，2016 年 11 月 22 日，http：//www. xinhuanet. com/world/2016-11/22/c_1119962776. htm，最后访问日期：2024 年 6 月 28 日。

化活动，覆盖100万直接受众。① 2023年12月，首届拉美中国文化巡回展在智利、巴西、墨西哥等国举办，为中国文化企业、文化产品及服务出海拉美地区开辟新通道。② 中拉人文交流以"请进来"和"走出去"相结合，合作举办演出、展览、论坛、电影展映、图书节等多类别文化活动，扩大中华文化在拉美的影响力与亲和力，同时也向中国民众介绍拉美的优秀文化艺术，促进中拉民心相通。③

第二，积极参与拉美文化节日或国际性艺术节，传播中华优秀文化。拉美区域性或国别性文化节具有公共产品特点，为中拉文化交流提供了平台。正如习近平主席所说，"世界是丰富多彩的，不同文明和文化只有在保持自身特色的同时，以开明开放的态度相互包容、和平相处，才能共同发展、共同繁荣"。④ 例如，中国的文化团体或企业通过参与墨西哥的"塞万提斯国际艺术节""阿卡普尔科中国船国际艺术节""玛雅国际文化节"等当地艺术节平台，并同商业演出相结合，拓宽了两国文化交流渠道。⑤ "阿卡普尔科中国船国际艺术节"创办于2007年，由墨西哥著名港口城市和旅游胜地阿卡普尔科市政府主办，通常于每年10~11月举行，艺术节以中国商船为标识，还邀请亚洲、欧洲和拉美国家参加，⑥ 至2023年已举办17届。与此同时，拉美国家的艺术团体也积极参与中国举办的国际电影节、拉美和加勒比文化艺术节等系列文化活动。

---

① 《2017墨西哥"中国文化年"在墨西哥城闭幕》，中华人民共和国文化和旅游部网站，2017年11月30日，https：//www.mct.gov.cn/whzx/whyw/201711/t20171130_826965.htm，最后访问日期：2024年7月1日。

② 《首届拉美中国文化巡回展亮相拉美多国》，中国新闻网，2023年12月6日，https：//www.chinanews.com.cn/gj/2023/12-06/10123303.shtml，最后访问日期：2024年5月26日。

③ 《2016"中拉文化交流年"绚丽绽放》，2016年3月25日，中国政府网，http：//www.gov.cn/xinwen/2016-03/25/content_5058152.htm，最后访问日期：2024年7月1日。

④ 《习近平在培尼亚总统陪同下参观墨西哥奇琴伊察遗址》，中国政府网，2013年6月7日，https：//www.gov.cn/ldhd/2013-06/07/content_2421811.htm，最后访问日期：2024年7月2日。

⑤ 《文化交流让我们越走越近》，《人民日报》2017年12月28日，第3版。

⑥ 《中国文化闪耀墨西哥中国船艺术节》，中国政府网，2016年10月23日，http：//www.gov.cn/xinwen/2016-10/23/content_5123371.htm，最后访问日期：2024年7月1日。

第三，讲好拉美友人对华交往故事，增强名人效应的社会传播效果。习近平主席指出，文艺是最好的交流方式，可以发挥不可替代的作用。① 讲好中拉人文交往故事，可产生广泛的社会影响和传播效果。在信息时代，故事讲得更好的人会产生更大的影响。② 墨西哥诗人奥克塔维奥·帕斯曾将许多中国诗歌译成西班牙文，认为古代诗歌是中国留给世界最伟大的文化遗产之一。③ 智利诗人巴勃罗·聂鲁达一生中曾多次访华，周恩来总理称赞他是"中拉友好之春的第一燕"，在他不朽的诗篇里，留下了大量赞美中国的诗歌，把中国称为"伟大的兄弟"④。阿根廷文学巨匠博尔赫斯在其作品中多次提及庄周梦蝶、长城等中国元素，并且拥有一根心爱的中国漆手杖。⑤ 巴西学者卡洛斯·塔瓦雷斯说自己是"一个有颗中国心的巴西人"。⑥ 秘鲁汉学家吉叶墨撰写了多部有关中国研究的著作，还出演了20多部中国电影，受到中国观众的喜爱。⑦ 以中墨体育合作为例，中国教练指导的墨西哥跳水运动员多次获得国际运动会跳水项目奖牌。⑧

第四，加强文化遗产保护合作，增强文化类公共产品供应能力。2018年中国举办了拉美文化遗产保护研修班，来自阿根廷、智利、墨西哥、巴拿马、

① 中共中央文献研究室编《习近平关于社会主义文化建设论述摘编》，中央文献出版社，2017，第206页。
② 〔美〕罗伯特·基欧汉、约瑟夫·奈：《权力与相互依赖》，门洪华译，北京大学出版社，2012，第30~34页。
③ 朱雨博、吴昊：《古诗里读中国——墨西哥诗人帕斯的东方畅想》，《光明日报》2022年8月27日，第8版。
④ 习近平：《共同开创中国和智利关系更加美好的未来》，《人民日报》2016年11月23日，第1版。
⑤ 〔阿根廷〕阿莱杭德罗·巴卡罗：《期待分享更多中国故事》，《人民日报》2018年12月2日，第5版。
⑥ 习近平：《弘扬传统友好 共谱合作新篇——在巴西国会的演讲》，《人民日报》2014年7月18日，第3版。
⑦ 习近平：《同舟共济、扬帆远航，共创中拉关系美好未来——在秘鲁国会的演讲》，《人民日报》2016年11月23日，第2版。
⑧ 习近平：《促进共同发展 共创美好未来——在墨西哥参议院的演讲》，《人民日报》2013年6月7日，第2版。

秘鲁等从事文化遗产保护的专家学者及文化官员参加研修学习。① 考古学界存在"玛雅—中国文化连续体"这一假说，认为中国文明与中美洲文明是同一祖先的后代在不同时代、不同地点的产物。② 自 2015 年以来，中国和洪都拉斯就科潘遗址考古项目加强合作，在文化遗产保护、文化交流等方面取得丰硕成果。③ 2024 年 6 月，中国同洪都拉斯签署了文化遗产领域合作协议，双方将在文物保护、考古研究、博物馆交流、人员培训等方面开展合作。④

第五，增加人文类基础设施公共产品供给，为中拉人文交流提供基础性保障。2016 年 11 月，秘鲁"中国图书中心"成立，成为南美洲成立的首家中国图书中心。⑤ 2023 年 11 月，中国援建的萨尔瓦多国家图书馆启用，设有传统图书阅览区、电影动漫区、虚拟现实体验厅、机器人教室等多种功能分区，成为该国首都圣萨尔瓦多市的新地标。⑥

（四）以华人华侨为依托的人文交流路径

拉美华人华侨数量庞大，国别分布广泛，依托华人华侨力量，可为中拉人文交流增添更多社会动力。习近平总书记强调，"华侨一个最重要的特点就是爱国、爱乡、爱自己的家人"⑦，"博大精深的中华文化是海内外中华儿女共同的魂，实现中华民族伟大复兴是海内外中华儿女共同的梦"，"要积

---

① 《海内存知己，天涯若比邻——2018 年拉美文化遗产保护研修班圆满结业》，中央文化和旅游管理干部学院网站，2018 年 11 月 8 日，https：//cacta.cn/detail_content.aspx？IETid = 1598，最后访问日期：2024 年 5 月 26 日。
② 李默然：《走进科潘遗址，探秘玛雅文明》，《人民日报》（海外版）2024 年 7 月 1 日，第 11 版。
③ 李新伟：《走进洪都拉斯探寻玛雅文明》，《人民日报》2023 年 4 月 18 日，第 18 版。
④ 《中华人民共和国国家文物局与洪都拉斯共和国文化、艺术和遗产部签署合作协议》，国家文物局网站，2024 年 6 月 19 日，http：//www.ncha.gov.cn/art/2024/6/19/art_722_189756.html，最后访问日期：2024 年 7 月 10 日。
⑤ 《南美首家"中国图书中心"在秘鲁成立》，中国政府网，2016 年 11 月 21 日，https：//www.gov.cn/xinwen/2016-11/21/content_5135274.htm，最后访问日期：2024 年 5 月 28 日。
⑥ 宦翔：《共享知识，共同发展》，《人民日报》2024 年 4 月 23 日，第 17 版。
⑦ 《习近平肯定华侨贡献》，央视网，2020 年 10 月 14 日，https：//news.cctv.com/2020/10/14/ARTItrBLDGGtofaeYQmiWfzj201014.shtml，最后访问日期：2024 年 6 月 25 日。

极推动中外文明交流互鉴，讲述好中国故事、传播好中国声音"。① 1979～2013 年，中国内地 75 万人移民到拉美国家，截至 2015 年，拉美和加勒比地区有华侨、华人和华裔约 340 万人。② 华人华侨在拉美的历史故事、人文景观及中华传统节日、华人纪念日等，均可视为加强中拉人文交流可以依托的公共产品。

第一，讲好华人华侨的历史故事，增进中拉人文交流的亲近感。习近平主席指出，"中拉相距遥远，但双方人民有着天然的亲近感"③，"讲故事，是国际传播的最佳方式"④。墨西哥有关"中国姑娘"的历史故事，在普埃布拉市有"中国姑娘"雕像，传说中她做的"中国姑娘裙"至今仍是当地人喜欢的一种服饰。⑤ 200 年前，首批中国茶农就跨越千山万水来到巴西种茶授艺，在 1873 年维也纳世界博览会上，巴西出产的茶叶赢得了广泛赞誉。⑥ 1931 年 10 月，古巴为纪念华人在古巴独立战争中的功勋，建造了"旅古华侨协助古巴独立纪功碑"。⑦ 1986 年，圭亚那中国友好协会在乔治敦修建了华人抵达圭亚那 133 周年纪念碑。⑧ 巴拿马城建有"中巴公园"和

---

① 《习近平：中华文化是海内外中华儿女共同的魂》，新华网，2014 年 6 月 6 日，http：//www.xinhuanet.com/politics/2014-06/06/c_1111025922.htm，最后访问日期：2024 年 6 月 25 日。
② 杨发金：《拉美华侨华人的历史变迁与现状初探》，《华侨华人历史研究》2015 年第 4 期，第 37~46 页。
③ 《努力构建中拉关系五位一体新格局》（2014 年 7 月 17 日），载《习近平外交演讲集》第一卷，中央文献出版社，2022，第 164 页。
④ 中共中央文献研究室编《习近平关于社会主义文化建设论述摘编》，中央文献出版社，2017，第 212 页。
⑤ 《探寻墨西哥的"中国元素"》，网络新闻联播，2013 年 6 月 4 日，http：//news.cntv.cn/2013/06/04/ARTI1370352921445341.shtml，最后访问日期：2024 年 6 月 25 日。
⑥ 习近平：《弘扬传统友好　共谱合作新篇——在巴西国会的演讲》，《人民日报》2014 年 7 月 18 日，第 3 版。
⑦ 《古巴华人纪念碑见证中古友谊》，网络新闻联播，2015 年 4 月 5 日，http：//m.news.cntv.cn/2015/04/05/ARTI1428186291792903.shtml，最后访问日期：2024 年 6 月 24 日。
⑧ 《圭亚那将 1 月 12 日定为"华人抵圭纪念日"》，新华网，2017 年 1 月 15 日，http：//www.xinhuanet.com//world/2017-01/15/c_129447223_2.htm?isappinstalled=0，最后访问日期：2024 年 6 月 24 日。

"华人抵达巴拿马 150 周年纪念碑"。① 秘鲁是华人最早到达和聚居数量最多的拉美国家之一，1999 年秘鲁卡亚俄港建造华人抵达秘鲁纪念碑，纪念华人对秘鲁农业、铁路兴建及商业发展的贡献。② 秘鲁拥有中国血统的华裔约250 万人，西班牙语"老乡"一词用来专指中国后裔。③

第二，设立友好交往的人文景观，释放历史记忆的传播效应。1910 年，为纪念墨西哥爆发独立战争 100 周年，在墨华人出资在墨西哥城修建了"中国钟"。④ 1973 年，周恩来总理向随墨西哥总统埃切维里亚访华成员赠送了榆树苗，在墨西哥城那条栽满榆树的道路于 2006 年被命名为"周恩来林荫道"⑤。2016 年 4 月，智利首都圣地亚哥市举行"中华人民共和国广场"命名和揭牌仪式，孔子大理石雕像也同时在该广场揭幕；⑥ 同年 10 月，智利首都圣地亚哥"中国公园"修复开放，该公园建于 1962 年。⑦ 2019 年11 月，阿根廷布宜诺斯艾利斯市二月三号公园孔子雕像揭幕。⑧ 2022 年2 月，秘鲁"中国公园"落成。⑨ 拉美多国的唐人街或中国城成为当地民众

① 《探访巴拿马中巴公园：华人已和当地人融合在一起》，国务院侨务办公室网站，2017 年 6月 26 日，http://www.gqb.gov.cn/news/2017/0626/42927.shtml，最后访问日期：2024 年6 月 25 日。

② 《秘鲁侨胞：从契约华工到文化使者》，中国侨网，2018 年 4 月 19 日，http://www.chinaqw.com/hqhr/2018/04-19/186555.shtml，最后访问日期：2024 年 6 月 23 日。

③ 习近平：《同舟共济、扬帆远航，共创中拉关系美好未来——在秘鲁国会的演讲》，《人民日报》2016 年 11 月 23 日，第 2 版。

④ 《墨西哥有座中国钟》，光明网，2021 年 9 月 28 日，https://m.gmw.cn/2021-09/28/content_1302617440.htm，最后访问日期：2024 年 6 月 18 日。

⑤ 《习近平在墨西哥城接受市长曼塞拉授予的城市钥匙》，中国政府网，2013 年 6 月 6 日，https://www.gov.cn/guowuyuan/2013-06/06/content_2584800.htm，最后访问日期：2024年 6 月 18 日。

⑥ 《"中华人民共和国广场"在智利首都揭牌》，《人民日报》2016 年 4 月 23 日，第 3 版。

⑦ 《智利首都中国公园将修复开放，华助中心落户其中》，新华，2016 年 10 月 3 日，http://www.xinhuanet.com//world/2016-10/03/c_129310139.htm，最后访问日期：2024 年 6 月 24 日。

⑧ 《西班牙语国家首尊孔子标准像在阿根廷首都揭幕》，国际在线，2019 年 11 月 28 日，https://news.cri.cn/20191128/494f6371-a2db-72ee-532c-242bf3bdbff8.html，最后访问日期：2024 年 6 月 24 日。

⑨ 《秘鲁"中国公园"成当地"网红打卡地"》，央视网，2022 年 3 月 23 日，http://m.app.cctv.com/vsetv/detail/C10085/7b96114cf0b74c0aa07631655441bbaf/index.shtml#0，最后访问日期：2024 年 6 月 25 日。

感受中国文化的窗户，阿根廷首都布宜诺斯艾利斯的中国城成为阿根廷本地乃至南美周边地区观光游览之地。

第三，依托拉美的"华人日""中国节"，共同举办人文交流活动。1991年，秘鲁总统签署确立7月25日为"秘鲁-中国友好日"的最高法令。① 2024年5月29日，秘鲁国会通过法案，将每年2月1日确定为秘中友谊日。② 巴拿马于2004年确定每年的3月30日为"华人日"③，2021年11月又将春节定为全国性节日④。2006年，特立尼达和多巴哥将10月12日定为"中国节"。⑤ 2016年4月，阿根廷举办了"向旅阿华人致敬"活动。⑥ 2017年1月，圭亚那将每年的1月12日定为"华人抵圭纪念日"。⑦ 除巴西联邦政府外，圣保罗州、圣保罗市、累西腓市以立法形式确立了"中国移民日"。⑧ 苏里南把中国春节确定为该国法定假日。⑨ 2019年8月，哥斯达黎加

---

① 杨发金：《拉美华侨华人的历史变迁与现状初探》，《华侨华人历史研究》2015年第4期，第37~46页。

② 《秘鲁国会将每年2月1日定为秘中友谊日》，新华网，2024年5月31日，http://www.xinhuanet.com/world/20240531/798e1d0d356240279441ce881718a1c5/c.html，最后访问日期：2024年6月19日。

③ 《驻巴拿马贸易发展办事处代表出席华人日纪念活动》，中国政府网，2007年4月2日，http://www.gov.cn/govweb/gzdt/2007-04/02/content_568717.htm，最后访问日期：2024年6月18日。

④ 《巴拿马将春节定为全国性节日》，中国新闻网，2021年11月13日，https://www.chinanews.com.cn/m/shipin/cns-d/2021/11-13/news907126.shtml，最后访问日期：2024年6月26日。

⑤ 《陌生而又熟悉的朋友——特立尼达和多巴哥的中国情缘》，新华网，2013年5月30日，http://www.xinhuanet.com/world/2013-05/30/c_115975983.htm，最后访问日期：2024年6月19日。

⑥ 《阿根廷主流社会举办活动向华人移民致敬》，央视网，2016年4月29日，http://tv.cctv.com/2016/04/29/VIDEOmhx6pk4FI0NQHAwcDKA160429.shtml，最后访问日期：2024年6月19日。

⑦ 崔建春：《携手开创中圭美好未来》，《人民日报》2017年6月28日，第21版。

⑧ 《巴西多地庆"中国移民日"：华人为巴西社会作出贡献》，国务院侨务办公室网站，2022年8月18日，https://www.gqb.gov.cn/news/2022/0818/54826.shtml，最后访问日期：2024年6月18日。

⑨ 《习近平同苏里南总统单多吉会谈》，中华人民共和国外交部网站，2024年4月12日，https://www.fmprc.gov.cn/zyxw/202404/t20240412_11281006.shtml，最后访问日期：2024年6月18日。

通过立法设立"中国文化日"。① 华人华侨获得更多拉美国家的政治认可,为中华文化在拉美落地生根创造了有利的政治和社会条件。

第四,利用华人华侨社团的社会网络优势,促进中华文化的本地化传播。正如习近平主席指出的,"用好中华传统节日载体,用好海外文化阵地,用好多种文化形式,让中国故事成为国际舆论关注的话题,让中国声音赢得国际社会理解和认同"。② 拉美的华侨华人社团具有公益性质,如中华通惠总局是秘鲁最大、历史最悠久的华侨华人社团,为中秘两国积极搭建民心相通、交流合作的平台。拉美的华人华侨社团参与组织春节、端午节、中秋节等中国传统大型节庆,向拉美民众展现了丰富多彩的中华文化。海外侨胞在文化传承方面可发挥独特作用,依托"欢乐春节""文化中国""亲情中华"等系列文化品牌活动,积极推动传统文化"走出去",提升中华文化影响力。③ 国务院侨务办公室、中华全国归国华侨联合会等部门及地方省市每年在拉美组织中华美食、四海同春等文化活动或演出,通常由拉美当地侨团对接承办。

综上来看,拉美的华人华侨在中拉人文交流中发挥独特的桥梁作用,可促进中华文化在拉美的传播。社会网络包含的社会要素可构成不同类型的社会联系,如彼此交往、相互承认、共同参与等,或其他一些间接的交往形式。④ 就中华文化的传播而言,华人华侨不仅有代际纵向传播优势,而且依托华人华侨及其社团可对拉美当地社会产生巨大的横向传播效应。拉美地区华侨华人规模与影响力不断提升,发挥华侨华人融通中外的人文交流优势,弘扬中华文化。拉美国家创办的一些华文媒体,在弘扬中华文化、宣介中国方

① 《架设哥中友谊与交流的桥梁——访哥斯达黎加"中国文化日"提案者戴维·戈尔松》,新华网,2019 年 8 月 29 日,http://www.xinhuanet.com/world/2019-08/29/c_1124938992.htm,最后访问日期:2024 年 7 月 1 日。

② 中共中央文献研究室编《习近平关于社会主义文化建设论述摘编》,中央文献出版社,2017,第 213 页。

③ 陈旭:《国务院关于新时代侨务工作情况的报告——2023 年 4 月 24 日在第十四届全国人民代表大会常务委员会第二次会议上》,中国人大网,2023 年 4 月 26 日,http://www.npc.gov.cn/npc/c2/c30834/202304/t20230426_429042.html,最后访问日期,2024 年 6 月 25 日。

④ 〔美〕查尔斯·蒂利:《信任与统治》,胡位钧译,上海人民出版社,2010,第 7 页。

面也发挥重要作用。例如，邀请拉美的华文媒体参加世界华文传媒论坛、海外华文媒体高级研修班、感知中国行采访等机制性活动，引导华文媒体对外讲好中国故事、传播好中国声音。拉美华侨华人创办的中文学校、艺术团体，如依托巴西、智利、墨西哥等国的华星艺术团，也有助于向拉美传播中华文化。

（五）中国-拉共体论坛框架下的人文交流路径

自中国-拉共体论坛成立以来，人文交流一直是中拉整体合作框架下的重要功能领域之一，而且规划了文化、体育、教育、媒体、旅游、智库及民间等具体领域的合作线路图。习近平主席强调，搭建更多人文交流的桥梁，鼓励各国民众，共同做中外文明互鉴和民心相通的促进者。① 在中拉整体合作框架下，鉴于中国与拉美国家在经济实力、资源投入能力上的不对称性，中国扮演了中拉人文交流的强互惠者角色。在跨文化问题的深处，是跨文化知识论问题。② 跨文明交流的巨大意义在于互相促进了技术、知识和创造性。③ 强互惠是利他的，依靠合作来提高参与者的整体收益。④ 中拉人文交流是以互惠为理念的跨文明、跨文化交流。例如，中国设立了中拉智库交流论坛、中拉青年政治家论坛、中拉民间友好论坛等多个功能领域的整体交流机制，为中拉民心相通提供多渠道交流支撑。

在中国-拉共体论坛框架下，中拉人文交流精彩纷呈，丰富了中拉合作内涵，提高了中拉人文交流效能。2018~2021 年，"未来之桥"中拉青年领导人千人培训计划、中拉青年科学家交流计划、中拉科技伙伴计划、中拉新闻交流中心等合作交流项目稳步推进，举办了第四届中拉文明对话论坛、

---

① 习近平：《在会见出席中国国际友好大会暨中国人民对外友好协会成立 70 周年纪念活动外方嘉宾时的讲话》，《人民日报》2024 年 10 月 12 日，第 2 版。

② 赵汀阳：《跨文化聚点研究：文化边界，新百科全书与综合文本》，《中央社会主义学院学报》2019 年第 5 期，第 131~141 页。

③ 赵汀阳：《跨文明与跨主体性的可能条件》，《船山学刊》2023 年第 4 期，第 1~9 页。

④ 〔美〕赫伯特·金迪斯、萨缪·鲍尔斯等：《走向统一的社会科学：来自桑塔菲学派的看法》，浙江大学跨学科社会科学研究中心译，上海人民出版社，2005，第 74 页。

"秘鲁安第斯文明探源"主题展等活动,电影电视、音乐舞蹈、旅游留学等丰富了双方民众生活,中拉人文交流的社会效能不断显现。① 2021年12月,中国-拉共体论坛第三届部长会议对双方在文化、艺术、教育、高校、智库、青年及新闻媒体等领域的合作内容、机制或方向等方面做了规划。② 以双边人文交流机制为基础,加强中拉整体人文交流的政策设计、合作机制创新以及执行能力建设,推动中拉人文交流高质量发展。

第一,中拉整体合作框架下的人文交流具有强互惠性。习近平主席强调,开展人文交流和文明互鉴,让中拉合作在物质和精神层面同步发展。③ 跨文化首先是物质性的,然后才是精神性的,这是长期信任的基础。④ 文明对话是当前国际关系的新范式,中拉文明对话目标具有多层次性,寻求尊重和包容、理解和信任、互学和互鉴。⑤ 中拉人文交流具有的独特效应不仅有助于其他功能领域合作顺利开展,其本身也是文明对话和命运共同体的本质内涵。⑥ 基于中拉经贸务实合作的物质基础,双方已具备思想外交条件,其重心是塑造中拉共识,使其深入中拉双方社会,最终内化为双方民众的共同认知。⑦ 中拉人文交流的功能不仅有助于促进政治、外交、经贸关系发展,其本身也是更高境界、更深层次的交往和互动,是新时代推进中拉整体合作的重要突破口。⑧ 整

① 蔡伟:《以全球发展倡议为指引,推动中拉关系开启新征程——写在中拉论坛第三届部长会议召开之际》,新华网,2021年12月5日,http://www.news.cn/world/2021-12/04/c_1211474064.htm。
② 具体参阅《中国—拉共体成员国重点领域合作共同行动计划(2022—2024)》,中华人民共和国外交部网站,https://www.mfa.gov.cn/web/wjb_673085/zzjg_673183/ldmzs_673663/xwlb_673665/202112/t20211207_10463447.shtml,最后访问日期:2024年7月5日。
③ 习近平:《同舟共济、扬帆远航,共创中拉关系美好未来——在秘鲁国会的演讲》,《人民日报》2016年11月23日,第2版。
④ 赵汀阳:《关于跨文化和跨主体性的一个讨论》,《思想战线》2023年第1期,第42~53页。
⑤ 郭存海:《中拉文明对话:意义、目标、路径和机制》,《拉丁美洲研究》2018年第4期,第1~18页。
⑥ 张凡:《中拉关系的问题领域及其阶段性特征——再议中国在拉美的软实力构建》,《拉丁美洲研究》2019年第3期,第13~40页。
⑦ 赵重阳:《塑造中拉共识:论中国对拉美的文化外交》,《拉丁美洲研究》2018年第3期,第66~79页。
⑧ 张凡:《跨区域交流与中拉整体合作——兼论中国在拉美的软实力构建》,《拉丁美洲研究》2018年第5期,第1~27页。

体合作框架下的人文交流具有多功能领域的强互惠性，可为中拉合作产生良好的整体外部效应。

第二，凸显人文交流中以最佳实践为案例的重要性。习近平主席指出，话语的背后是思想、是"道"，不要为了讲故事而讲故事，要把"道"贯通于故事之中。① 最佳实践具有公共产品性质，如反贫困、科技创新、国际关系准则等功能领域的交流及经验互鉴，可丰富中拉整体框架下的人文交流内涵。以党际交流为例，中国共产党同古巴共产党②、巴西劳工党③等拉美国家政党就执政能力加强互学互鉴；中拉联合实验室、"中拉科技伙伴计划"、中拉技术转移中心等项目落地生根④，为中拉在科技功能领域的最佳实践提供了交流互鉴平台。以和平共处五项原则为例，它是中国为国际社会提供的公共产品⑤，凡是遵循和平共处五项原则，即使社会制度和意识形态不同、历史文化和宗教信仰不同、发展水平和体量规模不同的国家，也完全可以建立和发展相互信任和友好合作的关系⑥。中拉以"最佳实践"为公共产品的交流尚处于初步阶段，随着拉美国家对发展道路持之以恒的探索以及中拉经贸务实合作不断深化，中拉以"最佳实践"为案例的互学互鉴需求将愈加重要。

第三，完善以智库合作为渠道的人文交流路径，构建中拉知识生产、共享和传播网络。目前，中拉双方具备了更多有利条件，从各自的现代化发展目标、路径、实践中寻找契合点、共鸣点，加强发展经验、治国理政等方面

① 中共中央文献研究室编《习近平关于社会主义文化建设论述摘编》，中央文献出版社，2017，第213页。
② 《习近平向第四届中古两党理论研讨会致贺信》，中国政府网，2022年3月23日，https://www.gov.cn/xinwen/2022-03/23/content_5680917.htm，最后访问日期：2024年7月1日。
③ 《习近平和巴西总统卢拉向中巴两党第七届理论研讨会致贺信》，中华人民共和国外交部网站，2024年4月9日，https://www.mfa.gov.cn/web/zyxw/202404/t20240409_11278598.shtml，最后访问日期：2024年7月1日。
④ 《提升整体合作，共建中拉命运共同体》，《人民日报》2024年7月17日，第3版。
⑤ 于洪君：《中国：走向世界舞台的中心》，党建读物出版社，2017，第45~46页。
⑥ 习近平：《弘扬和平共处五项原则 携手构建人类命运共同体——在和平共处五项原则发表70周年纪念大会上的讲话》，中华人民共和国外交部网站，2024年6月28日，https://www.fmprc.gov.cn/zyxw/202406/t20240628_11443295.shtml，最后访问日期：2024年7月1日。

交流。正如习近平总书记所说，"中国式现代化作为人类文明新形态，与全球其他文明相互借鉴，必将极大丰富世界文明百花园"。① 截至 2020 年底，中国有拉美研究机构 58 家，拉美有涉华研究机构和团体 82 家，② 中拉智库合作具有良好基础，为构建中拉知识生产、共享和传播网络提供了有利条件。因此，中拉智库、高校等机构加强合作，将为促进相互认知、讲好中国故事以及传播好中国声音提供新的渠道；与此同时，双方可深入开展治国理政经验交流，引导拉美各界理性看待中拉关系发展前景，唱响中拉合作光明论。

结　语

新时代中拉人文交流旨在弘扬全人类共同价值，促进民心相通，推动中拉命运共同体构建。近年来中拉人文交流蓬勃发展，中国和拉美丰富多彩的文化艺术宛如色彩绚丽的鲜花绽放在双方广袤的土地上，将中拉文明互鉴推向新高度。中拉人文交流合作路径日益增多，合作渠道不断拓宽，创新领域和拓展方向更加明确。中拉人文交流功能领域要进一步明确目标定位、优化路径选择以及确定执行路线图；同时调动中拉双方的积极性，构建中拉整体、次区域及双边层面上的人文交流统筹协调机制，完善多渠道、多平台的交流机制建设，以提高中国对拉国际传播能力，发挥人文交流在构建中拉命运共同体中的重要作用。同时也要看到一国的文化体制对人文交流的制度性影响。中拉人文交流面临一些实际困难和挑战。中拉相距遥远、交往历史较短、交流成本高昂等客观因素影响了双方人文交流。拉美国家普遍资金投入不足，拉美上层社会深受欧美文化影响，对中国传统文化了解不深。由中拉官方合作组织的文化活动比较零散，规模小，主题特征不突出。受大国战略竞争影响，近年来在拉美的涉华舆情斗争更加复杂。目前，需要对拉美的文

---

① 习近平：《携手同行现代化之路——在中国共产党与世界政党高层对话会上的主旨讲话》，《人民日报》2023 年 3 月 16 日，第 2 版。

② 张凡等：《中国与拉美：软实力视域下的人文交流》，朝华出版社，2020，第 232~239 页。

化资源、文化政策进行基础性研究，同时对中拉文化交流政策进行周期性评估。中拉人文交流的区域、国别及功能领域布局需要进一步优化，发挥地方、企业及社会力量，整合中拉人文交流的资源投入、功能领域、合作渠道等诸多优势，力争实现人文交流效果的最大化。

（王　鹏　审读）

Y.7
中拉工业文明互鉴推动新质生产力发展

林　博*

摘　要：　拉美快速工业化时期的成就与反思、中国工业化现代化取得的成就带给双方可长期借鉴的经验，随着中拉深化各领域合作、高质量共建"一带一路"等事业不断推进，中拉工业文明互鉴逐渐成为中拉文明互鉴的重要篇章。同时，新质生产力在中拉工业文明互鉴中得到推动和发展，"数字丝路""绿色丝路"成为中拉合作的新高地。

关键词：　拉丁美洲和加勒比　工业文明　现代化　新质生产力　中拉关系

拉丁美洲和加勒比地区（以下简称"拉美"或"拉美地区"）工业化发展进入新阶段，同中国工业文明的互鉴不断增强，中拉合作是彼此新质生产力发展的重要驱动力。拉美地区工业化自 20 世纪 30 年代起步，在 20 世纪 50~60 年代进入黄金发展期。① 后由于进口替代工业化发展模式的不可持续和全球产业格局变化下"去工业化"的双重冲击，拉美地区工业化发展陷入停滞乃至衰退。进入 21 世纪，拉美国家纷纷推出新型工业化战略，打造以传统工业转型升级为特征的新工业文明，推动"出口导向"的工业化模式转型②，这同不断深化的中国式现代化③所蕴含的工业文明特征高度契

---

　*　林博，中国社会科学院拉丁美洲研究所助理研究员，主要研究方向为国际产业、拉美经济。
　①　江时学：《拉美进口替代工业化发展模式的演变》，《拉丁美洲研究》1996 年第 4 期，第 8 页。
　②　苏振兴、张勇：《从"进口替代"到"出口导向"：拉美国家工业化模式的转型》，《拉丁美洲研究》2011 年第 4 期，第 3 页。
　③　林毅夫等：《读懂中国式现代化：科学内涵与发展路径》，中信出版集团，2023，第 21 页。

合。中拉工业文明互鉴进入新阶段，在发展经验的互相学习和交流过程中，不断产生更多的合作福利，最终造福双方人民。

一 中拉工业发展现状

（一）拉美地区工业化发展现状

2022年，工业增长对拉美区域经济增长贡献率为3.2%，其中，加勒比地区工业增长的贡献率为4.4%。[①] 2022年，拉美地区工业占地区生产总值的比重为17.5%，相比于1990年的19.4%有所降低，[②] 但工业对经济的驱动力依然强劲。拉美各国已经逐步摆脱进口替代工业化发展模式的束缚，走新型工业化道路，因地制宜制定符合本国发展实际的产业政策。

为了振兴国内工业，2024年1月，巴西政府发布了"新巴西工业"计划，通过贷款降息、补贴和政府投资等方式推动国内工业发展，并利用税收优惠和专项资金促进高新产业进步。近年来，巴西在航空制造、能矿开采、钢铁、机械制造等工业领域形成竞争优势。

拉美各国大力推动重要能矿资源的生产。2023年，玻利维亚投资建成首座工业碳酸锂工厂，该工厂位于乌尤尼盐沼（Salar de Uyuni）南部的波托西省，项目投资实际超过9400万美元，由中国机械设备工程股份有限公司承建。该工厂以20%的产能开启运行，2024年产能逐步增至100%，年最大计划碳酸锂产能为1.5万吨。碳酸锂是制造电池的关键原材料，玻利维亚推动碳酸锂生产，以满足电动汽车产业及国际市场对这种原材料的旺盛需求。[③] 玻利维亚的目标是成为世界上最重要的锂生产国之一。

---

① CEPAL, *Anuario Estadístico de América Latina y el Caribe*, 2023, p. 39.
② CEPAL, *Anuario Estadístico de América Latina y el Caribe*, 2023, p. 40.
③ 《玻利维亚正式进入锂工业化进程，中企承建碳酸锂厂项目竣工》，观察者网，2023年12月17日，https://m.guancha.cn/internation/2023_12_17_719360.shtml，最后访问日期：2024年4月10日。

巴拉圭大力促进加工业发展，其目标是通过加工业和其他行业创造 10
万个以上就业岗位。巴拉圭大力发展以就业为优先的产业，推动实现从制造
到终端的工业化生产。2013~2023 年，巴拉圭投资超过 7 亿美元建立了 278
个加工厂。[1]

墨西哥工业发达，在传统重工业转型升级的同时，积极开发"工业旅
游"等新业态。奇瓦瓦市（Chihuahua）坐落于墨西哥北部边境西马德雷山
脉（Sierra Madre Occidental）东麓，为墨西哥奇瓦瓦州的首府，工业发达，
是墨西哥最知名的工业城市之一。奇瓦瓦市对市内 19~20 世纪建筑进行修
缮，对废弃的工厂进行改造，完善酒吧、餐馆、购物中心等功能，成为远近
闻名的旅游景点。[2]

圭亚那工业以传统的采矿业和制糖业为主，其对经济增长的贡献度较
低。近年来，圭亚那近海发现大量石油资源，该国已探明石油储量超过 110
亿桶。圭亚那因地制宜大力发展石油工业，其经济规模快速扩大。2022 年，
圭亚那 GDP 同比增长 62.3%，增速居全球首位，油气经济增长率更是高达
124.8%。在实现经济快速发展的同时，圭亚那政府注重平衡油气生产与绿
色可持续发展。圭亚那森林覆盖率位居世界前列，森林总碳储量达到约 195
亿吨二氧化碳当量。圭亚那政府出台了"低碳发展战略 2030"，提出了包括
为低碳经济设立新的激励机制、通过清洁能源和低碳发展刺激经济增长等在
内的四大主要目标，在保护植被的同时开发森林的潜在经济价值，以实现可
持续发展。[3]

拉美国家因地制宜发展符合本国资源禀赋和传统优势的工业门类，并积

① 《巴拉圭 2023 年加工业博览会在东方市举办》，南美侨报网，2023 年 9 月 6 日，http：//
www. br-cn. com/static/content/news/nm_news/2023 - 09 - 06/1149021433348785861. html，最
后访问日期：2024 年 4 月 10 日。
② 《打卡知名工业旅游城市——墨西哥奇瓦瓦市》，南美侨报网，2023 年 4 月 7 日，http：//
www. br-cn. com/static/content/news/nm_news/2023 - 04 - 07/1093827876190961664. html，最
后访问日期：2024 年 4 月 3 日。
③ 《圭亚那经济实现快速增长》，人民网，2023 年 11 月 25 日，http：//paper. people. com. cn/
rmrbhwb/html/2023 - 11/25/content_26028774. htm，最后访问日期：2024 年 4 月 9 日。

极同发达国家及新兴经济体合作，积极承接全球产业转移，巴西、墨西哥等区域工业大国在通用航空、汽车、能矿等领域具备工业领先优势。现如今，拉美国家逐渐摆脱西方发达国家对本国工业的长期控制，培育和壮大本国工业体系。

（二）中拉工业合作情况

2023年，中国规模以上工业增加值比上年增长4.6%。12月，规模以上工业增加值同比增长6.8%，环比增长0.52%。① 1952~2023年，中国工业增加值从120亿元增长到399103亿元，增长1152.6倍（按不变价格计算），年均增长10.4%，中国已连续十余年稳居全球货物贸易第一大出口国。② 中国大力促进以高质量、高科技、高效能为特征的新质生产力，以工业转型升级推动实现中国式现代化。

中拉携手积极构建多层级的多边合作渠道和机制，中方重视与拉美次区域组织的沟通与合作。成为太平洋联盟观察员国后，中国参加了太平洋联盟与观察员国的部长级对话会，不断强化同太平洋联盟的合作。中国同南美国家联盟保持密切联系，不断挖掘共同合作潜力。中国同南方共同市场开展了各级别对话，开展多领域合作。中国与安第斯共同体建立政治磋商与合作机制。中国是拉丁美洲一体化协会首个亚洲观察员。中国同拉美和加勒比国家共同体的合作不断深化，中国-拉共体论坛部长级会议达成众多合作共识，"1+33"整体合作机制不断强化。

中拉经济结构和资源禀赋高度互补，双方具有较为明显的比较优势，中国制造业产品、基础设施建设、生物医药开发等方面具有比较优势；拉美地区在农作物产品、能源矿产、食品加工等方面具有比较优势。中拉双方比较优势明显，通过全方位合作能增进双方整体福利，实现互利共赢。此外，经济结构同步调整带来的动态比较优势成为未来双方合作升级的重要动力。中

---

① 数据来源于国家统计局。
② 数据来源于国家统计局，经不变价格指数校准后计算所得。

拉工业合作互补性强，产业链、价值链高度契合，中国在资本技术密集型产业，拉美地区在资源劳动密集型产业，各自具有优势，双方工业发展形成协同效应。随着中国在拉美地区直接投资增加，产能转移和产业链的延伸给中拉双方工业发展带来新的驱动力。

二 中拉工业文明互鉴

（一）中拉工业文明的特征

许多拉美国家于 20 世纪 30 年代开启替代工业化进程①，1930~1950 年，受世界经济危机、二战的影响，拉美国家开启进口替代工业化的第一阶段，1950~1982 年为进口替代工业化第二阶段。这一时期的现代化以发展主义战略为主，进口替代工业化的发展模式影响到全体民众，工业化与城市化相伴而行，但贫富两极分化严重。1982~1999 年为拉美现代化的挫折时期。这一时期拉美多数国家的现代化战略以新自由主义为主，主要是新型出口导向或新的外向型发展模式。自 1999 年至今为拉美现代化转型时期。自 1999 年 2 月委内瑞拉左翼政治人物查韦斯就任总统开始至 2015 年，拉美出现了第一次左翼浪潮。2015~2018 年，拉美政局发生"左退右进"的变化。自 2018 年至今，拉美出现了第二波左翼浪潮。② 随着拉美政治生态的变化，不少拉美左翼政府奉行后新自由主义的现代化战略和再工业化的经济发展模式。③

拉美国家工业文明经历了从辉煌到低谷再到发展的重要时期，意识到进口替代工业化发展模式不可持续，要走独立自主的可持续工业化道路。巴西、墨西哥、阿根廷、智利等国逐渐发展出极具自身特色，在若干领域和环节具备产业优势的工业化发展路线。秘鲁、玻利维亚、巴拉圭、委内瑞拉、

---

① 张宝宇：《巴西现代化研究》，世界知识出版社，2002，第 46、48 页。

② 徐世澄：《拉美新一轮左翼回归与第一轮左翼浪潮的异同》，《当代世界社会主义问题》2022 年第 3 期，第 91 页。

③ 徐世澄：《拉美现代化评析》，《当代世界社会主义问题》2023 年第 4 期，第 103 页。

厄瓜多尔、巴拿马、圭亚那等国也根据自身资源禀赋，促进某一领域的工业化，积极融入国际产业链价值链。

中国工业文明的重要特征体现在工业实力空前增强，工业化进程加快；工业产业结构不断调整优化。中国工业的转型升级经历深刻的系统性变革，在体制、技术、利益、观念等方面均发生深刻转变。自主创新是最关键的特征因素，特别是有利于实现核心技术创新的体制机制变革。中国工业转型升级的特征是从资源驱动、资本驱动的工业增长方式，转变为创新驱动的增长方式。[①]

（二）中拉工业文明的内涵

拉丁美洲的工业文明起源于多种文明的交融。1492年哥伦布到达美洲后，欧洲文明、非洲文明与印第安文明发生了碰撞、交流和融合，最终形成了独特的拉美文明。这种文明在18世纪形成，但直到20世纪中叶，随着发展模式的转换、文化民族主义运动的开展、进口替代工业化和城市化的发展，拉美才逐渐形成现代文明，具备多源融合的内涵，具有长期边缘性和不平等历史，同时也兼收并蓄和开放创新。[②] 现如今，拉美具备工业基础的工业国正大力促进转型发展，向自动化、数智化、绿色化方向发展，积极引进包括中国在内的新兴经济体的资金、资源与技术，参与共建"一带一路"，以期实现拉美人民"美好生活"[③] 愿景。

当前，中国大力促进新质生产力发展，集中体现在新技术的革命性突破、生产要素的创新性配置、新业态和新行业的不断涌现等方面，最终实现高质量产品供给、现代化经济体系构建以及人民的美好生活。[④] 中国全

---

① 金碚：《中国工业的转型升级》，《中国工业经济》2011年第7期，第10页。

② 韩琦：《论拉丁美洲现代文明的形成及其特点》，《南开学报》（哲学社会科学版）2022年第4期，第128页。

③ 《韩晗："美好生活"：拉美左翼政党的行动》，中国社会科学院拉丁美洲研究所网站，2020年9月24日，http://ilas.cass.cn/xzfc/xzduihua/202012/t20201202_5228106.shtml，最后访问日期：2024年4月12日。

④ 《新质生产力的三个特征》，今日中国网站，2024年3月29日，http://www.chinatoday.com.cn/zw2018/jj_4978/202403/t20240329_800361767.html，最后访问日期：2024年4月15日。

面推进新型工业化，这成为中国工业文明的新内涵。新型工业化坚持以人为本的根本宗旨，充分突出高质量发展的核心内涵，不断强化自主创新的根本动力，坚持绿色低碳的生态底色，以及充分彰显数实融合的技术特征。①

中国和拉美国家工业文明内涵丰富且易融合，彼此文化的特点让两个地区的人民更能够互相包容和理解，工业化、现代化最终目标是实现人民对美好生活的期待。美好生活、以人为本等内在文明源泉给了彼此工业文明互鉴的良好基础。

（三）中拉工业文明互鉴

拉美工业文明历史揭示了需正确处理发挥比较优势与优化产业结构之间的关系。拉美自然资源丰富，这是拉美的比较优势。拉美靠初级产品如原油、矿产品、农产品出口获得了大量外汇收入，但不少拉美国家的外汇收入和财政收入严重依赖初级产品出口，影响了本国工业化和现代化进程。自然资源丰富固然是一种"恩赐"，但有时也会成为一种"诅咒"，甚至会导致"荷兰病"。② 拉美地区工业的借鉴在于，一国应走符合本国国情的独立自主的工业化、现代化道路，严重依赖出口导向的工业化具有极大的脆弱性，一旦发生外资撤出等外部冲击，将会带来巨大风险，严重阻碍一国工业文明的发展。

从历史角度来看，拉美国家在独立运动后开始探索现代化道路，受到欧洲特别是英国的影响。与此同时，中国也在鸦片战争后开始探索自己的现代化道路。拉美与中国的现代化进程在相似的国际背景下展开，都面临西方工业化国家的挑战和影响。然而，拉美国家在经济上依附于西方，中国则是在外力影响下被迫开放。这使两者在政治制度、经济发展模式和文化传统方面

---

① 中国社会科学院工业经济研究所课题组：《新型工业化内涵特征、体系构建与实施路径》，《中国工业经济》2023 年第 3 期，第 10 页。

② 徐世澄：《拉美现代化评析》，《当代世界社会主义问题》2023 年第 4 期，第 108 页。

存在差异。① 中国的现代化不仅限于经济领域，而是涵盖社会、科技、教育等多个领域的全面进步。中国的工业化、城市化和现代化进程对整个人类历史具有重要意义，尤其是在提高人民生活水平方面取得的巨大成就。拉美学者认为中国的现代化经验为发展中国家提供了重要的参考和启示。②

以中国式现代化全面推进中华民族伟大复兴对工业发展提出的新要求、新任务，表现在建设强大中国、统筹发展与安全，建设富裕中国、连接国内国际市场、缩小区域差距，建设美丽中国、落实"双碳"目标、提升绿色竞争力等方面。③ 拉美国家同中国积极开展产能合作等一系列务实共建，在彼此借鉴工业文明的基础上发展新质生产力。

三　中拉工业合作谱写新篇

（一）中拉工业合作新趋势、新方向

中拉工业合作在新时代谱写新篇章，向着数智化、自动化、绿色化等高科技高质量方向发展，汽车制造业、电子制造业、锂矿化工等工业合作项目不断上马，取得了巨大的经济效益和社会效益。例如，中国同巴西的工业合作走深走实。巴西建立了电子、汽车等产业基础，为相关工业品的组装与生产基地。近年来，中国长城、奇瑞、江淮、力帆等汽车制造商在巴西加大投资，获得了巨大成功。

2019 年，比亚迪公司与巴西巴伊亚州签署云轨项目合同，为该州打造全球首条跨海云轨，项目金额超过 7 亿美元，该云轨连接州首府萨尔瓦多市

---

① 董经胜：《拉美与中国：走出自己的现代化道路》，中国社会科学院拉丁美洲研究所网站，2011 年 6 月 7 日，http://ilas.cass.cn/xslt/gnlmyj/201106/t20110607_2244575.shtml，最后访问日期：2024 年 3 月 20 日。
② 楼宇：《拉美学界关于中国式现代化的若干认知》，《国外理论动态》2023 年第 1 期，第 14 页。
③ 史丹：《中国式现代化战略目标的演进及中国工业的新使命》，《China Economist》2023 年第 2 期，第 8 页。

和海滨地区，成为中国制造业企业在巴西落地的标杆项目。诸多中国民营工业企业积极出海，在巴西投资建厂，如 TCL、山东碧海、华为等。联想集团在巴西多地设立工厂，在巴西采取自有工厂和原始设计制造商混合制造模式，在开发更符合当地需求产品的同时，为当地创造大量就业机会，拉动当地经济发展。在圣保罗州因达亚图巴市和亚马孙州马瑙斯市，联想集团建设的两家工厂共雇用超过 1600 名员工。其中，成立于 2016 年的联想因达亚图巴工厂主要生产个人电脑和服务器等产品，产能比建厂初期提升了近 5 倍。该生产线高度灵活，不但能满足客户定制化需求，还能根据市场需求在不同产品之间快速切换。①

2023 年，由中企承建的玻利维亚碳酸锂厂项目举行竣工仪式，标志着玻利维亚正式进入锂工业化进程。该项目位于玻利维亚乌尤尼盐沼区内，项目总包方为中国机械设备工程股份有限公司，中国中铁九局集团大连分公司承担土建工程的施工任务。该项目整体于 2023 年 7 月 25 日完成临时验收。② 在特立尼达和多巴哥，由中企承建的凤凰工业园顺利完工，该工业园广泛吸引投资、助推发展、拉动就业，已成为两国共建"一带一路"的闪亮名片。③

（二）中拉共建"一带一路"的新领域、新机遇

中拉合作进入新的发展阶段后，中国与拉美和加勒比国家共商共建共享"朋友圈"不断扩大。拉美地区建交国中，已有 20 多个国家与中国签署了共建"一带一路"谅解备忘录。④ 共建"一带一路"给中拉双方工业合作带来新机遇。一方面，在传统的能矿工业、装备制造、燃油车等领域，双方

---

① 《当"中国智造"遇上巴西"再工业化"》，中国一带一路网，2023 年 5 月 4 日，https：//www. yidaiyilu. gov. cn/p/0SFETNV3. html，最后访问日期：2024 年 4 月 10 日。

② 《中企海外项目周报（2023. 12. 16—2023. 12. 22）》，中国一带一路网，2023 年 12 月 22 日，https：//www. yidaiyilu. gov. cn/p/0TE5M3B3. html，最后访问日期：2024 年 3 月 28 日。

③ 《中拉合作如何奏出"时代交响"》，新华网，2023 年 11 月 4 日，https：//www. news. cn/silkroad/2023-11/04/c_1129957698. htm，最后访问日期：2024 年 4 月 3 日。

④ 推进"一带一路"建设工作领导小组办公室：《中国—拉丁美洲和加勒比国家共建"一带一路"发展报告》，中国计划出版社，2023，第 3 页。

产业链深度结合，打造更具竞争力的全球生产网络；另一方面，在高端装备制造、新能源、人工智能装备等领域，双方加大投资力度，华为、比亚迪等一批科技型企业深耕拉美市场，为双方工业转型升级注入活力。

中拉在数字技术领域的合作日益增强。2023年中国-拉美和加勒比国家数字技术合作论坛的成功举办，表明双方在数字化创新方面将进一步加强合作，实现互利共赢。① 中拉共建"数字丝路"全面促进工业转型升级，以数智化推动新型工业化，中国的数字技术在拉美多国得到广泛应用。

绿色能源合作是新时代中拉工业合作的突出亮点，为共建"一带一路"注入新动能。中国金风科技股份有限公司投资建设的罗马布兰卡风电场是阿根廷最大的风电场之一。中国企业参与了"基塞"水电站项目，该项目每年可为150万户家庭提供电力，为阿根廷节省大量油气进口开支。在智利，第19届泛美运动会期间，绿色交通成为亮点之一。中国制造的双层电动公交车在运动会期间投入使用，为这场体育盛事注入"绿色能量"。②

中拉航空航天科技合作成果丰硕。2013年10月，中国科学院南美天文研究中心在智利揭牌。2017年5月，中国与阿根廷多年合作建设的40米射电望远镜（CART）项目被正式纳入政府间合作框架。③ 2020年，中国长征六号运载火箭成功发射了包括阿根廷卫星逻辑公司研制的10颗遥感小卫星在内的13颗卫星。极地合作方面，中国电子承建的巴西费拉兹司令南极科考站的落成，以及中国与智利联合开展的西南极综合地质考察，成为中拉合作的亮点。④

① 《"数字丝路"谱写中拉合作新篇章》，人民网，2023年10月12日，http://world.people.com.cn/n1/2023/1012/c1002-40093809.html，最后访问日期：2024年3月17日。
② 《中拉加强绿色能源合作》，《人民日报》（海外版）2024年4月17日，第8版。
③ 推进"一带一路"建设工作领导小组办公室：《中国—拉丁美洲和加勒比国家共建"一带一路"发展报告》，中国计划出版社，2023，第14页。
④ 《九天揽月五洋捉鳖　中拉携手共探科技前沿》，环球网，2020年12月4日，https://www.sohu.com/a/436220090_162522，最后访问日期：2024年3月10日。

（三）中拉携手推进新质生产力发展

新质生产力强调高质量、高科技、高效能的发展特征，其核心在于通过创新与科技进步为经济和社会发展提供新动能及新产能，创造更高价值的生产力。新型工业化是新质生产力的重要引擎，特别是在数字化和绿色化方面的协同，对于推动经济高质量发展具有重要意义。中拉强化新型工业化合作有利于加快形成合作型外部经济驱动力，在增强双方工业体系实力的同时，构建新型跨国比较优势，最终造福两地人民。

通过持续推动中拉供应链价值链绿色化、低碳化，加快可再生能源技术研发、成果转化和推广应用，构建全产业链资源集约利用和循环使用体系。[1] 中拉携手打造"数字丝路""绿色丝路"符合新质生产力的要求，也是推动新质生产力发展的有效途径，成为实现经济高质量发展的重要手段。通过深化工业文明互鉴和新型工业化合作，中拉双方可以共同促进科技创新，加速产业升级，实现更可持续、更高效的生产力发展。

四 政策建议

（一）增强中拉工业发展韧性和内生动力

中拉经济合作的全球竞争力不断提高，进一步强化经济增长韧性和内生动力对双方至关重要。进一步扩大双边、多边经贸合作，促进经济复苏、改善民生，深化产业合作和产业链价值链延伸，强化中拉互补优势，打造中拉经济"护城河"。不断提升中拉经济增长内生动力，加强抵御全球经济风险和外部冲击的能力，强化"一带一路"合作与中拉经济政策的协调，构建中拉经济大循环。[2]

---

① 推进"一带一路"建设工作领导小组办公室：《中国—拉丁美洲和加勒比国家共建"一带一路"发展报告》，中国计划出版社，2023，第 27 页。

② 推进"一带一路"建设工作领导小组办公室：《中国—拉丁美洲和加勒比国家共建"一带一路"发展报告》，中国计划出版社，2023，第 25 页。

（二）扩大合作领域，促进直接投资

中拉工业文明互鉴在于"继往开来"，总结过去工业化中的经验与教训，着眼于当下和未来，扩大工业合作领域。促进直接投资，加快优势资源双向流动，为中企在拉美地区投资、兴业创造有利条件。充分利用中拉共建"一带一路"，深化双方产业合作，携手打造工业园区、产业园区，打造中拉"数字丝路""绿色丝路"，促进新型基础设施投资建设。

（三）鼓励科技创新，推动新型工业合作

促进中拉科技创新合作，提升产业科技附加值，做强做大符合中拉各自优势的产业链，以科技创新赋能中拉经济，提高国际竞争能力。激活经济内生增长动力，优化经济结构，促进新经济、新消费发展，加速数字化转型，扩大绿色经济规模，在新一轮科技革命中抢占优势地位。中拉携手推动新型工业化，加快传统重工业转型升级，推动制造业数智化。

（四）全面发展新质生产力

以科技创新推动产业创新，推进中拉科技合作，加快科技人才交流，以颠覆性技术和前沿技术催生新产业、新模式、新动能，全面发展新质生产力。建立中拉技术合作平台和中拉技术转移中心，促进双方在科技、教育各领域交流和发展互鉴，加强工业文明互鉴。

（杨志敏　审读）

Y.8
中拉数字文明互鉴：
迈向包容和可持续的数字政府

何丙姿[*]

摘　要： 本文探讨中国与拉丁美洲和加勒比国家数字政府的发展，以及在包容性和可持续性方面的进展。拉丁美洲和加勒比国家数字政府表现差异明显，不仅面临国家内部包容性问题，还存在区域性建设的挑战。中国数字政府建设紧跟技术发展的步伐，这大大加快了政府功能和服务的数字化升级。中国与拉丁美洲和加勒比国家应加强在数字政府的制度、技术、基础设施、人才以及资金等方面的交流与合作，充分发挥数字技术潜力提升民众福祉，推动数字文明包容和可持续发展。

关键词： 中国　拉丁美洲和加勒比　数字文明　数字政府　电子政务

"数字文明"这一概念在政治、经济、公共管理等研究领域受到广泛关注。虽然目前学界对这一概念缺乏统一定义，但普遍承认其核心是"让科技为人类服务"的文明形态。[①] 有凝聚力的数字文明应具备包容性，以确保所有社会成员都能从数字进步中受益，而不会因社会经济地位、地理位置或技术获取等问题被排除在外。这意味着一个国家不但要提供适当的数字技能培训和教育，还要确保数字服务和信息对所有人都是可访问和易于理解的，更要促进数字化经济、社会以及公共服务的包容性增长，使所有人都能分享

---

* 何丙姿，中国社会科学院拉丁美洲研究所助理研究员，主要研究方向为拉美社会。
① Bill Roscoe，"Digital Civilisation：A Manifesto"，http：//pdf.dccglobal.cn/web/viewer.html? file=Digital%20Civilisation%20A%20Manifesto.pdf，accessed February 27，2024.

数字化带来的利益。数字文明也要具备可持续性，这意味着数字系统和实践都能够随着时间的推移而持续存在，在不会对环境造成损害或耗尽资源的情况下，例如减少电子废弃物和提高能源效率，确保数字化进程不会加剧社会不平等或对经济造成负面影响。

在数字时代，增强数字政府的包容性和可持续性不仅是数字文明的核心要求，也是促进国家发展的必要条件之一。电子政务不仅是数字政府建设的重要组成部分，也是数字文明发展的早期阶段，它对于扩大公民参与政府决策制定、提高公共行政效率和透明度以及减少腐败等行为具有重要作用。[①]有效的政府基础设施建设能够促进国家科技进步和能力提升。[②]数字政府作为政府基础设施的重要一环，建设数字政府（包含电子政务）已成为许多政府推动现代化发展的关键目标和环节。包容性和可持续性是数字政府应具备的两个关键要素。前者确保政府在数字化转型过程中有效地服务所有公民，包括那些在数字化领域可能面临障碍的人群；后者强调数字政府服务能够在社会、环境和经济方面长期可持续发展。在大数据及信息和通信等相关技术的支持下，数字政府不但能够推动数字经济发展和数字社会建设，还能通过整合海量政务数据资源、提供人工智能应用场景、构建技术监管与伦理框架，有效支撑人工智能技术的发展与规范应用，从而促进人工智能从技术突破迈向国家治理能力现代化的系统性转型。

如何实施有效的数字政府和数字治理实践成为学术界、大众以及政策制定者之间热烈讨论的焦点。学界普遍认为，数字素养、互联网获取以及电子政务网站的内容设计和激励是影响电子政务包容性发展的三个关键因素。[③]

---

① Bill Roscoe, "Digital Civilisation：A Manifesto", http：//pdf. dccglobal. cn/web/viewer. html? file=Digital%20Civilisation%20A%20Manifesto. pdf, accessed February 27, 2024.

② Daron Acemoglu, Jacob Moscona, and James A. Robinson, "State Capacity and American Technology：Evidence from the Nineteenth Century", *American Economic Review*, Vol. 106, No. 5, 2016, pp. 61-67.

③ Nadia Refat, Muhammad Patwary, and Md Arafatur Rahman, "Digital Inclusion towards E-Governance：Challenges and Issues", in Sarah Hayes et al., eds., *Human Data Interaction, Disadvantage and Skills in the Community：Enabling Cross-Sector Environments for Postdigital Inclusion*, Switzerland：Springer, Cham, 2023, pp. 135-150.

资金、技术以及政府（政治）支持不足妨碍发展中国家数字基础设施建设。[①] 但学界对于一个国家构建包容和可持续的数字政府的进程以及政府的努力还不够了解。目前也鲜有对不同政治、经济和社会背景下数字政府发展异同的比较研究文献。这不利于了解不同国家数字文明的发展过程和其产生差异的内在原因，从而思考有效的数字政府和数字治理的本质。

本文以中国与拉丁美洲和加勒比（以下简称"拉美"）地区国家为案例，探讨如何构建包容和可持续的数字政府。中国和拉美地区的许多国家制定了数字政府相关的国家战略。联合国电子政务指数显示，智利、阿根廷、巴西等拉美国家电子政务表现远超中国。近些年，随着中国公共部门快速而高效地进行数字化转型，中国数字政府方面的成绩已趋近阿根廷等国家并远超巴西等国。因此，分析中拉数字政府的包容性和可持续性，不仅有助于探讨发展中国家数字政府的发展方式和特点，还有助于思考数字文明如何被塑造，特别是政府在其中的角色。此外，研究结果也将有利于加强中拉在数字基础设施和数字政府制度建设等方面的合作、交流和互鉴。

本文首先从互联网连通性、数字经济和数字政府三个方面简述中国和拉美地区国家数字化发展情况，探讨中国和拉美地区国家数字文明发展进程及特点。其次，分析中拉数字政府在促进包容性和可持续性方面的努力，特别是政策制度构建情况。[②] 同时，分析新冠疫情对中拉数字政府建设的影响，探究未来数字政府在专业化和普及性等方面面临的潜在问题。最后，结合研究结果，为中拉数字政府建设及共同迈向包容和可持续的数字未来提出建议。

---

① ECLAC, *A Digital Path for Sustainable Development in Latin America and the Caribbean*, Santiago, 2022.

② Magdalena Ciesielska, Nina Rizun, and Jakub Chabik, "Assessment of E-Government Inclusion Policies toward Seniors: A Framework and Case Study", *Telecommunications Policy*, Vol. 46, No. 7, 2022, pp. 102316-102339.

一 中拉数字化发展动态

随着通信网络遍布全球，信息和通信技术几乎渗透到公民、企业以及政府的各个方面，数字信息的数量和多样性也呈爆炸式增长。根据世界银行的数字采用指数（Digital Adoption Index），2014 年和 2016 年，在调查的 180 个国家和 3 个地区中，阿根廷、巴西、智利和乌拉圭的世界排名位于前 50 名（见表 1）。其中，智利和乌拉圭政府在数字技术的应用上更是处于世界领先水平。巴巴多斯、哥伦比亚、巴拿马等国的总体表现也好于中国。中国数字采用情况在 2014~2016 年有明显改善，在近十年更是取得显著成绩。

表 1　世界银行数字采用指数排名

| 国家 | 总体排名 | | 分项指数排名 | | | | | |
| | | | 公民 | | 企业 | | 政府 | |
	2014 年	2016 年	2014 年	2016 年	2014 年	2016 年	2014 年	2016 年
中国	85	74	86	74	115	102	49	41
阿根廷	42	42	52	52	49	54	36	32
巴哈马	89	87	77	78	48	46	148	140
巴巴多斯	60	51	59	54	19	19	119	108
玻利维亚	101	104	115	121	107	103	74	73
巴西	37	43	55	70	63	64	21	20
智利	26	25	66	69	22	23	4	4
哥伦比亚	51	55	79	80	65	66	23	28
哥斯达黎加	52	47	56	40	59	65	52	59
古巴	169	170	170	170	174	169	150	160
多米尼克	98	100	94	84	92	104	108	109
多米尼加	95	97	109	111	103	108	73	66
厄瓜多尔	75	78	102	105	56	58	61	57
萨尔瓦多	88	95	100	100	91	98	67	89
危地马拉	103	90	120	119	85	94	89	46
圭亚那	127	129	132	142	108	93	162	162

续表

国家	总体排名		分项指数排名					
			公民		企业		政府	
	2014 年	2016 年	2014 年	2016 年	2014 年	2016 年	2014 年	2016 年
海地	156	168	161	169	146	164	157	151
洪都拉斯	111	116	128	126	110	111	80	103
牙买加	99	98	103	98	102	92	96	106
墨西哥	72	67	95	89	81	79	37	30
尼加拉瓜	115	110	116	110	114	118	120	105
巴拿马	67	75	71	71	74	80	70	85
巴拉圭	92	83	107	112	83	83	86	56
秘鲁	80	81	99	91	80	87	53	61
乌拉圭	25	24	38	33	61	59	5	6
委内瑞拉	86	102	87	102	97	99	72	98

资料来源：笔者根据世界银行数据计算，参见"Digital Adoption Index", The World Bank, https：//www.worldbank.org/en/publication/wdr2016/Digital-Adoption-Index, accessed Feburary 22, 2024。

从互联网连通性角度来看，表 2 比较了 2021 年中国和部分拉美国家情况。截至 2021 年，80.94% 的中国居民可以访问互联网。2021 年中国电信服务投资额达到 631.7 亿美元，远超拉美地区经济大国，如阿根廷、巴西、墨西哥等。除可获得性外，数字基础设施也是影响数字技术采用和数字化转型的重要因素。2021 年中国固定宽带互联网和纯数据移动宽带互联网套餐费用占人均国民总收入的比重均低于拉美地区国家（除智利纯数据移动宽带套餐占人均国民总收入的比重外）。未来短期内，中国互联网的普及性将进一步提升。部分拉美地区国家，如古巴（33.31%）、多米尼加（46.11%）、洪都拉斯（39.37%）、尼加拉瓜（41.5%）、巴拉圭（45.38%）、秘鲁（48.65%）、萨尔瓦多（29.67%）仍有一半以上家庭不能接入互联网，反映出其高度的数字不平等。此外，从表 2 也可看出拉美地区各国之间的巨大数字发展鸿沟。

表 2　2021 年中国与拉丁美洲和加勒比国家互联网连通性表现

国家	拥有互联网接入的家庭(%)	固定宽带互联网套餐费用占人均国民总收入比重(%)	纯数据移动宽带套餐费用占人均国民总收入比重(%)	年电信服务投资（百万美元）
中国	80.94	0.50	0.50	63172
阿根廷	90.41	4.82	1.39	1889.98(2018 年)
玻利维亚	56.89	8.91	2.80	271
巴西	81.53	3.49	0.63	7754
智利	91.86	2.51	0.48	1792
哥伦比亚	60.55	4.41	1.86	1737.51(2009 年)
哥斯达黎加	81.31	1.78	0.72	342
古巴	33.31	6.79(2020 年)	3.02(2020 年)	265.9(2018 年)
多米尼克	77.13	6.28	5.62	5.83(2017 年)
多米尼加	46.11	3.18	2.58	369
厄瓜多尔	56.71	5.08	2.17	312.29(2013 年)
萨尔瓦多	29.67	9.13	4.93	216.34(2016 年)
圭亚那	65.04	6.14	4.03	14.59(2017 年)
洪都拉斯	39.37	15.27	8.71	187
牙买加	75.38	7.90	3.58	117.92(2013 年)
墨西哥	66.44	2.42	1.39	4392
尼加拉瓜	41.50	20.75	6.61	36.56(2003 年)
巴拿马	80.47	4.49(2020 年)	2.09	269
巴拉圭	45.38	5.18	2.09	213
秘鲁	48.65	3.64	1.74	819
乌拉圭	83.20	2.54	0.97	215.54(2016 年)

注：拥有互联网接入的家庭包括可以访问固定网络或移动网络。例如，如果家庭中的一名成员拥有一部可连接互联网的移动电话并可供所有成员使用，则视为该家庭可以访问互联网。

资料来源：作者根据国际电信联盟数据整理和计算，参见 "DataHub", International Telecommunication Union, https：//datahub.itu.int/data/?e＝ARG, accessed March 1, 2024。

从企业角度来看，虽然拉美地区许多国家加快部署数字化转型，并出台相关政策，但是该地区数字经济规模仍然较小。其中一个主要原因在于较为落后的宽带等电信基础设施建设。宽带接入质量（如宽带速度）不仅影响

数字技术和产品用户的体验，还会影响经济发展。[1] 实证研究发现，更快的宽带对国内生产总值（GDP）增长、企业生产率和就业有积极影响。[2] 更高质量的宽带有助于提高业务流程的效率，加快互补数字技术的采用，促进产品、商业模式和流程等方面创新。[3] 联合国贸易和发展会议指出，2020年，全球至少有93%的移动宽带人口被3G网络覆盖，而拉美地区只有88%的移动宽带人口使用3G网络，12%的人仍只有2G网络信号。[4] 在拉美地区，宽带采用率与企业劳动生产率之间也存在正向关系。[5] 此外，在拉美地区，国家内部和国家间宽带接入的不平等也会因接入质量差异而变得更加复杂。

相比之下，中国的数字技术发展迅速，特别是5G技术在全球领先，中国数字经济成就备受国际瞩目。中国信息通信研究院《全球数字经济白皮书（2023年）》显示，2022年中国的数字经济规模达到7.5万亿美元，仅落后于美国（17.2万亿美元），居世界第二。[6] 联合国贸易和发展会议发布的《2021年数字经济报告》显示，中美是最有能力参与数据驱动的数字经济活动并从中受益的两个国家，同时中美也是世界上5G采用率最高的国家。[7]

① Raul Katz and Juan Jung, "The Impact of Policies, Regulation, and Institutions on ICT Sector Performance", International Telecommunications Union Publications, 2021, https：//www. itu. int/pub/D-PREF-EF. ICT_SECT_PERF-2021, accessed March 8, 2024.

② "The Economic Impact of Broadband and Digitization through the COVID - 19 Pandemic：Econometric Modelling", International Telecommunications Union Publications, 2021, https：//www. itu. int/pub/D-PREF-EF. COV_ECO_IMPACT_B-2021, accessed March 8, 2024.

③ "The Economic Impact of Broadband and Digitization through the COVID - 19 Pandemic：Econometric Modelling", International Telecommunications Union Publications, 2021, https：//www. itu. int/pub/D-PREF-EF. COV_ECO_IMPACT_B-2021, accessed March 8, 2024.

④ United Nations Conference on Trade and Development, *Digital Economy Report 2021—Cross-Border Data Flows and Development：For Whom the Data Flow*, United Nations Publications, 2021, https：//unctad. org/system/files/official-document/der2021_en. pdf, accessed March 8, 2024.

⑤ Matteo Grazzi and Carlo Pietrobelli, *Firm Innovation and Productivity in Latin America and the Caribbean：The Engine of Economic Development*, New York：Springer Nature, 2016.

⑥ 中国信息通信研究院：《全球数字经济白皮书（2023年）》，2024年1月，http：//www. caict. ac. cn/english/research/whitepapers/202404/P020240430470269289042. pdf。

⑦ United Nations Conference on Trade and Development, *Digital Economy Report 2021—Cross-Border Data Flows and Development：For Whom the Data Flow*, United Nations Publications, 2021, https：//unctad. org/system/files/official-document/der2021_en. pdf, accessed March 8, 2024.

平台商务作为当今最普遍、最具变革性的数据驱动的数据经济模式之一，不仅能够有效地降低交易成本，还能缓解市场失灵。截至 2016 年，亚洲有 62 个个体市值超过 8 亿美元的本地平台企业，其中一半位于中国。[①] 在推动经济发展过程中，平台起到了关键的稳定就业作用。《2023 中国数字经济前沿：平台与高质量充分就业》研究报告显示，抖音、京东、淘宝等数字平台在 2021 年为中国创造了约 2.4 亿个就业机会，相当于约 27% 的适龄劳动人口。[②] 这也意味着，新就业形态由数字经济推动，以数字技术为基础，实现了劳动力资源的全新配置模式。

从政府角度来看，中国的数字政府发展水平已逐渐向世界领先国家靠拢。联合国电子政务数据为各国的数字发展提供了重要视角和观察维度。电子政务发展指数基于三个核心指标，即在线服务指数、人力资本指数和电信基础设施指数。电子参与指数是联合国电子政务调查的一个辅助指标（不参与计算），主要关注政务信息共享、相关人员的电子磋商和电子参与决策。在联合国调查的 193 个国家和地区中，中国的电子政务排名已从 2003 年的世界第 70 位升至 2022 年的 40 位，是自 2003 年调查以来，增长幅度最大的国家之一。相较拉美国家，2022 年，中国稍落后于乌拉圭（第 35 位）、智利（第 36 位）和阿根廷（第 41 位）（见表 3）。中国在在线服务（第 15 位）和电子参与（排名第 13 位）这两方面有卓越的表现，但在人力资本（排名第 101 位）方面仍面临巨大的挑战。此外，与互联网接入和使用的情况一样，人均收入较高的拉美国家往往在人力资本和电信基础设施两方面表现更好。相较南美洲国家，中美洲和加勒比地区国家的电子政务表现不佳，并且处于世界中下游水平。但值得注意的是，作为拉美地区第一大经济体，

---

① Peter Evans and Annabell Gawer, "The Rise of the Platform Enterprise: A Global Survey", Emerging Platform Economy Series 1, Center for Global Enterprise, New York, 2016, https://www.thecge.net/app/uploads/2016/01/PDF-WEB-Platform-Survey_01_12.pdf, accessed March 18, 2024.

② 《数字经济研究报告：我国平台企业创造就业约 2.4 亿》，中华人民共和国国家发展和改革委员会网站，2023 年 2 月 28 日，https://www.ndrc.gov.cn/fggz/jyysr/jysrsbxf/202302/t20230228_1350402.html，最后访问日期：2024 年 4 月 2 日。

巴西在线服务处于世界领先水平，但该国在人力资本（第72位）和电信基础设施（第78位）方面相对滞后。

表3　2022年电子政务排名

国家	电子政务指数				电子参与指数
	总体排名	分项指数			
		在线服务	人力资本	电信基础设施	
中国	43	15	101	47	13
阿根廷	41	38	20	69	51
巴巴多斯	79	97	49	70	97
玻利维亚	98	102	97	103	116
巴西	49	14	72	78	11
智利	36	30	37	49	44
哥伦比亚	70	59	78	88	38
哥斯达黎加	56	71	52	63	66
古巴	136	170	56	144	177
多米尼克	109	166	118	61	183
多米尼加	92	81	93	111	86
厄瓜多尔	84	50	82	115	41
萨尔瓦多	117	116	134	108	108
危地马拉	126	96	151	131	114
圭亚那	123	120	126	127	155
海地	187	189	175	164	180
洪都拉斯	155	176	141	150	181
牙买加	102	107	106	106	123
墨西哥	62	31	77	92	33
尼加拉瓜	130	112	137	133	137
巴拿马	82	72	95	86	76
巴拉圭	94	86	110	98	77
秘鲁	59	37	63	94	24
乌拉圭	35	52	33	29	63
委内瑞拉	128	161	64	136	178

资料来源：作者根据联合国数据计算，参见 E-Government Knowledgebase, https：//publicadmini stration. un. org/egovkb/en-us/Data-Center, accessed March 2, 2024。

二　拉美地区数字政府的包容性和可持续性

数字政府在改善弱势群体生存状况和提高民生福祉方面扮演着重要角色，特别是通过更好地支持医疗、教育和社会保障等方面的政策实施。拉美地区数字政府包容性不仅存在国家内部包容性建设问题，还面临国家间包容性发展的问题。

从国家内部包容性建设来看，政府网站特别是公共服务在线平台是数字政府运营的一个重要方面，拉美地区多国设立了此类型网站以加强公共行政部门与企业、公民、其他政府机构的沟通、交流以及互动。新冠疫情促使各国政府和社会加快数字技术的应用，以在短期内应对危机。例如，新冠疫情期间，巴西政府实现 770 多项公共服务数字化，如退休福利和产妇福利申请等社会保障服务。但拉美地区国家间电子政务发展水平有巨大差异。除公共服务在线平台外，拉美地区国家利用电子政务以及其他数字平台为企业和公民提供公共服务的水平不一，而且在与企业和公民互动复杂度和政务信息公开度等方面也有很大差别。例如，阿根廷政府注重包容性服务设计，在设计在线平台和服务时，考虑不同人群的需求，包括残疾人和数字素养有限的人。同时，阿根廷鼓励公民通过各种渠道参与数字政府举措。例如，阿根廷公民可以通过参与式预算门户网站（Portal de Presupuesto Participativo）提出社区项目并进行投票，从而培养其包容性和赋权感。尽管墨西哥在电子政务领域取得了一定成就，但由于政府的治理能力和数字基础设施建设等方面的限制，数字化服务的普及程度相对较低，服务质量不稳定。

新冠疫情不仅使世界各国的公共服务系统承受了重大压力，还敦促各国政府加快部署有效的数字技术，保障政府工作和公共服务有效及有序开展。大部分拉美国家出台了数字政府方面的国家战略（见表 4）。这些数字政府战略的大部分集中在改善数字包容、加强数据安全和提高公共机构的技术能力等方面，在优先事项、目标以及方式等方面稍有差别。例如，玻利维亚、厄瓜多尔和委内瑞拉主要关注狭义的电子政务的发展，也并非所有拉美国家都

像墨西哥和乌拉圭一样在国家数字政府战略中专门设立了数字包容目标。墨西哥、哥斯达黎加、多米尼加、巴拉圭和巴拿马等国的国家数字政府战略并非单独改革方案,而是嵌入更广泛的国家数字战略。此外,智利、哥斯达黎加、巴拿马和乌拉圭并未对国家数字政府战略实施设立绩效指标或监测工具。

表4 拉丁美洲和加勒比国家数字政府战略

国家	名称	年份	是不是专门的国家数字政府战略	含有绩效指标或监测工具
阿根廷	联邦数字公共转型计划的适用战略	2022	是	是
巴巴多斯	公共部门现代化计划	2019	是	是
玻利维亚	2017~2025 年电子政务实施计划	2017	是	是
巴西	数字政府战略	2020	是	是
智利	国家数字化转型战略	2019	是	否
哥伦比亚	2022 年数字政府政策	2022	是	是
哥斯达黎加	迈向哥斯达黎加二百周年 4.0 数字化转型战略议程之一:数字政府	2018	嵌入更广泛的国家数字战略	否
多米尼加	2030 年数字议程之一:数字政府	2022	嵌入更广泛的国家数字战略	是
厄瓜多尔	2018~2021 年电子政务国家计划	2018	是	是
墨西哥	2021~2024 年国家数字战略——行动路线:联邦公共行政部门的数字政策	2021	嵌入更广泛的国家数字战略	是
巴拿马	2022 年国家数字议程之一:数字政府	2022	嵌入更广泛的国家数字战略	否
巴拉圭	数字议程之一:数字政府	2019	嵌入更广泛的国家数字战略	是
秘鲁	2021~2026 年一般政府政策:公平的政府和数字化转型;数字政府法律和监管法令	2018 和 2021	是	是
乌拉圭	2025 年数字政府计划	2021	是	否
委内瑞拉	2014~2019 年国家电子政务计划	2014	是	是

资料来源:OECD, *Digital Government Review of Latin America and the Caribbean: Building Inclusive and Responsive Public Services*, September 8, 2023。

从理论和实践角度来看,区域数字政府的包容性可以增强地区的协调效用。例如,联合国《2020 年电子政务调查报告》指出,美洲大多数小岛屿发展中国家从共同管理电子政务应用和服务的区域性方法以及南南合作中受益。早在 2003 年，拉美地区就成立了地区电子政务领导人网络，该网络由美洲国家组织综合发展执行秘书处和国际发展研究中心联合发起，旨在促进该地区国家间电子政务的横向合作、方案讨论以及专家交流。随后，2005年，美洲开发银行加入了该地区电子政务领导人网络，并通过区域公共产品倡议向该机构提供支持。2006 年加拿大国际开发署也加入了这一组织。

2007 年，为共同应对数字化带来的机遇与挑战以及推动地区经济和社会的可持续发展，伊比利亚美洲地区的多个国家，包括西班牙、葡萄牙、巴西、墨西哥、智利等国家共同制定和签署了《伊比利亚美洲电子政务宪章》。该宪章旨在加强伊比利亚美洲地区国家在数字化领域的合作，促进电子政务的发展，提高政府服务的效率和质量，推动政府与公民之间的互动和参与，以及促进区域内数字经济发展。该宪章首次定义了电子政务的概念，并成为伊比利亚美洲地区国家数字政府发展的一个里程碑。此外，《伊比利亚美洲互操作性框架》《伊比利亚美洲电子政务公共软件模型》《伊比利亚美洲社会电子识别框架》《伊比利亚美洲开放政府图表》等制度建设为拉美地区区域数字政府统一标准的制定和增进国家间的协调做出了重要贡献。

无论是拉美地区各国国内还是区域间，公共部门的数字化改革往往涉及自动化或自由裁量权转移的举措。这些举措会影响权利、资金以及服务的分配方式。例如，巴西在推进社会保障系统的数字化改革时，实施了高度自动化的社保资格审查和福利发放。在此之前，社保部门工作人员手动审核决定谁有资格获得福利，且个人判断最终会影响分配结果。然而，自动化系统严格按照规则和数据进行审核，减少了工作人员的自由裁量权。[①]

---

① Pedro Lara de Arruda, Marina Lazarotto de Andrade, Tiago Falcão, Diana Teixeira Barbosa and Matteo Morgandi, "Challenges and Potentialities for Implementing Social Protection Responses to Emergency through Decentralized Administration: Lessons from Brazil's Auxílio Emergencial", The World Bank, January 2022, https://documents1.worldbank.org/curated/en/099220101172240554/pdf/P17483609702e30c90b70f0a0d69d378aed.pdf, accessed October 10, 2024.

一些地方官员对此改革表示抵制，担心他们失去通过自由裁量获得的影响力和寻租机会。此外，自动化降低了通过贿赂或个人关系获得不当福利的可能性。在数字化改革过程中，政府需要决定哪些项目或领域优先进行数字化转型。由于资源有限，根据公共利益和政策目标分配资源以及确定哪些改革项目应该优先推进，都是自由裁量权的体现。因此，一些拉美国家官僚机构会抵制减少自由裁量权和寻租行为的数字政府（包括电子政务）的建设。同时，整个拉美地区政治环境复杂，左右翼政党轮流执政，国家能力参差不齐。国家经济发展水平及差异是影响该区域和国家数字政府包容性建设和可持续发展的关键因素。鉴于此，拉美区域性数字政府在短期内难以实现。

新冠疫情后，除阿根廷外，虽然拉美多国表现出强劲的经济复原力且该地区的通货膨胀水平下降，但是许多国家包括巴西、墨西哥以及智利等地区经济大国的通货膨胀率依然很高。拉美经委会估计拉美地区2023年平均增长率为2.2%，2024年为1.9%，并表示这种低增长归因于该地区各国有限的财政和货币政策空间。① 这也暗示拉美国家数字政府转型面临一定的财政压力。一些拉美国家通常依靠外部资金开展数字化转型。例如，巴巴多斯在美洲开发银行支持下启动公共部门现代化计划，弥合数字公共基础设施在可访问性方面的差距，并促进政府服务的数字化和数字渠道建设。

除上述政治经济因素外，数字政府的包容性和可持续性本身依赖于信息技术的支持。拉美经委会以及许多学者曾表示，5G技术能够加快拉美地区信息和通信技术及基础设施升级，特别是能以较低的成本帮助该地区国家扩大互联互通覆盖范围并提高互联互通质量，从而迎合当下物联网以及更高级

---

① "Economic Activity in Latin America and the Caribbean Continues to Exhibit a Low Growth Trajectory", ECLAC, December 14, 2023, https：//www.cepal.org/en/pressreleases/economic-activity-latin-america-and-caribbean-continues-exhibit-low-growth-trajectory, accessed February 17, 2024.

的社会数字化应用等发展需求。① 此外，部分拉美国家数字政府可持续性发展还取决于除移动和固定互联网以外的其他有形基础设施。例如，在委内瑞拉，电力供应不可靠及不足会限制数字政府的效用和持续性。此外，拉美地区多国如秘鲁、智利、阿根廷等易发生洪水、飓风以及地震等自然灾害，建立、维持以及扩大公共部门数字化服务还需要考虑如何应对这些恶劣的气候条件和环境。

除基础设施可获得性以及应对冲击的能力外，拉美地区的公民在线互动参与意愿也会限制数字政府的专业化和可持续发展，而数字政府的高效和专业性也会影响公民与政府在线互动的可持续性。例如，智利的电子政务处于世界中上游水平，但有研究显示，在新冠疫情前，68.9%的智利公民更喜欢通过实体市政办公室而不是在线进行注册和更新信息等。此外，在新冠疫情期间，由于公共部门大范围关闭以及缺乏数字服务，20%的拉美地区公民无法获得他们所需要的服务。② 即便能够在线获取服务，许多公民的使用体验也不理想。超过一半的数字公共服务用户表示，在线办理过程烦琐、困难，其中27%的人甚至表示不会再使用这类服务。③ 无法获得在线服务的公民往往是社会弱势群体，例如土著居民、老年人和低收入家庭。④ 因此，后疫情时代，培养公民电子素养并且确保为无法访问互联网的人提供并行的线下服务至关重要。

---

① ECLAC, *A Digital Path for Sustainable Development in Latin America and the Caribbean*, Santiago, 2022; Julian Cristia and Razvan Vlaicu, "Digitalizing Public Services: Opportunities for Latin America and the Caribbean", Inter-American Development Bank, November 2022, https://publications. iadb. org/en/digitalizing-public-services-opportunities-latin-america-and-caribbean, accessed February 17, 2024.

② Julian Cristia and Razvan Vlaicu, "Digitalizing Public Services: Opportunities for Latin America and the Caribbean", Inter-American Development Bank, November 2022, https://publications. iadb. org/en/digitalizing-public-services-opportunities-latin-america-and-caribbean, accessed February 17, 2024.

③ Julian Cristia and Razvan Vlaicu, "Digitalizing Public Services: Opportunities for Latin America and the Caribbean", Inter-American Development Bank, November 2022, https://publications. iadb. org/en/digitalizing-public-services-opportunities-latin-america-and-caribbean, accessed February 17, 2024.

④ Zaida Espinosa Zárate, Celia Camilli Trujillo, and Jesus Plaza-de-la-Hoz, "Digitalization in Vulnerable Populations: A Systematic Review in Latin America", *Social Indicators Research*, Vol. 170, No. 3, 2023, pp. 1183-1207.

三　中国数字政府的包容性和可持续性

中国的数字基础设施建设在过去 30 年里实现了指数级的发展。截至 2022 年底，中国累计建成开通 5G 基站 231.2 万个，5G 用户达 5.61 亿，全球占比均超过 60%。这种快速增长不仅推动中国经济发展，还扩大了数字政府规模。中国政府全面贯彻以人民为中心的发展思想，坚持数字普惠，消除数字鸿沟，致力于数字政府建设成果公平地惠及全体人民。高速宽带网络助力脱贫攻坚的能力也显著增强。

回顾中国数字政府发展历史，20 世纪 80 年代，中国政府就开始推行办公自动化，促进宏观管理和科学决策的网络化。1994 年中国正式接入国际互联网。此后，中国政府信息化经历了三个主要阶段：政府信息化起步期（1993~2002 年）、电子政务时期（2002~2019 年）和数字政府时期（2019 年至今）。[①] 表 5 列举了影响中国数字政府发展的重要政策和事件。

表 5　中国数字政府的发展历程

阶段	重要政策/事件	时间	重要性
政府信息化起步期（1993~2002 年）	中国正式接入国际互联网	1994	为电子政务发展创造了良好的客观条件
电子政务时期（2002~2019 年）	《国家信息化领导小组关于我国电子政务建设指导意见》	2002	明确了电子政务建设的总体框架
	成立工业和信息化部	2008	
	《国务院关于积极推进"互联网+"行动的指导意见》	2015	首次提出"创新政府网络化管理和服务"

---

① 《数字政府发展趋势与建设路径研究报告（2022 年）》，贵州省大数据发展管理局网站，2022 年 11 月 24 日，https://dsj.guizhou.gov.cn/xwzx/gnyw/202211/t20221124_86427601.html，最后访问日期：2024 年 3 月 5 日。

续表

阶段	重要政策/事件	时间	重要性
数字政府时期（2019年至今）	《中共中央关于坚持和完善中国特色社会主义制度 推进国家治理体系和治理能力现代化若干重大问题的决定》	2019	首次提出"数字政府"概念
	《中共中央关于制定国民经济和社会发展第十四个五年规划和二〇三五年远景目标的建议》	2020	建议加强数字政府建设
	《中华人民共和国国民经济和社会发展第十四个五年规划和2035年远景目标纲要》	2021	数字政府写入"十四五"规划
	《国务院关于加强数字政府建设的指导意见》	2022	勾勒数字政府蓝图
	《数字中国建设整体布局规划》	2023	数字政府支撑数字中国发展

资料来源：笔者整理制作。

1993~2002年，中国注重政府内部行政事务电子化管理。例如，通过构建基于计算机的应用系统和建立国家信息项目，提高办公自动化水平。其中，始于1993年江苏盐城政府的社会保障体系自动化改革是此阶段的一个标志性事件。

2002~2019年是中国电子政务建设的主要时期。在此阶段，数字政府的主要目标已从政府内部办公自动化发展到外部公共服务交付。这反映出中国数字政府战略布局的飞跃。特别是中国在减少数字鸿沟和促进电子政务包容性方面提出了严格的量化目标来确保电子政务惠及全体人民的实现。例如，工信部在《关于推进网络扶贫的实施方案（2018—2020年）》中提出，要在2018年提前完成国家"十三五"规划纲要提出的"宽带网络覆盖90%以上的贫困村"目标，到2020年，全国12.29万个建档立卡贫困村宽带网络覆盖比例超过98%。[①]

① 《工业和信息化部印发〈关于推进网络扶贫的实施方案（2018—2020年）〉的通知》，中国政府网，2018年5月3日，https://www.gov.cn/zhengce/zhengceku/2018-12/31/content_5440198.htm，最后访问日期：2024年10月10日。

这些举措保障贫困人口能够方便快捷地接入高速、低成本的网络服务并满足其基本网络需求。同时，宽带网络的全面覆盖有助于贫困以及低收入群体通过远程教育和远程医疗等方式获取公共服务，并且借助农村电商等活动实现家庭脱贫致富。

2019年至今，中国大力建设数字政府，推动政府职能全面数字化转型，以服务和支撑国家治理体系及治理能力现代化。截至2022年，中国一体化政务服务平台实名注册用户超过10亿人，远远超过2017年的4.8亿在线政务服务用户（占全体网民的62.9%）。同时，一体化政务已实现1万多项高频应用的标准化服务。① 2023年政府工作报告再一次强调，要加快数字政府建设，90%以上的政务服务实现网上可办。

与许多拉美地区国家移动和固定互联网的获取及可负担性不良造成的数字鸿沟问题不同，当下中国的数字鸿沟更多地与数字技术的知识、能力以及使用有关。中国通过多种方式弥合这些数字鸿沟，并且充分发挥数字政府功能，提高贫困人口、低收入群体以及广大弱势群体的福祉。例如，为进一步满足公民的需求和促进包容性，中国数字政务管理的应用工具已从计算机转向多维网站和新媒体。微信城市服务、微信政务公众号、政务微博及政务头条号等政务新媒体及服务平台不断扩大服务范围，包含交通违法、气象、社会保障和生活缴费等多类生活服务。为了迎合当下公民的生活方式和偏好，中国还采用微博、抖音、微信公众号等形式来传递公共信息和服务。

从区域包容性发展角度来看，中国已建立起较为完善的政务集成服务体系，主要表现在两个方面。一方面，跨区域一站式网站能够同时提供多个地区政府部门不同种类的政务服务，节省用户的搜索时间，提高使用体验，优化市场要素和资源的合理配置。例如，京津冀、长三角等地区建立的跨区域一站式网站可以处理企业投资审批、社保、职工住房公积金等行政和公共事务。另一方面，中国近70%的省份实现了省、市、县、乡、村服务的五级

---

① 《数字中国发展报告（2022年）》，中华人民共和国国家互联网信息办公室网站，2023年4月，https://www.cac.gov.cn/2023-05/22/c_1686402318492248.htm，最后访问日期：2024年3月10日。

在线覆盖。五级网上服务体系进一步推动城乡政务服务均等化、普遍化，增强协同治理效应。当然，这些政务集成服务体系仍处于起步阶段。特别是对于一些数字基础设施建设和数字素养水平相对较低的地区，数字政府的包容性和可持续性建设仍需要持续推进。

从数字政府可持续发展的角度，中国在相关领域的投资已从 2007 年的 317 亿元扩大到 2022 年的约 3900 亿元。为推动数字政府高质量发展，投资目标已从早期电子政务时期的硬件设备采购转向软件收购和维护。而且，随着技术依赖性增强，数字政府的建立也从最初的信息化办公设备和维护等服务外包，转向政府与信息技术企业联合生产和协作治理。

新技术的应用可能带来一些风险和挑战，例如人工智能和大数据可能会带来算法歧视和信息泄露等问题。世界各国政府都需要审慎应对这些技术应用风险，保障公民的合法权益，以促进数字政府的可持续性。

四　中拉合作迈向更具凝聚力的数字文明

数字革命正推动各国政府应用庞大的数据和大型且复杂的信息系统网络进行行政运作及政策制定。数字系统不仅影响政策实施，还塑造整个政策选择和公共服务供应环境。中国在数字基础设施建设、5G 等通信技术创新以及数字政府制度制定与公民福利提升等方面均取得了令人瞩目的成就。特别是数字政府建设紧跟技术发展步伐，大大加快了政府功能和服务的数字化升级。信息和通信技术的使用和创新不仅改变了中国公共部门的运作方式，还影响政府与公民、政府部门间、政府与企业的互动模式。

由于国家经济、政治以及国内综合实力不同，拉美地区国家数字政府的表现差异化明显，而且拉美地区电信基础设施普遍落后于世界平均水平。虽然拉美地区国家致力于发展区域数字政府，并在相关制度、原则和操作等方面取得一定的进展，但是区域数字政府建设仍处于起步阶段。改善数字相关基础设施是提高拉美地区国家内部以及区域数字政府包容性的必要条件。当下全球经济的不稳定性和不确定性以及国家有限的财政空间都为该地区数字

政府的专业性和可持续性发展带来一定的隐患。

有凝聚力的数字文明需要数字政府具备包容性和可持续性。增强合作伙伴关系也是联合国 2030 年可持续发展倡议的一个重要目标。中国和拉美地区国家应加强在数字政府相关制度、技术、基础设施、人才以及资金等方面的交流与合作，充分发挥数字技术潜力，提高人类福祉，推动发展中国家数字文明包容和可持续发展。良好的伙伴关系不仅可以提高合作透明度，减少腐败，还能有效利用国际资源帮助有需要的地区、国家以及公民尽快融入数字社会，解决边缘化和排斥问题。

中国和拉美地区国家可以通过多种方式合作促进数字政府的包容性建设和可持续发展。第一，增强知识共享与技术合作。中国在数字化领域拥有丰富经验和先进技术，可以与拉美地区国家分享最佳实践、技术方案和创新解决方案，帮助其建设数字政府并提高包容性。第二，促进人才培养与技术转移。中国可以提供培训计划和技术交流机会，帮助拉美地区国家培养数字化人才和专业技术人员，提高其数字化能力和管理水平。第三，增加资金支持与项目投资。中国可以通过向拉美地区国家提供资金支持和项目投资，帮助其建设数字基础设施、推动数字化应用和创新。特别是中国的"数字丝绸之路"可以为拉美等发展中国家以及其他有需要的发达地区通过现代 ICT 基础设施，如 5G 网络、国际电子商务平台、智慧城市和数据中心、卫星、海底互联网电缆、大数据以及跨国家和地区的光纤网络等，带来数字繁荣。第四，推动政策交流与合作对话。中国和拉美地区国家可以加强政策交流和合作对话，共同探讨数字化发展的政策制定、法律法规和标准体系，推动共建区域间数字政府的合作机制，共享深化国际治理体系机遇。

（周志伟　审读）

国别和地区报告

Y.9

巴西：改革促进发展归位，
外交打破国际孤立

何露杨*

摘　要：　2023 年，卢拉在其第三任总统执政周期的第一年，推动新财政框架法案和税制改革法案取得突破，为重启国家发展打下良好基础。随着政治生态回稳，巴西经济增长步入正轨，社会政策大举出台，环境保护获得重视，绿色经济加速发展。巴西政府在外交领域进行了一系列重要调整，修复对外关系、重塑国际形象。卢拉以积极的总统外交引领巴西国际参与重焕生机，取得一系列对外合作成果。

关键词：　巴西　税制改革　司法调查　绿色发展　中巴关系

---

* 何露杨，中国社会科学院拉丁美洲研究所助理研究员，巴西研究中心副秘书长，主要研究方向为巴西外交、中巴关系。

一 政治形势

（一）政府与国会角力持续进行

鉴于劳工党执政联盟在国会中的议席不占优势地位，为了保证政府议案在国会能够顺利推进，卢拉政府主要通过调整政府架构、任命内阁职位及释放议会预算修正案①资金等方式换取国会中间派的支持，巩固执政基础。

为了推动国会通过新财政框架法案，2023 年 5 月 23 日众议院全会投票当天，卢拉政府释放了 10 亿雷亚尔议会预算修正案资金，获得资金最多的政党为劳工党、巴西民主运动、民社党和巴西联盟党。5 月 31 日，巴西众议院以 337 票赞成、125 票反对和 1 票弃权的投票结果通过了政府架构改革法案，开启了卢拉内阁的职能调整。为保证此案通过，卢拉政府于 5 月 30日向国会释放了 17 亿雷亚尔议会预算修正案资金。在国会中间派及农牧业阵线的施压下，政府架构改革法案压缩了巴西环境部和土著居民部权力，其中土著居民部损失了划定土著保护区的权力，该权力被移交至司法部。

在众议院对税制改革法案进行第二轮投票的前夕，卢拉释放了创纪录的52 亿雷亚尔议会预算修正案资金，并满足国会中间派巴西联盟党的要求，确认由该党众议员塞尔索·萨比诺（Celso Sabino）担任旅游部长，替换由卢拉指定的现任旅游部长、巴西联盟党成员达尼埃拉·卡内罗（Daniela Carneiro），此举标志国会中间力量正式涉足政府关键职位。经历长达 3 个月的谈判协调，9 月 6 日，巴西总统府发布公告，宣布正式任命进步党众议员安德烈·福福卡（André Fufuca）任体育部长、共和党众议员西尔维奥·科斯塔·菲略（Silvio Costa Filho）任港口和机场部长，前港口和机场部长、巴西社会党成员马尔西奥·弗兰萨（Márcio França）调任新成立的小微企业

---

① 议会预算修正案是议会在立法评估阶段影响年度预算编制的一种工具。此类修正案可以增加、取消或修改行政部门递交的预算法草案内容。通过议会预算修正案，议员可以根据其在任期内对州、市或机构做出的政治承诺，就公共资源的分配发表意见或施加影响。

部长。此番内阁调整后，卢拉政府的部委数量增至 38 个，为卢拉三届执政以来规模最大的内阁，仅次于罗塞芙政府时期的 39 个。其中，执政党劳工党拥有 11 个部委职位，位列第一，社会党、巴西民主运动、民主社会党和巴西联盟党均拥有 3 个部委职位。尽管国会中间派获得了更多政治权益，但巴西联盟党、进步党及共和党主席均强调，加入政府内阁并不意味着对政府的无条件支持。在同卢拉政府谈判置换内阁席位的同时，中间派也同博索纳罗派势力保持联系，其策略着眼于 2024 年市政选举、2026 年大选以及国会力量分布，评估左右翼的优劣势并以此调整自身站位。

（二）政府改革议案取得突破

为了促进国家经济社会发展，卢拉政府以新财政框架法案和税制改革法案为工作重点，成功取得突破，为重启巴西经济增长打下基础。2023 年 2 月 15 日，众议长阿图尔·里拉（Arthur Lira）宣布成立国会税制改革工作组。5 月 23 日，巴西众议院全体会议以 372 票赞成、108 票反对、1 票弃权的投票结果通过建立新财政框架法案的基础文本。6 月，新财政框架法案经参议院修改后返回众议院审核。8 月 22 日，巴西众议院投票通过了新财政框架法案，取代实施 6 年多的财政支出上限规则。作为平衡收支的新工具，新财政框架法案旨在促进投资、为公共政策释放空间，推动巴西经济可持续增长。

新财政框架法案解决卢拉政府当务之急的同时，税制改革也取得重大进展。2023 年 7 月 7 日，税制改革法案在众议院第二轮投票中以 375 票赞成、113 票反对、3 票弃权的最终结果获得通过。对此，卢拉在社交媒体上称赞，这是巴西再民主化以来首次税制改革的历史时刻和全国胜利，对众议院和财政部长费尔南多·阿达（Fernando Haddad）的努力表示祝贺。11 月 8 日，参议院经两轮投票表决通过税制改革法案，首轮和次轮投票结果均为 53 票赞成、24 票反对，略高于 49 票赞成的通过下限。法案的部分内容修改后重返众议院审议。12 月 15 日，巴西众议院以第一轮 371 票赞成、121 票反对和第二轮 365 赞成、118 票反对的投票结果，最终通过关于税制改革的宪法

修正案。至此，卢拉政府实现了历史性突破，为巴西简化税制、促进投资消费、带动经济增长提供有力支撑。该法案将巴西现有的工业品税、社会保障融资贡献税、社会一体化税、商品和服务流通税、服务税等多个税种合并为增值税。税收改革过渡期将从 2026 年开始，持续至 2032 年。自 2033 年起，新税制将全面取代现行税收制度。

（三）对暴力冲击事件展开追责

2023 年 1 月 8 日，由于质疑 2022 年 10 月总统选举结果，巴西前总统博索纳罗支持者的抗议活动升级，数千名示威者强行闯入位于巴西首都巴西利亚的国会、联邦最高法院和总统府等国家权力机构所在地，并与军警发生冲突。暴力冲击事件过后，相关调查行动有序展开。

1 月 10 日，巴西联邦警察局发布通报，称逮捕了 527 名涉嫌参与暴力冲击事件的极端分子。同日，高等选举法院院长德莫赖斯发出对首都联邦区公安厅前厅长安德森·托雷斯（Anderson Torres）和巴西利亚军警指挥官法比奥·奥古斯托（Fábio Augusto）逮捕令，两人被指对首都巴西利亚的骚乱事件负有相关责任。17 日，巴西总统府总秘书处发布公报，称解除 40 名负责总统府安保事务士兵的职务。27 日，联邦警察在里约热内卢、米纳斯吉拉斯、巴拉那、圣卡塔琳娜、圣埃斯皮里图等 5 个州和联邦区展开搜捕行动，共发出 11 份逮捕令和 27 份搜查与羁押令。4 月 19 日，巴西媒体曝光总统府监控画面，在暴力冲击事件中，总统府机构安全办公室主任贡萨尔维斯·迪亚斯（Gonçalves Dias）在总统府内未阻止人群冲闯，甚至同示威者交流并为其指引方向。迪亚斯当晚宣布辞职，成为卢拉政府首名遭解职的内阁成员。5 月 9 日，巴西联邦最高法院批准检察机关对 250 名冲击国家权力机构的犯罪嫌疑人提起公诉的申请。9 月 13 日，巴西联邦最高法院开始审理暴力冲击国家权力机构案件相关被告，总检察长办公室以武装犯罪、暴力破坏民主法治、损毁受法律保护的公共财产等罪名对首批嫌犯提出指控。与此同时，巴西国会于 5 月 25 日正式成立议会联合调查委员会，针对 1 月 8 日国家权力机构受冲击事件展开调查。调查历时近 5 个月，议会联合调查委员会于 10 月 18 日通过最终调查报告，建议巴西检察机关对包括前总统博索纳罗、5 位前部长在内的 61 人提起有组织犯罪、政治暴力、暴力破坏民主法治、发动政变等 4 项指控。

（四）针对前总统的司法调查稳步推进

2023 年，针对前总统博索纳罗的多项调查稳步推进，旨在追究其法律责任。1 月 13 日，巴西联邦最高法院授权联邦总检察院就涉嫌煽动支持者冲击国家权力机关对前总统博索纳罗展开调查。自 4 月初起，联邦最高法院陆续开启对有关暴力冲击事件嫌犯的审判。应联邦总检察院提请，高等选举法院院长德莫赖斯命令博索纳罗就涉嫌煽动暴力冲击事件接受警方质询。与此同时，4 月 12 日，根据巴西民主工党就大选虚假宣传涉嫌滥用职权对博索纳罗提起的诉讼，检方向高等选举法院提交调查报告，指出应剥夺博索纳罗的竞选资格。6 月下旬，高等选举法院就博索纳罗大选虚假宣传案开启审判，并于 6 月 30 日宣判，因博索纳罗在大选期间涉嫌滥用政治权力和不当使用传播媒介，判决剥夺博索纳罗竞选资格至 2030 年。对于该判决结果，博索纳罗表示将上诉至联邦最高法院，其律师于 8 月初正式提起上诉。

二　经济形势

2023 年，巴西 GDP 增长 2.9%，达到 10.9 万亿雷亚尔，人均 GDP 为 50194 雷亚尔，相较 2022 年实际增长 2.2%。2023 年巴西的经济增长主要由农业驱动。[1]

2023 年初的预测显示，巴西当年的通货膨胀率可能超过 5.0%，这一数字高于 3.25% 的通胀目标并突破 1.5 个百分点的浮动区间上限。为此，

---

[1] "PIB Cresce 2,9% em 2023 e Fecha o Ano em R$10,9 Trilhões", IBGE, https：//agenciadenoticias. ibge. gov. br/agencia-sala-de-imprensa/2013-agencia-de-noticias/releases/39303-pib-cresce-2-9-em-2023-e-fecha-o-ano-em-r-10-9-trilhoes.

央行在上半年维持紧缩的货币政策。鉴于通胀逐步缓解，6月出现了0.8%的通货紧缩，央行转向实行宽松的货币政策，8月降低基准利率0.5个百分点至13.25%，之后3次下调（每次调整0.5个百分点），12月为11.75%。[①]

2023年，巴西农业增长15.1%，农业生产扩大与生产力提高是主要原因。巴西最重要的两种农作物——大豆和玉米的创纪录产量提升了农业表现。[②] 工业生产扩大0.2%，较2022年的行业缩水0.7%有所改善，但总体表现仍堪忧，因为统计的25项类别中仅9项呈现增长。其中，采掘业、石油产品、生物燃料及食品等行业表现较为积极，采掘业的增长主要得益于石油和铁矿石产量上升。制造业整体表现低迷，缩水1.0%，较2022年0.4%的降幅进一步扩大。[③] 服务业连续第3年增长，增幅为2.3%。尽管如此，2023年的增幅较前两年数据仍较低，2021年和2022年服务业分别增长10.9%和8.3%。就具体类别而言，信息和通信服务业增长3.4%，专业、行政和补充服务业增长3.7%。[④]

2023年，巴西对外贸易出口额达3396.7亿美元，创历史新高，较2022年增长1.7%。出口量扩大8.7%，但出口价格下降6.3%。进口缩水11.7%，总额为2408.3亿美元。进口量与进口价格分别下降2.6%和8.8%。2023年，巴西贸易盈余达988亿美元，再次刷新2022年创下的纪录，增幅高达60.6%。出口优异表现的原因之一是外贸企业数量增加，2023年巴西出口企业总数增长2%，达到创纪录的28500家。

---

① CEPAL, *Balance Preliminar de las Economías de América Latina y el Caribe 2023*, Santiago, 2023.

② "PIB Cresce 2,9% em 2023 e Fecha o Ano em R \$10,9 Trilhões", IBGE, https://agenciadenoticias.ibge.gov.br/agencia-sala-de-imprensa/2013-agencia-de-noticias/releases/39303-pib-cresce-2-9-em-2023-e-fecha-o-ano-em-r-10-9-trilhoes.

③ "Indústria Cresce 1,1% em dezembro e Fecha 2023 com Taxa Positiva de 0,2%", IBGE, https://agenciadenoticias.ibge.gov.br/agencia-noticias/2012-agencia-de-noticias/noticias/39062-industria-cresce-1-1-em-dezembro-e-fecha-2023-com-taxa-positiva-de-0-2.

④ "Setor de Serviços Varia 0,3% em dezembro e Fecha 2023 com Terceira Alta Anual Seguida", IBGE, https://agenciadenoticias.ibge.gov.br/agencia-noticias/2012-agencia-de-noticias/noticias/39175-setor-de-servicos-varia-0-3-em-dezembro-e-fecha-2023-com-terceira-alta-anual-seguida.

中国是巴西产品的主要出口目的地，2023 年巴西对华出口额为 1057.5 亿美元，较 2022 年增长 16.5%，这是巴西外贸史上首次对单一贸易伙伴出口额超过 1000 亿美元。巴西对阿根廷出口额增长 8.9%，总额达 167.2 亿美元，对美国和欧盟的出口额分别下降 1.5% 和 9.1%。巴西自美国、中国和阿根廷进口额下降，降幅分别为 26%、12.4% 和 8.4%，巴西自欧盟进口额增长 2.6%，达 454.2 亿美元，其中法国、德国和意大利表现突出。2023 年，巴西对外贸易额为 5805 亿美元，较 2022 年下滑 4.3%。

就类别而言，2023 年巴西出口增长主要由农业（9%）和采掘业（3.5%）推动，制造业出口总额下降 2.3%。在上述行业中，对外销售增长最显著的产品是活体动物、玉米、大豆、矿石、糖、动物饲料以及土木工程设施与设备。亚洲国家是 2023 年巴西产品的最大买家，主要进口大豆、玉米、糖、铁矿石和原油。农业、采掘业、制造业的进口分别下降 21%、27%、10%，降幅较为突出的是小麦与黑麦、玉米、乳胶、土豆、煤炭、石油、天然气、燃料以及化肥。[1]

2023 年，巴西全国广义消费价格指数为 4.62%，处于国家货币委员会确定的 3.25% 通胀目标范围内（上下偏差为 1.5 个百分点，即 1.75% ~ 4.75%），低于 2022 年的 5.79%。对通胀结果影响较大的因素包括汽油、健康与个人护理、住房，其价格分别累计上涨 12.09%、6.58%、5.06%。[2]

2023 年，巴西平均失业率为 7.8%，较 2022 年下降 1.8 个百分点，为 2014 年以来的最低值。失业率的下降表明，新冠疫情结束后尤其是 2022 年以来巴西劳动力市场逐渐复苏。该失业率接近 2012 年开始统计的数据，即 7.4%，历史最低水平是 2014 年的 7.0%。2023 年，巴西失业人口较 2022 年减少 17.6% 至 850 万人，平均就业人口创新高，达 1.007 亿人，较 2022 年

---

① "Comércio Exterior Brasileiro Bate Recordes e Fecha 2023 com Saldo de US $ 98,8 bi", gov. br, https://www.gov.br/mdic/pt-br/assuntos/noticias/2024/janeiro/comercio-exterior-brasileiro-bate-recordes-e-fecha-2023-com-saldo-de-us-98-8-bi.

② "IPCA Chega a 0,56% em dezembro e Encerra Ano com Alta de 4,62%", IBGE, https://agenciadenoticias.ibge.gov.br/agencia-noticias/2012-agencia-de-noticias/noticias/38885-ipca-chega-a-0-56-em-dezembro-e-encerra-ano-com-alta-de-4-62.

增长 3.8%，较 2012 年增长 12.3%，平均就业率升至 57.6%，比 2022 年高 1.6 个百分点。①

三　社会形势

（一）社会政策大举出台

2023 年 2 月 14 日，卢拉出席位于巴伊亚州的保障性住房交付仪式，正式宣布恢复"我的家，我的生活"住房保障计划。卢拉强调，该项目的恢复象征国家的重建，政府拟重启已停工的 3.7 万套住房建设工程，在 2026 年任期结束前向低收入家庭提供 200 万套住房。3 月 2 日，卢拉签署恢复"家庭补助金"项目的临时法令。自 3 月 20 日起，政府将向已登记的贫困家庭发放每月 600 雷亚尔补助，其中 6 岁以下儿童将额外获得 150 雷亚尔，孕妇、7 岁以上和 18 岁以下青少年将额外获得 50 雷亚尔。3 月 8 日，卢拉颁布一系列保障女性权益的法案，包括强制要求同工同酬、农村妇女信贷优惠以及科学领域针对女性的激励措施等。4 月 10 日，卢拉在执政百日活动中宣布，政府将在 5 月初颁布新的"加速增长计划"，围绕公共交通、社会基础设施、数字包容和互联互通、城市基础设施、全民用水和能源转型六大优先领域加大投资，并创造数百万个就业机会。卢拉表示，该计划将恢复公共部门作为基础设施战略投资引导者的作用。7 月 3 日，卢拉出席巴伊亚州举行的东西一体化铁路一期工程开工仪式。该项目始于 2010 年，预计总长 1527 公里，建成后年货物运输量可达 6000 万吨，将连接南北铁路，提高巴西大宗商品运输效率。

（二）环境政策逐步落实

2023 年 1 月 30 日，巴西总统卢拉签署一项打击亚诺玛米土著居民区非

---

① "Taxa de Desocupação Cai a 7,8% em 2023, Menor Patamar desde 2014", IBGE, https：//agenciadenoticias. ibge. gov. br/agencia-noticias/2012-agencia-de-noticias/noticias/39022-taxa-de-desocupacao-cai-a-7-8-em-2023-menor-patamar-desde-2014.

法采矿的法令，相关措施包括授权空军司令部识别、跟踪和控制经过该地区领空的民用飞机，授权国防部向联邦警察等部门提供情报数据等。卢拉表示，非法采矿毁林破坏亚诺玛米人生存环境，引发人道主义危机，政府会全力应对，将停止颁发新的土著居民区采矿许可证。2 月 17 日，在不到一个月的时间里，巴西联邦警察牵头的特别行动小组在亚马孙地区开展了至少 6 次打击非法采矿的行动，重点针对参与非法开采、运输、销售黄金和洗钱的犯罪集团开展调查，集中销毁用于非法采矿的设备。9 月 13 日，巴西总统卢拉宣布，政府已向国会提交"未来燃料计划"提案，加快巴西能源矩阵脱碳进程。该计划有五大重点，包括将乙醇与汽油掺混上限从 27.5%上调至 30%、实施国家可持续航空燃料计划、启动国家绿色柴油计划、规范碳捕集和封存活动、加强合成燃料监管。

（三）绿色经济加速发展

巴西国家电力局公布的数据显示，全国太阳能装机运行总量达到 23.9 吉瓦，占发电总量的 11.2%。太阳能历史上首次超越风能成为巴西第二大发电来源，仅次于发电量 109.7 吉瓦的水力发电。巴西太阳能协会称，2012 年以来，巴西太阳能行业累计投资总额达 1208 亿雷亚尔，技术革新、本地市场完善、成本降低、日照资源丰富、政府产业扶持政策是推动该行业飞速发展的重要因素。[1] 2022 年巴西太阳能发电量达 24 吉瓦，在全球排名第 8 位，较 2021 年上升 5 位，巴西首次跻身全球十大太阳能发电国行列。[2] 国际可再生能源署与国际劳工组织联合报告显示，2020~2022 年，巴西可再生能源行业创造了 140 万个就业岗位，在全球排名第 2 位，展现巴西绿色能源

① "Solar Tops Wind Power, Becomes Second Source in Brazil's Generation Mix", Valor, https://valorinternational. globo. com/business/news/2023/01/03/solar - tops - wind - power - becomes - second-source-in-brazils-generation-mix. ghtml.

② "Brazil Accelerates in Solar PV Energy and Becomes the Eighth Largest Country in the World Ranking of the Source, Informs ABSOLAR", Global Solar Council, https://www. globalsolarcouncil. org/news/brazil-accelerates-in-solar-pv-energy-and-becomes-the-eighth-largest-country-in-the-world-ranking-of-the-source-informs-absolar/.

领域的发展潜力。① 此外，巴西电能商业化协会调查数据显示，2022 年巴西水力、风能、太阳能和生物质能发电总量为 6.2 万兆瓦，占全国发电总量比重超过 92%，创 10 年来最高水平。②

四　外交形势

卢拉政府上台后，在外交领域进行了一系列重要调整，回归多元、务实、平衡的传统外交，旨在修复博索纳罗执政期间削弱的对外关系，重塑巴西在国际社会的良好形象。通过 2023 年的外交政策调整与创新举措，卢拉以积极的总统外交引领巴西的国际参与重焕生机，对外合作成果显著。

（一）中巴关系

2023 年，中巴高层保持密切交往，有力提升双边政治互信，两国领导人从战略高度和长远角度引领开辟中巴全面战略伙伴关系新未来。2023 年 4 月 12~15 日，卢拉总统应邀来华进行国事访问，同习近平主席进行深度战略沟通，就中巴关系和各领域合作达成重要共识。访问期间，两国元首共同见证签署贸易投资、数字经济、科技创新、信息通信、减贫、检疫、航天等领域多项双边合作文件。双方发表了《中华人民共和国和巴西联邦共和国关于深化全面战略伙伴关系的联合声明》，强调将继续推动两国政府间和各部门对话交流，深化在减贫、社会发展和科技创新等领域合作，拓展在环保、应对气候变化、低碳经济和数字经济等新领域合作。中巴双方还发表了《中国—巴西应对气候变化联合声明》，重申两国在气候变化议题上的共同立场、原则及合作方向，并决定在中国-巴西高层协调与合作委员会下设立

---

① "Empregos em Energias Renováveis: Desafios e Oportunidades Futuras", Canaldetecnologia, https://canaldetecnologia.com.br/empregos - em - energias - renovaveis - desafios - e - oportunidades-futuras/.

② "Geração de Energia Renovável no Brasil Foi a Maior em Dez Anos, em 2022", Brasil 61, https://brasil61.com/n/geracao-de-energia-renovavel-no-brasil-foi-a-maior-em-dez-anos-em-2022-pind233857.

环境和气候变化分委会。10 月 20 日, 习近平主席会见巴西众议长里拉, 双方就加强两国发展战略对接与推动中巴交流合作达成共识。[1]

2023 年, 中巴经贸关系持续深化, 双边贸易稳步发展, 投资合作日趋多元化。2023 年 1~8 月, 中巴贸易总额突破 1000 亿美元, 创下 1997 年有相关统计数据以来同期最高纪录。[2] 2023 年全年, 巴西对华出口额同比增长 16.6%, 双边贸易额达 1574.9 亿美元, 创历史新高, 中国稳居巴西第一大出口对象国和第一大进口来源地。[3] 除了石油、铁矿石、大豆、牛肉等传统贸易产品外, 巴西玉米对华出口表现抢眼。自 2022 年 11 月巴西启动玉米对华出口以来, 不足一年, 中国已超越日本、伊朗等巴西玉米传统出口目的国, 成为巴西玉米的最大买家。巴中企业家委员会 (CEBC) 最新报告显示, 2007~2022 年, 中国在巴西进行的 235 个项目中总共投资了 716 亿美元。2022 年, 中国对巴西新增投资项目 32 个, 同比增长 14%, 涉及电力能源、信息技术、汽车制造、基础设施、农业、纺织等多个领域。[4] 2023 年 2 月, 中国人民银行与巴西中央银行签署了在巴西建立人民币清算安排的合作备忘录, 这有利于中国与巴西两国企业和金融机构使用人民币进行跨境交易, 进一步促进双边贸易、投资便利化。

(二) 巴美关系

相较博索纳罗执政后期, 卢拉上任第一年巴美关系得到较大改善, 两国高层在政治、经济、环境、安全等多个领域互动频繁, 取得一系列合作成果。

---

[1] 《习近平会见巴西众议长里拉》, 中华人民共和国外交部网站, 2023 年 10 月 20 日, https: //www.mfa.gov.cn/web/gjhdq_676201/gj_676203/nmz_680924/1206_680974/xgxw_680980/202310/t20231020_11164850.shtml。

[2] "Comércio China – Brasil já Ultrapassa US $100 Bilhões Neste Ano", Brasil 247, https: //www.brasil247.com/economia/comercio-china-brasil-ja-ultrapassa-us-100-bilhoes-neste-ano.

[3] "2023 Recordes da Série Histórica no Comércio Bilateral", Comex, https: //comexdobrasil.com/brasil-e-china-batem-em-2023-recordes-da-serie-historica-no-comercio-bilateral/.

[4] "Chinese Investments in Brazil – Technology and Energy Transition", CEBC, https: //www.cebc.org.br/arquivos_cebc/investimentos-chineses/Estudo_Investimentos_2022_EN.pdf?__cf_chl_rt_tk = VLGE7AkuaHrlg5tYjzlsFBy1wwpcXNVdVBV9xq8QZn0 – 1749215944 – 1.0.1.1 – smnO4OQNsn6hYjO8H58Ct2c84UF4HNAxIbaVXW7Kz08.

卢拉总统于 2023 年 2 月 9 日正式开启任内首次访美之旅,巴西外交部长、财政部长、环境部长等随行。2 月 10 日,两国总统在会面后发表联合公报,重申巴美关系重要而持久,强化民主制度、促进尊重人权、应对气候危机是双边合作的核心议题。双方承诺共同捍卫两国民主制度,愿积极推进巴美人权领域的合作,更新巴美有关消除种族歧视、促进社会平等的联合工作计划;承诺将应对气候危机、推动可持续发展和能源转型置于巴美关系的优先位置,尽快重启巴美气候变化高级别工作小组等双边合作机制,美方愿积极考虑注资亚马孙基金。9 月 20 日,巴美领导人在联合国大会期间再次会晤,双方围绕劳工权利、民主、两国关系以及全球热点等议题交换了意见。两国元首还共同宣布发起"劳工权利伙伴关系"倡议,致力于维护劳工权利和打击剥削劳工现象。

除了巴美元首互动,两国政府高层交往也较为密切。2023 年 2 月 27 日,巴西副总统阿尔克明同来访的美国总统气候变化事务特使克里举行会谈,双方就巴美在应对气候变化、防止非法毁林、可持续发展等战略领域的合作进行交流。3 月 8 日,美国贸易代表戴琪对巴西进行正式访问,会见巴西副总统兼工贸部长阿尔克明、外长维埃拉等,就双多边经贸议题交换意见。5 月 23 日,美国负责西半球事务的助理国务卿尼科尔斯访巴,其间同巴方代表共同召开美巴人权对话和消除种族歧视共同行动计划第一次会议。5 月 25 日,美国南方司令部司令理查森访问巴西,就加强两国在海洋安全、网络安全等军事防务领域的合作进行交流。

(三)域内外关系

地区层面,卢拉政府改善同阿根廷、委内瑞拉、古巴等域内国家关系,推进南方共同市场发展,恢复参与拉美和加勒比国家共同体的活动,重返南美国家联盟,强化地区国家在贸易、基础设施、气候、卫生、能源、军事等各领域合作,积极推动地区一体化。

2023 年 1 月 23 日,卢拉恢复巴西新任总统首访邻国的外交传统,会见了阿根廷总统费尔南德斯,其间两国签署了经贸、国防、卫生、科技、南极等领域的双边合作协议。5月2日，卢拉在巴西利亚会见来访的费尔南德斯，重点就应对阿根廷国内经济形势进行交流。6月26日，卢拉同费尔南德斯在巴西利亚共同庆祝两国建交200周年，其间双方签署《重启两国战略盟友关系行动计划》，在基础设施、交通、能矿、融资、南方共同市场、通信等30个领域进行双边合作规划。

卢拉上任后，巴西有条不紊地展开对委内瑞拉外交，推动双边关系向正常化发展。2023年3月8日，巴西总统首席特别顾问阿莫林率团赴委内瑞拉，其间会见委内瑞拉总统马杜罗，双方重点就委内瑞拉政局、2024年大选及双边合作等议题交换意见，开启了巴西新政府高层同委方的首次对话。5月29日，马杜罗出席南美国家领导人会议期间对巴西进行正式访问，同卢拉举行会见。两国元首就委内瑞拉国内对话进程交换意见，共同探讨了保护边境地区居民与原住民、南美一体化、亚马孙合作等地区议题以及和平与安全、气候变化等多边议题。

巴西和古巴的关系正常化逐步展开。2023年8月18日，阿莫林在哈瓦那会见古巴国家主席迪亚斯-卡内尔，旨在展现巴方发展对古巴政治关系的积极意愿。9月16日，卢拉在哈瓦那出席"77国集团和中国"峰会并发表演讲，谴责美国对古巴实施非法禁运，反对将古巴列入"支持恐怖主义国家"名单。会后，卢拉会见古巴国家主席迪亚斯-卡内尔，并见证两国签署农业、科技、卫生等领域双边合作文件。卢拉还非正式拜访了古巴前领导人劳尔·卡斯特罗。

作为巴西重塑国家形象、回归国际社会的重要一步，恢复并推进地区一体化成为卢拉政府地区外交的工作重点。2023年1月5日，巴西外交部宣布立即全面恢复参与拉美和加勒比国家共同体框架下各项活动。1月24日，卢拉出席拉美和加勒比国家共同体第7届峰会，呼吁推进地区一体化进程。4月6日，卢拉总统签署法令，巴西将于5月6日正式重返南美国家联盟。5月30日，在巴西主办的南美国家领导人会议上，各方达成《巴西利亚共识》，强调维护南美和平、增进地区合作，携手应对全球挑战。7月4日，在南方共同市场第62届首脑会议上，巴西正式接任南方共同市场轮值主席。

卢拉在会上呼吁地区国家加强团结，共同应对气候变化、地缘竞争等全球挑战，重申止战促和及捍卫民主。

域外关系方面，巴西同德国、英国互动密切，环保领域的双边合作成果显著，通过欧盟-拉共体峰会等多边平台加强对欧关系，卢拉实现对沙特、卡塔尔等中东国家访问，增加合作机会。

2023年1月30日，卢拉同应邀来访的德国总理朔尔茨举行会晤，就和平与安全、能源转型、气候变化、再工业化、可持续农业、减少贫困及卫生和教育等领域合作进行交流。5月24日，巴西外长维埃拉会见来访的英国外交发展大臣，并共同主持第6次高级别战略对话。7月17日，卢拉总统出席在布鲁塞尔举办的欧盟-拉共体峰会期间，出席企业家论坛开幕式等活动，会见欧盟委员会主席冯德莱恩、欧洲议会议长梅索拉等。卢拉表示，巴方愿同欧盟成员国深化经贸、环保等领域合作，推动一份平衡的欧盟-南共市自贸协议于年内落地。12月4~5日，卢拉总统访问德国，同朔尔茨共同主持召开政府高级别磋商，双方签署绿色发展、农业、卫生、科技、打击虚假消息等领域共19份合作文件。

2023年11月28日，卢拉访问沙特，在利雅得会见沙特王储兼首相穆罕默德。双方同意强化双边关系、深化各领域合作、提高双边贸易额。沙特主权财富基金将对巴西投资100亿美元，其中90亿美元将在未来几年投资于巴西清洁能源、绿氢、国防、科技、农牧及新版"加速增长计划"框架下基础设施等领域项目。11月30日，卢拉访问卡塔尔并出席巴西-卡塔尔经济论坛。双方重点探讨推动两国贸易多元化、提高贸易附加值、加强投资合作。

（四）参与全球治理

2023年，巴西外交在全球治理领域表现突出，基于全球南方国家的身份认同与密集互动，卢拉政府通过金砖国家、葡萄牙语国家共同体、亚马孙合作条约组织、二十国集团（G20）等机制，在全球气候治理、能源治理、安全治理等议题上取得一系列成果。

2023 年 8 月 23 日，巴西总统卢拉在金砖国家领导人第 15 次会晤上发表讲话，表示巴方愿同金砖成员一道，回应全球南方国家关切，推进公平、可持续发展，构建公正、包容的多极化国际秩序。8 月 24 日，在金砖五国元首的支持与见证下，沙特、埃及、阿联酋、伊朗、埃塞俄比亚等国获邀加入金砖国家合作机制。在出席金砖国家峰会的前后，卢拉对安哥拉进行国事访问，并赴圣多美和普林西比出席葡萄牙语国家共同体领导人第 14 次会晤。访问安哥拉期间，两国签署了农业、卫生、旅游、教育、经贸等领域 7 项合作协议。出席葡萄牙语国家共同体峰会期间，巴西推动成员国成立人权交流联络人机制，巴西克鲁兹基金会同各方探讨开展疾控合作。此外，巴西还同圣多美和普林西比签署了投资便利化和外交官培训合作协议。

作为二十国集团的候任主席国，巴西积极参与 2023 年 G20 峰会的各项活动。9 月 9 日，巴西同印度、美国、新加坡等国家领导人在 G20 峰会期间共同启动"全球生物燃料联盟"，旨在促进技术进步，加强对可持续生物燃料的利用，并通过广泛的利益攸关方参与制定并认证强有力的标准。自 12 月 1 日起，巴西正式接任 G20 主席国，任期至 2024 年 11 月 30 日。12 月 13 日，卢拉出席 G20 协调人和财金渠道双轨联席会议，介绍了主席国对社会包容和消除贫困饥饿、能源转型和可持续发展、全球治理机制改革三大优先议程的设想。

卢拉政府在环境议题上对巴西外交进行了大幅调整，在上任之初就启动申办 2025 年联合国气候变化大会相关工作。5 月 26 日，巴西政府宣布，《联合国气候变化框架公约》第 30 次缔约方大会于 2025 年底在位于亚马孙地区的巴西帕拉州首府贝伦市举办。8 月 8 日，巴西总统卢拉主持召开亚马孙合作条约组织峰会，成员国一致同意强化该组织职能，增进在水资源管理、雨林保护、基础设施、可持续发展等广泛领域的交流及合作。在峰会召开前夕，卢拉再次呼吁发达国家兑现每年向发展中国家提供 1000 亿美元援助的承诺。

（周志伟　审读）

Y.10
墨西哥：迎来历史上首位女总统

杨志敏*

摘　要：　2023 年，墨西哥各政党积极备战大选，2024 年 6 月举行的大选中执政党候选人辛鲍姆当选新总统。经济增速虽稍有放缓，但依然可圈可点。有组织暴力犯罪率仍然猖獗，政府持续推动医疗改革，飓风灾害后的重建工作进展缓慢。墨西哥与地区国家秘鲁和厄瓜多尔的关系紧张，与美国经济关系更加密切；墨中关系稳中有进，"海空"互联互通成绩亮眼。

关键词：　墨西哥　总统选举　医疗改革　中墨关系

一　政治形势

（一）执政党在大选中大获全胜

2023 年以来，墨西哥各政党纷纷着手为 2024 年大选做准备。本届大选将选出包括总统、首都墨西哥城市长、8 个州政府首脑、500 名众议员以及 128 名参议员在内的 2 万多个公共职位，被称为墨西哥历史上最大规模的选举。对于执政党和在野党来说，提出各自总统候选人是备选的重中之重。最终产生了 3 位不同党派推举的候选人，即执政党国家复兴运动党的候选人克劳迪娅·辛鲍姆（Claudia Sheinbaum）、反对党联盟

＊　杨志敏，中国社会科学院拉丁美洲研究所研究员，拉美区域合作研究室主任，墨西哥研究中心执行主任，主要研究方向为拉美经济、区域经济合作及墨西哥问题等。

"墨西哥广泛阵线"的候选人索奇特尔·加尔韦斯（Xóchil Gálvez）和公民运动党的候选人豪尔赫·阿尔瓦雷斯（Jorge Álvarez）。辛鲍姆和加尔韦斯这两位民调保持领先的女性候选人格外引人注目，特别是墨西哥城前市长辛鲍姆一路过关斩将，在2023年9月党内竞选中击败5名有力对手后成为总统候选人。在选举前，普遍预测2024年大选很可能产生墨西哥历史上首位女总统。

2024年6月2日，墨西哥大选投票正式开始。大选结果显示，执政的国家复兴运动党大获全胜。墨西哥国家选举委员会公布的初步数据显示，在总统选举中，国家复兴运动党候选人辛鲍姆获得58.3%~60.7%的选票，为得票排名第2位的加尔韦斯（26.6%~28.6%）的2倍多，排名第3位的阿尔瓦雷斯仅获得9.9%~10.8%的选票。在联邦议会选举中，国家复兴运动党与其他党派组成的执政联盟在众议院和参议院战绩不俗，但在参议院未获绝对多数席位，处于简单多数地位。在州选举中，国家复兴运动党在8个州的选举中赢下6个州，而"墨西哥广泛阵线"和公民运动党分别在瓜纳华托州和哈利斯科州赢得选举。[①]

（二）洛佩斯总统剩余任期

2023年，墨西哥总统洛佩斯领导的国家复兴运动党保持了较强的治理能力，并且能够保持到其任期结束。下一届政府将继续保持这种稳定态势。墨西哥的政治格局对洛佩斯总统顺利完成剩余任期较为有利。一是与洛佩斯总统同为国家复兴运动党成员的候选人辛鲍姆成功当选下一任总统，两任总统具有良好的合作关系。二是由中间派革命制度党、中右翼国家行动党和左翼民主革命党组成的反对派联盟在2018年因民众对其不满而呈现崩溃迹象后，未能重塑为一种可行的治理替代力量。

有分析称，洛佩斯总统将继续推动权力集中，并主要集中在行政部门。

---

① "Morena Consolidates Political Power after Electoral Landslide", EIU, June 3, 2024, https：// viewpoint. eiu. com/analysis/article/1142101114 , accessed June 14, 2024.

这可能加剧他与联邦法院、国家机构、商业团体和记者领导层等反对派的紧张关系。洛佩斯提出的一些重要提案须经议会的绝对多数通过，而国家复兴运动党在议会并不具备这样的条件。与此同时，作为更广泛的权力集中努力的一部分，洛佩斯总统将在剩余任期内继续扩大军队的作用，主要是军队在执法、重大基础设施项目和公共服务管理方面的作用。分析认为，总统的这种做法将加剧与司法部门的紧张关系，在现政府的剩余任期内，国内政治稳定不会受到威胁。洛佩斯仍是国家复兴运动党的核心人物，该党领导层能够避免公开对抗。①

（三）未来政府政策的延续性

2023 年 9 月，辛鲍姆当选国家复兴运动党的总统候选人时，有分析指出，她作为洛佩斯总统的长期盟友，成为候选人将有助于确保未来政府政策的延续性。辛鲍姆一直在努力复制洛佩斯的民粹主义热情，并且得到了党内忠实人士的大力支持。② 其中，与洛佩斯政府一样，未来辛鲍姆政府的经济政策将侧重于提高工资标准和促进贫困地区的投资及发展，以解决贫困、收入不平等和地区差距问题。辛鲍姆能在多大程度上延续洛佩斯政府把恢复和扩大石油、天然气以及电力等重要部门作为经济政策的优先项还有待观察。洛佩斯政府未优先考虑气候政策或能源转型，考虑到墨西哥资源民族主义由来已久和财政限制状况，辛鲍姆执政后做重大调整的概率不大。从长远来看，财政收入不足导致政府难以缓解日益繁重的养老金负担，也难以改善墨西哥国家石油公司的财务状况。③

① "Political Stability", EIU, January 1, 2024, https://viewpoint.eiu.com/analysis/article/963734879, accessed February 14, 2024.

② "Five-year Forecast: Mexico", EIU, December 1, 2023, https://viewpoint.eiu.com/analysis/geography/XC/MX/reports/one-click-report, accessed March 1, 2024.

③ "One-Click Report: Mexico", EIU, June 1, 2024, https://viewpoint.eiu.com/analysis/geography/XC/MX/reports/one-click-report, accessed June 14, 2024.

二 经济形势①

（一）宏观经济形势

据联合国拉丁美洲和加勒比经济委员会（以下简称"拉美经委会"）估计，与2022年同期相比，2023年前三个季度墨西哥的国内生产总值平均增长3.4%。2023年国内生产总值估计实际增长3.6%。与2022年相比，经济增速略有放缓。这主要与墨西哥对美国商品出口增长放缓有关。尽管通货膨胀率持续居高不下、利率上升，但投资和消费的增长高于2023年年初的预期。2023年1~9月，工资上涨和侨汇收入大幅增加，私人消费同比增长4.0%（2022年同期为5.9%），固定投资增长19.7%（2022年同期增长7.6%）。至2023年9月，通胀率为4.5%（2022年同期为7.8%）。2023年10月，就业人口为5940万人，比2022年同期增加100万人。就业不足总人数为470万人（占就业人口的7.9%），同比增加了30.9万人。非正规就业率为55.4%，与2022年10月持平（55.4%）。非金融公共部门的财政赤字约相当于国内生产总值的3.3%（2022年为3.2%）；国际收支的经常账户赤字约相当于国内生产总值的0.6%（2022年为1.2%），这与贸易流动放缓的趋势相一致。2021~2023年墨西哥主要宏观经济指标见表1。

表1　2021~2023年墨西哥主要经济指标

指标	2021年	2022年	2023年[a]
年均增长率（%）			
GDP	5.8	3.9	3.6

---

① 经济形势部分主要参考 CEPAL *Balance Preliminar de las Economías de América Latina y el Caribe 2023*, Santiago, 2023。

续表

指标	2021 年	2022 年	2023 年[a]
年均增长率(%)			
消费价格指数	7.4	7.8	4.5[b]
实际平均工资[c]	1.4	2.6	-0.2[b]
货币供应量(M1)	14.7	10.6	7.6[d]
实际有效汇率[e]	-6.7	-2.0	-18.1[b]
贸易条件	-1.7	-2.1	-1.0
年均(%)			
失业率	4.1	3.3	2.8[f]
公共部门收支余额占 GDP 比重[g]	-2.9	-3.3	—
名义存款利率[h]	4.0	6.2	9.3[b]
名义贷款利率[i]	29.4	29.5	32.4[b]
百万美元			
货物和服务出口额	533220	626298	317730[j]
货物和服务进口额	558969	658590	333119[j]
经常项目账户余额	-8343	-18046	-14042[j]
资本和金融账户余额[k]	18631	16353	21206[j]
国际收支余额	10288	1692	7164[j]

注：a. 估计值。b. 2023 年 9 月数据。c. 社保覆盖的平均工人工资。d. 2023 年 8 月数据。e. 负值表明货币实际升值。f. 2023 年 6 月数据。g. 联邦公共部门。h. 多银行资金管理系统成本。i. 商业银行信用卡平均利率以及 TAC 费率（年总成本）。j. 2023 年第一季度和第二季度的加总。k. 包括错误和遗漏项。

资料来源：CEPAL, *Balance Preliminar de las Economías de América Latina y el Caribe 2023*, Santiago, 2023。

（二）主要部门表现

财政方面。2023 年 1~10 月，由于非石油收入增加（8.4%）和石油收入下降（-24.9%），公共部门的实际预算收入比 2022 年同期略有增加（1.4%）。公共部门的预算净支出实际增长了 5.2%，公共赤字达到 6748.29 亿比索，2022 年同期为 4010.22 亿比索。2023 年 4 月 20 日，墨西哥政府发行了该国有史以来最大规模的可持续发展债券，债券总额 29 亿美元，利率 6.34%，为期 30 年。估计到 2023 年底，墨西哥净公共债务总额（约占国内债务的 70%，占外债的 30%）相当于国内生产总值的 46.5%，低于 2022 年底的水平（相当于国内生产总值的 47.6%）。原因在于通胀率较高、经济增长略有加速以及汇率升值等。截至 2023 年 11 月，主要风险评级机构对墨西哥国家主权债务的评级未发生变化。2023 年 9 月，墨西哥财政和公共信贷部向国会提交了 2024 年经济一揽子计划，其中不包括对税收征收的实质性修改，但提高了债务上限，并预测了可能出现自 1988 年以来最大的预算赤字（相当于国内生产总值的 4.9%）。至 2023 年 9 月，墨西哥各种稳定基金的余额为 792.43 亿比索，较 2022 年底增加了 36.7%。

金融方面。面对物价持续上涨，2023 年 2 月墨西哥央行将同业拆借利率提高 50 个基点并于 3 月再次提高 25 个基点之后，利率水平达到 11.25%，这是自 2001 年将通货膨胀目标作为货币政策工具以来的历史最高水平。截至 2023 年 12 月 4 日，美元对墨西哥比索的平均汇率为 1∶17.8（同比名义升值 11.5%），主要原因在于侨汇收入增加、墨西哥央行目标利率与美国联邦基金利率存在 575 个基点利差以及外国直接投资增加。截至 2023 年 11 月，墨西哥国际储备达 2062.78 亿美元，略高于 2022 年 12 月的水平。墨西哥与国际货币基金组织 350 亿美元（以前为 500 亿美元）的灵活信贷额度更新，有效期至 2025 年 11 月。墨西哥央行拥有 2400 多亿美元来应对汇率和金融风险。

对外部门方面。2023 年 1～10 月，墨西哥货物贸易逆差累计 103.36 亿美元，低于 2022 年同期的 277.39 亿美元。其中，出口增长 3.0%（2022 年为 19.4%），进口下降 0.6%（2022 年为 22.8%）。墨西哥对美国的非石油商品出口额占其对美出口总额的 83.3%，年均增速为 5.3%，同期对世界其他地区的出口增长了 0.6%。2023 年前 10 个月，侨汇收入累计 528.88 亿美元，同比增长 9.4%。2023 年 1～9 月，来自国际旅游业的外汇收入为 229.08 亿美元，较上年同期增长 11.8%。2023 年 1～10 月，金融账户余额下降 53.3%。2023 年 1～9 月，国际收支经常账户赤字为 138.62 亿美元，相当于国内生产总值的 0.8%（2022 年同期为 1.5%），吸引外国直接投资 329.26 亿美元，比 2022 年第三季度减少 4.6%。与此同时，外国直接投资

净额为 278.68 亿美元,比 2022 年同期增长 18.0%。为了吸引外国直接投资,墨西哥政府于 2023 年 10 月 11 日颁布了一项法令,向出口工业的 10 个关键部门提供财政刺激,法令有效期至 2024 年 12 月 31 日。此外,2023 年 3 月,加拿大和美国政府要求与墨西哥就墨方依据《美墨加协定》对转基因农产品进口的限制进行正式磋商,并于第三季度开启解决争端的正式谈判。

(三)经济增长走势

拉美经委会预计,2024 年墨西哥经济实际增长 2.5%,这主要是受美国经济增长放缓的影响。因一些消费品价格持续上涨,2024 年末通胀率约为 4.0%。2024 年的高预算赤字将推动通货膨胀率上升,并由此迫使高利率维持更长时间。受经济增长放缓影响,平均失业率为 3.3%,最低工资名义上将增长 20%。非金融公共部门的财政赤字将达到其国内生产总值的 4.9%,成为自 1990 年以来的最大赤字,主要原因在于洛佩斯政府对其标志性公共工程的资金支出增加。净公共债务总额相当于国内生产总值的 49%。由于贸易流动放缓的趋势,国际收支经常账户赤字相当于墨西哥国内生产总值的 1.0%左右。

三 社会形势

(一)持续推进医疗改革

墨西哥政府的医疗支出在 2022 年恢复到疫情前的水平后(约相当于 GDP 的 5.3%),2023 年下滑至 4.8%。在经合组织(OECD)成员中,墨西哥是医疗支出水平最低的国家之一。预计 2024~2028 年,墨西哥的医疗支出水平呈现回升态势。2018 年上任后,洛佩斯总统对医疗政策和法规进行了几次修改。2020 年 1 月,墨西哥政府实行了一项新的健康和社会福利制度,并减少了私营部门的参与。2023 年 5 月,通过修改国家法律法规,又停止执行这项健康和社会福利制度,转而实施一项新的替代制度(IMSS-

Bienestar）。截至 2022 年底，在新制度下，墨西哥有 9 个州的 2180 万人获得了医疗服务，2023 年 10 月实施范围又扩大到其他 14 个州，覆盖人口达 5300 多万人，占总人口的 80%。自 2019 年，墨西哥政府开始实施一项全国性卫生设施现代化计划，目标是到 2024 年改善 2500 个医疗中心和 92 家医院的运营。2023 年，已启动 6 家大型医院项目，预算为 215 亿比索（约合 12 亿美元）。[①]

（二）有组织暴力犯罪活动猖獗

近年来，尽管墨西哥政府针对暴力犯罪采取了必要的治理措施，但犯罪率仍居高不下，有组织暴力犯罪活动更是日益猖獗。据有关组织统计，2023 年，在全球 146 个国家和地区的犯罪率排名，墨西哥的犯罪率指数为 53.8，排名第 42 位；在全球 193 个国家和地区的有组织犯罪率排名中，墨西哥排名第 3 位，在美洲 35 个国家中排名第 2 位，在中美洲 8 个国家中排名高居首位。[②] 与此同时，2024 年 5 月，另有分析机构提出墨西哥存在的主要风险，并将"应对有组织犯罪活动给企业带来更高成本"列为首位，风险等级被评为"非常高"。[③]

（三）飓风"奥蒂斯"造成严重损失

墨西哥地震、飓风等自然灾害频发。2023 年 10 月，飓风"奥蒂斯"登陆墨西哥，并在南部地区的阿卡普尔科等城市造成严重人员伤亡和财产损失。墨西哥政府随即宣布格雷罗州 47 座城市为灾区，洛佩斯总统宣布了一

[①] "One-Click Report：Mexico", EIU, January 1, 2024, https：//viewpoint. eiu. com/analysis/ geography/XC/MX/reports/one-click-report, accessed March 1, 2024.

[②] "Crime Index by Country 2024", Numbeo, January 31, 2024, https：//www. numbeo. com/crime/ rankings_by_country. jsp, accessed March 29, 2024.

[③] "One-Click Report：Mexico", EIU, May 6, 2024, https：//viewpoint. eiu. com/analysis/ geography/XC/MX/reports/one-click-report/2024-05-06 , accessed May 13, 2024.

项约 34 亿美元的灾后重建计划。① 不过,遭受飓风袭击的数月时间之后,作为重灾区的阿卡普尔科市的重建工作进展缓慢。据悉,这场飓风在阿卡普尔科造成了 50 多人遇难和数十亿美元的财产损失,重建工作需耗资 1000 亿比索,估计到 2025 年阿卡普尔科才能走出灾难影响。②

四 外交形势

(一)与美国关系仍是重中之重

在剩余任期内,洛佩斯政府继续优先考虑国内政策而非外交政策,辛鲍姆的任期内也将如此。鉴于美国对墨西哥经济极其重要,与美国保持牢固的关系依然是墨西哥外交政策的优先事项。墨西哥政府欢迎美国实施的"近岸外包"政策及其给墨西哥带来的投资热潮。两国之间也存在一些摩擦和棘手问题。一是双方需要解决有关墨西哥拟议的禁止进口转基因玉米的争端。二是美国认为墨西哥能源政策的部分内容导致美国企业处于不利地位问题。墨西哥最终将取消其政策中一些具有争议的内容,以避免危及《美墨加协定》。三是安全和移民问题。聚集在两国边境进入美国的非法人数激增是 2024 年美国选举面临的重要问题。四是美国要求墨西哥在"国家安全"问题上严格审查来自中国和其他第三国的投资者,但近年来墨西哥与中国的贸易和投资关系呈现出增强势头。③

① 《墨西哥宣布 47 座城市列为飓风"奥蒂斯"灾区》,新华网,2023 年 11 月 3 日,http://www.news.cn/2023-11/03/c_1129955137.htm,最后访问日期:2024 年 3 月 19 日。
② 《墨西哥飓风灾区重建缓慢》,联合早报网站,2024 年 2 月 25 日,https://www.zaobao.com.sg/news/world/story20240225-1470339,最后访问日期:2024 年 3 月 18 日。
③ "International Relations", EIU, March 1, 2024, https://viewpoint.eiu.com/analysis/article/193853402, accessed April 14, 2024.

（二）与地区国家的关系

与地区有关国家关系紧张。一是墨西哥与秘鲁的双边关系持续恶化。2022年12月，墨西哥在秘鲁时任总统卡斯蒂略被国会弹劾下台后给予他及其家人声援和支持等，引发秘鲁总统博鲁阿尔特对墨西哥总统洛佩斯的批评。由此两国关系急转直下，并持续恶化。先是秘鲁政府驱逐了墨西哥驻秘大使，随后为了回应秘鲁所谓"干涉内政"的指责，墨西哥宣布秘鲁驻墨大使为不受欢迎的人，并限其72小时内离境。① 二是墨西哥与厄瓜多尔断交。2024年4月，厄瓜多尔警方闯入墨西哥驻厄使馆，逮捕了自2023年12月在此寻求政治庇护的厄瓜多尔前副总统豪尔赫·格拉斯，他因腐败指控被厄瓜多尔政府起诉。厄瓜多尔武力"闯馆"的举动让墨西哥感到震惊，墨西哥总统洛佩斯随即宣布终止与厄瓜多尔的外交关系，墨西哥政府还表示将就此事件上诉至海牙国际法院。②

（三）中墨关系高水平推进

元首外交战略引领两国关系发展。2023年11月，中国国家主席习近平应邀赴美国旧金山出席亚太经合组织第30次领导人非正式会议。其间，习近平主席会见了墨西哥总统洛佩斯。两国元首一致认为要深化双方各领域互利合作、密切在多边事务中协作，推动新时代中拉关系行稳致远。③ 2024年6月4日，习近平主席向辛鲍姆致贺电，祝贺她当选墨西哥新一任总统，并强

---

① "Tension Increases between Peru and Mexico", Mexico Business News, March 3, 2023, https：// mexicobusiness. news/policyandeconomy/news/tension－increases－between－peru－and－mexico, accessed January14, 2024.

② "Mexico Breaks Ties with Ecuador after Police Storm Its Embassy in Quito to Arrest Politician", Los Angeles Times, April 6, 2024, https：//www. latimes. com/world－nation/story/2024－04－06/mexico－is－breaking－diplomatic－ties－with－ecuador－after－police－stormed－the－embassy－in－quito, accessed April 18, 2024.

③ 《习近平会见墨西哥总统洛佩斯》，中华人民共和国外交部网站，2023年11月17日，https：//www. mfa. gov. cn/web/zyxw/202311/t20231117_11182032. shtml，最后访问日期：2024年2月3日。

调高度重视发展中墨关系，愿同辛鲍姆当选总统加强战略沟通，引领两国关系不断迈上新台阶，更好地造福两国人民。① 与此同时，中墨高层的其他交流顺畅。2024 年 4 月 25 日，应墨西哥参议长里维拉邀请，全国人大常委会委员长赵乐际在墨西哥参议院成立 200 周年庆祝活动上发表视频致辞。② 2023 年 12 月 5 日，中共中央政治局委员、外交部部长王毅在北京会见墨西哥外长巴尔塞纳。③

双边经贸合作关系取得突破。据中国海关统计，2023 年中墨双边货物贸易额突破千亿美元大关，达到 1002.25 亿美元，同比增长 6.0%。其中，中国对墨出口额为 814.71 亿美元，自墨进口额为 187.54 亿美元，同比分别增长 5.7% 和 7.6%。④ 据中国商务部统计，2022 年中国对墨西哥直接投资额为 4.89 亿美元。截至 2022 年末，中国对墨西哥直接投资存量为 16.84 亿美元。⑤ 基础设施合作方面，2023 年 4 月，中国能建国际集团与西班牙 Aora 新能源公司签署了墨西哥图利普 235 兆瓦风电项目商务合同，墨西哥新能源业务实现了新突破。2024 年 1 月 3 日，中国中车集团为墨西哥城研制的轻轨列车投入商业运营，这是中国制造的轻轨列车首次服务墨西哥城公共交通系统。⑥

中墨海空联通步伐显著加快。航空客运方面，2024 年 5 月 11 日开通的深圳—墨西哥城航线成为国内唯一一条直飞拉美地区的客运航线，也是中国

① 《习近平向墨西哥当选总统辛鲍姆致贺电》，中国政府网，2024 年 6 月 4 日，https://www.gov.cn/yaowen/liebiao/202406/content_6955469.htm?menuid=197，最后访问日期：2024 年 6 月 8 日。

② 《赵乐际在墨西哥参议院成立 200 周年庆祝活动上发表视频致辞》，中华人民共和国驻墨西哥合众国大使馆网站，2024 年 4 月 25 日，http://mx.china-embassy.gov.cn/sgxx/202404/t20240425_11288678.htm，最后访问日期：2024 年 5 月 9 日。

③ 《王毅会见墨西哥外长巴尔塞纳》，中华人民共和国驻墨西哥合众国大使馆网站，2023 年 12 月 5 日，http://mx.china-embassy.gov.cn/sgxx/202312/t20231205_11195295.htm，最后访问日期：2024 年 2 月 9 日。

④ 《2023 年 12 月进出口商品国别（地区）总值表（美元值）》，中华人民共和国海关总署网站，2024 年 1 月 18 日，http://www.customs.gov.cn/customs/302249/zfxxgk/2799825/302274/302277/302276/5637259/index.html，最后访问日期：2024 年 2 月 13 日。

⑤ 《对外投资合作国别（地区）指南：墨西哥（2023 年版）》，中华人民共和国商务部网站，2024 年 4 月 10 日，http://www.mofcom.gov.cn/dl/gbdqzn/upload/moxige.pdf，最后访问日期：2024 年 5 月 10 日。

⑥ 《中国造轻轨列车在墨西哥城首开运营》，中国一带一路网，2024 年 1 月 4 日，https://www.yidaiyilu.gov.cn/p/0RRPRCES.html，最后访问日期：2024 年 3 月 3 日。

航程最长的国际客运航线。① 2024 年 7 月 12 日，海南航空计划开通北京—蒂华纳—墨西哥城国际航线。海空物流方面，2023 年 10 月 29 日，杭州—墨西哥城货运航线正式开通。该航线由寰宇通达、中国外运、浙江空港物流合作运营，并由墨西哥货运航空公司全货机执飞，航班班次为一周 3 班，航班单程最大载货量约 60 吨，承运货物品类进口主要是汽车配件和水果，出口主要是服装、鞋、小商品等电商货物和汽车配件等。② 2023 年 12 月 5 日，中国国际货运航空股份有限公司运营的深圳—墨西哥城跨境电商专线正式开通。③ 2024 年 4 月 16 日，中国无锡—墨西哥城航线开通，这是江苏省首条直飞拉美的货运航线。新航线计划每周运行 3 班，出口以跨境电商货物为主。④ 2024 年 5 月 19 日，青岛至墨西哥恩塞纳达等三大港口的航线开通。该航线共投入 8 艘 4000 标箱以上的集装箱船，实行周班运营，从青岛出发仅用 20 天即可直达恩塞纳达港，是国内最快到达墨西哥的挂靠港之一，为客户提供了便捷的物流通道。⑤

（谌园庭 审读）

① 《国内最长！深圳直飞墨西哥城洲际客运航线来啦！》，深圳市人民政府口岸办公室网站，2024 年 5 月 12 日，http://ka.sz.gov.cn/gkmlpt/content/11/11287/mpost_11287333.html#336，最后访问日期：2024 年 5 月 23 日。

② 《浙江省首条墨西哥全货机航线顺利开通》，中国一带一路网，2023 年 10 月 31 日，https://www.yidaiyilu.gov.cn/p/0LOCP622.html，最后访问日期：2024 年 2 月 1 日。

③ 《深圳机场新开深圳—墨西哥城跨境电商专线》，人民网，2023 年 12 月 7 日，http://sz.people.com.cn/n2/2023/1207/c202846-40669077.html，最后访问日期：2024 年 1 月 28 日。

④ 《江苏首条直飞拉美地区全货运航线开通》，中国一带一路网，2024 年 4 月 17 日，https://www.yidaiyilu.gov.cn/p/0VU0JS9H.html，最后访问日期：2024 年 5 月 2 日。

⑤ 《青岛港今年首条墨西哥集装箱航线启航》，中国一带一路网，2024 年 5 月 20 日，https://www.yidaiyilu.gov.cn/p/0M1M0J8I.html，最后访问日期：2024 年 5 月 30 日。

Y.11
阿根廷：政治格局剧变，未来前景不明

郭存海[*]

摘　要： 2023 年，阿根廷面临多重困难，包括经济萎缩、贫困加剧、通货膨胀率创历史新高以及政治格局突变带来的巨大不确定性。政治方面，各政治力量重新分化组合，形势更加复杂。祖国联盟因经济衰退和高通胀未实现连任，极右翼的自由前进运动在第二轮投票中因获共谋变革联盟的支持而胜选，但后者因此分裂。经济方面，复苏进程骤停并转入衰退，财政赤字巨大、本币急剧贬值、外债增加和通货膨胀率屡创新高。受此影响，阿根廷减贫形势恶化，贫困率和极端贫困率均上升。尽管劳动力市场恢复，就业率上升，失业率小幅下降，但非正规就业问题仍然突出。对外关系方面，费尔南德斯政府继续秉持平衡、多元和务实的外交传统，加强与巴西的战略联盟，推动拉美一体化和自主自强，同时维持与美国和西方的良好关系。然而，米莱新政府上台后，外交政策急剧转向，不仅抛弃阿根廷的传统外交路线，全面倒向美国，还频频与巴西等拉美左翼国家发生冲突。受此影响，中国和阿根廷的关系也面临挑战。

关键词： 阿根廷　政治极化　经济衰退　贫困　外交政策

一　政治形势

2023 年是阿根廷大选年，各政治力量重新分化组合，形成了以祖国联

---

[*] 郭存海，中国社会科学院拉丁美洲研究所研究员，拉美社会文化研究室主任，阿根廷研究中心执行主任，主要研究方向为拉美社会和文化及阿根廷。

盟、共谋变革联盟和自由前进运动等主要选举力量"三足鼎立"的局面。受经济衰退和高通胀所累，处于执政地位的祖国联盟未能实现连任，共谋变革联盟因此前不佳执政表现和内部分裂在第一轮投票中即被淘汰出局。自由前进运动在第二轮投票中意外胜出，但鉴于该党在参众两院均处于少数地位，其执政地位面临严重挑战，新政府誓言推进的激进改革面临巨大的不确定性。

（一）各种政治力量围绕大选重新分化组合

鉴于极右翼总统候选人哈维尔·米莱（Javier Milei）选情看涨且其领导的自由前进运动主张激进的政治经济改革，舆论广泛认为 2023 年大选是"阿根廷的未来之战"。在此背景下，阿根廷的各种政治力量重新分化组合，力求成为决定阿根廷未来的"执牛耳者"。

执政联盟全民阵线方面，内部分歧导致其首次推出两名候选人参加初选，争夺 10 月总统大选资格。费尔南德斯总统执政期间，阿根廷遭遇新冠疫情、严重干旱等冲击，经济形势恶化、通货膨胀加剧，导致其支持率一路走低。再加上联盟内部基什内尔派和马萨派的双重压力，2023 年 4 月，费尔南德斯总统宣布不再寻求连任。[1] 这一声明得到了多位政治人物的支持，为执政联盟内部推出主要总统候选人扫清了道路。最终，全民阵线推出两名总统候选人代表更名后的"祖国联盟"在初选中进行内部竞争，分别是经济部长塞尔希奥·马萨（Sergio Massa）和大众经济劳工联盟（UTEP）创始人胡安·格拉博伊斯（Juan Grabois）。

反对派共谋变革联盟同样存在严重的内部分歧，推出两名总统候选人参加初选，进行内部竞争。3 月 26 日，前总统毛里西奥·马克里（Mauricio Macri）宣布不再竞选总统，于是共和国方案党内部出现两个强有力的竞争对手，即前安全部长帕特里夏·布里奇（Patricia Bullrich）和布宜诺斯艾利

---

[1] "Alberto Fernández Anunció que no Irá por la Reelección", Clarín, https：//www.clarin.com/politica/alberto-fernandez-anuncio-ira-reeleccion _ 0 _ 5zPx2DhBcA.html, accessed April 25, 2024.

斯市市长奥拉西奥·拉雷塔（Horacio Larreta）。布里奇是党内保守派的代表人物，获得了马克里的力挺；拉雷塔是党内建制派，主张对话和包容、跨越不同意识形态的障碍，因此吸引了不少中间派和务实的选民。

自由前进运动方面，哈维尔·米莱是毫无疑问的唯一总统候选人，他早在 2022 年就誓言要参与 2023 年总统大选①。米莱是典型的"政治局外人"和反建制主义者，持极端保守和极右立场，他既抨击执政的全民阵线，也批评反对派共谋变革联盟是政治"种姓"的代表。公众对马克里和费尔南德斯两任政府执政的不满和失望情绪为哈维尔·米莱的胜选提供了巨大空间。

（二）政治分裂加剧了大选结果的不确定性

政治分裂是阿根廷政党政治的显著特征，加剧了选举结果的不确定，这一点无论在初选还是在大选中都表露无遗。

初选结果揭示出阿根廷政治发展的新趋向。2023 年 8 月 13 日，阿根廷举行初选，以选出参加 10 月总统选举和议会选举的候选人。统计结果显示，只有 5 个联盟获得了竞选资格，即自由前进运动（30.04%）、祖国联盟（27.27%）、共谋变革联盟（28.27%）、为我们的国家联盟（3.83%）和工人左翼阵线-团结（2.65%）。② 其中共谋变革联盟的布里奇以 16.98% 的得票率战胜竞选对手拉雷塔（11.29%），祖国联盟的马萨以 21.4% 的得票率战胜格拉博伊斯（5.87%），参加 10 月总统大选。本次初选揭示了阿根廷政治发展的根本变化。首先，庇隆主义-基什内尔派首次出现两个竞选名单，并创下初选最差成绩，获得的有效票数比历史最低水平还低 10 个百分点。其次，阿根廷传统政党以外的新兴政党候选人首次获得了初选最多票数。最后，本次初选选民投票率创历史新低，仅为 69%。

---

① "Javier Milei: Cuando Sea Presidente en 2023, Voy a Mantener los Planes Sociales", Noticias, https://perfil.com/noticias/politica/javier-milei-cuando-sea-presidente-en-2023-voy-a-mantener-los-planes-sociales.phtml, accessed April 25, 2024.

② "Quién Ganó las Elecciones PASO 2023", La Nacion, https://www.lanacion.com.ar/politica/quien-gano-las-elecciones-paso-2023-nid14082023/, accessed April 25, 2024.

米莱在初选中的意外领先引发了左翼和中左翼力量的恐慌，促使祖国联盟进一步整合力量，以争取在大选中取得更好成绩。10月22日的大选计票结果显示，马萨获得36.78%的选票，米莱获得29.99%的选票，布里奇排名第三，获得23.83%的选票。由于没有任何候选人达到宪法规定的直接当选票数，马萨和米莱进入11月19日举行的第二轮投票。由于获得了马克里和布里奇的支持，米莱逆转了第一轮投票中的落后形势，以55.7%的得票率胜出，而马萨只获得44.3%的选票。[①] 米莱的胜选被普遍认为是选民对现状强烈不满的反应，而不是对其政策的广泛支持。他的竞选主张和策略吸引了许多渴望改变当前政治和经济体系的选民，特别是年轻人。米莱的当选也意味着阿根廷政治地图的重绘。

（三）米莱的异军突起深刻地改变了阿根廷政治地图

哈维尔·米莱领导的自由前进运动是一个由右翼和极右翼组成的小党联盟，主张激进的经济改革，它的胜出打破了阿根廷传统政治的平衡，深刻地改变了阿根廷的政治格局。总体来看，米莱在选举中逆转形势并获胜可归纳为三大原因。首先，选民渴望改变的心理是米莱胜选的根本原因。阿根廷面临严重的经济危机，特别是高通货膨胀率和贫困率大幅上升让选民对现政府极度不满。为迎合对现状不满的选民情绪，米莱高举反体制旗帜，提出激进的竞选口号和政策主张，米莱的胜利深刻地反映了选民对现有政治体系的不信任和厌倦。其次，改变竞选策略，同布里奇结盟。在第一轮投票前，米莱利用选民求变心理，高举反对一切"政治种姓"的大旗，既反对左翼，又反对右翼。但面对马萨的领先地位和布里奇在第一轮投票中落败，米莱改变选举策略，争取到布里奇和前总统马克里的关键支持，最终在第二轮投票中胜出。最后，选民动员和宣传策略。米莱熟悉大众媒体和社交网络，他利用夸张的言辞、激进的演说以及刻意塑造的誓与旧体制切割的电锯动作，成功

---

① "Milei Presidente: Por Cuánto Ganó y el Mapa de Resultados de las Elecciones 2023, Provincia por Provincia", Página | 12, https://www.pagina12.com.ar/618500 - resultados - elecciones - presidenciales-los-mapas-interactivos-, accessed April 25, 2024.

动员了大量年轻选民和中产阶级选民。在决选竞选活动中，他的政策主张从激进转向温和，以消除选民对其激进改革的忧虑，从而争取了大量摇摆选民的支持。

尽管米莱在总统选举中大获全胜，但在议会选举和地方选举中，自由前进运动受挫，这给米莱承诺的激进改革以及阿根廷的未来带来了巨大的不确定性。首先，反对派祖国联盟全面掌控参众两院，这是米莱开展改革面临的首要挑战。在改选后的 257 个众议院席位中，执政的自由前进运动占 38 席，占比仅为 14.8%；以共和国方案党为首的盟党占 44 席，占比为 17.1%，两者合计占比不足 32%；以祖国联盟为首的强硬反对党占 104 席，占比为 40.5%，而处于两者之间的反对党对话派占 71 席，占比为 27.6%。[①] 在参议院，执政党更是势单力薄。在 72 个参议院席位中，自由前进运动占 7 席，占比为 9.7%，盟党共和国方案党占 6 席，占比为 8.3%，两者合计占比仅 18%；而强硬反对派祖国联盟拥有 33 席，占比为 45.8%，对话派或独立派占 26 席，占比为 36.1%。[②] 米莱要想通过改革法案，就不得不争取反对党对话派或独立派的支持，这将限制米莱改革的力度和规模。其次，自由前进运动在地方选举中一败涂地。在省长选举中，自由前进运动全盘落空；共谋变革联盟在 9 个省取得胜利，占比为 37.5%；祖国联盟在 8 个省取得胜利，占比为 33.3%。[③] 这种形势意味着米莱在地方层面的改革同样面临强大阻力。最后，米莱的改革还将遭遇直接的社会对抗。一方面，米莱的"休克疗法"在短期内加剧通胀和失业，引发强烈的社会不满和抗议，甚至会引发政治和社会危机。另一方面，基于竞选上台的执政联盟各派别的利益不同和主张不一，米莱激进的改革或引发政府内部的不稳定，甚至

① H. Cámara de Diputados de la Nació, https：//www.hcdn.gob.ar/diputados, accessed April 16, 2024.

② Honorable Senado de la Nación Argentina, https：//www.senado.gob.ar/senadores/listados/listaSenadoRes, accessed April 16, 2024.

③ "Elecciones Provinciales Distrito por Distrito, los Resultados a Gobernador", La Nacion, https：//www.lanacion.com.ar/politica/mapa-resultados-tiempo-real-elecciones-2023-nid12062023/#/, accessed April 16, 2024.

权力斗争，特别是在自由前进运动和共谋变革联盟之间以及共谋变革联盟内部。

二　经济形势

2023 年，阿根廷经济复苏进程中断，经济萎缩 1.6%。经济萎缩主要受到投资和出口减少的共同影响，其中投资萎缩 1.9%，出口萎缩 6.7%。投资减少与宏观政治经济的不确定性上升有关，而出口下降则主要是近几十年来的严重干旱造成的。消费剧减同样导致阿根廷经济不振。私人消费是阿根廷需求侧的最重要组成部分，占 GDP 的比重高达 67.2%（按当前价格衡量），其次是固定资本投资（19.1%）和公共消费（15.8%）。根据阿根廷国家统计局的数据，2023 年阿根廷的固定资本形成总额萎缩 1.9%，这同 2022 年增长 10.9% 的态势形成鲜明对比；私人消费仅增长 1.1%，相比 2022 年下降了 650% 以上；公共消费的增长率小幅下滑，仅为 1.2%。固定资本形成总额下降，加之私人消费大幅萎缩，导致经济增长失去动力。从供给方面来看，呈现复苏态势的行业中，酒店和餐饮业（同比增长 7.5%）、采矿和采石业（同比增长 7.2%）以及教育业（同比增长 2.7%）表现突出，农业、畜牧业、狩猎和林业（同比收缩 20.2%）以及渔业（同比收缩 6.1%）则有所下降。①

基本财政赤字和经常账户赤字均有所增加。2023 年前 10 个月，基本财政赤字占 GDP 的比重从 2022 年同期的 1.2% 上升至 1.6%。财政赤字增加是因为总收入的实际降幅（-8%）大于总支出的降幅（-5%）。收入减少主要是因为干旱导致农业出口关税锐减（-63%），而基本支出下降主要是因为能源补贴的实际价值下降（-30%）和社会福利的实际支出下降（-4%）。2023 年前 6 个月，经常账户赤字占 GDP 的比重从 2022 年同期的 0.4% 上升

---

① INDEC, *Informe de Avance del Nivel de Actividad Cuarto Trimestre de 2023*, Informes Técnicos, Vol. 8, n°63.

到0.7%，原因是同期商品贸易账户盈余从占GDP的0.9%下降到0.7%。商品贸易账户盈余减少主要缘于干旱对农业生产的影响导致出口同比大幅下降（-25%），仅2023年上半年商品出口就下降了41%，农业制成品出口下降18%。唯一增长的出口类别是燃料和能源，这主要是因为"死牛"油气田产量增加和国内需求萎缩释放了更多出口空间。国际收支金融账户也出现盈余，约占GDP的0.8%，原因是直接投资增加（占GDP的1.6%），但证券投资和其他投资的流出（占GDP的0.8%）部分抵消了这一盈余。①

通货膨胀率再创历史新高。2023年，通货膨胀仍然是阿根廷经济的最大挑战之一。为遏制通胀持续恶化，争取有利的选情，政府采取了各种措施力图将通胀控制在预期目标内，但这些措施均未达到预期效果。根据阿根廷国家统计局的数据，2023年12月，消费价格指数涨幅高达25.5%，是2022年同期的5倍；全年累计通货膨胀率则高达211.4%，是2022年同期的1倍之多，这也是过去33年里的历史最高纪录。2023年价格累计涨幅最大的是与民众生活密切相关的食品和非酒精饮料（251.3%）、家用设备和维修（231.7%）以及医疗健康（227.7%），涨幅均远高于平均水平。虽然教育、住房、水、电、燃气等公共服务类的消费价格涨幅是所有类别里最低的，但也均超过140%。不过，需要指出的是，逐月来看，8月初选之后，通货膨胀骤然加剧，除9月（8.3%）以外，消费价格涨幅均在12%以上，12月高达25.5%。这一不正常现象的背后是米莱新政府放松价格管制，同时启动激进的经济改革，导致12月消费价格急剧攀升。12月涨幅最大的类别是杂项商品和服务（32.7%），原因是个人护理费用增加；其次是医疗健康（32.6%），原因是药品和预付药品的价格上涨；再次是运输部门（31.7%），原因是燃料价格上涨。但最受关注的食品和非酒精饮料的消费价格指数涨幅接近30%，其中肉类和肉制品以及面包和谷物的价格上涨尤为突出。12月价格涨幅最小的部门是教育（6.2%），但也远超历史同期水平。价格上涨影响了全国所

---

① ECLAC, *Preliminary Overview of the Economies of Latin America and the Caribbean 2023*, Santiago, 2023.

有地区，涨幅最大的是东北地区（28.4%），涨幅最小的是巴塔哥尼亚地区（24.3%）。①

比索对美元汇率急剧贬值，阿根廷国际储备减少，还债压力加大。2023年，阿根廷外汇市场震荡，比索对美元汇率急剧贬值。8月，面对初选结果带来的压力，政府宣布将比索贬值22%，至350比索兑1美元。② 12月新政府上台后，将比索再度贬值54%，至800比索兑1美元。③ 同时，为增加国际储备，中央银行采取措施，刺激外汇流入正规市场并遏制外汇流出；前者包括延长出口奖励方案，后者包括修改税法，提高进口商品和服务的成本等。此外，为增加外汇储备和减轻还债压力，阿根廷还与中国续签了3年配额182亿美元的货币互换协议，同时与西班牙、法国和瑞典就欠巴黎俱乐部约20亿美元债务再融资分别达成双边协议。2023年8月，国际货币基金组织理事会经过讨论，同意向阿根廷发放75亿美元贷款来提供救助，帮助其偿还美元债务和避免违约。截至2023年12月31日，阿根廷外债高达2859.51亿美元，而同期外汇储备只有230.73亿美元，而外汇储备同比下降了48%（约215.25亿美元）。④

阿根廷对外贸易急剧恶化，出口额和贸易额双双下降，贸易逆差达69.26亿美元，这也是过去5年间首次出现贸易逆差。2023年，阿根廷出口形势逆转，全年商品出口额大幅下降24.5%，只有667.88亿美元，相比2022年锐减216.58亿美元。阿根廷出口的前五大目的地依次是巴西（18%）、中国（8%）、美国（8%）、智利（7%）以及秘鲁和印度（均为4%）。前三大出口类别（按HS编码）分别是植物产品（第2类），食品、

---

① INDEC, *Índice de Precios al Consumidor*, Cobertura Nacional, *Índices de Precios*, Vol. 8, n° 1, diciembre de 2023.

② "Argentina Devalues the Peso and Raises Its Policy Rate", EIU, https://viewpoint.eiu.com/analysis/article/943462477, accessed April 20, 2024.

③ 《阿根廷新政府推出经济政策控制通胀》，新华网，2023年12月13日，http://www.news.cn/2023-12/13/c_1130024044.htm，最后访问日期：2024年4月20日。

④ "Evolution of the Foreign Exchange Market and the Foreign Exchange Balance", BCRA, December 2023, https://www.bcra.gob.ar/Pdfs/PublicacionesEstadisticas/Informe_Diciembre_2023_EN.pdf, accessed April 20, 2024.

饮料、烟草及其制品（第4类），运输设备（第17类），出口额占比分别为
19%、17%和13%。2023年出口降速最大的是纺织原料及纺织制品，出口额
只有2.53亿美元，相较上年同期减少2.22亿美元，同比下降46.7%；其次
是植物产品，出口额为128.18亿美元，同比下降42.1%。进口额也下降显
著，全年商品进口额下降了9.6%，为737.14亿美元。前三大进口类别
（按HS编码）分别是机器、机械器具、电气设备及其零件（第16类），化
学工业及相关工业的产品（第6类），矿产品（第5类），进口额占比分别
为26%、16%和12%。前三大进口来源国依次是巴西（23%）、中国
（20%）和美国（12%）。从国别来看，巴西和中国分别是阿根廷的第一大、
第二大贸易伙伴。2023年，阿根廷对巴西出口额为118.74亿美元，同比下
降6.0%，自巴西进口额为173.49亿美元，同比增长8.2%，全年对巴西贸
易逆差为54.75亿美元。值得关注的是，2023年阿根廷与美国的进出口贸
易双双下降，其中对美国出口额下降15.7%，自美国进口额下降16.5%，
全年对美国贸易逆差为29.83亿美元。[①]

三　社会形势

贫困形势持续恶化。根据阿根廷国家统计局的数据[②]，2023年上半年，
阿根廷的贫困率上升至40.1%，比2022年同期上升3.6个百分点，贫困人
口数量增长至1180万人。极端贫困率也迅速上升，但增幅相对较小。2023
年上半年，极端贫困率上升至9.3%，比2022年同期上升0.5个百分点，极
端贫困人口增长至270万人。到2023年下半年，贫困形势非但没有好转，
反而持续恶化。[③] 阿根廷的贫困率在2023年下半年骤升至41.7%，比2022

① INDEC, *Argentine Foreign Trade Statistics Preliminary Data for 2023*, Informes Técnicos, Vol. 8, n° 23.

② INDEC, *Incidencia de la Pobreza y la Indigencia en 31 Aglomerados Urbanos*, Condiciones de Vida, Vol. 7, n°16, Primer Semestre de 2023.

③ INDEC, *Incidencia de la Pobreza y la Indigencia en 31 Aglomerados Urbanos*, Condiciones de Vida, Vol. 8, n°7, Secundo Semestre de 2023.

年同期上升近 3 个百分点，贫困人口数量增长至 1230 万人。极端贫困率也出现相对较大幅度的上升，从 2022 年下半年的 8.1% 升至 2023 年同期的 11.9%，上升 3.8 个百分点，极端贫困人口数量增长至 350 万人。阿根廷减贫形势持续恶化，很大程度上是受通货膨胀率持续攀升和经济衰退导致收入下降的影响。需要注意的是，尽管全国各地区的贫困率和极端贫困率都有所上升，但存在地区差异。东北地区和西北地区的贫困发生率最高，分别达到 48.4% 和 45.6%；巴塔哥尼亚地区和潘帕斯地区的贫困发生率最低，分别只有 36.5% 和 40.4%。同 2022 年同期相比，2023 年下半年贫困率上升最快的是东北地区，从 43.6% 升至 48.4%，涨幅是全国平均水平的近 2 倍；极端贫困率上升最快的是库约地区，同比提高了 5.2 个百分点。

失业率是阿根廷有所改善的指标之一。尽管受到经济衰退和通货膨胀率高企影响，但阿根廷的劳动力市场保持活力，就业率小幅提升，失业率持续下降。根据阿根廷国家统计局的数据[①]，2023 年第四季度阿根廷的失业率继续下降，比 2022 年同期下降 0.8 个百分点，降至 5.7%，这是 2016 年以来的最低水平；就业率提升至 45.8%，比 2022 年同期提高 1.2 个百分点，也创造了 2016 年以来的最高纪录。2023 年第四季度的就业不足率达到 10.5%，比 2022 年同期略微下降 0.4 个百分点。从绝对数量来看，2023 年，阿根廷的失业人口降至 80 万人，同比减少 10 万人；就业人口达到 1350 万人，比 2022 年增加 40 万人。从就业者的受教育水平来看，接近 1/3 的就业者（29.7%）完成了中等教育，40.4% 的就业人口接受过高等教育（包括尚未完成高等教育者），两者占比合计 70.1%。从失业结构看，女性失业率（6.1%）高于男性（5.4%）；失业率最高的地区是大布宜诺斯艾利斯，达到 6.5%，比 2022 年同期上升 0.5 个百分点，主要是因为该地区集中了阿根廷主要的就业人口。不过，需要指出的是，尽管阿根廷的就业率再创新高，但其就业不足仍是突出问题。就业不稳定和就业质量不高是阿根廷减贫成效

---

① INDEC, *Mercado de Trabajo: Tasas e Indicadores Socioeconómicos（EPH）*, Trabajo e Ingresos, Vol. 8, n°64, Cuarto Trimestre de 2023.

波动性较大的重要诱因。

劳资冲突频发，社会治安不稳。2023 年，在经济萎缩和高通胀的双重压力下，阿根廷的劳资冲突频发，反映了工人对生活成本上升和工作条件恶化的不满。2023 年年中，公共交通部门的工会在布宜诺斯艾利斯大都市区和 6 个省发动了一次大规模罢工[1]，要求提高工资和改善工作条件。罢工持续数日，最终劳资双方达成一项临时协议，但冲突的根源问题并未解决。在教育领域，教师工会与政府之间的冲突尤为激烈。教师要求大幅提高工资，并改善学校设施和教学条件。但政府财政紧张，无法满足其要求，导致教师工会多次举行罢工和抗议。[2] 在医疗行业，医疗工作者也频繁举行罢工和抗议活动，直接影响了医院的正常运作。[3] 政府在处理劳动冲突中扮演了复杂的角色。一方面，政府希望通过调解和谈判缓解紧张局势；另一方面，政府面临财政压力，无法完全满足工会的要求。劳动冲突频发给社会治安带来不稳定因素，社会动荡加剧，特别是在政治事件刺激的情况下。8 月中旬，受初选结果的影响，阿根廷比索贬值引发消费价格飙升，哄抢事件激增。[4] 哄抢事件自 8 月 19 日从门多萨省开始，陆续蔓延至其他 5 个省，其中布宜诺斯艾利斯省最为严重，到 8 月 23 日，就发生了 150 起哄抢事件。随后经济部长马萨公布了一系列措施力图消除哄抢发生的根源，包括给低收入家庭、养老金领取者提供补贴或免税待遇，并实施新的价格管控等。12 月 10 日，随着米莱新政府上台并以"休克疗法"实施激进改革，劳资冲突进一步加剧，社会动荡的风险骤然增加。

① "Argentina: Huelga del Transporte Público Paraliza Buenos Aires y Seis Provincias", Clarín, https://www.clarin.com/politica/uta-levanto-paro-colectivos-linea-opositora-inicio-huelga-16-lineas-afecta_0_W9nR14MyO9.html, accessed March 20, 2024.

② "ATE Capital y la UTE Paran También el Miércoles y la CTERA Adelantó su Marcha a la Casa de Jujuy", Tiempo Argentino, https://www.tiempoar.com.ar/economia/ate-capital-para-tambien-el-miercoles-y-la-ctera-adelanto-su-marcha-a-la-casa-de-jujuy/, accessed March 20, 2024.

③ Rafael Azul & Andrea Lobo, "Strikes and Mass Protests Led by Teachers Erupt across Argentina", http://www.wsws.org/en/articles/2023/06/12/xynk-j12.html, accessed March 19, 2024.

④ "Widespread Looting Highlights Risk of Social Unrest", EIU, https://viewpoint.eiu.com/analysis/article/323491615, accessed March 19, 2024.

四 外交形势

2023 年是阿根廷外交政策的分水岭。随着 2023 年 11 月哈维尔·米莱胜选，阿根廷打破了长期奉行的平衡、多元和务实的外交传统，转而全面倒向美国和西方。这意味着阿根廷在国际舞台上的定位和战略选择发生了根本性变化。这集中表现在对地区团结和一体化的态度上，以及对巴西、美国和中国等主要大国的立场上。

费尔南德斯政府推动拉美左翼联合和一体化进程取得重要进展，但这一努力将随着新政府的上台遭受重大挫折。2023 年，伴随巴西卢拉总统开启新一届任期，阿根廷联合巴西携手促进拉美左翼团结起来，推动地区一体化进程。2023 年 1 月 23 日，在布宜诺斯艾利斯举行的拉美和加勒比国家共同体第七届峰会上，巴西正式重返拉共体，重现了拉美国家的大团结。会后发布了《布宜诺斯艾利斯宣言》，旗帜鲜明地反对外来干涉和霸权主义，坚定推进地区一体化进程。3 月 22 日，费尔南德斯总统在阿根廷主持召开的拉美左翼领导人组织"普埃布拉集团"和拉丁美洲正义与民主委员会工作会议上宣布了阿根廷重返南美国家联盟的决定，以加强拉美团结，重振该地区组织。① 4 月 6 日，巴西总统卢拉也签署简短声明，宣布巴西将重新加入南美国家联盟。5 月 30 日，费尔南德斯总统率团参加在巴西利亚举行的南美国家联盟峰会，在该峰会中断 9 年之后，与巴西共同重启这一地区合作机制。然而，这一重大进展随着 11 月米莱的胜选而遭遇重创。一方面，阿根廷和巴西是南美国家联盟的主要推动者，且该联盟主要由左翼政府组成；另

---

① "Alberto Fernández Anunció que Argentina Retornará a la UNASUR", infobae, https://www.infobae.com/politica/2023/03/21/alberto-fernandez-anuncio-que-argentina-retornara-a-la-unasur/, accessed March 25, 2024.

一方面，多数拉美左翼领导人对米莱的当选没有表示祝贺，甚至表示遗憾或担忧。① 新政府全面倒向美国的外交政策将严重阻碍地区一体化进程，甚至不排除阿根廷放弃参与地区一体化，再度退出南美国家联盟的可能性。无论如何，米莱的上台都将给拉美的团结自强和地区一体化进程带来重大挑战。

阿根廷同巴西的传统战略关系面临考验。2023 年是阿根廷和巴西建交200 周年，阿根廷是世界上第一个承认巴西独立并与其建立外交关系的国家。在卢拉总统开启新任期之后，意识形态趋同、经济互补以及共同的地区抱负推动阿根廷和巴西结成战略联盟，双方在双边关系、区域组织内以及地区和全球事务上加强协调，极大地推动了拉美国家的团结自强和地区一体化进程。仅 2023 年上半年费尔南德斯总统就同卢拉总统会晤 5 次，达成了一系列重要的合作。2023 年 6 月，受卢拉总统邀请，费尔南德斯总统对巴西进行国事访问，双方通过了一项《重新启动巴西-阿根廷战略联盟的行动计划》，以在贸易、能源、金融、地区事务等诸多方面加强战略合作。② 7 月 6日，在阿根廷北部伊瓜苏港举行的南方共同市场第 62 届首脑峰会上，两国总统再次会晤并呼吁开发共同货币、减少美元依赖，寻求经济和金融自主。然而，12 月哈维尔·米莱上台后，两国关系再度降至冰点。无论在竞选期间还是在胜选后，米莱都对意识形态不同且支持其竞争对手的卢拉总统恶语相加；而卢拉总统未向米莱胜选表示祝贺，也拒绝参加米莱的就职典礼。鉴于两国意识形态分歧严重却长期保持强大的经济联系，两国关系将遇冷并回落至前总统博索纳罗时期。

新政府摒弃平衡、多元的外交传统，外交政策全面倒向美国。美国是阿根廷重要的投资来源国和贸易伙伴，发展对美关系是阿根廷历届政府的优先外交议程之一。与此同时，阿根廷政府秉持务实主义的态度，注重发展同域

---

① "Presidentes de la Región y Líderes Mundiales Saludaron a Milei por su Triunfo", Tiempo Argentino, https：//www. tiempoar. com. ar/mundo/presidentes - de - la - region - y - lideres - mundiales-saludaron-a-milei-por-su-triunfo/, accessed March 25, 2024.

② "Plano de Ação para o Relançamento da Aliança Estratégica Brasil - Argentina", https：// www. gov. br/mre/pt-br/canais_atendimento/imprensa/notas - a - imprensa/plano - de - acao - para - o-relancamento-da-alianca-estrategica-brasil-argentina, accessed March 25, 2024.

内主要国家以及域外新兴大国的关系，在平衡、多元的外交政策下寻求最大的国家利益。2023 年，费尔南德斯政府在继续积极发展对美关系的同时，寻求通过地区团结和联合自强保持对美国的自主性。这一点无论在重振南美国家联盟还是在推动南方共同市场贸易去美元化方面都表露无遗。然而，极右翼的米莱新政府上台后，阿根廷的外交政策全面转向。米莱在竞选期间多次强调阿根廷属于西方世界，将美国和以色列视为天然盟友，拒绝同中国、巴西等国发展合作关系，甚至扬言拒绝加入金砖国家合作机制。11 月 26 日，即胜选一周后，米莱即启程访问美国，与美国国家安全顾问沙利文、主管西半球事务的助理国务卿冈萨雷斯等会晤。米莱表示，新政府对阿根廷的定位是"自由民主国家"和"自由市场"。在地区问题上，比如乌克兰危机和巴以冲突，阿根廷也全面追随美国，甚至走得更远。12 月 22 日，米莱总统致函金砖国家元首，表示暂时不加入金砖国家合作机制，阿根廷的外交意识形态化倾向凸显。

阿根廷同中国的关系面临挑战。2023 年费尔南德斯总统领导下的阿根廷继续推动同中国的关系稳定向前发展，双方在诸多领域的合作取得进展。在政治领域，两国保持良好互动。1 月 24 日，应拉美和加勒比国家共同体轮值主席国费尔南德斯总统的邀请，习近平主席向拉美和加勒比国家共同体第七届峰会作视频致辞。[①] 10 月 18 日，阿根廷总统费尔南德斯应邀来华出席第三届"一带一路"国际合作高峰论坛并同习近平主席举行会晤。双方均表示要加强战略对接，推动中阿关系行稳致远，树立全球南方国家团结合作的典范。[②] 在经济领域，双方继续深化贸易和投资合作。为推动贸易便利化，4 月底，阿根廷宣布停用美元改用人民币结算从中国进口的商品。2023 年双边贸易额虽略有下降，但仍接近 200 亿美元，中国继续保持阿根廷第二

[①] 《习近平向拉美和加勒比国家共同体第七届峰会作视频致辞》，新华网，2023 年 1 月 25 日，http://www.news.cn/politics/leaders/2023-01-25/c_1129311146.htm，最后访问日期：2024 年 3 月 22 日。

[②] 《习近平会见阿根廷总统费尔南德斯》，《人民日报》2023 年 10 月 19 日，第 2 版。

大贸易伙伴地位。① 6月，阿根廷经济部长塞尔希奥·马萨率团访华。访华期间，双方续签1300亿元人民币本币互换协议，签署了《中华人民共和国政府与阿根廷共和国政府关于共同推进"一带一路"建设的合作规划》，该合作规划的签署对于深化两国政治互信和战略对接具有重要意义。② 然而，随着2023年11月哈维尔·米莱胜选，中阿关系的稳定健康发展面临挑战。竞选期间，米莱多次提及中国，发表一系列不友好言论，这给中阿关系的未来蒙上了阴影。胜选后，米莱新政府对华态度软化，对习近平主席发来的贺信表示感谢。2023年12月10日，习近平主席特使、全国人大常委会副委员长武维华出席米莱的总统就职仪式并同其会见。米莱表示，新政府高度重视阿中关系，将继续坚定奉行一个中国原则；两国经济互补性很强，愿进一步促进两国经贸、人文各领域交流合作深入发展。③ 12月13日，外交部发言人主持例行记者会，就中阿关系阐明中方立场，强调："愿同阿根廷新政府一道，推动中阿全面战略伙伴关系持续、稳定向前发展。"④

（林 华 审读）

---

① INDEC, *Argentine Foreign Trade Statistics Preliminary Data for 2023*, Informes Técnicos, Vol. 8, n°23.

② 《中国与阿根廷签署共建"一带一路"合作规划》，中国政府网，2023年6月3日，https://www.gov.cn/yaowen/liebiao/202306/content_6884373.htm，最后访问日期：2024年3月22日。

③ 《习近平主席特使、全国人大常委会副委员长武维华出席阿根廷新总统就职仪式》，中华人民共和国驻阿根廷大使馆网站，2023年12月14日，http://ar.china-embassy.gov.cn/sbxw/202312/t20231214_11202068.htm，最后访问日期：2024年3月22日。

④ 《2023年12月13日外交部发言人毛宁主持例行记者会》，中华人民共和国外交部网站，2023年12月14日，https://www.fmprc.gov.cn/web/fyrbt_673021/jzhsl_673025/202312/t20231213_11201681.shtml，最后访问日期：2024年3月22日。

古巴：经济难复苏，社会难稳定

范 蕾*

摘　要： 2023 年，古巴顺利完成第十届全国人民政权代表大会选举，最高领导层顺利连任，执政党力保政局稳定。古巴经济在内忧外患中面临极大困境，依靠经济改革措施与积极招商引资寻求复苏和发展，力求创造更多外汇收入和抑制通胀。古巴政府在财政紧张的情况下力保民生，但物资短缺和人口老龄化问题的解决尚需时日。古巴与美国的敌对关系基本面不变，与欧盟关系现阴霾，与中国保持友好关系，积极参与地区和国际事务。

关键词： 古巴　政治局势　经济困境　民生保障　多元化外交

一　政治形势

新冠疫情发生后，本就处于美国封锁政策掣肘下的古巴陷入经济困境，社会压力陡增，给以古共中央第一书记、古巴国家主席米格尔·迪亚斯-卡内尔·贝穆德斯（Miguel Díaz-Canel Bermúdez）为首的新一代领导层带来严峻的执政挑战。面对困局，古巴政府坚定社会主义路线，捍卫人民民主，坚持依法治国，力保政局稳定。

（一）第十届全国人民政权代表大会产生

2023 年 3 月 26 日，古巴举行全国人民政权代表选举，为 2019 年古巴颁

---

* 范蕾，中国社会科学院拉丁美洲研究所副研究员，古巴研究中心成员，主要研究方向为拉美社会组织和社会运动。

布新《选举法》以来首次。本次选举选出 470 名代表，组成第十届古巴全国人民政权代表大会，其中 221 名为基层代表，135 名为省级代表，114 名为全国代表。与往届全国人民政权代表选举相比，本次选举更具包容性。候选人中，女性占比超过 55%，35 岁及以下占比为 20%，黑人和穆拉托人占比为 45%，平均年龄 46 岁，比第 9 届人大代表平均年龄低 5 岁。① 古巴全国设 2.3 万多个投票站，凡年满 16 岁的古巴公民均可投票参与选举。古巴国家主席迪亚斯-卡内尔在其出生地比亚克拉拉省首府圣克拉拉市投票。他发表讲话说："古巴人民正在捍卫革命成果和社会主义，捍卫自己的未来。"② 4 月 19 日，第十届全国人民政权代表大会选举产生人大主席、副主席和秘书长。出席大会的 462 名代表全部行使了投票权，其中 461 票有效，1 票为空白票。胡安·埃斯特万·拉索·埃尔南德斯（Juan Esteban Lazo Hernández）获得 443 票，以 96.1%的得票率当选主席；安娜·玛丽亚·马里·马查多（Ana María Mari Machado）获得 457 票，以 99.13%的得票率当选副主席；奥梅罗·阿科斯塔·阿尔瓦雷斯（Homero Acosta Álvarez）获得 456 票，以 98.92%的得票率当选秘书长。③

（二）最高领导层顺利连任

2023 年 4 月 19 日，第十届全国人民政权代表大会选举古巴新一届国家主席和副主席，出席大会的 462 名代表全部行使了投票权，其中 460 票有效，2 票为空白票。古共中央第一书记迪亚斯-卡内尔以 97.66%的得票率当

---

① "Más del 70% de los Electores Ejercieron su Derecho al Voto hasta las 5：00 p. m. ", Granma, https：//www. granma. cu/elecciones-cuba-2022-2023/2023-03-26/mas-del-70-de-los-electores-ejercieron-su-derecho-al-voto-hasta-las-5-00-pm, accessed March 25, 2024.

② "Cuba Unida Votó, por el Presente y el Futuro de la Patria", Granma, https：//www. granma. cu/cuba/2023-03-26/cuba-unida-voto-por-el-presente-y-el-futuro-de-la-patria-26-03-2023-19-03-15, accessed March 25, 2024.

③ "Ratifican Presidencia de la Asamblea Nacional del Poder Popular y del Consejo de Estado de Cuba", Granma, https：//www. granma. cu/elecciones-cuba-2022-2023/2023-04-19/ratifican-presidencia-de-la-asamblea-nacional-del-poder-popular-y-del-consejo-de-estado-de-cuba, accessed March 25, 2024.

选国家主席，迎来新一届 5 年任期。萨尔瓦多·巴尔德斯·梅萨（Salvador Valdés Mesa）以 93.4% 的得票率连任国家副主席。代表大会上还一致表决通过了迪亚斯-卡内尔对部长会议成员的提名，任命曼努埃尔·马雷罗·克鲁斯（Manuel Marrero Cruz）再次出任总理，里卡多·卡布里萨斯·鲁伊斯（Ricardo Cabrisas Ruíz）出任副总理。[①] 迪亚斯-卡内尔政府在第一个任期内应对新冠疫情的表现尤为突出，共开发了 3 款新冠疫苗，疫苗接种率超过 90%；经济改革措施逐步推出，中小微企业和私营经济有所发展；互联网服务逐步改善。迪亚斯-卡内尔政府在第二个任期面临诸多严峻挑战，如严重的通货膨胀、物资短缺、能源危机、移民以及与美国的关系，特别是如何走出经济困境。迪亚斯-卡内尔在连任后发表讲话，感谢人民的信任，并表示今后的重点任务是关注粮食生产、发展旅游业、缓解通货膨胀等。

（三）依法治国稳步推进

2023 年 5 月，古巴全国人民政权代表大会通过第十届人大立法日程表，计划于 2023~2027 年颁布 81 项高级别立法，其中 2023 年通过 6 项。2023 年还通过了 12 项法令，其中 5 项是计划内的。在新《家庭法》框架下，2022 年 9 月 27 日至 2023 年 10 月 31 日，共缔结 1333 对同性婚姻，其中 806 对男性伴侣，527 对女性伴侣，此外还有 85 对事实婚姻。[②]

（四）对政治走势的基本判断

来自内外部的不利因素将在较长期持续困扰古巴经济和社会发展，影响政治和社会稳定的风险将持续存在，革命一代领导层的退出和权力结构的分

① "Constituida en Acto Solemne la X Legislatura de la Asamblea Nacional del Poder Popular", Granma, https：//www. granma. cu/cuba/2023 - 04 - 19/constituida - en - acto - solemne - x - legislatura-de-la-asamblea-nacional-del-poder-popular-19-04-2023-22-04-07, accessed March 25, 2024.

② "Comportamientos Favorables y Distorsiones en la Economía", Granma, https：//www. granma. cu/cuba/2023-12-29/comportamientos-favorables-y-distorsiones-en-la-economia-29-12-2023-22-12-33, accessed March 25, 2024.

散将加大这种风险。

低迷的经济表现将持续威胁古巴政治稳定。近年来，古巴居民生活水平下降，民众挫败感变强，抗议活动增多，出现对外移民潮。古巴政府通过一系列改革逐步强化决策的非集中化及扩大私营部门活动范畴，以缓和危机。但古巴民众特别是年轻人对政府的信心很难恢复，其政治参与意愿下降，如2023年3月第十届全国人大代表选举投票人数比重明显下降。古巴政府必须妥善处理和应对民众质疑、机构惰性、官员能力不足、各级政府机构规避风险等问题。鉴于经济困境和政治支持基础的不确定性，迪亚斯-卡内尔在新的任期将保持谨慎，以政局稳定和政策可持续性为优先。

虽然经济面临严重困难，民众不满情绪激化，但古巴短期内应不会发生政权更迭。古巴政府鼓励公众参与决策，结合国内安全机构的努力，缓解民众的不满情绪。例如，以互联网为媒介推动民众与领导层和公共服务部门沟通对话。当然，互联网媒介是把"双刃剑"，同时也会成为反政府情绪宣泄的出口。民众加强对政府的问责，要求更大的言论自由，对政府形成更大压力，也会在一定程度上挑战政治稳定性。

二 经济形势

处于美国经济、贸易和金融封锁下的古巴经济发展面临艰难处境，经济复苏举步维艰，进展缓慢。

（一）经济处境艰难

2023年，古巴国内生产总值（GDP）增长率为1.5%，人均国内生产总值增长率为1.7%。[①] 联合国拉美经委会认为，古巴已陷入慢性通货膨胀。2021年12月、2022年12月、2023年通货膨胀率分别为77.3%、39.1%和37.7%。2018~2022年全年通货膨胀率分别为2.4%、-1.3%、18.5%、

---

① CEPAL, *Anuario Estadistico 2023*, Santiago, marzo de 2024.

77.3%和39.1%。与2022年相比，2023年公共收入减少13.8%，其中非税收收入减少22.5%；公共支出减少17.7%，其中对教育、医疗的投入，对国有企业的拨款，以及对民众消费品的补贴均有所减少。2023年财政赤字为681.26亿比索，比2022年减少22.50亿比索，财政赤字约占国内生产总值的10%。随着经济复苏，同时采取更多措施严格审查个体户、小微企业、农业合作社和个体农户的个税申报，减少偷税漏税，古巴政府预期财政赤字会进一步减少。古巴政府还将发行平均年利率为2.5%的1~20年期主权债券以弥补财政赤字。[1]

2023年，农业产值下降20.0%，工业产值下降1.1%，服务业产值上升0.5%。由于燃料和原材料供应不足和镍的国际价格下跌，镍、蔗糖、饮料和酒类等主要出口商品的出口额都有所减少。服务出口额增长，主要来自医疗服务出口和旅游业。商品和服务进口额减少，特别是自委内瑞拉、中国、阿根廷和西班牙的进口。商品和服务进出口收支出现逆差，主要原因是古巴外汇短缺，无法保证采购到生产所需的原材料。经常项目收支逆差为12.13亿美元。商品出口额为19.39亿美元，商品进口额为89.20亿美元，商品贸易收支逆差为69.81亿美元；服务贸易收支顺差为65.09亿美元；初级收入逆差为15.51亿美元；二级收入顺差为8.10亿美元。外债存量为284.59亿美元，外债偿还额为25.31亿美元，其中本金偿还额为11.57亿美元，利息偿还额为13.74亿美元。国际储备为44.03亿美元，不足新冠疫情前的一半（2019年为103.53亿美元）。年末美元对比索的官方汇率为1∶35。[2]

（二）新型经济主体规模扩大

2023年，古巴政府继续推进经济改革，新型经济主体数量增长，为古巴经济注入新活力。2021年政策颁布后，古巴私营、合资和混合所有制等新型经济主体数量明显增长。截至2023年底，共有9988家新企业登记注册，其中中小微

---

[1] CEPAL, *Balance Preliminar de las Economías de América Latina y el Caribe 2023*, Santiago, 2023.

[2] EIU, "One-Click Report：Cuba", March 1, 2024.

企业 9747 家，餐饮和住宿、建筑、制造和食品饮料加工行业的企业占比分别为 22.1%、19.5%、18.4% 和 12.7%。这些新型经济主体对国内生产总值的贡献率超过 15%，进口额约 10 亿美元，出口额约 2 亿美元，提供就业岗位 26.2 万个，其中新增就业岗位 18.3 万个，覆盖了古巴约 35% 的就业人口。仅 685 家中小微企业亏损，占总数的 7.02%。[①] 古巴知名经济学家罗德里格斯认为，新型经济主体主要在国有企业未涉足的领域参与市场竞争，大部分以汇款方式进行外部融资，资金周转更快，薪酬总体高于国有企业，其发展有助于增加商品和服务的供应，但因产品销售价格较高，仍未得到一些民众的认可。[②]

（三）积极招商引资

2023 年，古巴获批的外资企业达到 42 家，集中于旅游、生物技术、食品生产、采矿、农业和商业领域。截至 2023 年底，在古巴运营的涉外资企业共 343 家，来自 40 多个国家，分布于各个省份，其中 181 家为国际经济合作，106 家为合资企业，56 家为独资企业。[③]

2023 年，作为古巴经济支柱和创汇大户的旅游业收入未及预期，全年外国游客数量仅 245 万人[④]，主要原因是美国限制前往古巴又申请访美的欧洲国家游客的签证，航班恢复缓慢，反对前往古巴旅游的呼声，以及一些古巴国内主客观因素。古巴必须吸引外资参与，保证旅游服务质量的稳定性，进一步发掘地方旅游资源和特色。

---

① "Diputados Analizan el Desempeño de los Nuevos Actores Económicos y su Aporte al Desarrollo Territorial", Granma, https：//www. granma. cu/cuba/2023 − 12 − 18/diputados − analizan − el − desempeno−de−los−nuevos−actores−economicos−y−su−aporte−al−desarrollo−territorial, accessed March 25, 2024.

② 《2023 年古巴新型经济主体数量明显增长》，中华人民共和国驻古巴共和国大使馆经济商务处网站，2024 年 2 月 28 日，http：//cu. mofcom. gov. cn/article/jmxw/202402/20240203475387. shtm，最后访问日期：2024 年 3 月 25 日。

③ "Comportamientos Favorables y Distorsiones en la Economía", Granma, https：//www. granma. cu/cuba/2023−12−29/comportamientos−favorables−y−distorsiones−en−la−economia−29−12−2023−22−12−33, accessed March 25, 2024.

④ "Al Turismo, lo que le Corresponde en la Economía", Granma, https：//www. granma. cu/cuba/2023−12−18/potenciar−el−turismo−para−el−desarrollo−del−pais, accessed March 25, 2024.

（四）政策趋势和经济走势

元气大伤的古巴经济仍然处于困境。古巴政府认为，古巴正处于战时经济状态，国内外形势复杂，不利因素包括美国对古巴的经济和金融封锁、全球范围的多维度危机、外汇创汇严重不足和宏观经济失衡。比较突出的问题是外国游客数量、出口额、食品产量未达预期，外汇短缺和对外移民增加。在 2023 年底的第十届全国人大第二次常会上，古巴总理马雷罗表示要纠正政策偏差，恢复国内商品和服务生产的活力，取消补贴，实施新的经济刺激措施，同时继续为弱势群体提供保障。具体目标是增加居民收入和创造更多外汇收入，促进国内生产，减少财政赤字，创造更多就业，全面深化国有企业改革，完善政府行为，稳定金融。[1]

美国对古巴的经济、贸易和金融封锁政策将持续掣肘古巴经济发展。根据官方统计，2022 年 3 月至 2023 年 2 月，美国对古封锁政策给古巴经济造成的损失高达 48.67 亿美元。[2] 古巴仍在美国的"支持恐怖主义国家"名单上，这对古巴金融业造成严重负面影响。此外，古巴经济内生动力不足、外部依赖性高的问题难以在短期内改变，古巴经济发展将持续面临阻力，短期内无法恢复到新冠疫情前的状态。

古巴经济改革进程仍将审慎、渐进地推进，古巴政府将以稳为主，优先考虑政策可能引发的社会成本。2024 年 2 月，古巴更换经济部长和央行行长，推迟燃料涨价，反映出政府在宏观经济政策上的进退维谷，在缓和经济困境和财政改革之间举棋不定。同时，在民众对经济运行的信任度极低的情况下，为避免行差踏错可能带来的政治代价，政府在决策方面会慎之又慎。3 月，迪亚斯-卡内尔巡视全国，深入了解地方企业和社区的问题，很可能出台新的经济改革措施，以推动国有企业重组和私营部门发展。同时，随着加拿大、俄罗斯逐渐

---

① "Comportamientos Favorables y Distorsiones en la Economía", Granma, https：//www. granma. cu/cuba/2023-12-29/comportamientos-favorables-y-distorsiones-en-la-economia-29-12-2023-22-12-33, accessed March 25, 2024.

② CEPAL, *Balance Preliminar de las Economías de América Latina y el Caribe 2023*, Santiago, 2023.

恢复与古巴的通航和国际旅游需求的缓慢恢复,古巴旅游业也会略有起色。

古巴政府从 2024 年 1 月 1 日开始实施一项宏观经济稳定计划,采取平衡的货币、汇率、金融和财政政策来促进经济的复苏和增长,改善古巴货币的可兑换性,并降低通货膨胀率。[①] 但是,古巴的非正规货币交易和非商品交易市场非常庞大,汇率和商品价格混乱,加大抑制通货膨胀和稳定价格的难度。2023 年 1~11 月,古巴非正规市场的平均汇率为 1 美元兑 212 比索。[②] 2024年,持续的物资短缺、部分补贴减少、不乐观的通胀将会持续加大价格压力。但从中长期来看,随着国内生产和进口商品的逐步恢复,古巴的经济局面将有所改观,当然这取决于经济改革的推进力度和外汇状况的改善程度。

三　社会形势

古巴政府始终将保障民生放在社会政策首位,2023 年在财政紧张的情况下也未放弃这一原则。然而,持续的物资短缺是影响古巴社会稳定的隐患。由于燃料短缺和资金不足,2023 年食品、饮料总产量降至 292131 吨,仅完成计划额的 69.6%,蔬菜、玉米、猪肉、鸡肉、牛肉、牛奶和鸡蛋等菜篮子食品产量均未达到计划目标,有的甚至断供数月。[③] 就业形势严峻,2022 年经济活动参与率为 66.4%,年均就业率为 65.4%,年均公开失业率为 1.4%。[④] 2024 年,古巴政府仍将保障民生作为财政预算的基本原则。教育、医疗、社会保障和救助、文体事业的预算支出占比为 63%。其中,公共医疗支出占比为 26%,比 2023 年增加 137.85 亿比索;教育支出占比为 20%,比 2023 年增加 115.44 亿比索(含高等教育 7.56 亿比索)。截至 2023

---

① 《古巴推行经济新计划促进经济复苏》,新华网,2024 年 1 月 3 日,http://www3.xinhuanet.com/20240103/d375784c802749d086dceb3f17448990/c.html,最后访问日期:2024 年 3 月 25 日。

② CEPAL, *Balance Preliminar de las Economías de América Latina y el Caribe 2023*, Santiago, 2023.

③ "Producir Más y Mejores Alimentos Siempre Será Una Demanda Urgente", Granma, https://www.granma.cu/cuba/2024-03-13/producir-mas-y-mejores-alimentos-siempre-sera-una-demanda-urgente-13-03-2024-01-03-33, accessed March 25, 2024.

④ CEPAL, *Anuario Estadistico 2023*, Santiago, marzo de 2024.

年底，古巴公共医疗部门共有职工约 40.9 万人，其中专业人员约 27.9 万人，管理、行政岗位约 13 万人。2024 年，古巴政府计划在医疗行业实施若干项重要举措，包括按工龄逐年涨薪、上调时薪、发放高强度劳动补贴等。①

（一）婴儿死亡率下降

2023 年，古巴 1 岁以下婴儿死亡率为 7.1‰，2022 年为 7.5‰。25 个城市没有婴儿死亡报告，首都哈瓦那及圣地亚哥、关塔那摩、玛雅贝克省的婴儿死亡率下降明显，但仍高于全国平均数。根据官方初步统计数据，2023 年成活新生儿 90374 名，学龄前儿童死亡率从 4.1‰降至 3.6‰，学龄儿童死亡率从 2.4‰降至 2.1‰。因先天性缺陷死亡的婴儿死亡率为 0.7‰，相比 2022 年有所下降，为美洲国家最低。截至 2023 年，古巴已连续 8 年保持艾滋病母婴传染率不超过 2%。②

（二）应对人口老龄化

古巴是人口老龄化问题最突出的拉美国家之一。2022 年，古巴的生育率远低于代际更替水平，其中 15~49 岁女性生育率为 50.6‰，60 岁及以上人口占比为 22.3%。③ 根据古巴国家统计局的数据，截至 2023 年 3 月底，古巴全国总人口为 11082964 人，呈下降趋势，主要原因是生育率低、出生率低于死亡率和移民增多。古巴的预期寿命为 77 岁左右，与发达国家水平

---

① "Cómo Impactará el Incremento de los Ingresos en los Sectores de Salud y Educación", Granma, https：//www. granma. cu/cuba/2023-12-29/como-impactara-el-incremento-de-los-ingresos-en-los-sectores-de-salud-y-educacion-29-12-2023-01-12-34, accessed March 25, 2024.

② "Descendió en 2023 la Tasa de Mortalidad Infantil en Cuba", Granma, https：//www. granma. cu/cuba/2024-01-03/cuba-desciende-en-el-2023-tasa-de-mortalidad-infantil-a-71-por-mil-nacidos-vivos-03-01-2024-08-01-16, accessed March 25, 2024.

③ "Cuba es un Referente en América Latina y el Caribe en Materia de Población y Desarrollo", Granma, https：//www. granma. cu/cuba/2023-12-15/cuba-es-un-referente-en-america-latina-y-el-caribe-en-materia-de-poblacion-y-desarrollo-15-12-2023-23-12-52, accessed March 25, 2024.

基本持平。预计到 2030 年，古巴人口平均年龄为 43 岁，60 岁及以上人口占比约为 29%，60 岁及以上人口的绝对数量超过 300 万人。[①] 人口老龄化将对社会保障、社会救助体系构成更大压力，并导致经济参与人口比重降低。

年轻人移民、生育年龄推迟和子女数量减少使古巴的人口老龄化问题更加突出。根据古巴国家统计局 2022 年 4 月 1～30 日对 12093 人（女性 6471人，男性 5622 人）的生育状况调查，15～54 岁女性平均生育子女 1.14 个。生育过子女的女性和男性占比分别为 87% 和 76%，与 2009 年的数据相比，生育意愿明显下降，2009 年上述两个比重分别为 91% 和 82%。在 15～49 岁人群中，有生育意愿的男性和女性比重分别为 27.3% 和 21.2%；未生育过的女性占比为 32%，仅生育 1 孩的女性占比为 36%，生育多孩的女性占比为 32%。根据普查结果，结婚年龄的男女差异明显。在 15～19 岁年龄段，18 岁之前的男性、女性结婚比重分别为 7.5% 和 16.9%，15 岁之前的男性、女性结婚比重分别为 0.7% 和 3.8%。男性和女性首次生育的平均年龄分别为 27 岁和 23 岁，有 26.2% 的女性在 20 岁之前首次生育，12.5% 的女性在18 岁之前首次生育，1.1% 的女性在 15 岁之前首次生育。普查还显示，古巴人初次发生性关系的年龄比较小，69.8% 的女性和 75.8% 的男性在 18 岁之前，10.8% 的女性和 15.9% 的男性在 15 岁之前，而 39% 的人未采取任何避孕措施或预防性病传播措施。[②]

（三）通信与网络安全

近年来，古巴政府着力改善通信服务，互联网普及程度逐年提高。截至2022 年底，Facebook 用户达 410 万，YouTube 用户达 390 万，WhatsApp 用户达 390 万，Telegram 用户达 370 万，Twitter 用户达 370 万。截至 2023 年 9

[①] "Cuba y los Desafíos del Envejecimiento Poblacional", Granma, https://www.granma.cu/cuba/2023-07-11/cuba-y-los-desafios-del-envejecimiento-poblacional-11-07-2023-22-07-16, accessed March 25, 2024.

[②] "Encuesta Nacional Confirma Baja Fecundidad en Cuba", Granma, https://www.granma.cu/cuba/2023-07-11/encuesta-nacional-confirma-baja-fecundidad-en-cuba-11-07-2023-20-07-19, accessed March 25, 2024.

月，移动电话覆盖率达到 83%，4G 覆盖率为 50%，3G 覆盖率为 75%。全国共有 5000 多个基站，移动电话用户数量超过 760 万。电子支付使用率提高，在电话费、电费、燃气费、水费缴纳和缴税方面的占比分别为 87.8%、40.05%、25.6%、8.35% 和 60%。两大电子支付平台之一的 Transfermóvil 的活跃用户数量达到 430 万，另一平台 EnZona 的注册用户数量也超过 400 万。各政府部门和企业的信息化、数字化程度日益提高，互联网使用率明显上升。[①]

随着互联网的普及，网络安全事件也在增多。2023 年 1~9 月，国家网络安全中心与古巴电信公司安全运行中心共发现和处理 2600 多起网络安全事件，70% 涉及自然人，主要是通过数字社交网络和电子支付渠道进行网络欺凌、身份冒充和欺诈。古巴互联网用户已超过 800 万，使用 Transfermóvil 和 EnZona 进行电子支付的人也与日俱增，对网络安全提出更大挑战。[②]

（四）能源开发与电力供应

2023 年，古巴全国总发电量超过 19000 千兆瓦时，比 2022 年增长 10.1%。总用电量 14703 千兆瓦时，比计划用量少 3.2%，其中居民用电量比 2022 年增加 12.5%，非居民用电量比 2022 年增加 8.8%。燃料用量比 2022 年减少 7.3%，比预计用量少 30 多万吨。[③]

为保障电力供应，古巴政府大力推动可再生能源开发。截至 2023 年 8 月，可再生能源平均日发电量为 1450 兆瓦/小时，相当于 23 万个家庭用电量，每日

---

① "De Condiciones Tecnológicas y Bancarización", Granma, https：//www. granma. cu/cuba/2023－08－18/de-condiciones-tecnologicas-y-bancarizacion-18-08-2023-21-08-43, accessed March 25, 2024.

② "Incremento en los Incidentes Vinculados a la Ciberseguridad", Granma, https：//www. granma. cu/cuba/2024-01-08/incremento-en-los-incidentes-vinculados-a-la-ciberseguridad, accessed March 25, 2024.

③ "En 2023 el Sistema Eléctrico Nacional Ganó en Estabilidad, a Pesar de las Dificultades", Granma, https：//www. granma. cu/cuba/2024-01-11/en-2023-el-sistema-electrico-nacional-gano-en-estabilidad-a-pesar-de-las-dificultades-11-01-2024-22-01-49, accessed March 25, 2024.

可节省发电用柴油 250 吨。① 2024 年 3 月 13 日，古巴能源和矿产部部长在新闻发布会上宣布，古巴计划于 2028 年建成 92 个太阳能光伏发电园，每个园区年发电量超过 20 兆瓦，这意味着可替代 75 万吨燃料进口，降低燃料进口依赖。②

（五）环保

2023 年，古巴科技与环境部下属的环境研究所共参与 125 个研究项目，其中 68 个项目由环境研究所自主实施，涉及环境变化的适应与应对、生物多样性、气象学与可持续发展、灾害风险防范与应对等领域。此外，环境研究所还提供 90 项与气候变化应对计划 "生命任务" 密切相关的科技服务，12 月底完成率达 96%。③

四 外交形势

2023 年，古巴与美国敌对关系基本面不变，与欧盟关系现阴霾，与中国保持友好关系，积极参与国际和地区事务。

（一）与美国的敌对关系基本面不变

2023 年，美国对古封锁政策仍旧严重制约古巴经济社会发展。在 2023 年 11 月举行的第 78 届联合国大会上，与会国以 187 票赞成的压倒性优势通过了《必须终止美国对古巴的经济、商业和金融封锁》决议案。自 1992 年起，联合国大会每年都就古巴提交的关于终止美国对其封锁的决议草案进行

---

① "Cuba Mantiene Como Prioridad el Impulso a las Fuentes Renovables de Energía", Granma, https：//www. granma. cu/cuba/2023－09－05/cuba－mantiene－como－prioridad－el－impulso－a－las-fuentes-renovables-de-energia-05-09-2023-20-09-46, accessed April 2, 2024.

② "Cuba Instalará 2000 Megawatts de Potencia en 92 Parques Solares Fotovoltaicos", Granma, https：//www. granma. cu/cuba/2024－03－14/cuba－instalara－2－000－megawatts－de－potencia－en-92-parques-solares-fotovoltaicos-14-03-2024-01-03-39, accessed April 2, 2024.

③ "En las Investigaciones sobre Medio Ambiente Hay Claves para el Desarrollo Sostenible", Granma, https：//www. granma. cu/cuba/2024－03－08/en－las－investigaciones－sobre－medio－ambiente－hay-claves-para-el-desarrollo-sostenible-08-03-2024-00-03-55, accessed April 2, 2024.

表决，相关决议连续 31 次以压倒性多数获得通过，但美国一直无视国际呼声。

古巴关塔那摩湾美国海军基地问题悬而未决。2023 年 7 月 5~8 日，一艘美国核潜艇在基地停靠。11 日，古巴外交部发表声明，强烈谴责美方行为，称这是美国对古巴的"挑衅升级"。古巴官方表示，美方在作为"和平区"的拉美和加勒比地区停靠核潜艇的军事动机和战略目的令人质疑。声明称，美国违背古巴人民意愿，非法占领关塔那摩湾部分领土已超过 120 年，使其沦为扣押和折磨多国公民、系统性侵犯人权之所。声明指出，美国在拉美和加勒比地区设有数十个军事基地，威胁该地区国家主权和人民利益。古方重申反对美国在古巴的军事存在，要求美国归还非法占领的领土，同时警告美军核潜艇在加勒比地区出现和穿行的危险性。①

古巴对美国的非法移民问题日益突出。在新冠疫情的沉重打击下，古巴经济和民生遭遇困境，导致对外移民显著增多，其中很大一部分是流向美国的非法移民。根据美国海关和边境巡逻局的数据，2022 年 1 月至 2023 年 9 月，入境美国的古巴人将近 42.5 万人，其中 2023 年入境 200287 人，大多数为在美国与墨西哥边境被捕的非法移民，为历史最高纪录。② 根据古巴官方数据，截至 2023 年 8 月 18 日，美国共遣返古巴非法移民 98 批次，共计 4249 人。③ 美古两国从 2022 年 4 月开启有关移民问题的官方高级别对话，美国驻古巴大使馆恢复部分签证服务，2023 年 1 月 4 日全面恢复古巴赴美移民签证服务。美国此举的主要目的是遏制古巴非法移民入境，两国官方对话仅限于移民问题，并不代表两国关系有缓和及回暖迹象。

① "Rechaza Cuba Presencia de Submarino Nuclear de EE. UU. en la Bahía de Guantánamo", Granma, https：//www. granma. cu/cuba/2023-07-11/rechaza-cuba-presencia-de-submarino-nuclear-de-eeuu-en-la-bahia-de-guantanamo-11-07-2023-08-07-18, accessed April 2, 2024.

② 《2022~2023 年进入美国的古巴移民人数破纪录》，每日经济，2023 年 10 月 25 日，https：//cn. dailyeconomic. com/2023/10/25/78563. html，最后访问日期：2024 年 4 月 2 日。

③ "Devuelven a Cuba 29 Migrantes Irregulares desde EE. UU.", Granma, https：//www. granma. cu/cuba/2023-08-18/devuelven-a-cuba-29-migrantes-irregulares-desde-ee-uu, accessed April 2, 2024.

虽然美国拜登政府在 2023 年放宽了几项对古限制性措施，如在一定程度上放宽侨汇，允许一些包机和商业航班飞往除首都哈瓦那以外的古巴城市，但古巴仍在美国的"支持恐怖主义国家"名单上，诸多限制性措施仍在实施。随着 2024 年 11 月美国大选临近，美国总统拜登不会冒政治风险继续放宽对古限制性措施。从中长期来看，古巴与美国的敌对关系基本面不会发生变化。

（二）与欧盟的关系现阴霾

自 2017 年古巴与欧盟的关系恢复以来，双方关系一直以求同存异为基本原则。在《政治对话与合作协议》的基本框架下，承认意识形态差异，在平等、互利、利益相同和相互尊重的前提下推进经贸合作，加强在人权、可持续发展等共同关心的问题上的对话与交流。欧盟是古巴的主要投资和贸易伙伴之一，欧洲也是古巴旅游业的重要来源市场。

2023 年，古巴与欧盟的关系显现阴霾。5 月，欧盟外交事务与安全政策高级代表何塞普·博雷利（Josep Borrell）访问古巴。根据这次访问期间的评估，欧洲议会于 7 月 11 日通过一项不具约束力的决议，敦促古巴释放在 2021 年 7 月 11 日反政府抗议活动中的被捕者。次日，古巴全国人民政权代表大会国际关系委员会表示，欧洲议会"没有道义、政治和法律上的权威来评判古巴"，该决议是"对已在古巴投资或有意在古巴投资的欧盟企业的攻击，并体现了极右翼和相关政治势力剥夺欧盟对古巴政策独立性的意图"，是对古巴的干涉和诽谤。古巴官方呼吁欧洲议会尊重双边政治对话与合作协议，继续加强以互利为原则的双边交流与合作。①

---

① "El Parlamento Europeo Carece de Autoridad Moral, Política y Jurídica para Juzgar a Cuba: Declaración de la Comisión de Relaciones Internacionales de la Asamblea Nacional del Poder Popular", Granma, https：//www. granma. cu/cuba/2023 - 07 - 12/el - parlamento - europeo - carece-de-autoridad-moral-politica-y-juridica-para-juzgar-a-cuba-12-07-2023-08-07-57, accessed April 2, 2024.

（三）与中国保持友好关系

2023 年，中古政治互信稳固，党际和高层往来稳步推进。4 月 23～28 日，应中国共产党邀请，由古共中央政治局委员、中央组织书记莫拉莱斯率领的古巴共产党代表团访华。8 月 23 日，中共中央总书记、国家主席习近平在南非同古共中央第一书记、古巴共和国国家主席迪亚斯－卡内尔会晤。9 月 16～18 日，应古巴共产党邀请，中共中央政治局常委、中央纪委书记李希对古巴进行正式友好访问。11 月 2～9 日，古共中央政治局委员、古巴总理马雷罗访华并出席第六届中国国际进口博览会。

中古经贸合作不断深化。双边贸易方面，中国是古巴全球第二大货物贸易伙伴，古巴是中国在加勒比地区的重要贸易伙伴。据中国海关统计，2023 年中古货物贸易总额为 8.62 亿美元，同比下降 0.2%。其中，中国对古巴出口额为 5.04 亿美元，同比增长 22.2%；中国自古巴进口额为 3.59 亿美元，同比下降 20.6%。中国自古巴主要进口矿砂、镍矿、海产品、食糖、烟草制品等，对古巴主要出口电力设备、机械器具、汽车及零配件、钢材及钢铁制品、塑料制品等商品。投资与承包工程方面，两国企业合作主要集中在基础设施建设、清洁能源、农业开发等领域。[①] 中古两国经贸主管部门机制性交流也不断深入。2023 年 10 月 24 日，中国商务部部长王文涛与古巴副总理兼外贸外资部长卡布里萨斯共同主持召开中古政府间经贸混委会第 30 届会议，双方就双边经贸关系发展和重点经贸议题深入交换了意见。

中古各界交流与合作密切。文化领域，2023 年 3 月，中国驻古巴大使馆和古巴国家装饰艺术博物馆共同举办了"纯色·中国瓷器展"。5 月，中国文化和旅游部副部长、国家文物局局长李群以视频方式出席"77 国集团

---

① 《中古经贸关系》，中华人民共和国驻古巴共和国大使馆网站，2024 年 2 月 1 日，http：//cu. china - embassy. gov. cn/sbgx/jmgx/202402/t20240201_11237545. htm，最后访问日期：2024 年 4 月 2 日。

和中国"文化部长会议并发表致辞。7月，古巴文化部副部长费尔南多·哈科米诺率团赴华出席第三届文明交流互鉴对话会暨首届世界汉学家大会。教育领域，中古两国互派留学生项目历史悠久，双方互派人数不断增加。2023年，中古两国教育部实现了疫情后的首次互访，两国签署了2023～2025年教育交流相关协议。自2009年开始运营的哈瓦那孔子学院在两国语言教学合作方面发挥重要作用。2022年和2023年3月，中文课程先后正式走进古巴中学和高校。2023年，哈瓦那大学孔子学院有学员1500余名，年内开展学术论坛、讲座、节日演出、展览、中国语言及文化赛事、教师培训和专题研讨等80余场次。在第二十二届"汉语桥"世界大学生中文比赛中，古巴赛区冠军白德辉荣获美洲总冠军和全球前5名的好成绩。12月，古巴哈瓦那大学孔子学院古方及中方院长赴华参加2023年世界中文大会。科技领域，2023年中古生物技术合作联合工作组第12次会议成功召开，双方全面总结第11次会议以来中古生物技术合作情况，研讨未来两年合作重点内容，签署了会议纪要，有关企业签署了新的合作伙伴商业协议。①

（四）地区内国家关系与国际参与

2023年，古巴延续外交多元化路线，巩固与地区内左翼执政国家之间的关系，积极参与地区和国际事务。1月下旬，拉共体第7届峰会在阿根廷首都布宜诺斯艾利斯召开，拉美和加勒比地区33个国家全部出席峰会，古巴国家主席迪亚斯-卡内尔出席峰会并发表讲话。峰会通过《布宜诺斯艾利斯宣言》。3月下旬，第28届伊比利亚美洲首脑会议在多米尼加共和国首都圣多明各召开，包括古巴在内的拉美和加勒比19个西葡语国家和伊比利亚半岛3国西班牙、葡萄牙、安道尔的领导人或外长出席了峰会。历时2天的峰会以"携手共建公正和可持续发展的伊比利亚美洲"为主题，审议通过

---

① 根据中华人民共和国驻古巴共和国大使馆官网"中古关系要闻"信息整理，最后访问日期：2024年4月2日。

《伊比利亚美洲环境宪章》《伊比利亚美洲数字化原则和权利宪章》《粮食安全战略》《国际金融结构特别公报》4 个文件，批准《2023～2026 年伊比利亚美洲合作行动计划》。6 月 29 日至 7 月 2 日，第 26 届拉美左翼圣保罗论坛在巴西首都巴西利亚召开，主题是"区域一体化推进拉美和加勒比的主权"，来自拉美和加勒比及亚、非、欧 23 国 150 多位左翼政党或组织的代表参加会议。古巴共产党代表团团长、古共中央国际部部长埃米利奥·洛萨达（Emilio Lozada）致辞。8 月下旬，古巴国家主席迪亚斯-卡内尔以"77 国集团和中国"轮值主席国领导人身份参加在南非约翰内斯堡举行的金砖国家峰会。这是迪亚斯-卡内尔首次出席金砖国家领导人会晤。[1] 9 月 15 日，"77 国集团和中国"峰会在古巴首都哈瓦那开幕，古巴为轮值主席国。峰会主题为"当前发展面临的挑战：科学、技术和创新的作用"，聚焦推动南方国家协调合作应对当前挑战。巴西、委内瑞拉等约 30 个国家的国家元首或政府首脑、多名国际和区域组织负责人及近 100 个国家的高级别代表团参加会议。古巴革命领袖劳尔·卡斯特罗出席会议。古巴国家主席迪亚斯-卡内尔在开幕式致辞中表示，当今世界面临多重危机，国际经济秩序受到严重冲击，"77 国集团和中国"肩负着在国际舞台维护大多数国家利益的巨大责任，应团结争取发展权，推动国际关系民主化。他强调，中国国家主席习近平提出的全球发展倡议具有重要意义和价值，这一包容性倡议顺应了建立新的公平公正国际秩序的时代潮流。[2] 11 月底至 12 月初，古巴国家主席迪亚斯-卡内尔出访中东三国。第一站是阿联酋，出席《联合国气候变化框架公约》第二十八次缔约方大会（COP28）。迪亚斯-卡内尔访问期间，两国签署了《相互保护投资协定》、《消除双重征税协定》、

---

[1] "Presidente de Cuba Inicia Visita Oficial a Países de África y Participará en Cumbre de los BRICS", Granma, https：//www. granma. cu/cuba/2023－08－19/presidente－de－cuba－inicia－visita－oficial－a－paises－de－africa－y－participara－en－cumbre－de－los－brics, accessed April 2, 2024.

[2] 《"77 国集团和中国"峰会开幕 聚焦推动合作应对当前挑战》，中国政府网，2023 年 9 月 16 日，https：//www. gov. cn/yaowen/liebiao/202309/content_6904318. htm，最后访问日期：2024 年 4 月 2 日。

《中央银行间协议》和旅游、科技、环境等领域的谅解备忘录等多项文件。第二站是卡塔尔，卡塔尔表示愿意与古巴加强金融和卫生领域的合作关系，加大对古巴旅游、生物技术、水力资源等部门的投资。第三站是伊朗，两国签署了科技、卫生、农业、能源等领域合作文件和扩大疫苗合作的谅解备忘录。

（杨建民　审读）

Y.13
委内瑞拉：总统选举牵动全局

王 鹏[*]

摘 要： 2024 年 7 月，委内瑞拉举行新一届总统选举。马杜罗总统成为执政党的正式候选人，谋求再次连任。委内瑞拉经济在 2022 年迎来复苏，有望在 2024 年保持增长。这既要归功于马杜罗政府的经济政策调整，也要归功于国际原油价格上涨、美国放松制裁和石油出口收入增加。由于经济形势不佳，委内瑞拉民众在近年面对较为困难的生活状况，大量人口移民。在对外关系领域，总统选举引发的争议使委内瑞拉与美国和一些拉美国家的关系再度恶化。针对埃塞奎博地区归属的主权争议持续困扰委内瑞拉和圭亚那的双边关系。

关键词： 委内瑞拉 总统选举 经济复苏 人口外流 美国制裁

一 政治形势

马杜罗政府的执政地位在近年得到巩固。本届政府自 2019 年 1 月成立以来，一直面对以胡安·瓜伊多（Juan Guaidó）为首的反对派阵营的对抗，政局一度陷入严重动荡。2020 年 12 月，以委内瑞拉统一社会主义党（PSUV）为首的执政联盟在国会选举中获胜，重新获得国会多数席位。2021 年 11 月，该国举行地方选举。执政联盟赢得 23 个州长职位之中的 19 个，以及首都加拉加斯市市长职位。两场选举胜利极大地巩固了马杜罗政府

---
* 王鹏，中国社会科学院拉丁美洲研究所副研究员，拉美发展与战略研究室主任，中美洲和加勒比研究中心秘书长，主要研究方向为拉美政治。

的执政地位。2022年12月30日，反对派阵营自行投票表决，宣布结束以瓜伊多为首的所谓"过渡政府"。

反对派在对抗策略失败之后做出调整，从抵制选举转向大力参与。主要反对党试图通过参加选举动员选民向马杜罗政府施加压力，迫使其让步妥协，最终夺取执政权。在2021年的地方选举中，反对党候选人赢得苏利亚州、新埃斯帕塔州、科赫德斯州和巴里纳斯州州长职位，反对党的声势得到提升。

马杜罗政府自2019年以来多次与反对派进行对话，以便缓和对抗、稳定国内局势。2023年10月，马杜罗政府和反对派签署《巴巴多斯协定》，就2024年总统选举达成一些基本共识，从而缓和了国内政治矛盾，也为改善外部环境创造了条件。

随着2024年总统选举临近，委内瑞拉朝野对抗再度趋于激烈。主要反对党联盟"统一纲领"（PU）在2023年10月22日举行初选，前保守派国会议员玛丽亚·科丽娜·马查多（Maria Corina Machado）赢得胜利，由此成为最热门的反对党总统选举候选人。但她此前因涉嫌欺诈和逃税等问题而被政府取消竞选公职的资格。2024年1月，最高法院宣布驳回她的上诉，维持有关她不得参加选举的禁令。最终，埃德蒙多·冈萨雷斯·乌鲁蒂亚（Edmundo González Urrutia）取代她成为"统一纲领"的总统选举候选人。总统选举在2024年7月28日举行，包括马杜罗在内的13名候选人进行角逐。

二　经济形势

委内瑞拉经济呈现复苏态势。2014~2021年，委内瑞拉经济遭遇连续8年负增长，国内生产总值严重萎缩。2022年，委内瑞拉经济恢复增长，国内生产总值增长率达到12%。① 委内瑞拉实现经济复苏首先归功于以副总统德尔西·罗德里格斯（Delcy Rodríguez）为首的经济管理团队大力调整经济

---

① ECLAC, *Preliminary Overview of the Economies of Latin America and the Caribbean 2022*, Santiago, 2022.

政策，放松价格管制和货币管制，允许美元流通，给予私营部门更大的经营空间。委内瑞拉经济复苏也要归功于国际市场原油价格上涨、美国放松制裁和委内瑞拉石油出口收入增长。联合国拉丁美洲和加勒比经济委员会估计，2023 年和 2024 年委内瑞拉国内生产总值增长率分别为 3% 和 4%。[1] 马杜罗政府预计，凭借更多石油出口收入，委内瑞拉有望在 2024 年实现 8% 的经济增长率。[2]

马杜罗政府着力限制信贷和公共支出，使委内瑞拉逐渐走出恶性通胀。委内瑞拉中央银行数据显示，2023 年通胀率下降至 189.8%，为 2015 年以来最低值。[3] 2023 年 3～12 月，每月通胀率保持在个位数，12 月通胀率（2.2%）成为该国 10 年来最低月度通胀率。[4]

马杜罗政府努力保持本币玻利瓦尔对美元汇率的平稳。截至 2024 年 4 月 8 日，官方参考汇率为 1 美元兑换 38 玻利瓦尔。[5] 2023 年 4 月的官方参考汇率为 1 美元兑换 24 玻利瓦尔。[6] 玻利瓦尔仍在贬值，但贬值幅度已经显著收窄。

委内瑞拉的石油生产和石油出口收入呈现明显的反弹之势。2023 年，委内瑞拉原油产量为 78.3 万桶/日。[7] 这一产量尚未达到马杜罗政府的目标

[1] ECLAC, *Preliminary Overview of the Economies of Latin America and the Caribbean 2023*, Santiago, 2023.
[2] Mayela Armas, "Venezuela Economy Grew 5% in 2023, Will Reach 8% This Year－Maduro", Reuters, January 16, 2024, https：//www.reuters.com/world/americas/venezuela－economy－grew－5－2023－will－reach－8－this－year－maduro－2024－01－15/, accessed April 2, 2024.
[3] "Venezuela's 2023 Annual Inflation Ends at 189%, Lowest since 2015 (+Argentina)", Orinoco Tribune, January 15, 2024, https：//orinocotribune.com/venezuelas－2023－annual－inflation－ends－at－189－lowest－since－2015－argentina/, accessed March 28, 2024.
[4] "Índice Nacional de Precios al Consumidor (INPC)", BCV, 2024, https：//www.bcv.org.ve/sites/default/files/precios_consumidor/4_5_7_0.xls, accessed April 3, 2024.
[5] "Tipo de Cambio de Referencia", BCV, 8 de abril de 2024, https：//www.bcv.org.ve/, accessed April 9, 2024.
[6] "Tipo de Cambio de Referencia SMC (Sistema del Mercado Cambiario)", BCV, 3 de abril de 2023, https：//www.bcv.org.ve/sites/default/files/EstadisticasGeneral/2_1_2a23_smc.xls, accessed April 4, 2024.
[7] OPEC, *Monthly Oil Market Report*, Vienna, March 12, 2024.

（100 万桶/日）。出口原油的平均价格从 28.12 美元/桶（2020 年）上升至 64.41 美元/桶（2023 年）。① 石油出口额稳步回升，2022 年出口额达到 153.79 亿美元，远远高于 2020 年和 2021 年的出口额。② 据估计，2023 年石油出口额将达到 200 亿美元。③

委内瑞拉加大天然气合作开采力度，希望成为世界天然气市场的主要供应国。2023 年 12 月，委内瑞拉与特立尼达和多巴哥签署了一项开采和出口天然气的协议，允许壳牌石油公司与特立尼达和多巴哥国家天然气公司成立合资企业，在位于两国交界海域的龙气田开采天然气。英国石油公司（BP）与委内瑞拉及特立尼达和多巴哥进行商谈，讨论合作开发特立尼达岛附近一处横跨两国海域的大型气田。

三　社会形势

委内瑞拉民众面临较为困难的生活状况。经济形势不佳导致食品供应短缺，民众的营养保障受到损害。2020~2022 年，该国总人口的 17.9%（510 万人）处于营养不良状态，远远超过前一个统计区间（2004~2006 年）的数值（8.3%）。④ 对民众而言，就医看病、燃料供应、供水、供电和公共交通的状况都不令人满意。公共卫生领域，2023 年前 5 个月，委内瑞拉面临登革热疫情，出现 4809 例登革热病例，发病率达到 16.75/100000。⑤

困难的生活状况导致委内瑞拉人口大规模外流。截至 2023 年底，772

---

① OPEC, *OPEC Bulletin*, Vienna, January/February 2024.

② OPEC, *OPEC Annual Statistical Bulletin 2023*, Vienna, 2023.

③ Marianna Parraga and Mayela Armas, "Return of US Oil Sanctions on Venezuela to Hit Revenue, Fuel Imports", Reuters, January 31, 2024, https：//www. reuters. com/business/energy/return-us-oil-sanctions-venezuela-hit-revenue-fuel-imports-2024-01-30/, accessed March 31, 2024.

④ "The State of Food Security and Nutrition in the World 2023", FAO, https：//www. fao. org/3/cc3017en/cc3017en. pdf, accessed March 29, 2024.

⑤ "Venezuela noviembre-diciembre 2022", OCHA, 17 de marzo de 2023, https：//reports. unocha. org/es/country/venezuela-bolivarian-republic-of/card/4nANPbkK6o/, accessed April 1, 2024.

万名委内瑞拉人流往国外，其中约654万人前往周边国家和地区。① 委内瑞拉人口已经从3055万人（2015年）下降至2884万人（2023年）。②

委内瑞拉公共治安在2023年有所改善。2023年，大约6973人死于凶杀或其他暴力犯罪活动，较2021年和2022年死亡人数（分别为9447人和9367人）明显下降；2023年凶杀死亡率下降至26.8/100000，低于2021年和2022年的凶杀死亡率（分别为34.9/100000和35.3/100000）。③ 联邦区、米兰达州、玻利瓦尔州、拉瓜伊拉州和亚马孙州的暴力犯罪情况十分严峻。

马杜罗政府改善社会发展状况的重要举措是持续实施"委内瑞拉住房大使命"（GMVV）。2011年，时任总统查韦斯启动这一"使命"。截至2023年7月，政府已经兴建460万套住房。④ 政府的最终目标是在这一"使命"框架下修建500万套住房。

四 外交形势

委内瑞拉外交环境显著改善。由于2018年总统选举引发巨大争议，马杜罗在2019年就任总统之后未能得到一些拉美国家的外交承认。随着马杜罗政府的执政地位日趋稳固，越来越多的周边国家恢复与委内瑞拉的外交关系。2023年1月1日，委内瑞拉与巴西恢复大使级外交关系；同年5月，委内瑞拉迎来7年来第一位乌拉圭驻委大使；同年11月，委内瑞拉与巴拉圭恢复外交关系。

---

① "Refugiados y Migrantes de Venezuela", R4V, 30 de noviembre de 2023, https://www.r4v.info/es/refugiadosymigrantes, accessed April 2 2024.

② ECLAC, *Statistical Yearbook for Latin America and the Caribbean 2015*, Santiago, 2016; ECLAC, *Statistical Yearbook for Latin America and the Caribbean 2023*, Santiago, 2024.

③ "Annual Report Violence 2023", OVV, December 28, 2023, https://observatoriodeviolencia.org.ve/news/annual-report-violence-2023/, accessed March 30, 2024.

④ Carlos Eduardo Sanchez, "Maduro Entregó la Vivienda 4 Millones 600 Mil de la GMVV", Orinoco Tribune, 20 de julio de 2023, https://orinocotribune.com/venezuelas-president-maduro-celebrates-milestone-4-6-millionth-house-completed-under-gmvv-program/, accessed April 7, 2024.

马杜罗总统积极地参加国际多边活动。2023 年 5 月,马杜罗时隔 8 年首次访问巴西,参加南美国家领导人峰会;同年 9 月,前往古巴参加"77 国集团和中国"峰会,呼吁全球南方国家加强合作;2024 年 3 月,参加在圣文森特和格林纳丁斯举行的拉美和加勒比国家共同体第八届峰会,倡议建立区域贸易和金融新结构。

委美关系一度改善。乌克兰危机爆发之后,委内瑞拉作为石油生产国的重要性凸显,拜登政府在 2022 年两次派团前往加拉加斯,与马杜罗政府讨论合作事宜。2023 年 10 月,美国在委内瑞拉朝野两派达成《巴巴多斯协定》之后,颁发第 43 号(涉及与委内瑞拉矿业交易)和第 44 号通用许可证(涉及与委内瑞拉石油、天然气交易),暂时解除部分对委制裁。随着制裁放松,美国从委内瑞拉进口的石油数量迅速上升,至 2024 年 1 月进口量已经达到 15.9 万桶/日。① 委内瑞拉成为美国的第八大原油进口来源国。②

随着总统选举临近,委内瑞拉与美国和一些拉美国家的关系再度紧张。2024 年 1 月,美国声称马杜罗政府的一些做法违反《巴巴多斯协定》,宣布撤销第 43 号通用许可证,且第 44 号通用许可证到期时将不会延期。同年 3 月,拜登政府再次延长在奥巴马时代签署的制裁委内瑞拉的第 13692 号行政令。2024 年初以来,阿根廷、哥斯达黎加、厄瓜多尔、巴拉圭、秘鲁、乌拉圭等国多次发声批评马杜罗政府有关选举进程的安排,引发与委内瑞拉的外交冲突。

委内瑞拉和圭亚那围绕埃塞奎博地区归属的矛盾激化。2023 年 12 月 3 日,委内瑞拉举行有关该地区主权归属的公民投票。圭亚那政府批评此举是"吞并行为",并在边境地带加强军事部署。在周边国家调解下,两国总统在圣文森特和格林纳丁斯举行会晤,同意进行高层对话,避免紧张局势升

---

① "U. S. Imports from Venezuela of Crude Oil and Petroleum Products(Thousand Barrels per Day)", EIA, https://www.eia.gov/dnav/pet/hist/LeafHandler.ashx?n = PET&s = MTTIMUSVE2&f = A, accessed April 6, 2024.

② "January 2024 Import Highlights", EIA, March 29, 2024, https://www.eia.gov/petroleum/imports/companylevel/, accessed April 3, 2024.

级。此后，两国继续围绕该地区归属采取国内措施或寻找外部支持，双方矛盾有可能再度激化。

中委关系保持平稳发展。2023年9月，马杜罗在担任总统之后第5次访华。他在访华期间进行广泛的参观考察，表示愿意学习借鉴中国建设经济特区的经验。在马杜罗访问期间，两国签署共建"一带一路"、经贸、教育、科技等领域多项双边合作文件，两国关系提升为全天候战略伙伴关系，委内瑞拉也成为首个加入中国发起的国际月球科研站合作的美洲国家。

（刘维广　审读）

Y.14
智利：政治极化明显，阻碍改革推进

芦思姮*

摘　要： 2023 年，智利宪法改革陷入僵局，宪法草案在两次公投中先后被否决，不同政治力量在关键问题上存在严重分歧。全国纪念 1973 年"9·11 政变"爆发 50 周年，重申加强民主建设的重要性。宏观经济增长低迷，内需疲软，但通胀水平得到有效控制。智利政府推出一揽子综合性发展计划，以明确财政责任，提高公共支出透明度。锂矿国有化进程加速推进，政府宣布拟成立国有锂矿公司。自然灾害和极端天气频发，造成重大社会经济损失。犯罪和移民问题日益尖锐，成为社会治安主要隐患。智利总统访华，中智两国进一步增进政治互信，并发表联合声明，深化各领域合作。

关键词： 智利　宪法公投　锂矿国有化　非法移民　中智关系

一　政治形势

（一）宪法改革陷入僵局

宪法改革是智利历届政府最重要的政治议程。这一诉求的迫切性自 2019 年智利爆发史上最大规模社会运动以来愈加凸显。现行宪法已生效 40 余年，产生于 20 世纪 80 年代奥古斯托·皮诺切特（Augusto Pinochet）军政府时期，具有强烈的新自由主义色彩，但因缺乏公民参与、加剧社会经济不平等而广

---

* 芦思姮，中国社会科学院拉丁美洲研究所副研究员，拉美区域合作研究室副主任，主要研究方向为新制度经济学、国际政治经济学、拉美公共政策。

受诟病。因此，近年来，公众大力呼吁制定一部更具社会包容性与公平正义的新宪法。2019年10月底，近90%的智利民众支持启动这一进程。① 然而，历时近两年，经过制宪大会民选代表广泛讨论、征询、论证，新宪法草案在2022年9月举行的全民公投中以62%的高票被否决。② 宪法改革首次受挫成为现任总统博里奇上任以来遭受的一次沉重的政治打击。

鉴于此次公投失利很大程度上归咎于文本内容过于激进，趋左的改革步伐过大，2023年，随着制宪程序重启，5月新组建制宪委员会专门负责起草初稿，新当选的成员代表以右翼力量为主，尤其是代表极右翼的共和党优势明显，在委员会50个席位中赢得了22席。③ 这一结果反映出智利政治格局的变化，随着左翼主导推动的宪法进程受阻，右翼势力在制宪过程中的影响力增强。然而，同年12月，右翼发挥关键性作用的新宪法提案再次在公投中被否决。

宪法改革接连失利反映出智利社会在这一问题上存在严重分歧，极化明显。右翼和左翼提出了侧重点不同的宪法草案，在多个关键问题上存在争议，例如堕胎权、性别平等、社会福利和土著群体权利等。特别是右翼提出的第二份草案中忽视社会脆弱阶层的权益，引起了社会广泛的批评。漫长且毫无实质进展的制宪进程耗尽了智利民众的期待与热情，使其对宪法改革疲劳感加剧。诸如健康、教育、养老金和社会平等问题在宪法制度上长期得不到有效保障，这种挫败感和不满加深了民众对政治精英和政府的普遍不信任感。鉴于智利总统博里奇已表示在其任内将不会再次举行修宪公投，智利宪法改革进程将进入一个新的阶段，政府和各政治力量需要寻找新的方式来解决国家面临的诸多挑战。

---

① EIU, *Country Report: Chile*, November 2019, p. 26.

② "Chilean Voters Overwhelmingly Reject Proposed Leftist Constitution", CNN, September 4, 2022, https://edition.cnn.com/2022/09/04/americas/chile-constitution-vote-intl, accessed March 26, 2024.

③ "Chile 2023: La Elección del Consejo Constitucional", 9 de mayo de 2023, https://www.diarioconstitucional.cl/cartas-al-director/chile-2023-la-eleccion-del-consejo-constitucional/, accessed April 10, 2024.

（二）智利纪念"9·11政变"50周年

2023年适逢智利"9·11政变"爆发50周年。在1973年9月政变发生前，智利是世界上历史最悠久的民主国家之一。这场军事政变导致智利总统被迫自杀、国会解散、宪法中止、法治失范、数万人被迫害。这场政变开启了长达17年的皮诺切特军事独裁政权。2023年9月10日，智利总统府举行大规模纪念活动，缅怀50年前在军事政变中遇难的前总统萨尔瓦多·阿连德（Salvador Allende）及民众，众多市民在首都圣地亚哥组织相关纪念游行活动。

这场政变背后的历史关系错综复杂，涉及冷战时期的国际关系、美国对拉政策以及智利国内当时的政治社会变革。2023年8月底，时隔半个世纪，美国国务院公开了两份文件，即尼克松总统在1973年9月8日和11日收到的每日报告，其中分析了智利政变前的动态，并揭露时任美国政府在阿连德执政时期对智利政治的长期干预。文件显示，当时美国政府认为阿连德如果继续执政，不仅将引发拉美左翼执政的多米诺骨牌效应，而且会削弱其在西半球的地位，危及其霸权利益，因此开始密谋颠覆行动。① 对此，智利总统博里奇在第78届联合国大会上谴责美国给智利留下的惨痛记忆和伤害。② 与此同时，智利国会众议员通过美国驻智利大使向美国总统拜登递交了一封信函，要求美国赔偿因干预智利1973年军事政变所造成的经济损失，并就此事向智利道歉。③

---

① "EEUU Desclasificó Dos Informes Presidenciales sobre el Golpe en Chile", Cooperativa, 25 de agosto de 2023, https：//www. cooperativa. cl/noticias/pais/manifestaciones/11－de－septiembre/eeuu－desclasifico－dos－informes－presidenciales－sobre－el－golpe－en－chile/2023－08－25/174129. html, accessed May 15, 2024.

② "Presidente Boric Recuerda Complicidad de EEUU en el Golpe de 1973 durante Discurso en la ONU", La Voz de los que Sobran, 20 de septiembre de 2023, https：//lavozdelosquesobran. cl/internacional/boric-recuerda-complicidad-de-eeuu-en-el-golpe-de-1973-durante-discurso-en-la-onu/20092023, accessed May 12, 2024.

③ 《智利议员要求美国对干预该国1973年军事政变给予经济补偿》，央视网，2023年9月10日，https：//news. cctv. cn/2023/09/10/ARTI5iaJHeL8LLs0FZ2WDEcF230910. shtml，最后访问日期：2024年3月1日。

虽然自 20 世纪 90 年代起，民主化进程已在智利达成广泛社会共识，且经过 40 多年的实践发展，智利国内政治生态稳定，现任总统博里奇更是宣布要终结皮诺切特时期实行的新自由主义经济发展模式。但在此次纪念日前夕，仍有极右翼政治势力为那场政变辩护，声称由于阿连德政治趋左带来的失败，当年的政变"不可避免"，皮诺切特的极右翼捍卫者开展各种抗议活动，破坏总统府建筑，在城市郊区封路，引发混乱。在当天纪念活动中，智利总统博里奇和墨西哥总统洛佩斯发表讲话，呼吁拉美国家共同加强民主建设。联合国秘书长古特雷斯也强调了智利对民主与人权的承诺，并指出政变给智利社会留下了深远的影响。

二 经济形势

（一）税收改革艰难推进

税收改革是博里奇政府除了制定新宪法以外最重要的一项工作议程。但近两年来，这一进程几经波折，进展不如预期。2023 年 3 月，政府提交的税收提案在众议院以微弱差距被否决。该提案的主要内容包括调整所得税和财产税、收紧免税政策、打击偷逃税行为以及增加税收激励，目的是将政府收入提升至国内生产总值（GDP）的 3.6%[1]，并承诺将预期增加的收益用于资助政府提议的各类社会项目，尤其是养老、医疗体系改革，如提高退休人员养老金、改善医疗卫生系统、实施紧急住房计划等。为了打消投资者就税收改革可能对营商环境产生下拉力的负面预期，智利财政部长马塞尔特别强调，税收改革将包括新的增长和投资激励举措。这表明政府在面对税收改革挑战时，始终兼顾提振经济增长和吸引投资目标。此外，税收改革方案主要针对最富有人群征收财富税，因此，智利中小企业及绝大多数人不会受影

---

[1] "OCDE Defiende Reforma Tributaria Clave del Gobierno de Gabriel Boric en Chile", Infobae, 23 de septiembre de 2022, https://www.infobae.com/america/agencias/2022/09/23/ocde-defiende-reforma-tributaria-clave-del-gobierno-de-gabriel-boric-en-chile/, accessed April 12, 2024.

响。然而,该提案最终未能获得国会支持,不难看出,在核心改革领域,智利国内各方势力的分歧难以调和。

尽管改革进程屡次受阻,但博里奇政府并未放弃努力。经过多轮修订和调整,2024年1月下旬,博里奇政府再次向国会递交了新方案,强调加强征缴的规范性。博里奇政府认为,增强税收合规性是增加政府收入以支持社会项目最有效且政治上最可行的方式。智利国家税务局的一项研究表明,2018~2020年,因逃税避税而损失的税收相当于GDP的6.5%。企业所得税所占比重最大,相当于GDP的4.7%,51%的企业所得税未缴纳。① 鉴于此,新提案内容包括提高数字化水平来实现智利税务管理服务的现代化,强制金融机构共享信息来解决非正规经济问题等。此外,改革方案还涉及建立举报人保护制度,预防为避税进行税务规划行为,赋予监察部门更大权力,并为税务系统和海关服务提供更多支持资源。

(二)颁布综合性发展计划

2023年8月,博里奇总统宣布实施一项综合性公共支出计划,名为"面向发展的财政协定"(Pacto Fiscal para el Desarrollo y el Bienestar)。该提案纳入了一揽子促进可持续增长、提高公共支出透明度以及加强公共管理效率和财政责任,进而推动国家现代化发展的举措。相关条款界定了两项核心内容:一方面,确立现代税收制度原则,实现税收正义,这与政府一直推动的税收改革内容高度一致,即增加对收入较高人群的税收征缴(纵向累进税)、对收入相似的人平等征税(横向税)、减少避税行为;另一方面,在明确公共支出需求及优先事项方面,寻求将用于养老金、医疗卫生、社会保障和公共安全等高度敏感的社会领域的支出增加至GDP的2.7%。②

---

① 参见EIU Viewpoint智利报告,https://www.eiu.com/n/solutions/viewpoint/,accessed April 20, 2024。

② "What to Expect from the 'Fiscal Pact' in Chile?",Latinoamerica21,August 14, 2023,https://latinoamerica21.com/en/what-to-expect-from-the-fiscal-pact-in-chile/,accessed April 10, 2024。

此外，该计划还包括：设立一个专门的公共政策评估机构，以提高各项计划实施的绩效水平；规范向非政府组织和基金会的财政转移；扩大政府采购范围，为中小企业准入开辟通道，并将国家的付款期限缩短至 20 天；鼓励企业开展创新研发和绿色经济活动；通过对非正规活动实施管控和惩戒以及为企业正规化提供奖励和便利，为小微企业的管理、融资和增长铺平道路；简化审批手续，尤其针对固定资产投资实施税收优惠和监管，在不降低环境和卫生标准的情况下，将投资项目的批准程序减少至少 1/3；加大对保障公民安全的投资力度，包括改善警察执法和司法行政条件及效力；采用数字系统监测公共支出异常，并在地方各级政府确立强有力的财政纪律。

（三）锂矿国有化进程加速

智利锂资源丰富，是拉美"锂三角"之一。博里奇总统上任后，锂矿国有化便被提上议事日程，并在 2023 年加速推进。4 月，博里奇宣布将成立国有锂矿公司，并计划未来锂矿开发合约仅向国家控制下的公私合营企业开放。对智利政府而言，这是国家锂战略的关键环节，旨在有效提高国家对锂开发和提取的参与度，进而充分利用智利作为全球第二大锂生产国的地位；与此同时，这也是应对气候危机和推动经济可持续发展的关键措施。

除了成立国有公司以外，这一战略还包括：与不同行为者开启对话协商进程；建立一个受保护的盐滩开发联络网；针对锂矿和盐滩采掘设立技术研究所，以期实现生产转型；创立一个更强大、更具竞争力、更可持续的工业体系，并为锂和其他产品创造新的投资机会；推动国家角色参与阿塔卡玛盐滩的生产开发活动；更新锂矿采掘业的制度框架。①

考虑到智利在国际锂市场的占有率，博里奇政府这一决策引发了世界

① "Empresa Nacional del Litio: Presidente Boric da a Conocer Estrategia para el Aprovechamiento del Mineral", Gob. cl, 20 de abril de 2023, https: //www. gob. cl/noticias/presidente - boric - da - conocer-creacion-de-empresa-nacional-del-litio/, accessed April 15, 2024.

广泛关注，很大程度上将影响到全球锂资源的价格和供应，进而影响到国际新能源产业的发展前景。智利政府强调，虽然不会终止现有的锂矿合约，但希望矿商在合约到期前对国家参与持开放态度。智利主要的锂矿商SQM和雅保公司的合同将分别于2030年和2043年到期。然而，建立国有锂矿公司的提案最终能否落地仍存在不确定性。一是仍需经过执政党力量并不占优势的国会批准；二是需要获得充足的资本、技术等资源保障；三是需要与当地社群保持密切且顺畅的沟通协调，尤其在原住民权益保护和环保方面。

（四）主要宏观经济表现①

经济增长。2023年，智利宏观经济低迷，GDP增速仅为0.1%，不仅比2022年下降2.3个百分点，而且成为除阿根廷和海地以外，拉美地区经济表现最疲弱的国家。一方面，政府财政收支转盈为亏，赤字率达到GDP的2.3%。与2022年相比，2023年公共收入下降约11.1个百分点，主要是因为作为税收主要来源的大型私营矿业企业经营不景气，以及内需疲软导致增值税收入减少。此外，中央政府债务总额相当于GDP的38.2%，比2022年略高0.2个百分点，其中发行债券约150亿美元，以可持续性和性别平等相关的主题债券为主，占比为36%，旨在为具体项目提供资金、吸引更多投资者、改善融资条件，以及深化当地金融市场改革。另一方面，自2022年10月货币政策利率上调至11.25%的峰值后，鉴于高通货膨胀得到了有效控制以及2%~4%的目标区间锚定，智利央行自2023年7月连续3次下调政策利率，截至12月中旬，已降至9.0%。得益于政策利率的走低，商贸贷款和消费贷款利率分别降至13.2%和27.5%。

通胀水平。由于智利央行开启紧缩周期，以及随之而来的国内需求不足、汇率水平下降以及粮食和能源产品价格走低，通货膨胀率从2023年1

---

① 本部分除特别说明外，数据来源于 CEPAL, *Balance Preliminar de las Economías de América Latina y el Caribe 2023*, Santiago, 2023。

月 12.3% 的峰值回落至 2023 年 12 月的 3.9%，为 2021 年 8 月以来的最低水平。构成消费价格指数篮子的 12 个大项产品中 10 项的价格出现不同程度下跌。最为突出的是食品和非酒精饮料、文化娱乐价格分别降低 0.8% 和 2.8%。[1]

就业市场。2023 年全年失业率相对稳定，保持在 8.5% 左右，比 2022 年略高 0.6 个百分点。[2] 虽然自 2021 年以来就业人数有所增加，但仍有 1 万多个工作岗位有待恢复。工资方面，截至 2023 年 12 月，全年名义工资与劳动力成本分别增长 7.7% 和 7.4%，其中，贸易、制造业和金融保险业是在薪酬方面表现最佳的 3 个部门。考虑到通货膨胀率得到有效控制，实际工资增长了 3.6%。[3]

对外部门。国际账户收支方面，经常账户赤字有所降低，这主要是因为在内需疲软的前提下，进口商品需求大幅减少，进而导致贸易顺差扩大。在外汇市场，智利本币波动主要取决于本国宏观经济指标及发达经济体货币政策走势。2023 年，比索名义汇率出现两个显著变化：上半年随美元的全球趋势而走高，上涨 6.6%；而下半年，因智利与发达国家之间政策利差不断缩小以及后者货币政策不确定性高，智利本币贬值。比索对美元汇率从 859.5 升至 802.7，随后，又贬至 867.8。鉴于此，智利央行计划购买 100 亿美元扩充国际外汇储备，但随着本币贬值趋势加剧，这一计划在购置 36.8 亿美元后被暂时搁置。

---

① INE Boletín Estadístico, *Índice de Precios al Consumidor*, Edición No. 302, https：//www. ine. gob. cl/ estadísticas/economia/indices-de-precio-e-inflacion/indice-de-precios-al-consumidor, accessed March 20, 2024.

② INE Boletín Estadístico, *Empleo Trimestral*, Edición No. 303, https：//www. ine. gob. cl/docs/ default-source/ocupación-y-desocupacion/boletines/2023/nacional/ene-nacional-303. pdf? sfvrsn=c35edcf9_5, accessed March 28, 2024.

③ INE Boletín Estadístico, *Índices de Remuneraciones y Costo de la Mano de Obra*, Edición No. 303, https：//www. ine. gob. cl/docs/default-source/sueldos-y-salarios/boletines/espa% C3% B1ol/ base-anual-2016-100/2023/diciembre-2023. pdf?sfvrsn=a2c8fb3_4, accessed March 28, 2024.

三　社会形势

（一）犯罪和移民问题日益尖锐

一直以来，智利被视为拉美地区最安全的国家之一，但近年来治安问题成为影响社会安定的主要隐患之一。2023年，智利政府在处理犯罪和移民问题上面临多重挑战，尤其是犯罪率上升和移民问题引发广泛关注，民众对犯罪问题的担忧和不安情绪显著提升。智利天主教大学的一项调研报告显示，85.2%的受访者认为全国犯罪率有所上升。在过去的12个月中，39.3%的受访者表示经常看到有人在街道上酗酒和吸毒，29.8%的受访者发现有人露宿街头，32.3%的受访者目睹过贩毒活动，26.9%的受访者称所在街区经常听到枪声，24.8%的受访者看到公共财物有划痕，22.4%的受访者目睹过道路抢劫或袭击，20%的受访者发现过非法交易，17.5%的受访者看到公共基础设施遭破坏。[①]

智利的移民人口已超过160万人，约占全国总人口的8.1%，这一比例使该国成为全球范围内接收外国移民最多的国家之一，其中来自委内瑞拉的移民最多，有近60万人，还有来自秘鲁和哥伦比亚等拉美国家的移民。[②] 智利警方称，2023年，共有303名外国移民因非法持有枪支被逮捕。[③] 这些移民大多来自全球枪支杀人率较高的南美国家，如巴西、墨西哥、哥伦比亚

---

① "Barómetro de la Seguridad Hogares en el Espacio Público y Privado", Centro UC y Verisure, 8 de septiembre de 2023, https://observatorioverisure.cl/wp-content/uploads/2023/11/Presentacion-David-Bravo_compressed.pdf, accessed April 28, 2024.

② 《智利成为接收外国移民最多的国家之一》，中华人民共和国驻智利共和国大使馆经济商务处网站，2023年12月29日，http://cl.mofcom.gov.cn/jmxw/art/2023/art_52d8e435689f43bdbd612e0a72788d31.html，最后访问日期：2024年4月12日。

③ "Carabineros Reveló que 303 Extranjeros Fueron Detenidos por Porte Ilegal de Armas en 2023", 19 de febrero de 2024, https://www.cooperativa.cl/noticias/pais/policial/sucesos/carabineros-revelo-que-303-extranjeros-fueron-detenidos-por-porte-ilegal/2024-02-19/114903.html, accessed April 16, 2024.

及委内瑞拉。尽管移民能在短期内对缓解智利的劳动力短缺问题有所帮助，但这并非长久之计。疏于管控的边境、非法移民数量的上涨以及对毒品需求的增加持续助长有组织犯罪的增加，这不仅加剧了公众对公共安全问题的担忧，也对政治稳定性构成巨大威胁。

为了应对这一挑战，一方面，智利政府对违反《移民和外国人法》的外国人下达了881份驱逐令，以强化移民管理和执法效率；另一方面，智利政府宣布增加15亿美元的公共安全专项支出，旨在为警察、法官等执法人员提供更多资源，购买更多安保设备，保护他们的人身安全，并进一步增强其执法能力，进而为政府采取针对性措施应对有组织犯罪活动铺平道路。

（二）自然灾害频发造成重大社会经济损失

2023年，受全球气候变化和厄尔尼诺现象影响，智利遭受了多起严重的自然灾害和极端天气挑战，对国家社会经济影响深远。

森林大火。2023年2月，智利中南部阿劳卡尼亚大区发生了森林火灾。由于当时正值盛夏，近40℃的极端高温、持续多日的干旱不仅成为此次火灾的主因，而且使灾害发生后的救援和扑火工作变得异常困难，火势得不到及时控制。为了应对这一灾难，智利政府宣布多地进入紧急状态，动员了军队参与灭火工作，并寻求邻国帮助。这场森林火灾不仅对智利自然环境造成了巨大破坏，而且对民众的生命财产安全构成了严重威胁，同时也暴露了智利相关部门在自然灾害应急管理能力方面的短板。

干旱。2023年是智利连续第13年遭受干旱。长年的干旱导致智利水资源短缺，农业、工业以及铜矿生产均受到波及。特别是在中部地区，降雨量大幅减少，水资源使用极度紧张。例如，在瓦尔帕莱索市，佩努埃拉斯水库曾经是该市的主要水源，现在几近干涸，蓄水量处于历史最低水平。智利的瓜果种植业也受到了影响，种植园的产能和种植面积大幅减少，一些地区的农田甚至荒废。此外，作为全球最重要的铜矿生产国，智利铜矿主要集中地——北部沙漠地区和中部山区对水资源的需求较高。由于干旱的影响，近年来铜矿减产问题日益严峻。海水淡化成为该国矿企应对水资源紧张的主要

解决方案。

暴雨洪涝。2023 年 8 月，智利中南部多地发生强降雨。这场暴雨引发洪水泛滥和泥石流灾害，数千名居民流离失所，成为近年来智利最严重的洪水灾害之一。智利多地发布红色警报，警告暴雨和山体滑坡风险。灾害对当地道路、桥梁和铁路造成了严重毁坏，特别是太平洋铁路，在全长 1033 公里的铁路线中，只有 200 余公里可以维持正常运输。除了对基础设施的破坏，灾害还对当地农业产生了影响，许多果园被水淹没，造成了严重损失。

四　外交形势

（一）中智两国增进政治互信

2023 年，智利与中国的双边关系持续深化。10 月，智利总统博里奇对中国进行了国事访问，并出席了在北京举行的第三届"一带一路"国际合作高峰论坛。两国元首在会谈中就双边关系、共建"一带一路"以及各领域合作等议题交换了意见，达成了广泛共识，并发布了联合声明①。双方重申了自 1970 年建交以来，中智关系始终保持健康稳定发展，并取得了丰硕的合作成果。两国一致同意进一步密切战略沟通，加强治国理政经验交流，增进政治互信，重申愿加强双方在多个领域的务实合作，包括经贸、矿业、能源、教育、文化、旅游、科技、农渔业、基础设施建设、执法安全以及南极等领域，拓展在数字经济、绿色可持续发展、科技创新、新能源、人工智能等新兴领域的合作。此外，双方还签署了涉及发展合作、经济交流、产业投资、数字经济、科技创新、海关检验检疫、农业、南极和中小企业经贸合作等多个领域的协议和谅解备忘录。这些合作领域展现了中智两国在多个方面的深入合作和共同发展愿望。

---

① 《中华人民共和国和智利共和国联合声明》，人民网，2023 年 10 月 17 日，http：//politics. people.com.cn/n1/2023/1017/c1001-40097284.html，最后访问日期：2024 年 4 月 15 日。

（二）区域合作与一体化进程新进展

太平洋联盟。2023 年，原定墨西哥将太平洋联盟轮值主席国移交秘鲁，由于 2022 年底秘鲁政治动荡，总统佩德罗·卡斯蒂略（Pedro Castillo）遭到国会弹劾，并被解职，副总统迪娜·博鲁阿尔特（Dina Boluarte）接任总统。随后，因不满总统被罢免，秘鲁爆发了大规模的抗议示威活动，该国陷入了 20 年来最严重的社会动荡。面对秘鲁国内不安定的形势，墨西哥总统洛佩斯拒绝将轮值主席国交给秘鲁新政府。在这样的背景下，2023 年 6 月，应墨西哥请求，智利博里奇政府决定暂时接任，并于 8 月秘鲁时局稳定后移交给秘鲁。

"美洲经济繁荣伙伴关系"协定。2023 年 11 月，博里奇对美国进行国事访问，一方面，纪念两国建交 200 周年和自由贸易协定签署 20 周年；另一方面，出席美国主导的首届"美洲经济繁荣伙伴关系"领导人峰会。会晤中，拜登总统重申美国对于深化同智利的伙伴关系的承诺。两国领导人就进一步促进经济合作、应对气候变化和解决非正常移民问题交换了意见；美国、智利和其他区域伙伴承诺将致力于深化区域经济合作及参与，以期建设一个更加紧密、繁荣的美洲。

（三）与哥伦比亚达成重要共识

2023 年 1 月，博里奇总统会见了来访的哥伦比亚总统古斯塔沃·佩特罗（Gustavo Pedro），纪念两国建交 200 周年。在会谈中，智哥两国签署了一揽子关于移民管控、能源安全、环境保护、区域经济一体化合作的协议，并承诺努力推动合作成果惠及两国人民。

具体而言，在移民问题上，两国将致力于完善合法移民和非法移民的管理机制，特别是不同地区之间、机构之间的协调统筹问题。例如，生物识别技术方面的专项合作、主管机构之间的统计和行政信息共享以及打击人口贩运和移民走私的统一行动等。关于能源安全，两国将进一步深化能源一体化进程。通过将可再生能源纳入能源产业矩阵，推动两国能源转型，尤为注重

未来绿氢发展的潜力。在地区经济与和平发展问题上，智利和哥伦比亚将一如既往地支持南美和拉美地区多元化的区域、次区域经济一体化与合作组织。博里奇表示将继续支持哥伦比亚的和平进程，在哥伦比亚政府与"哥伦比亚民族解放军"之间的对话进程上充分发挥监督职能。在南极合作方面，两国继续推动在南极科考技术和后勤保障方面的合作。智利承诺2023年接待哥伦比亚代表团对其乔治王岛南极基地的特别访问，届时，智方将为哥伦比亚南极计划提供后勤支持。在环境保护领域，为了预防、减少并清除塑料污染，特别是海洋环境中的塑料污染，两国将开启与相关国际组织的对话进程，旨在制定一项具有法律约束力的国际文书。此外，鉴于两国都面临干旱、洪涝、火灾等极端灾害，两国元首期待通过合作增强政府的应急管理能力。

（杨志敏　审读）

Y.15
哥伦比亚：首届左翼政府面临更大执政挑战

赵重阳*

摘　要： 作为哥伦比亚首届左翼政府，佩特罗政府在 2023 年面临更大的执政挑战。政治方面，佩特罗政府在国会的执政联盟破裂，致使其执政议程受到阻碍。经济方面，2023 年，哥伦比亚经济增长率大幅下滑。社会方面，与非政府武装组织的和平谈判取得进展，但存在谈判反复和不确定性强等问题。对外政策方面，佩特罗政府显示出更强的自主性和左翼色彩。

关键词： 哥伦比亚　左翼政府　全面和平　哥非关系

自 2022 年 8 月至 2023 年底，哥伦比亚首位左翼总统古斯塔沃·佩特罗（Gustavo Petro）已经执政将近一年半的时间。在此期间，佩特罗政府一直致力于兑现竞选承诺，寻求改革哥伦比亚国家治理体系以使其惠及更广泛的普通民众，同时推进国内和平谈判以实现国家的"全面和平"。在经过最初几个月较为顺利的时期后，其在 2023 年面临的执政压力增大。

一　政治形势

佩特罗政府 2022 年 8 月上台后的最初几个月，获得国会较大的支持。国会先后批准了《埃斯卡苏协议》（Acuerdo de Escazú）①和税收改革法；

---

* 赵重阳，中国社会科学院拉丁美洲研究所助理研究员，主要研究方向为拉美国际关系。

① 《埃斯卡苏协议》全称《关于在环境事务中获得信息、公众参与和司法的区域协议》，是拉丁美洲和加勒比地区第一项区域环境人权条约，旨在保证充分和有效地落实获取环境信息和公众参与环境决策过程的权利。该条约于 2018 年在哥斯达黎加埃斯卡苏谈判并获得通过。

通过准许其与非法武装组织进行谈判的法案，从而支持其"全面和平"政策。佩特罗政府还向国会提交了政治改革法案以及土地和农村管辖权法案（Jurisdicción Agraria y Rural）。但随着执政议程的推进，其与国会的分歧在2023年不断增大，面临的政治挑战也不断增强。

（一）多项法案在国会受阻

2023年，佩特罗政府除继续推动国会批准政治改革法案以外，又陆续向国会提交了多项重要法案，包括2月提交的国家发展计划、关于招安犯罪组织的"服从司法"法案和医疗改革法案，3月提交的劳工改革法案和养老金改革法案，以及7月提交的教育改革法案。其中，除了国家发展计划以及土地和农村管辖权法案分别于5月和6月获得国会批准外，其余几项改革法案都在国会受阻。一是因为相关法案的争议性大。例如，被称为"三巨头"的医疗、劳工和养老金改革法案，寻求改革国家社会保障体系以促进社会平等。佩特罗政府提出的加强国家对相关公共服务部门的控制、削弱私营机构的实力、扩大和提高对弱势群体的社会保障范围及水平等举措遭到国会保守党派和私营部门的强烈反对，认为其将对哥伦比亚的财政稳定和就业造成损害。二是因为佩特罗政府不愿过多妥协。虽然在寻求国会批准的过程中，佩特罗政府对相关法案进行了一些修改，但仍坚守其底线。例如，政治改革法案在经过国会多轮投票和修改后，最终被佩特罗政府撤回，原因是政府认为多次修改后的提案已经失去所有进步因素，无法实现其加强民主、政党作用和妇女代表权的目标。三是因为国会中的执政联盟破裂，法案的审议议程无法向前推进，处于停滞状态。

（二）国会中的执政联盟破裂

佩特罗政府执政初期，得到国会中主要传统政党的支持，包括保守党（PC）、自由党（PL）和人民团结党（PU）等右翼和中间党派，形成占国会多数席位的执政联盟。但在2023年，执政联盟内部的矛盾不断激化。一是因为联盟内部对新提案产生分歧。除三大社会保障体系改革法案遭到联盟中主要右翼和中间党派的反对外，一些右翼党派还对政府提出的"全面和平"计划存在质疑，认为其将带来有罪不罚的风险。二是因为其他党派对佩特罗的执政方式感到不满。很多党派认为，政府在制定这些法案的过程中未能充分考虑其他党派的意见，提交国会后又在未与国会谈判的情况下要求国会迅速批准，同时很少优先考虑其他党派议员发起的提案。当法案在国会受阻后，佩特罗还多次召集群众集会向国会施压。这些都引发其他党派的不满。三是内阁改组导致联盟最终破裂。在联盟内部分歧加大的背景下，佩特罗对内阁进行了大规模改组。先是在2023年2月底更换了3名部长，后又在4月下旬更换了7名部长，7月又更换了矿业和能源部长。在改组内阁的过程中，多名中间派和右翼党派的部长人选被替换。这致使保守党和人民团结党等大党退出执政联盟，执政联盟破裂。佩特罗政府及其支持党派在国会中不再拥有多数席位，改革议程也随之陷入停滞。

（三）执政党在地方选举中失利

2024年10月29日，哥伦比亚举行地方选举，共选出32名省长和1000多名市长、地方代表、议员和地方行政委员会成员。执政的"历史联盟"在选举中遭到重大挫折。在32名省长中，该联盟只赢得2个省长职位，其余省长职位都由反对派主导的政治联盟、不结盟的中间党派以及地方政党赢得。主要城市的市长职位也都由其他党派获得，其中首都波哥大的市长职位由中间派的新自由主义党（Nuevo Liberalismo）候选人卡洛斯·费尔南多·加兰（Carlos Fernando Galán）获得；第二大城市麦德林的市长职位由右翼人士费德里科·古铁雷斯（Federico Gutiérrez）以73.3%的得票率高票当选；第三大城市卡利的市长职位被右翼党派组成的反对派联盟的候选人阿尔瓦罗·亚历杭德罗·埃德（Álvaro Alejandro Eder）获得；第四大城市巴兰基亚的市长职位则由中右翼政党激进变革党的候选人亚历杭德罗·查尔（Alejandro Char）获得。值得注意的是，这些人的得票率都远高于"历史联盟"候选人的得票率。

可以看出，随着执政议程的不断推进，佩特罗政府与国会中其他党派尤

其是右翼和中右翼党派的分歧日益明显。佩特罗总统的支持率也由 2022 年 8 月的 56%下降到 2023 年 6 月的 33.8%[1]，表明民众对政府的不满情绪增强。但佩特罗政府仍会继续通过与国会党派开展务实谈判、发动群众支持等方式寻求实现竞选承诺，特别是在国家公正转型及和平谈判等领域。

二 经济形势[2]

2023 年，哥伦比亚经济增长大幅放缓。佩特罗政府发布新的国家发展计划和再工业化政策，推动国家公正转型。

（一）经济增长进一步放缓

受全球经济逆风加剧、贸易伙伴之间活力减弱、石油价格下跌和高利率等因素的影响，哥伦比亚 2023 年的经济增长率由 2022 年的 7.3%大幅下滑至 0.9%。财政平衡方面，受经济活动放缓以及石油、矿产和金属等原材料价格下跌等因素影响，1~7 月中央政府税收收入占 GDP 的比重较 2022 年同期下降超过 10%，税收以外收入下降 14%；主要支出则较 2022 年同期下降 6%，1~5 月中央政府补贴和现金转移支付较 2022 年同期增长 2%，利息支付较 2022 年同期增长 25%。债务方面，受汇率升值等因素影响，债务水平下降，中央政府公共债务总额占 GDP 的比重由 2022 年 12 月的 58.5%降至 2023 年 9 月的 53.7%。外汇储备方面，2023 年 9 月的净国际储备为 575.66 亿美元。为重建或提高储备水平，政府除了美元购买方案、在国际市场上发行债券和使用特定汇率工具缓解外汇储备压力外，还利用国际货币基金组织的信贷额度作为直接融资的来源或作为避免更大汇率风险的措施。通胀预期

---

① "Colombia: Fast-moving Scandal Threatens Petro's Reform Agenda", LatinNews, June 8, 2023, https://www.latinnews.com/component/k2/item/97359.html?period=2023&archive=33&Itemid=6&cat_id=831144: fast-moving-scandal-threatens-petro-s-reform-agenda, accessed January 1, 2024.

② 如无特别说明，本部分数据均引自 ECLAC, *Preliminary Overview of the Economies of Latin America and the Caribbean 2023*, Santiago, 2023。

在 2023 年持续下降，12 月的通胀率为 9.28%，较 2022 年同期下降超过 3 个百分点，[1] 但仍比哥伦比亚中央银行设定的 3%目标高出 3 倍。对外贸易方面，受原材料价格下跌的影响，2023 年出口量增加 2.9%，但出口额下降 13.6%；进口额下降 19.8%，进口量下降 21%。外国直接投资较 2023 年下降了约 33%，为 93.13 亿美元，高于 2020 年和 2021 年，但低于疫情前水平。就业方面，经济增长放缓使 2023 年上半年的就业人数增长率（3.6%）较 2022 年下半年（10.5%）下降了 6 个百分点以上，但就业情况仍有所改善。其中，2023 年第二季度劳动力参与率为 64.3%，较 2022 年同期上升 0.6 个百分点；就业率为 57.7%，较 2022 年同期上升 1 个百分点；失业率为 10.2%，较 2022 年同期下降 0.8 个百分点。

（二）新的国家发展计划获得通过

2023 年 5 月，佩特罗政府制定的《2022～2026 年国家发展计划》获得国会批准。该计划规划了其执政期间的国家发展路线图，是其最重要的纲领性文件。佩特罗政府期望通过实施该计划促进国内生产，实现国内和平及减贫增效。在制订国家发展计划的过程中，哥伦比亚全国共举行了 51 次具有约束力的地区对话，普通公民、利益集团、国会议员和国家规划部等利益相关方都参与了制订进程。这也是国会在执政联盟破裂的情况下仍能通过该计划的主要原因。

该计划共包含五大支柱，即食物权、围绕水的土地使用、人的安全、发展生产性经济和应对气候变化以及地区融合；还包含三大横向领域，即全面和平、变革的差异化行为体和宏观经济稳定。此外，国家还将建立土地改革和农村发展、土地管理、转移支付、平等和公平的国家制度等九大系统，制订公民收入、零饥饿、减少教育落后和缩小教育差距以及妇女自治之家等方面的计划方案。通过该计划，政府预期到 2026 年完成土地交付 290 万公顷，

---

[1] "Inflación Total y Meta", Banco de la República, https：//www.banrep.gov.co/es/estadisticas/inflacion-total-y-meta, accessed March 31, 2024.

生态系统恢复区域扩大至 170 万公顷，非化石能源出口比重上升至 56.3%，非传统可再生能源发电的商业运营容量增加 2000 兆瓦。政府还希望到 2026 年将极端贫困人口比重降低至 9.6%，多维贫困（multidimensional poverty）人口比重降至 7.4%。预计到 2026 年该计划的资金投入将达到 1154.8 万亿哥伦比亚比索（约合 2410 亿美元）[①]，其中一半资金来自财政预算，约 1/4 来自一般参与制度，其余来自国土资源、上市公司、特许权使用费和国际合作等。

（三）公布再工业化政策

2023 年 12 月，佩特罗政府发布《再工业化政策》[②]。该政策由贸易、工业和旅游部牵头制定，举行了 10 余次地区会议，超过 30 个政府机构，300 个公共组织、政治组织、学术组织、社会组织和工会组织参与。该政策是一项为期 10 年（2024~2034 年）的长期规划，旨在重塑哥伦比亚的经济和生产格局，将其从依赖采掘业转变为基于知识、生产力、可持续性和包容性的经济模式。该政策的具体目标包括缩小生产力差距，提高可出口产品的多样性和附加值，加强部门、地区间联系，加大对全球价值链的参与度，深化与拉美等发展中地区的经济一体化，以及完善体制框架。该政策包括五大战略重心、20 多个战略项目以及 147 项行动，预计在未来 10 年投入约 7.8 万亿哥伦比亚比索，以确保与国家重大转型相关的投资成为生产性发展的机会。其中五大战略重心包括：公正的能源转型，拟投入 1.83 万亿比索，以使经济适应可持续和公正的能源模式；农用工业和粮食主权，拟投入 1.58 万亿比索，以促进农用工业发展，提高粮食自给能力和粮食主权；医疗卫生部门再工业化，拟投入 1.68 万亿比索，以推进卫生部门创新，改善医疗护理并刺激经济；国防部门再工业化，拟投入 2000

---

① "Colombia's Petro Presents National Development Plan", LatinNews, February 7, 2023, https://www.latinnews.com/component/k2/item/95915.html?period=2023&archive=3&Itemid=6&cat_id=830230;in-brief-colombia-s-petro-presents-national-development-plan, accessed March 21, 2024.

② Ministerio de Comercio, *Industria y Turismo, Colombia, Abecé del CONPES de Reindustrialización 2023*.

亿比索，将国防工业作为带动社会发展的引擎；地区及其商业基础建设，拟投入 2.48 万亿比索，通过扶持再工业化中心等措施提高各地区基础设施、中小微企业和人员的能力。

三　社会形势

在政治和经济挑战变大的情况下，佩特罗政府继续推动国内和平谈判及土地改革，提出新毒品战略，寻求在实现"全面和平"方面有所突破。

（一）继续推动国内和平谈判

推进与所有非法武装组织的和平谈判一直是佩特罗政府的最优先事项之一。2023 年，哥伦比亚国内和平谈判既有进展，也面临重大挑战。

进展方面，一是与主要非法武装组织均进行了接触和谈判。哥伦比亚存在多种性质的非法武装组织，既有"哥伦比亚民族解放军"（ELN）和"中央参谋部"（MCE）[1] 等反政府武装，也有马奎利亚第二军（Segunda Marquetalia）[2] 等由前哥伦比亚革命武装力量（FARC）异见分子组成的非法武装组织，还有海湾家族（Clan del Golfo）等贩毒组织等。这些组织相互勾连，又相互争斗，是哥伦比亚多年来安全状况恶劣的主要原因。2023 年，佩特罗政府先后与各主要组织进行了接触。例如，与"哥伦比亚民族解放军"进行了 4 轮和谈[3]，与"中央参谋部"进行了两轮谈判，与海湾家族也进行了谈判。二是与部分非法武装组织达成停火协议。2022 年底，除"哥伦比亚民族解放军"，佩特罗政府与以上提到的主要非法武装组织达成停火协议，2023 年

---

[1] 该组织为前哥伦比亚革命武装力量（FARC）的反叛组织，因拒绝接受哥伦比亚革命武装力量与政府的和平谈判及 2016 年和平协议而退出和平进程并脱离哥伦比亚革命武装力量。其在与政府的谈判中具有与"哥伦比亚民族解放军"一样的政治地位。

[2] 该组织由前哥伦比亚革命武装力量异见分子组成，曾签署 2016 年和平协议，后又退出，因此只能作为非法武装组织与政府谈判。

[3] 佩特罗政府与"哥伦比亚民族解放军"于 2022 年 11 月开始第一轮和平谈判，至 2023 年底已经进行到第 5 轮和谈。

初开始实施为期半年的停火。此后，政府又在 8 月初与"哥伦比亚民族解放军"达成协议，实施为期半年的停火；10 月中旬与"中央参谋部"达成协议，实施为期 3 个月的停火。三是更换首席谈判员。佩特罗于 11 月任命同样是游击队员出身、长期参与和平谈判的奥蒂·帕蒂尼奥（Otty Patiño）为新的和平事务高级专员，以求谈判进程取得更大进展。

面临的挑战主要体现在和谈进程的复杂性前所未有。一是谈判对象差异性大。如前所述，当前哥伦比亚的非政府武装组织和帮派不仅数量庞大，性质差异也很大，组织结构更为松散，导致谈判达成的阶段性共识难以贯彻。二是谈判路径差异大。由于各组织的性质不同，需要采用的谈判路径也不同。例如，对于"哥伦比亚民族解放军"这种具有政治属性的反政府武装，需采用和平谈判的方式解除其武装；而对于海湾家族这种犯罪组织，则需要通过司法审判的方式加以遣散。三是谈判议程差异大。例如，"哥伦比亚民族解放军"寻求通过谈判推动一些政治改革，海湾家族则希望免受常规司法审判，还有一些武装团伙则试图利用谈判和停火的时机扩大自身势力范围。这些都导致谈判过程反复以及谈判前景的不确定性。

（二）继续推动土地改革

哥伦比亚的土地高度集中，0.4% 的人口拥有 46% 的农村土地。[1] 土地问题长期影响哥伦比亚的社会发展和稳定。因此，佩特罗政府将土地改革作为其"全面和平"计划的重要组成部分，除增加农业部门预算、通过多种方式分配给农民土地外，还寻求通过立法保障农民的权利。在 2023 年 5 月通过的国家发展计划中，土地问题是五大支柱之一。佩特罗政府提出，到 2026 年将多用途地籍（multipurpose cadastre）土地面积推广到国家领土的

---

① Tanya Wadhwa, "Colombian Government Makes Historic Advance towards Agrarian Reform and Peace", Peoples Dispatch, October 11, 2022, https：//peoplesdispatch.org/2022/10/11/colombian-government-makes-historic-advance-towards-agrarian-reform-and-peace/, accessed March 29, 2024.

70%，以巩固全面的农村改革。6 月 13 日，国会批准了两项立法草案，包括政府于 2022 年提交的土地和农村管辖权法案。这两项法案明确承认农民享有权利和特殊保护，并确立了土地和农村管辖权。此后，司法部与农业和农村发展部又向国会提交新条款，对这一管辖权进行规范，包括提议设立 32 个土地法院。11 月，司法高级委员会宣布将实施该管辖权，计划先设立 5 个巡回法庭和 1 个具有国家管辖权（national jurisdiction）的分庭。12 月，佩特罗政府宣布将于 2024 年上半年设立 5 个土地法庭，之后还将再设立 65 个。佩特罗政府希望通过建立土地司法系统保障农村地区有效获得司法救助，以确保农村改革的长期可持续性。

（三）公布新的毒品战略

应对毒品问题也是佩特罗政府"全面和平"计划的重要组成部分。根据联合国毒品和犯罪问题办公室于 2023 年 9 月发布的报告，哥伦比亚的毒品种植在 2022 年达到 23 万公顷的创纪录水平，较 2021 年增加了 13%。佩特罗认为这正表明以往以军事打击为主的"毒品战争"的失败。为此，佩特罗政府也于 9 月公布了题为《通过播种生活根除毒品贩运》的新毒品战略，提出了一个 10 年计划，拟通过更为进步的措施改变当前的禁毒模式。新政策分为"氧气"和"窒息"两个主题，即一方面帮助贩毒金字塔底层的古柯生产者找到合法的收入来源，通过向其提供服务和货物等"氧气"鼓励其进行替代种植；另一方面，继续对贩毒组织的高层等进行打击，以使其"窒息"。该政策的其他举措还包括努力恢复被古柯种植所破坏的生态系统，对在城市环境中犯下与毒品相关罪行的脆弱人群从轻量刑，防止未成年人吸毒，增加受监督的戒毒中心等康复设施，加强对毒品实验室、洗钱和腐败的安全打击（security crackdown），制定允许治疗性使用古柯的法规，以及加大推动修订国际毒品法的力度等。佩特罗政府希望至 2026 年任期结束时，将全国古柯种植面积减少一半，并在今后 10 年内使哥伦比亚的可卡因产量减少 43%。

四　外交形势

作为哥伦比亚历史上首届左翼政府，佩特罗政府的对外政策在2023年显示出更强的自主性和左翼色彩。

（一）对华关系取得重大进展

受哥伦比亚国内政治和美国等因素的影响，中国与哥伦比亚关系自1980年建交以来虽然没有出现过大的波动或倒退，但总体而言发展较为缓慢。佩特罗政府高度重视中哥关系，双方关系在2023年取得重大进展。一是实现佩特罗总统访华。2023年10月24~26日，佩特罗总统对中国进行了国事访问，这是他就任总统以来的首次亚洲之行。二是建立战略伙伴关系。在佩特罗政府执政前，中国早已与巴西、阿根廷等拉美主要国家建立了全面战略伙伴关系，但中哥之间一直没有建立任何伙伴关系。此次佩特罗总统访华期间，中哥宣布建立战略伙伴关系，这是中哥关系发展的重大突破。佩特罗总统还曾表示，哥伦比亚政府"正就加入'一带一路'倡议进行认真研究"。① 三是中哥合作水平达到新高度。首先是政治共识达到新高度。在两国发表的联合声明中，哥方认为中国式现代化为人类实现现代化提供新选择，愿同中方就推进习近平主席提出的全球发展倡议、全球安全倡议、全球文明倡议开展对话；中方则坚定支持哥伦比亚"变革政府"的全面和平政策，坚定支持哥伦比亚走符合本国国情的发展道路。其次是经济合作领域进一步拓宽。双方同意加强数字经济、绿色发展、通信和信息技术、竞争政策等领域合作；重申愿加速推进循环经济，加强循环经济理念和经验交流，推动绿色增长和可持续消费生产模式转型。哥方愿同中方加强能源转型、基础设施建设、绿色发展等领域合作，中方则支持哥方公正能源转型和工业化政

---

① 《朱京阳大使向哥伦比亚总统递交国书》，中华人民共和国驻哥伦比亚共和国大使馆网站，2023年10月6日，http://co.china-embassy.gov.cn/chn/sgxwfb/202310/t20231006_11155229.htm，最后访问日期：2024年4月1日。

策。最后是加强国际合作。双方确认在国际事务中拥有共同利益和立场，将在国际事务中相互支持。双方还确认致力于维护以联合国为核心的国际体系、以国际法为基础的国际秩序、以联合国宪章宗旨和原则为基础的国际关系基本准则；致力于在国际多边体系内维护发展中国家利益，加强南南合作。[①]

（二）寻求加强与非洲的关系

与往届政府相比，佩特罗政府更加注重加强与非洲等发展中国家和地区的关系。哥伦比亚拥有拉美第二大非洲裔人口[②]，但与非洲的关系长期落后于巴西等国家。佩特罗政府上台后，将加强与非洲的外交和文化联系作为其对外政策的优先事项，在新的国家发展计划中提出"非洲战略"，以增强哥伦比亚在非洲的影响力。佩特罗政府拟采取两方面举措：一是增设驻非洲国家的大使馆。哥伦比亚仅在非洲 54 个国家中的 6 个国家设立了大使馆，增设大使馆将有助于巩固和扩展其与非洲国家的关系。二是加强与非洲国家的合作。首先是加强经贸合作。哥伦比亚与非洲国家的经贸合作水平较低，有很大的发展空间。其次是加强与非洲地区组织的合作，寻求恢复或加强与非洲联盟、非洲开发银行和非洲-南美洲首脑会议（ASA）等组织和机制的联系。最后是加强国际合作。哥伦比亚与非洲国家都是发展中国家，加强在国际事务中的合作可以增强话语权和能动性，以追求更公平的国际秩序。为了落实"非洲战略"，哥伦比亚副总统弗朗西亚·马尔克斯（Francia Márquez）还于 2023 年 5 月对南非、肯尼亚和埃塞俄比亚进行了访问。

[①] 《中华人民共和国和哥伦比亚共和国关于建立战略伙伴关系的联合声明》，中华人民共和国外交部网站，2023 年 10 月 25 日，https：//www.mfa.gov.cn/web/gjhdq_676201/gj_676203/nmz_680924/1206_681072/xgxw_681078/202310/t20231025_11168329.shtml，最后访问日期：2024 年 3 月 23 日。

[②] Fabien Anthony，"Colombia's Pivot to Africa：Shifting the Paradigm in a Multipolar World"，CNBC Africa，May 5，2023，https：//www.cnbcafrica.com/2023/colombias-pivot-to-africa-shifting-the-paradigm-in-a-multipolar-world/，accessed March 23，2024.

（三）增强拉美地区的团结与自主性

增强拉美地区独立自主和一体化是拉美左翼政府的主要执政理念之一，佩特罗政府也不例外。2023 年，一是佩特罗政府积极参与地区活动，推动地区内国家加强合作。例如，佩特罗总统于 2023 年 1 月出席在阿根廷举行的拉美和加勒比国家共同体第 7 届峰会；8 月参加在巴西举行的《亚马孙合作条约》缔约国领导人峰会，并提出 2030 年之前完全停止非法毁坏其境内亚马孙雨林的目标以及在亚马孙地区停止新的石油开采项目的呼吁。佩特罗政府于 9 月举行关于毒品问题的国际会议，呼吁拉美国家重新考虑其军事化的毒品政策。二是继续巩固与委内瑞拉的关系。佩特罗总统在 2023 年多次会见委内瑞拉总统马杜罗，佩特罗政府与"哥伦比亚民族解放军"的第 4 轮和平谈判也在委内瑞拉举行。此外，佩特罗政府还于 4 月下旬举行旨在解决委内瑞拉危机的国际会议，佩特罗总统也在多个国际场合提出解除对委内瑞拉制裁的问题。三是呼吁实现更加公正的地区秩序。4 月 19 日，佩特罗总统在美洲国家组织发表讲话时表示，应当"重写"美洲国家组织宪章，新的宪章应当包括保障自然权利和世居民族人民对其宗地的权利等内容，并提出应将委内瑞拉和古巴完全纳入美洲人权体系。

此外，佩特罗总统鲜明的外交风格还使哥伦比亚与多国关系变得紧张。例如，2022 年 12 月秘鲁前左翼总统佩德罗·卡斯蒂略（Pedro Castillo）被国会弹劾并遭逮捕后，佩特罗总统多次批评秘鲁国会，秘鲁国会则于 2023 年 2 月宣布其为不受欢迎的人。巴以冲突爆发后，佩特罗总统多次批评以色列在加沙地带的行动，并于 10 月 31 日决定召回驻以色列大使，以色列则宣布暂停与哥伦比亚的防务合作。11 月，阿根廷极右翼总统候选人哈维尔·米莱（Javier Milei）当选总统后，佩特罗总统表示选举结果"是拉丁美洲的悲哀"，并拒绝出席其就职典礼。

（周志伟　审读）

Y.16

秘鲁：社会抗议显著增加，经济陷入衰退

洪朝伟*

摘　要： 2023年，秘鲁总统支持率持续下降，由于获得安全部队和国会中右翼政党的支持，博鲁阿尔特没有被赶下台，但政府面临多重挑战。经济方面，受厄尔尼诺现象、社会动荡等因素影响，经济增速远低于地区平均水平，通货膨胀率略高于目标区间。社会方面，贫困率有所下降，但受经济衰退影响，劳动力参与率低于2022年同期水平。另外，社会抗议发生频次显著提高。外交方面，秘鲁积极参与对外合作，2024年担任亚太经合组织轮值主席国。

关键词： 秘鲁　总统支持率　社会抗议　经济衰退

一　政治形势

近年来，秘鲁政局动荡，总统更迭频繁。2022年12月7日，秘鲁国会通过对时任总统卡斯蒂略的弹劾案，副总统迪娜·博鲁阿尔特（Dina Boluarte）接任总统。随后，秘鲁国内发生了反对博鲁阿尔特以及小范围支持卡斯蒂略的示威游行。[①] 由于总统下台需要获得国会130票中的87票，加之2023年博鲁阿尔特得到了安全部队和国会中右翼政党的支持，中间偏左翼政党希望将她赶下台的企图没有实现。[②] 总体来看，博鲁阿尔特政府面临多重挑战。

---

* 洪朝伟，中国社会科学院拉丁美洲研究所助理研究员，主要研究方向为宏观经济、国际贸易规则。

① EIU, *Country Report：Peru*, January 2023.

② EIU, *Country Report：Peru*, May 2023.

（一）总统支持率持续下降，社会动荡风险犹存

一方面，博鲁阿尔特支持率持续下降。根据益普索（Ipsos）所做调查，从 2022 年 12 月上任之初到 2024 年 1 月，博鲁阿尔特支持率从 21%下降到 9%，不支持率则从 68%上升到 83%。从地区分布来看，秘鲁东部地区对总统支持率最高，为 9%，南部地区最低，为 4%；南部地区对总统不支持率最高，为 88%，北部地区最低，为 82%。① 另一方面，社会动荡风险仍然存在。由于抗议者的疲劳情绪升高、组织能力下降，以及政府对抗议活动的强力镇压等，要求总统辞职的社会抗议活动逐渐减少，社会抗议的暴力程度和破坏性也大大降低。② 但是选民对政府和国会的不满程度仍然较高。例如，秘鲁南部地区仍有一些零星的示威活动，政府对北部地区暴雨和洪水灾害处理不当，再次引起了民众的不满。③ 从社会抗议未来的发展趋势来看，经济增长放缓、实际工资增长停滞以及厄尔尼诺现象引发的极端天气都可能再次引发激烈的抗议活动，不利于政治稳定。④

（二）国会高度分裂，总统推进改革能力有限

秘鲁是多党制国家，政党制度薄弱，小党林立，执政党长期在国会占少数席位。本届国会的 130 个席位分成了 13 个派别，其中支持博鲁阿尔特的政党共占据 56 个席位，反对派占据 74 个席位。⑤ 国会两极分化导致博鲁阿尔特政府难以推进重大改革，"经济振兴计划"（Con Punche Peru）等经济

---

① "Estudio de Opinión Informe de Resultados", Ipsos, enero de 2024, https：//www.ipsos.com/sites/default/files/ct/news/documents/2024 – 01/Informe% 20Encuesta% 20Nacional% 20Urbano% 20Rural%20 –% 20Peru% CC%81% 2021% 20al% 2012% 20de% 20enero% 202024. pdf, accessed April 5, 2024.

② EIU, *Country Report：Peru*, September 2023.

③ EIU, *Country Report：Peru*, May 2023.

④ EIU, *Country Report：Peru*, August 2023.

⑤ "Congress of the Republic of Peru", Wikipedia, https：//en. wikipedia. org/wiki/Congress_of_the_Republic_of_Peru, accessed April 8, 2024.

刺激计划对于抵消抗议活动和极端天气负面影响的作用甚微。[①]

从积极方面来看，博鲁阿尔特政府通过恢复两院制议会制度的法案可能促进秘鲁未来政局稳定。1993 年，藤森政府颁布宪法，将此前实施的两院制改成一院制，一院制的议会制度导致总统被弹劾的风险较高。秘鲁政府多次希望恢复两院制，这项改革方案可以通过全民公投或国会投票实现。2018 年底的全民公投否决了这项改革。根据秘鲁相关规定，通过国会投票推进这项宪法改革须国会在连续两个年度进行两次投票表决，每次投票均获得国会总票数的 2/3（即 87 票）以上的赞成，才能通过。2023 年 11 月 16 日，秘鲁国会在第一次表决中批准了恢复两院制的决议。2024 年 3 月 6 日，秘鲁国会全体会议经过第二次表决，以 91 票赞成、31 票反对、3 票弃权的结果通过决议。3 月 20 日，博鲁阿尔特正式颁布这项宪法改革法案，恢复由参议院和众议院组成的两院制议会制度。在秘鲁下次大选中，除选举 130 名众议院议员外，还要选出 60 名参议院议员。根据改革方案，参议院和众议院议员任期均为 5 年。[②]

二　经济形势

受政治不确定性、厄尔尼诺现象以及全球经济增长放缓的影响，2023 年，秘鲁经济状况不容乐观，经济增速低于地区平均水平。秘鲁实行扩张性财政政策和宽松性货币政策组合，以支持疲软的经济。秘鲁财政赤字率超过目标值，是 20 多年来首次未能遵守财政赤字规则。

（一）宏观经济运行状况

第一，经济增速远低于地区平均水平。根据秘鲁央行数据，2023 年，秘鲁国内生产总值（GDP）增长率为 -0.6%，远低于地区平均水平。[③] 主要

---

① EIU, *Country Report*：*Peru*, April 2023.

② "Congreso de Perú Volverá a Tener Dos Cámaras Luego de Tres Décadas", VOA, 6 de marzo de 2024, https：//www.vozdeamerica.com/a/congreso-peru-volvera-a-tener-dos-camaras-luego-de-tres-decadas/7516479.html, accessed April 10, 2024.

③ Central Bank of Peru, *Peru in Figures*, 4th Quarter 2023.

原因有两方面：一是厄尔尼诺现象导致的极端天气对农业、渔业等部门产生不利影响，两部门产出分别下降 2.9% 和 19.7%；二是社会动荡、禽流感疫情等对居民收入和消费信心产生影响。食品成本增加和家庭消费能力下降，导致制造业、商业、建筑业和服务业等产业的经济活动放缓，其中制造业和建筑业产出下降最为显著，分别下降 8.2% 和 7.9%。①

第二，通货膨胀率略高于目标区间。与 2022 年相比，2023 年秘鲁通货膨胀率有所缓和，通货膨胀率为 3.24%，略高于（1%，3%）的目标区间，远低于 2022 年 8.5% 的通胀率。其中，除去食品和能源的通货膨胀率为 2.9%，食品和能源的通货膨胀率为 3.63%。②

第三，经常账户实现盈余。2023 年，秘鲁经常账户盈余占 GDP 的 0.6%，较 2022 年 4.0% 占比的赤字大幅改善。主要来自四方面因素：一是进口下降，贸易盈余有所增加，商品贸易占 GDP 比重为 6.1%，高于 2022 年的 4.2%；二是运费降低以及公共卫生秩序恢复正常对旅游业产生积极影响，服务业支出减少，服务业支出占 GDP 比重为 2.9%，低于 2022 年的 3.5%；三是资产收益率提高使初级收入赤字（要素收入）缩小，赤字占 GDP 比重从 2022 年的 7.1% 降低到 2023 年的 5.5%；四是来自美国的汇款增加，使次级收入盈余（转账）增加，占 GDP 比重从 2022 年的 2.4% 提高到 2023 年的 2.5%。③

（二）宏观经济政策

一方面，扩张性财政政策降低民众负担、促进公共投资。2023 年，秘鲁实施了临时性措施，如"经济振兴计划"和"联合计划"（Plan Unidos）计划。主要包括三大支柱：一是通过现金转移、补贴和信贷服务，帮助低收入家庭和企业应对高通货膨胀和经济冲击；二是通过技术援助、提供资金等促进国内公共工程项目投资；三是简化流程、降低成本，以吸引私人投资。例如，博鲁阿尔特政府简化了有关公私合营伙伴关系（PPP）、公

---

① Central Bank of Peru, *Inflation Report*, March 2024, pp. 49-50.
② Central Bank of Peru, *Inflation Report*, March 2024, p. 128.
③ Central Bank of Peru, *Inflation Report*, March 2024, pp. 42-44.

共工程和"以工程换税收"特殊项目的法律框架。① 2023 年，秘鲁全年财政赤字占 GDP 比重为 2.8%，高于 2022 年 1.7%的财政赤字率，超过财政赤字占 GDP 比重 2.4%的目标值。②

另一方面，宽松货币政策提振经济信心。秘鲁实行通货膨胀目标制，将利率作为货币政策工具。2022 年，乌克兰危机加剧了全球食品和能源价格上涨，秘鲁为遏制通货膨胀，全年 11 次提高基准利率。2023 年 1 月，秘鲁央行继续加息 25 个基点，并在 2023 年 1~8 月维持 7.75%的利率水平。由于社会动荡导致商业信心不足，为提振经济信心，从 2023 年 9 月开始，秘鲁央行开始转向宽松货币政策，每月降息 25 个基点，到 2023 年 12 月，秘鲁央行将基准利率降低到 6.75%。

三　社会形势

2023 年，秘鲁收入不平等状况进一步改善，贫困率有所下降，但受国内经济衰退影响，劳动力市场表现不及去年同期。

（一）贫困率下降

一方面，收入不平等进一步改善。根据 2023 年拉美经委会发布的《2023 年拉美社会概况》，2021 年秘鲁收入不平等情况恢复到疫情前水平，2022 年秘鲁收入不平等情况进一步改善。秘鲁基尼系数从 2021 年的 0.423 降低至 2022 年的 0.414，低于地区 0.45 的基尼系数平均水平，但仍高于收入分配差距的国际警戒线（0.4）。③

另一方面，贫困率低于拉美地区平均水平。与 2021 年相比，2022 年秘鲁极端贫困率和贫困率均有所下降，其中极端贫困率从 2021 年的 3.9%下降到 2022 年的 3.3%，下降 0.6 个百分点。贫困率从 2021 年的 18.6%下降到

---

① EIU, *Country Report：Peru*, January 2024.
② Central Bank of Peru, *Peru in Figures*, 4th Quarter 2023.
③ ECLAC, *Social Panorama of Latin America and the Caribbean* 2023, Santiago, 2023, p. 42.

2022 年的 17.2%，下降 1.4 个百分点。① 远低于拉美地区 11.2%的极端贫困率和 29%的贫困率。②

（二）劳动力市场表现不及2022年同期

从拉美地区来看，预计 2023 年劳动参与率为 63%，略低于疫情前的 63.3%，但较 2022 年的 62.7%提高 0.3 个百分点。③ 由于 2023 年国内经济衰退，秘鲁劳动力市场受到影响。2023 年第一季度和第二季度的劳动参与率分别为 70.2%和 70.6%，低于 2022 年同期的 72.9%和 72.4%的水平。④ 其中受影响最大的行业是建筑业，就业人数较 2022 年下降 9.7%；其次是农业、渔业、采矿业，就业人数较 2022 年下降 6.3%。就业人口增长最快的是服务业，较 2022 年增长 2.6%。⑤ 但与 2018 年相比，秘鲁 2023 年前两个季度实际平均工资有所下降（见表 1）。

表 1　2018~2023 年秘鲁劳动力市场指标

指标	2018 年	2019 年	2020 年	2021 年	2022 年	2023 年第一季度	2023 年第二季度
劳动参与率(%)	72.3	72.7	62.3	70.9	72.0	70.2	70.6
城镇失业率(%)	3.9	3.9	7.7	5.9	4.4	4.6	4.9
就业率(%)	69.4	69.8	58.8	66.9	68.8	66.1	66.9
实际工资指数	100	99.4	94.3	98.3	98	97.4	84.6

资料来源：ECLAC, *Preliminary Overview of the Economies of Latin America and the Caribbean 2023*, Santiago, 2023, pp. 159-165。

---

① ECLAC, *Social Panorama of Latin America and the Caribbean 2023*, Santiago, 2023, p. 60.
② ECLAC, *Social Panorama of Latin America and the Caribbean 2023*, Santiago, 2023, p. 56.
③ ECLAC, *Social Panorama of Latin America and the Caribbean 2023*, Santiago, 2023, p. 94.
④ ECLAC, *Preliminary Overview of the Economies of Latin America and the Caribbean 2023*, Santiago, 2023, p. 160.
⑤ "INEI: En Qué Actividades Económicas se Perdieron Más Trabajos en Perú durante el 2023", infobae, 21 de febrero de 2024, https://www.infobae.com/peru/2024/02/17/mas-de-150-mil-empleos-se-perdieron-en-peru-en-2023-en-que-actividades-fue-mayor-el-desempleo/, accessed April 10, 2024.

（三）社会抗议显著增加，民众对犯罪和暴力、金融腐败及政治腐败担忧加重

2022 年 12 月，秘鲁总统更迭导致社会抗议活动频发。根据秘鲁央行统计，2023 年第一季度，秘鲁共发生 2186 起大规模抗议活动，远高于 2019~2022 年的年均值 630 起。抗议活动包括示威、集会、静坐等。从活跃的社会冲突来看，2023 年第三季度达到近年来峰值，为 182 起，远高于 2022 年同期的 160 起。活跃社会冲突主要来自秘鲁南部地区，占冲突总量的 37%，2023 年第二季度，南部活跃社会冲突有 64 起，较 2019~2022 年均值多 9 起。①

益普索针对全球民众最担忧的问题展开了调查。结果显示，截至 2024 年 3 月，秘鲁受访民众最担忧的三大问题分别是犯罪和暴力（62%）、金融腐败和政治腐败（51%）、失业（36%）。与 2022 年 12 月所做的调查相比，对犯罪和暴力、金融腐败和政治腐败担忧的受访民众比重分别提高了 11 个百分点和 6 个百分点，对失业担忧的受访民众比重降低了 3 个百分点。另外，民众对贫困和不平等（31%）问题也较为关注。与 2022 年 12 月相比，秘鲁受访民众对通货膨胀（19%）的担忧显著下降，降低 15 个百分点。②

四 外交形势

近年来，中秘双边经济合作发展较快。中国是秘鲁在全球第一大贸易伙伴、第一大出口市场和第一大进口来源国，秘鲁是中国在拉美第四大贸易伙伴。2023 年，中秘双边贸易额为 376.91 亿美元，其中中国对秘鲁出口额为

---

① Central Bank of Peru, *Inflation Report*, March 2024, pp. 64-66.
② "What Worries the World?", Ipsos, March 2024, https://www.ipsos.com/sites/default/files/ct/news/documents/2024-04/Global-Report-What-Worries-the-World-March-2024.pdf, accessed April 10, 2024.

121.11 亿美元，自秘鲁进口额为 255.8 亿美元，同比分别增长 0.8%、-9.4% 和 6.4%。① 2024 年，秘鲁将作为轮值主席国举办亚太经合组织（APEC）领导人非正式会议。

（一）中秘关系

2023 年，中秘两国高层举行两次会晤。9 月 20 日，国家副主席韩正在纽约出席联合国大会期间，会见秘鲁总统博鲁阿尔特。双方就增强政治互信、促进务实合作交换意见。双方表示，愿就高质量共建"一带一路"、推动全球发展倡议走深走实、推动国际秩序朝着更加公平合理方向发展，加强合作。② 11 月 16 日，习近平主席在旧金山会见博鲁阿尔特。习近平主席指出，2023 年是中秘两国建立全面战略伙伴关系 10 周年，双方要深化政治互信，加强战略沟通，坚定支持对方走符合本国国情的道路，加强发展战略对接，做强经贸、能源矿产等传统领域合作，培育数字经济、绿色发展等合作新增长极，推动共建"一带一路"取得更多成果。并表示中方支持秘鲁举办 2024 年亚太经合组织领导人非正式会议，愿同秘方密切沟通协调，推动亚太经合组织合作取得新成果。博鲁阿尔特表示期待同中方共同努力，推动亚太地区实现包容、可持续增长，促进中拉关系发展，秘鲁愿同中国加强多边协作。③

（二）区域合作

由于卡斯蒂略总统下台后，秘鲁发生多起抗议活动。2023 年，博鲁阿

---

① 《2023 年 12 月进出口商品国别（地区）总值表（美元值）》，中华人民共和国海关总署网站，2024 年 1 月 18 日，http：//www. customs. gov. cn/customs/302249/zfxxgk/2799825/302274/302277/302276/5637259/index. html，最后访问日期：2024 年 4 月 20 日。

② 《韩正会见秘鲁总统博鲁阿尔特》，中华人民共和国外交部网站，2023 年 9 月 21 日，https：//www. mfa. gov. cn/web/gjhdq_676201/gj_676203/nmz_680924/1206_680998/xgxw_681004/202309/t20230921_11146472. shtml，最后访问日期：2024 年 4 月 20 日。

③ 《习近平会见秘鲁总统博鲁阿尔特》，中华人民共和国外交部网站，2023 年 11 月 17 日，https：//www. mfa. gov. cn/web/gjhdq_676201/gj_676203/nmz_680924/1206_680998/xgxw_681004/202311/t20231117_11182034. shtml，最后访问日期：2024 年 4 月 20 日。

尔特的外交政策重点之一是恢复秘鲁的国际形象和外交关系。秘鲁与阿根廷、玻利维亚、哥伦比亚和墨西哥的左翼政府外交关系较为紧张，他们仍承认卡斯蒂略为秘鲁总统。墨西哥为卡斯蒂略及其直系亲属提供庇护。另外，在镇压社会抗议活动过程中，博鲁阿尔特政府受到侵犯人权指控和削弱执法机制的批评，其民主信誉受损，恢复民主信誉也是博鲁阿尔特政府的一项重点。外交方面，秘鲁保持较为务实的态度，不参与大国竞争，在大国之间保持较为平衡的外交关系。① 区域合作方面，无论政府意识形态如何，秘鲁都会履行对现有自由贸易协定的承诺。

2024~2028 年，秘鲁政治稳定性仍面临多重挑战。由于深刻的种族差异和地区经济发展不均衡，政治仍面临两极分化。执政党可能无法获得多数席位，下一任政府也将面临严峻的执政挑战。秘鲁即将恢复两院制，为总统提供了更多斡旋的空间，总统被弹劾下台的难度提高。不过，社会动荡风险仍然存在。经济方面，秘鲁正处于衰退周期，相比卡斯蒂略，博鲁阿尔特采取了更为亲市场的做法，目的在于吸引投资，但由于博鲁阿尔特推行改革的能力有限，秘鲁的商业环境只略微改善。秘鲁仍将奉行长期以来正统的宏观经济政策。另外，在能源转型的背景下，铜价上涨或为秘鲁经济增长提供助力。对外合作方面，秘鲁实行自由贸易政策，并强调外交为经济发展服务。作为 2024 年亚太经合组织领导人非正式会议的东道国，秘鲁将加强与其他成员国的贸易关系。

（岳云霞　审读）

---

① EIU, *Country Report*：*Peru*，December 2023.

Y.17
玻利维亚：
执政党面临分裂，政治图景充满变数

宋 霞*

摘 要： 2023 年，执政党争取社会主义运动内部分裂加剧，面临解体，执政党和反对党之间的政治两极分化亦日趋严重，多变的政治图景影响了政策推行和国家治理成效。2023 年出口额下跌和货币恐慌导致消费及投资疲软，玻利维亚经济增速出现大幅下滑，但 GDP 仍保持正增长。政治冲突和经济萧条造成社会动荡加剧，抗议运动频繁。政府完成养老金制度国有化进程。在复杂多变的国际环境下，阿尔塞政府继续推行温和务实的外交策略，加强与周边左翼国家及中国和俄罗斯等传统友好国家的关系，成为南方共同市场的正式成员国，积极参与和推动区域一体化建设。

关键词： 玻利维亚 政党竞争 养老金改革 南方共同市场

一 政治形势

2023 年玻利维亚政局充满变数，左翼执政党争取社会主义运动（MAS）内部的分裂加剧，执政党处于解体的边缘。争取社会主义运动内部明显分裂为两大派别，一派是阿尔塞总统及其支持者组成的较为温和务实的"阿尔塞派"（Arcistas）；一派是争取社会主义运动党首、前总统莫拉莱斯及盟友

---

* 宋霞，中国社会科学院拉丁美洲研究所副研究员，主要研究方向为拉美历史。

组成的更为激进的"埃沃派"（Evistas）。① 2025 年总统大选的党内候选人提名成为党内冲突的焦点。莫拉莱斯和阿尔塞都希望代表争取社会主义运动参加 2025 年总统选举。在给阿尔塞总统的包含 12 条建议和 1 项"特别"要求的书信中，莫拉莱斯称阿尔塞背叛了左翼纲领，其治理是"彻底的失败"（rotundo fracaso），②要求阿尔塞停止制造分裂，暂停总统竞选活动。2023 年 10 月初，争取社会主义运动举办第 10 次代表大会，包括总统阿尔塞、副总统乔克万卡在内的 30 名争取社会主义运动党员被开除党籍，莫拉莱斯当选党首并成为 2025 年总统大选候选人。

此次党代会掀起两派斗争新高潮。在玻利维亚中央工会（COB）等社会组织的支持下，阿尔塞领导党内温和改革派单独召开党代会，另立名为"团结公约"（Pacto de Unidad）③ 的党组织与莫拉莱斯领导的争取社会主义运动竞争。两派分裂之后，双方在国会两院中都不占多数，阿尔塞派在众议院中力量更强，而埃沃派在参议院的席位超过阿尔塞派，参议院议长是莫拉莱斯支持者。这种分裂局面导致无论是埃沃派、阿尔塞派，还是中间和右翼反对派，都无法取得国会两院的多数，也就不能通过任何一项立法，政策亦难以推行。阿尔塞政府 2023 年主推的 2005 年《碳氢化合物法》修订及 2023 年国家总预算（PGE）及修正案均因国会否决而搁浅。阿尔塞总统只能通过总统行政令来治理国家，而行政令只能做零敲碎打的调整，不足以应对日益严峻的宏观经济平衡和发展问题。

10 月，最高选举法院（TSE）宣布莫拉莱斯在党代会上做出的所有决

① "Arce Is Expelled from MAS", EIU, October 9, 2023, https：//viewpoint. eiu. com/analysis/ article/463572829/, accessed April 8, 2024.

② Micaela Sanjines Ordóñez, "Evo Morales Arremete contra Luis Arce y Asegura que su Gestión Fue un 'Rotundo Fracaso'", Bolivia.com, 8 de noviembre de 2023, https：//www. bolivia. com/ actualidad/politica/evo－dice－que－la－gestion－de－arce－fue－un－rotundo－fracaso－432612, accessed April 8, 2024.

③ Willmary Montilla, "Evo Acusa a Arce de Querer Acabar con el Congreso del MÁS para que no se Lance a la Presidencia", Bolivia.com, 27 de septiembre de 2023, https：//www. bolivia. com/ actualidad/politica/evo-morales-acusa-al-gobierno-de-usurpar-al-mas-426006, accessed April 8, 2024.

定无效。[①] 12月底，宪法法院宣布2017年允许总统无限期连任的裁决无效，恢复了宪法最初规定的总统连续或非连续两届任期的限制，这一裁决使莫拉莱斯失去了参与2025年总统大选的资格，因为他已连任三届。这一决定有利于现任总统阿尔塞，因为他可能成为玻利维亚最大政党的主要总统候选人，从而大大提高了他连任的机会。宪法法院的这一裁决引起埃沃派的强烈反对，这不仅不会缓解争取社会主义运动内部的紧张关系，还会加剧内部分裂。

除执政党内部分裂加剧外，玻利维亚中左翼和右翼政党反对派仍如一盘散沙，尽管自2023年7月一些反对党派宣布组建联合阵线，但短期内也难以形成强大的统一政治力量。玻利维亚执政党的分裂夹杂着执政党和反对党之间以及中央政府和地方政府之间的分歧与冲突，使玻利维亚的政治图景极为复杂与多变。

二 经济形势[②]

2023年，玻利维亚宏观经济不如2022年。据联合国拉丁美洲和加勒比经济委员会（以下简称"拉美经委会"）初步统计，2023年玻利维亚国内生产总值（GDP）增长率为2.2%，较2022年的3.5%降低了1.3个百分点。玻利维亚经济仍实现正增长的主要原因是私人消费和政府消费以及财政激励下的投资得以维持，支撑了GDP增长。GDP增幅下降的原因包括：一是天然气和矿产投资不足，产量持续减少，天然气出口大幅下降；二是支持GDP增长的固定投资总额有所下降；三是货币波动和侨汇减少抑制了私人消费的增长。

截至2023年9月，玻利维亚消费价格指数达2.8%，高于2022年同期

---

① "TSE Annuls MAS Rulings on Party Leadership", EIU, November 1, 2023, https://viewpoint.eiu.com/analysis/article/503625033, accessed April 8, 2024.

② 如无特别说明，本部分数据均引自 ECLAC, *Preliminary Overview of the Economies of Latin America and the Caribbean 2023*, Santiago, 2023。

的 1.9%。但与拉美和世界其他国家进行横向比较，玻利维亚的通货膨胀得到一定程度遏制。该国通胀率升高的原因在于：一是美元严重短缺和外汇管制提高了进口成本，导致进口价格上涨，加剧了通货膨胀；二是厄尔尼诺现象引起的自然灾害和极端天气破坏了农作物的生产，频繁的社会运动造成物流不畅，导致大城市供应短缺和农产品价格上涨；三是玻利维亚诺贬值。横向比较通胀率较低的主要原因是玻利维亚政府的燃料和食品补贴、对基础设施项目的公共投资以及被高估的固定汇率。

2023 年，玻利维亚进出口贸易额均大幅下降。货物贸易进口额仅为 25.42 亿美元，较 2022 年的 118.46 亿美元大幅下滑。燃料进口减少是进口货物贸易额下降幅度较大的主要原因。另外，水果和蔬菜、鱼类、乳制品和化肥的进口量下降幅度较大，主要因为玻利维亚新种子技术、仓库和加工厂等农业工业部门增加了公共投资以及政府增加了对小农的援助。服务贸易进口额仅为 6.32 亿美元，亦远远低于 2022 年 27.31 亿的美元。外汇储备持续短缺是服务贸易进口额降低的原因之一。同期，货物贸易出口额仅为 25.4 亿美元，与进口额基本持平，远远低于 2022 年的 135.41 亿美元。货物贸易出口额大幅下降的主要原因是，玻利维亚两个最大的天然气出口市场——阿根廷和巴西持续减少对玻利维亚天然气的进口。据玻利维亚国家统计局统计，2023 年玻利维亚商品出口量同比下降了 17%。[1]服务贸易出口额为 2.93 亿美元，亦低于 2022 年的 9.26 亿美元。2022 年玻利维亚实现贸易顺差之后，由于大宗商品价格回落、食品和燃料进口价格持续高企以及出口下降，2023 年又转为贸易逆差。

汇率波动使外国直接投资转为净流出。2023 年，玻利维亚的外国直接投资由 2022 年的 3.28 亿美元转为 -4500 万美元，贸易逆差和外国直接投资持续流出加剧了玻利维亚国际储备的恶化程度。截至 2023 年 4 月，玻利维亚净国际储备为 31.58 亿美元，远低于 2022 年同期的 45.99 亿美元，亦低

---

① "Arce Takes Bold Action to Shore up Foreign Reserves", February 28, 2024, https://viewpoint.eiu.com/analysis/article/1683841151, accessed April 8, 2024.

于 2022 年全年平均的 37.96 亿美元。净国际储备大幅减少的主要原因是补贴支出、偿还债务增加以及大宗商品价格疲软。2023 年，玻利维亚的公共债务占 GDP 的比重达 82.8%。① 美联储和其他国家中央银行长期实施的利率上升措施使借贷成本居高不下，国际评级机构惠誉和标准普尔公司都将玻利维亚的主权信用评级进一步下调，使玻利维亚获得外部市场融资的渠道更为有限，政府不得不动用外汇储备偿还债务，国际储备减少造成的美元短缺和美元投机又导致进口受限，从而形成恶性循环。

三　社会形势②

2023 年玻利维亚的主要社会指标变化不大。据估计，2023 年第一季度和第二季度，玻利维亚全国劳动参与率分别为 77.1% 和 77%，与 2022 年全年平均数据 77.2% 持平，其中男性劳动参与率高于女性。2023 年前两个季度，全国就业率分别为 74.4% 和 74.8%，与 2022 年全年的就业率 74.5% 相差无几，男性就业率亦高于女性。相对于 2022 年全年 3.5% 的全国失业率和 2023 年第一季度 3.6% 的失业率，第二季度失业率下降到 2.8%，男性和女性失业率均有所下降，女性失业率由 2022 年全年的 4.1% 下降到 2023 年第二季度的 3.2%，男性失业率则从 2022 年全年的 3% 下降到 2023 年第二季度的 2.5%。

2023 年，在经济不景气的情况下，阿尔塞政府仍实施了一些福利措施。2 月，玻利维亚推出了保障女性权利的维维亚娜·马尔克（Viviana Mallke）社会住房计划，以纪念被杀害的女性，帮助玻利维亚女性受害者，保障其有尊严的生活，制定了促进玻利维亚妇女经济独立的计划和生产方案。4 月，阿尔塞总统与该国最大的工会组织玻利维亚中央工会（COB）领导人达成

---

① "One-Click Report：Bolivia", EIU, November 7, 2023, https：//viewpoint. eiu. com/analysis/geography/XC/BO/reports/one-click-report, accessed April 8, 2024.

② 如无特别说明，本部分数据均引自 CEPAL, *Balance Preliminar de las Economías de América Latina y el Caribe 2023*, Santiago, 2023。

共识，同意 2023 年将全国最低工资提高 5%，基本工资或合同工资提高 3%。①

2023 年，玻利维亚政府完成了养老金国有化改革，废除了私人养老金体系。玻利维亚的养老金将不再由两家外资私营公司负责，改由 2010 年成立、2023 年才开始运作的公共管理机构负责。随着私人养老基金管理公司（AFP）的终结和国有化养老金制度的推行，养老金的投资回报率将大幅提高，以前私人实体对每位退休人员征收的直接佣金也将大大减少，养老金领取者可获得更多的收益。

阿尔塞政府致力于社会改革，却无力扭转政治冲突和经济不景气的局势，这些最终演变成社会层面激烈而频繁的抗议活动。3 月，玻利维亚城市教育工作者联合会（CTEUB）举行罢工，要求增加教育预算和新资源，反对新课程内容。4 月，医生、教师（工会）、记者、中央工会和商人 5 个部门在拉巴斯、科恰班巴、圣克鲁斯和波托西一起抗议国会计划批准的限制言论自由和损害其他公民权利的"一揽子法律"。抗议和罢工活动多元且持久，极大地影响了玻利维亚政治、经济和社会的稳定。

四　外交形势

2023 年，在复杂多变的国际环境下，阿尔塞政府继续实施温和务实策略，加强与周边左翼国家及中国和俄罗斯等传统友好国家的关系，正式加入南方共同市场，成为第 5 个成员国，积极参与和推动区域一体化进程，更多地参与国际事务。

（一）加入南方共同市场

2023 年 12 月，在南方共同市场（以下简称"南共市"）第 63 届首脑

---

① ECLAC, "Plurinational State of Bolivia", *Economic Survey of Latin America and the Caribbean 2023*, Santiago, 2023.

会议上，玻利维亚加入南共市，成为第 5 个正式成员国。巴西是最后一个批准相关提案和协议的国家，这主要归功于卢拉上台后玻利维亚与巴西关系转暖。

（二）积极参与和推动区域一体化建设

玻利维亚致力于与巴西、墨西哥等国共同推动拉美地区一体化建设，认为区域一体化应建立在和平、公正、团结基础之上，支持墨西哥总统洛佩斯的"拉丁美洲抗通胀互助计划"，与巴西协商推进区域一体化、水资源、生物燃料、能源、卫生等 15 个领域的合作，以实现更高程度的经济、社会和区域一体化。对于一切破坏区域合作的行为，玻利维亚表示谴责和反对。对于 2023 年 1 月阿根廷对玻利维亚、巴拉圭和乌拉圭等国共同使用的巴拉圭—巴拉那水道的船只收取通行费的做法，玻利维亚、巴西、巴拉圭和乌拉圭四国发表声明，敦促阿根廷停止收费行为。2024 年 4 月，厄瓜多尔警方强行进入墨西哥驻厄瓜多尔使馆，并拘留在使馆寻求庇护的厄瓜多尔前副总统格拉斯，阿尔塞总统对此表示谴责，并决定召回玻利维亚驻厄瓜多尔大使。

（三）反对霸权和侵略，维护正义与和平

2023 年 10 月，玻利维亚政府因以色列对加沙地带的袭击，宣布与以色列断绝外交关系，成为以色列和哈马斯此轮冲突爆发后第一个与以色列断交的国家。玻利维亚政府通过了第 5053 号最高法令，授权向巴勒斯坦运送人道主义援助物资，向受战争影响的人捐赠粮食和药品。玻利维亚是拉丁美洲第一个宣布支持南非向国际法院起诉以色列的国家，还与南非、孟加拉国、科摩罗和吉布提等国一起向国际刑事法院提出对巴勒斯坦局势展开调查的要求。

（四）深化与中国的多方位、多领域合作

2023 年加强与中国的关系仍是玻利维亚的外交重心。为推动玻利维亚

"锂工业化"进程新阶段，继2023年1月玻利维亚政府授予中国企业建立两座锂提取工厂的权利之后，6月，玻利维亚国家锂业公司（YLB）与中国中信国安集团签署了重要国际合作协议，在锂资源开采、提炼、加工和销售方面开展合作。12月，由中企承建的玻利维亚首个大型盐湖提锂工厂举行竣工仪式，标志着玻利维亚正式进入锂工业化进程，这也是中玻锂合作具有里程碑意义的进展。

中玻合作是多领域、多方位的。除锂合作外，中玻在公路等基础设施建设领域的合作也卓有成效。2023年由中国企业承建的多条玻利维亚公路项目竣工并验收通车，促进了玻利维亚不同地区间的商业交流和经济发展。中玻合作关系还扩展到金融领域。2023年，玻利维亚中央银行与中国人民银行以及中国的金融机构签署了谅解备忘录，以促进两国本币交易。7月，玻利维亚国有联合银行启动人民币交易业务。继巴西和阿根廷后，玻利维亚成为第3个使用人民币进行进出口贸易结算的南美国家。

（杨志敏　审读）

Y.18

厄瓜多尔：中右翼诺沃亚就任总统，
社会治安急剧恶化

肖　宇*

摘　要： 2023 年 5 月，时任总统吉列尔莫·拉索因腐败丑闻遭遇政治危机，最终宣布解散国会，举行临时大选。10 月，国家民主行动党的丹尼尔·诺沃亚获得大选胜利，11 月就任新总统。诺沃亚政府主张以强硬手段打击暴力犯罪。厄瓜多尔经济增长放缓，社会治安急剧恶化。中厄经贸关系稳步推进，厄瓜多尔加强与美国在安全、技术等领域的合作。

关键词： 厄瓜多尔　临时大选　社会治安　美厄关系　中厄自贸协定

一　政治形势

2023 年 5 月，时任厄瓜多尔总统吉列尔莫·拉索（Guillermo Lasso）援引宪法条款解散国会。10 月 15 日，中右翼国家民主行动党的候选人丹尼尔·诺沃亚（Daniel Noboa）当选新一届厄瓜多尔总统。11 月 23 日，诺沃亚宣誓就职，新政府强调将严厉打击暴力犯罪，并积极推进税制改革。

（一）拉索总统遭遇腐败丑闻，引发弹劾危机

2023 年 1 月，据厄瓜多尔的数字媒体《邮报》（*La Posta*）报道，拉索

---

* 肖宇，中国社会科学院拉丁美洲研究所助理研究员，主要研究方向为比较政治学与拉美政治。

一个经商的亲属——达尼洛·卡雷拉·德鲁埃（Danilo Carrera Drouet）领导了一个腐败团伙：卡雷拉通过收取回扣的方式从国有企业获取不法收入；国家电力公司（CNEL）、厄瓜多尔电力公司（Celec）和厄瓜多尔石油运输公司（Flopec）等国有企业涉嫌非法敛财。随着政治压力逐渐累积，拉索解雇了13家国有企业的首席执行官。[①] 2月，《邮报》再次报道，农业部长贝尔纳多·曼萨诺（Bernardo Manzano）是因为拉索家人的关系才获得其部长职位的，这一丑闻导致曼萨诺于2月14日辞去部长职务。[②]

针对上述腐败丑闻，国会成立了专门的调查委员会。2023年3月1日，调查委员会建议国会以"危害国家安全罪"和"敲诈、贿赂、贪污或非法收入罪"启动对拉索的弹劾程序。[③] 3月16日，反对党联盟"希望联盟"向国会提交了弹劾申请，该申请获得了帕恰库蒂克多民族团结运动、基督教社会党和民主左派党等党派的支持。[④] 拉索因为自己很有可能遭到罢免，5月17日，以"严重政治危机和内乱"为由解散了国会。拉索援引了宪法中此前从未使用过的"交叉死亡"（muerte cruzada）条款，该条款赋予了总统在紧急条件下解散国会、启动总统和国会临时选举的权力。[⑤]

（二）2023年临时大选的选情

厄瓜多尔的临时大选期间暴力犯罪频发。2023年7月16日，国会议员候选人里德尔·桑切斯（Rider Sánchez）被枪杀。7月23日，马纳维省的港

① "Ecuador: Corruption Scandal Hits Close to Home for Lasso", LatinNews, January 19, 2023, https://latinnews.com/component/k2/item/95684.html, accessed March 31, 2024.

② "Ecuador: Minister Toppled as Corruption Allegations Pile up", LatinNews, February 16, 2023, https://latinnews.com/component/k2/item/96033.html, accessed March 31, 2024.

③ "Ecuador: Lasso Faces Renewed Threat of Impeachment", LatinNews, March 2, 2023, https://latinnews.com/component/k2/item/96203.html, accessed March 31, 2024.

④ "In Brief: Ecuador's Opposition Launches Impeachment Attempt against Lasso", LatinNews, March 17, 2023, https://latinnews.com/component/k2/item/96393.html, accessed March 31, 2024.

⑤ "Lasso Disbands Congress to Avert Impeachment", LatinNews, May 18, 2023, https://latinnews.com/component/k2/item/97107.html, accessed March 31, 2024.

口城市曼塔（Manta）市长阿古斯丁·因特里亚戈（Agustín Intriago）被枪杀。① 8月9日，总统候选人费尔南多·比利亚维森西奥（Fernando Villavicencio）被枪杀。比利亚维森西奥曾经做过调查记者，在大选中主张打击腐败和贩毒团伙。在枪杀发生前，他收到过来自贩毒团伙"乔内帮"（Los Choneros）的死亡威胁。②

2023年8月20日，厄瓜多尔举行了第一轮大选投票。公民革命运动党候选人路易莎·冈萨雷斯（Luisa Gonzáles）赢得了33.6%的选票，排名第一。该党是前总统拉斐尔·科雷亚（Rafael Correa）创建的左翼政党。国家民主行动党的候选人丹尼尔·诺沃亚以23.4%的选票排在第2位。诺沃亚获得第二名是人们始料未及的。分析人士认为，诺沃亚的出色表现得益于其本人年轻（35岁）以及其"局外人"身份。③ 10月15日，厄瓜多尔举行了第二轮投票。诺沃亚以51.8%的选票战胜了冈萨雷斯（48.2%），成为厄瓜多尔历史上最年轻的总统。在厄瓜多尔24个省份中，诺沃亚赢得了2/3。但执政党国家民主行动党在国会中仅占据14个席位，与基督教社会党并列第三名。左翼政党公民革命运动党席位最多（52席），建设运动党排名第二（29席）。国家民主行动党需要与其他党派结成联盟，才能更好地推进立法进程，有效应对厄瓜多尔日益严峻的社会治安挑战。④

（三）诺沃亚政府工作重心

2023年11月23日，诺沃亚总统宣誓就职。在就职演讲中，诺沃亚强调新政府将着力降低失业率、打击暴力犯罪，呼吁国会各党派摒弃前嫌，

① "Ecuador: Dark Clouds over Elections", LatinNews, July 27, 2023, https://latinnews.com/component/k2/item/97971.html, accessed March 31, 2024.

② "Political Assassination Rocks Ecuador", LatinNews, August 10, 2023, https://latinnews.com/component/k2/item/98131.html, accessed March 31, 2024.

③ "Ecuador: Noboa Delivers Big Electoral Surprise", LatinNews, August 24, 2023, https://latinnews.com/component/k2/item/98310.html, accessed March 31, 2024.

④ "Noboa Triumphs but Correísmo Controls Congress", LatinNews, October 19, 2023, https://latinnews.com/component/k2/item/99005.html, accessed March 31, 2024.

配合政府工作。在就职当天，诺沃亚提出了一项税制改革提案，并于 2023 年 12 月 19 日由国会通过。① 该法案拟免除欠税人的罚款和利息，鼓励欠税人及时缴纳欠税，以增加政府的短期收入；通过减税政策鼓励企业雇用年轻人和刑满释放人员，防止年轻人加入犯罪团伙。该法案还包括对可再生能源和天然气相关投资进行税收减免、对建筑相关的采购实行增值税退税以及设立免税区等措施。② 在改善社会治安方面，诺沃亚提出了"凤凰计划"（Plan Fénix），利用军队力量来打击贩毒集团。2023 年 12 月 21 日，国会通过了一项宪法修改草案，允许军队作为打击犯罪的"补充力量"（apoyo complementario）。③

二 经济形势④

根据联合国拉丁美洲和加勒比经济委员会（以下简称"拉美经委会"）的数据，厄瓜多尔 2023 年的经济增长率为 1.9%，比 2022 年低 1 个百分点。经济增速放缓是国际和国内因素叠加所致。国际上，大宗商品价格波动、全球通胀高企、不利的融资条件等都不利于厄瓜多尔经济增长。厄瓜多尔经济发展的有利因素包括较低的通胀压力、劳动力市场复苏、信贷投放增加、私人消费增长等。与此同时，公共投资和私人投资增长缓慢，影响了其中长期的经济发展前景。⑤

---

① "Ecuador：Congress Approves Noboa's Tax Reform", LatinNews, December 20, 2023, https：// latinnews. com/component/k2/item/99771. html, accessed March 31, 2024.

② "Daunting Challenges Await Ecuador's Noboa", LatinNews, November 30, 2023, https：// latinnews. com/component/k2/item/99515. html, accessed March 31, 2024.

③ "Ecuador：Congress Approves Militarisation of Public Security", LatinNews, December 22, 2023, https：//latinnews. com/component/k2/item/99794. html, accessed March 31, 2024.

④ 如无特别标注，本节数据均来自 ECLAC, *Preliminary Overview of the Economies of Latin America and the Caribbean 2023*, Santiago, 2023.

⑤ "Ecuador", CEPAL, diciembre de 2023, https：//repositorio. cepal. org/server/api/core/ bitstreams/b84bd4a1-69d0-4b12-833b-c8d6e1357a47/content, accessed March 31, 2024.

表 1 厄瓜多尔主要经济指标（2021~2023 年）

指标	2021 年	2022 年	2023 年[a]
宏观经济			
GDP 增长率(%)	4. 2	2. 9	1. 9[b]
人均 GDP 增长率(%)	3	1. 8	—
通胀率(%)	1. 9	3. 7	—
失业率(%)[c]	4. 15	3. 19	3. 4
财政			
中央政府财政余额占 GDP 比重(%)[c]	−1. 66	−0. 02	−3. 1
中央政府财政收入占 GDP 比重(%)[c]	35. 8	38. 77	36. 6
中央政府财政支出占 GDP 比重(%)[c]	37. 46	38. 79	39. 7
公共债务占 GDP 比重(%)[c]	57. 89	54. 67	54
对外部门			
货物出口额(亿美元)	269. 68	330. 33	153. 21
货物进口额(亿美元)	239. 75	304. 89	141. 05
服务出口额(亿美元)	20. 7	28. 87	15. 33
服务进口额(亿美元)	41. 53	55. 62	24. 66
经常账户余额(亿美元)	30. 97	21. 14	12. 94
资本及金融账户余额(亿美元)	−21. 5	−15. 46	−28. 9
国际收支余额(亿美元)	9. 48	5. 68	−15. 96
净外国直接投资(亿美元)	6. 48	8. 33	1. 07
外债总额(亿美元)	575. 83	601. 15	—
国际储备(亿美元)	78. 98	84. 59	69. 67
实际有效汇率指数(2015 年＝100)	103. 7	106. 1	105. 8

注：a. 2023 年的宏观经济和财政数据均为估计值，对外部门的数据统计截至 2023 年 6 月。b. 数据来自 "Ecuador", CEPAL, diciembre de 2023, https：//repositorio. cepal. org/server/api/core/bitstreams/b84bd4a1-69d0-4b12-833b-c8d6e1357a47/content, accessed March 31, 2024。c. 数据来自 "EIU Viewpoint：Data", EIU, https：//viewpoint. eiu. com/data/, accessed March 31, 2024。

财政方面，2023 年，厄瓜多尔中央政府财政收入占国内生产总值的比重为 36.6%，财政支出占国内生产总值的比重为 39.7%，财政赤字占国内生产总值的比重从 2022 年的 0.02%上升至 2023 年的 3.1%，公共债务占国内生产总值的比重从 2022 年的 54.67% 下降至 2023 年的 54%。①

对外贸易方面，2023 年 1~9 月，厄瓜多尔的贸易顺差为 7290 万美元。一方面，由于国内石油产量下降、国际油价下跌，厄瓜多尔的石油出口额同比下降了 26%。另一方面，由于国际燃料价格下跌，厄瓜多尔的燃料进口额下降了 10%。虾、香蕉和矿产品占厄瓜多尔 2023 年前 9 个月非石油产品出口额的 72%。其中，虾的出口额下降了 2%，香蕉和矿产品的出口额分别增长了 8.3% 和 25.8%。非石油产品进口额下降了 2.3%。②

三　社会形势

厄瓜多尔的社会治安面临严峻挑战。2023 年，厄瓜多尔成为拉美凶杀率最高的国家，从 2022 年的每 10 万人 25.5 起陡增至 2023 年的每 10 万人 44.5 起，增长率为 74.5%。厄瓜多尔的凶杀率比 5 年前增长了 8 倍。暴力犯罪增加的主要原因是贩毒集团争夺对运毒路线的控制权。此前政府的高压手段未能有效遏制黑帮扩张。随着超大型监狱犯人数量增长，黑帮开始在狱中组织起来，导致监狱内暴力犯罪案件增多。③ 2023 年 7 月 23 日，厄瓜多尔 6 所监狱同时发生暴动，导致 31 名囚犯死亡、14 人受伤，137 名狱警被扣为人质。人质直到 7 月 26 日才被释放。此次暴动中死亡人数最多的是瓜亚斯（Guayas）省首府瓜亚基尔（Guayaquil）市的滨海监狱。安全部队在该监狱发现了大量藏匿起来的武器，包括手枪、步枪、两挺机枪和一个榴弹发射器。④

2024 年 1 月 7 日，贩毒团伙"乔内帮"头目何塞·阿道弗·马西亚斯·比利亚马尔（José Adolfo Macías Villamar）越狱，诺沃亚宣布国家进入为期 60

① "EIU Viewpoint：Data", EIU, https：//viewpoint. eiu. com/data/, accessed March 30, 2024.

② "Ecuador", CEPAL, diciembre de 2023, https：//repositorio. cepal. org/server/api/core/bitstreams/b84bd4a1-69d0-4b12-833b-c8d6e1357a47/content, accessed March 31, 2024.

③ "InSight Crime's 2023 Homicide Round-up", InSight Crime, February 21, 2024, https：//insightcrime. org/news/insight-crime-2023-homicide-round-up/, accessed March 30, 2024.

④ "Ecuador：Dark Clouds over Elections", LatinNews, July 27, 2023, https：//latinnews. com/component/k2/item/97971. html, accessed March 31, 2024.

天的紧急状态。1月9日，另一个贩毒团伙"狼群帮"（Los Lobos）的一名头目法夫里西奥·科隆·比科·桑切斯（Fabricio Colón Pico Sánchez）也成功越狱。诺沃亚宣称将为黑帮头目专门建造两座最高戒备的新监狱。诺沃亚也提出了一系列宪法修正案，旨在严厉打击暴力犯罪。作为对诺沃亚强硬立场的回应，黑帮分子于1月9日发起了全国范围的暴力犯罪活动。他们闯入了瓜亚基尔的国有电视台，强迫工作人员下跪，并直播了整个过程。警方随后进入大楼，逮捕了18人。一些监狱也发生了暴动，约140名狱警被劫持，2名警察被杀害。诺沃亚宣布国家进入"内战状态"，将包括"乔内帮"和"狼群帮"在内的22个黑帮团伙定性为"恐怖主义组织和非国家交战方"。①

厄瓜多尔的失业率有所抬头。2023年，厄瓜多尔的失业率约为3.4%，高于2022年的3.19%。② 2023年第三季度，劳动参与率为65.6%，同比下降1.8个百分点。新冠疫情发生后，新增就业机会多数来自非正规经济部门。2023年，正规经济部门就业人数仅占总就业人数的43.2%，相较新冠疫情前的2019年下降了2.5个百分点。③

四　外交形势

中国与厄瓜多尔的经贸合作稳步推进。2023年，中国对厄瓜多尔出口总额为58.61亿美元，同比下降5.8%；中国自厄瓜多尔进口总额为77.88亿美元，同比增长14.2%；进出口总额为136.49亿美元，同比增长4.7%。厄瓜多尔对中国的贸易顺差为19.27亿美元。④ 2024年3月，厄瓜多尔国会

① "Ecuador in Turmoil as Noboa Declares War on Gangs", LatinNews, January 11, 2024, https：//latinnews. com/component/k2/item/99894. html, accessed April 4, 2024.

② "EIU Viewpoint：Data", EIU, https：//viewpoint. eiu. com/data/, accessed March 30, 2024.

③ "Ecuador", CEPAL, diciembre de 2023, https：//repositorio. cepal. org/server/api/core/bitstreams/b84bd4a1-69d0-4b12-833b-c8d6e1357a47/content, accessed March 31, 2024.

④ 数据来自《2023年12月进出口商品国别（地区）总值表（美元值）》，中华人民共和国海关总署网站，2024年1月18日，http：//www.customs. gov. cn/customs/302249/zfxxgk/2799825/302274/302277/302276/5637259/index. html，最后访问日期：2024年3月30日。

正式批准了中厄自贸协定。根据拉美经委会的估算，中厄自贸协定将在第一年推动厄瓜多尔国内生产总值增长 0.14 个百分点，在未来 15 年内促进厄瓜多尔国内生产总值年均增长 0.39 个百分点。中厄自贸协定将推动厄瓜多尔对华出口增长 18%～30%，受益最大的部门包括厄瓜多尔的农业和渔业部门，特别是虾、香蕉、花卉、可可和水果等产品。中厄自贸协定也将拉动厄瓜多尔鳄梨和蓝莓等产品的生产。此外，中厄自贸协定还将简化中国海关对厄瓜多尔进口产品的审批程序，降低厄瓜多尔企业的运营成本。①

美国参众两院的议员以及其他官员相继到访厄瓜多尔，推进两国的多领域合作。2023 年 2 月，美国共和党参议员马可科·鲁比奥（Marco Rubio）访问厄瓜多尔，会见了厄瓜多尔外交部长，双方讨论了两国安全合作与经贸合作等议题。鲁比奥还会见了厄瓜多尔美国商会和当地出口行业的商界领袖。② 2023 年 4 月 10 日，厄瓜多尔时任总统拉索在总统府会见了美国民主党参议员鲍勃·梅嫩德斯（Bob Menendez）、蒂姆·凯恩（Tim Kaine），民主党众议员托尼·卡德纳斯（Tony Cárdenas），双方讨论了两国在发展、安全、移民和投资等领域的合作机遇。③ 2023 年 11 月 9 日，美国国际开发署署长萨曼莎·鲍尔（Samantha Power）在厄瓜多尔会见了拉索、诺沃亚以及其他厄瓜多尔高级政府官员。鲍尔祝贺诺沃亚成功当选总统，双方讨论了美国国际开发署与诺沃亚政府的合作前景。会谈后，鲍尔宣布将在厄瓜多尔开展一项名为"您的市政回应"（Tu Municipio Responde）的新投资项目。该项目是美国"民主发展伙伴关系"倡议的一部分，旨在提高厄瓜多尔地方政府的公共服务水平。④

① "Noboa Ratifies Ecuador – China FTA", EIU, March 8, 2024, https：//viewpoint. eiu. com/ analysis/article/1503855133/, accessed April 3, 2024.

② "US Requests Extradition of Son of Mexico's 'El Chapo'", LatinNews, March 6, 2023, https：//latinnews. com/component/k2/item/96249. html, accessed April 4, 2024.

③ "US Sanctions Another Prominent Haitian Politician", LatinNews, April 17, 2023, https：// latinnews. com/component/k2/item/96712. html, accessed April 4, 2024.

④ "Guatemala's Arévalo Wraps up US Visit", LatinNews, November 20, 2023, https：//latinnews. com/ component/k2/item/99404. html, accessed April 3, 2024.

厄瓜多尔与美国加强了安全合作。2023年3月8日，美国政府公布了一系列加强哥伦比亚和厄瓜多尔等国海上安全的行动。① 2023年8月10日，美国负责西半球事务的助理国务卿布莱恩·尼科尔斯（Brian Nichols）就厄瓜多尔总统候选人比利亚维森西奥被刺杀发表评论，称刺杀行为是"对民主与法治的公然攻击"，美国敦促"有关部门迅速展开调查"。时任总统拉索表示，政府已"请求美国联邦调查局协助调查这起谋杀案"。此外，美国国家安全顾问沙利文和国务卿布林肯也谴责了这起谋杀案。②

厄瓜多尔也加强了与美国的技术合作。2023年6月21日，时任厄瓜多尔外交部长古斯塔沃·曼里克在厄瓜多尔驻美使馆与美国签署了关于重返月球的《阿耳忒弥斯协定》，成为第26个签署该协定的国家，也是继巴西、哥伦比亚、墨西哥之后第4个签署该协定的拉美国家。③

2023年6月，美国议员要求美国司法部调查时任总统拉索。美国两名民主党议员致信美国司法部长，敦促美国司法部调查时任总统拉索在美国的商业行为。该信指出，有证据显示拉索与美国的多家空壳公司存在"具体的联系"（concrete link），而这些公司在佛罗里达州购买了价值数千万美元的房地产。④

厄瓜多尔与俄罗斯的关系出现裂痕。俄罗斯一向是厄瓜多尔重要的出口市场，2023年厄瓜多尔对俄罗斯的香蕉出口额占其香蕉出口总额的25%。然而，厄瓜多尔与美国的军事合作影响了其与俄罗斯的关系。2024年1月10日，诺沃亚政府与美国签署了一项协议，厄瓜多尔计划用"已报废的"俄制军事装备换取价值约2亿美元的美制新式装备。俄罗斯政府怀疑美国会

---

① "US Trade Representative Visits Brazil", LatinNews, March 20, 2023, https：//latinnews.com/component/k2/item/96402.html, accessed April 4, 2024.
② "US Reacts to Villavicencio Assassination in Ecuador", LatinNews, August 21, 2023, https：//latinnews.com/component/k2/item/98268.html, accessed April 3, 2024.
③ "Argentina Seeks US Support in IMF Talks", LatinNews, July 3, 2023, https：//latinnews.com/component/k2/item/97657.html, accessed April 3, 2024.
④ "US Extends TPS for El Salvador, Guatemala and Honduras", LatinNews, June 19, 2023, https：//latinnews.com/component/k2/item/97471.html, accessed April 3, 2024.

把从厄瓜多尔获得的俄制武器用来援助乌克兰。俄罗斯表示，美国与厄瓜多尔的军事协议违反了 2008 年俄罗斯与厄瓜多尔的军事合作协议条款。2 月 5 日，俄罗斯宣布暂停从厄瓜多尔的 5 家主要香蕉出口公司进口香蕉。① 2 月 19 日，厄瓜多尔外交部长加布里埃拉·索默费尔德（Gabriela Sommerfeld）宣布，厄瓜多尔政府不允许俄制武器运往乌克兰。②

厄瓜多尔加强了与中美洲国家的经贸合作。2024 年 2 月，厄瓜多尔国会投票通过了与哥斯达黎加的自贸协定。该自贸协定将降低厄瓜多尔 97% 的出口货物关税，推动厄瓜多尔对哥斯达黎加出口增长 10%。该协定也将取消数字服务贸易的关税，有利于厄瓜多尔的小型企业拓展海外市场。此外，该协定也包含保护厄瓜多尔纺织业、金属加工业等产业的条款。③

（杨建民　审读）

---

① "Ecuador：Russia Ramps up Pressure over US Arms Deal"，LatinNews，February 22, 2024, https：//latinnews.com/component/k2/item/100398.html, accessed April 3, 2024.

② "Ecuador：Gov't Cedes to Russian Pressure on Arms Deal"，LatinNews，February 20, 2024, https：//latinnews.com/component/k2/item/100369.html, accessed April 4, 2024.

③ "In Brief：Ecuador's Congress Approves FTA with Costa Rica"，LatinNews，February 21, 2024, https：//latinnews.com/component/k2/item/100379.html, accessed April 4, 2024.

Y.19
乌拉圭：70年未遇旱灾影响有限，局势相对平稳

李 兵*

摘 要： 2023年乌拉圭局势总体稳定，历史性旱灾对经济社会发展造成一定冲击。左翼政党在民调中领先于执政党，社会公平或将取代现政府效率优先的原则而成为新政府的关注重点；内外不利因素阻碍经济恢复进程，但随着旱灾结束，工农业生产和出口预计实现反弹；饮用水和不平等问题较为突出，有组织犯罪造成的冲击有限；对外关系稳定发展，中乌关系迈上新台阶。

关键词： 乌拉圭 干旱灾害 教育改革 中乌关系

2020年新冠疫情席卷全球，乌拉圭也不可避免地受到了极大影响。尽管疫情的影响挥之不去，但拉卡列政府在调整财政政策、推动社会保障改革、加强国际事务参与等方面取得了显著成效。经济方面，在经历了2021年到2022年上半年的触底反弹之后，自2022年下半年开始经济降速明显，国内消费需求低迷，出口产品价格下跌。对外关系方面，乌拉圭主张签署双边自由贸易协定，导致其与其他南方共同市场成员国发生摩擦。虽然乌拉圭与中国和欧盟的谈判已经启动，加入太平洋联盟的申请也已提交，但这些措施还未取得明显成效。

一 政治形势

2023年乌拉圭政治形势总体较为稳定。《经济学人》杂志发布的2023

---

* 李兵，中国社会科学院拉丁美洲研究所助理研究员，主要研究方向为拉美国家关系。

年民主指数显示，乌拉圭被公认为拉美领先的完全民主国家。该指数通过 5 个关键指标对各国进行评估，包括选举程序、政府运作、政治参与、政治文化和公民权利。乌拉圭在多个领域表现出色，在选举程序和多元化方面获得满分，在政府职能和公民权利方面也获高分。虽然全球排名比 2022 年下滑了 3 位，但乌拉圭仍然是拉美地区民主程度排名最高的国家，高居全球第 14 位。① 尽管如此，高级政府官员的腐败和滥用职权问题有所增加。2023 年 2 月，拉卡列政府的安全主管亚历杭德罗·阿斯特西亚诺（Alejandro Astesiano）因兜售影响力、勾结犯罪团伙和泄露国家机密被判处四年半监禁。检察官表示，阿斯特西亚诺向俄罗斯人出售假出生证明，以便他们获得乌拉圭护照。他还因从事间谍活动而受到调查。

《美洲季刊》描述了拉卡列总统采用的一种"乌拉圭式"改革方式，即改革缓慢，但强调建立共识，因此改革一旦通过，往往就一锤定音。分析人士认为，缺乏对深层次结构性改革的承诺造成乌拉圭经济波动，从而引发国内亲市场、亲商业部门的批评。与此相反，反对派认为拉卡列政府的改革措施过于激进，削弱了福利国家制度和社会安全网。②

2024 年是乌拉圭民主政治的关键一年，10 月举行总统选举，拉卡列政府的 5 年任期将于 2025 年 3 月结束，并且无法竞选连任。截至 2024 年 3 月的民意调查显示，左翼政党广泛阵线（Frente Amplio）的支持率为 43%，比现任总统所在的民族党高 14 个百分点。③ 最具竞争力的候选人有广泛阵线的卡内洛内斯市前市长亚曼杜·奥尔西（Yamandú Orsi）和民族党候选人、曾任总统府秘书长的阿尔瓦罗·德尔加多（Álvaro Delgado）。

---

① "The Economist: Uruguay's Democracy Is One of the Strongest in the World", MercoPress, February 15, 2024, https://en. mercopress. com/2024/02/15/the - economist - uruguay - s - democracy-is-one-of-the-strongest-in-the-world, accessed March 13, 2024.

② "Is Uruguay Changing Too Slowly?", Americas Quarterly, January 23, 2024, https://www. americasquarterly. org/article/is-uruguay-changing-too-slowly/, accessed March 13, 2024.

③ "Poll on the 2024 Uruguay General Election Prospects from 2023 to 2024, by Political Party", Statista, https://www. statista. com/statistics/1427291/uruguay-general-election-poll/, accessed March 13, 2024.

卡内洛内斯市是奥尔西的主要根据地,担任市长的经历使他具备丰富的城乡治理经验,从而获得沿海和内陆地区的广泛支持,并吸引了众多中间派选民加入其竞选联盟。就执政理念和政策而言,奥尔西认为自己是"左翼人士",强调国家不会抛弃任何人。外交层面,他致力于推动美国对乌投资,加强两国在打击有组织犯罪方面的合作。同时,他强调对华原材料出口的重要性,并表示不想把"所有鸡蛋都放在同一个篮子里"。

德尔加多曾在拉卡列政府任职,这为其竞选提供了重要助益。新冠疫情期间,拉卡列政府采取了强有力的应对政策,有效遏制了疫情的扩散。作为总统府秘书长,德尔加多定期举行新闻发布会公布疫情相关信息,从而提高了他的知名度。不过政府高层的腐败丑闻和德尔加多的个人形象可能会对其竞选产生负面影响。德尔加多的大本营在乌拉圭内陆地区,主要支持者包括现任总统的追随者和亲市场的选民。就执政政策而言,虽然德尔加多对拉卡列政府的一些政策持保留态度,但可能会坚持现任政府的大部分政策,例如推动教育和社会安全改革,提高政府效率和专业化水平,推动与中国等国的贸易自由化、便利化。此外,他还强调对创新、科技和知识经济的投资,重视经济发展的高效能和可持续性。[①]

二 经济形势[②]

2023 年,乌拉圭遭遇罕见旱灾,受此影响,经济恢复速度明显回落。2023 年乌拉圭经济增长率仅为 0.4%,其中第四季度 GDP 同比增长 2%,环比增长 0.4%。供给端不利因素包括历史性干旱、芬欧汇川(UPM)第二纸浆厂完工以及安卡普(Ancap)炼油厂停产,需求端的主要挑战在于他国在

---

① "Meet the Candidates: Uruguay", Americas Quarterly, January 4, 2024, https://www.americasquarterly.org/article/meet-the-candidates-uruguay-2/, accessed April 29, 2024.

② 由于联合国拉美经委会(CEPAL)和乌拉圭国家统计局(Instituto Nacional de Estadística)的最新数据只更新到 2022 年,本节资料主要来自 "Informe Anual de Comercio Exterior de Uruguay 2023", https://www.uruguayxxi.gub.uy/uploads/informacion/3fda643c80b4c3ca697cba33a4b1a26cdcc12af5.pdf。

乌拉圭的消费开始转向阿根廷。[1] 相比而言，财政问题是 2023 年乌拉圭政府面临的较为突出的经济挑战。国际货币基金组织估计 2023 年乌拉圭中央政府赤字占 GDP 的比重从上年的 2% 上升至 2.9%。2023 年 4 月，国会批准了一项养老金改革，尽管该改革在短期不会带来财政储蓄，但有利于增强财政体系的可持续性。到 2023 年底，一般政府债务占 GDP 的比重上升到 61.6%，失业率从上年的 7.9% 上升至 8.1%，虽然这两项指标有所恶化，但总体情况仍然较为稳定。[2]

从产业角度看，2023 年，农业、渔业和矿业显著增长（5%），主要得益于 2023~2024 年度大豆收成增加及新纸浆厂开工带来的木材需求增加。商业、住宿、食品和饮料方面增长 1.2%。卫生、教育、房地产和其他服务业增长 1.1%。电力、天然气和水行业下降 9.2%，原因是干旱导致能源进口增加，出口下降。建筑业下降 5.6%，主要原因是芬欧汇川第二纸浆厂完工，中央铁路建设也已进入最后阶段。制造业下降 1.6%，主要因为安卡普炼油厂停工。[3] 近年来，乌拉圭大力发展可再生能源。目前，风能、太阳能和生物质能在该国电力行业中占比达 98%。乌拉圭大规模推广电动汽车出行，这些措施将推动可再生能源的进一步发展、主要经济部门的脱碳以及寻求创新的交通理念。根据能源转型计划，发展绿色氢能已成为乌拉圭政府的优先事项。拉卡列政府制定了三阶段路线图，并采取措施促进氢能及其衍生物的技术研发与应用推广。在第一阶段，主要制订监管计划、吸引试点项目

---

① 《乌拉圭 2023 年经济增长 0.4%》，中华人民共和国驻乌拉圭东岸共和国大使馆经济商务处网站，2024 年 3 月 30 日，http://uy. mofcom. gov. cn/article/jmxw/202403/202403034874 97. shtml，最后访问日期：2024 年 3 月 31 日。

② "Economic and Political Overview", Crédit Agricole Group, https: //international. groupecredita gricole. com/en/international-support/uruguay/economic-overview, accessed March 13, 2024.

③ 《乌拉圭 2023 年经济增长 0.4%》，中华人民共和国驻乌拉圭东岸共和国大使馆经济商务处网站，2024 年 3 月 30 日，http://uy. mofcom. gov. cn/article/jmxw/202403/20240303487 497. shtml，最后访问日期：2024 年 3 月 31 日。

和出口首批产品。①

对外贸易方面，2023 年，乌拉圭受内外环境影响，货物出口额为 115.2 亿美元，同比下降 13%。发达经济体增长乏力、中国需求减少以及大宗商品价格下跌造成外部环境严峻，同时历史性旱灾造成该国支柱性产业之一的农业严重减产。主要出口产品是牛肉、纤维素、乳制品、浓缩饮料和大米，其中活牛和纤维素出口的增长幅度最大，而大豆和牛肉则是出口下降的主要原因。尽管对华出口减少了 33%，但中国仍是乌拉圭最大的出口目的地。对华出口减少的原因是大豆销售量下降，降幅达 76%，牛肉销售量也下降了 32%。相比之下，纤维素出口同比增长 47%，超过大豆成为第二大出口产品。巴西是乌拉圭第二大出口市场，乌拉圭对巴西出口额达 21.9 亿美元，同比增长 14%，其中乳制品出口额同比增长 68%，大米出口额同比增长 50%，小麦出口额同比增长 89%。欧盟是乌拉圭商品出口的第三大目的地，乌拉圭对欧盟出口额同比下降 6%，总额为 18.5 亿美元，其中纤维素是最主要的出口产品，占出口总额的 46%；牛肉和油菜籽的出口也很突出，分别占总额的 18% 和 9%。

2023 年，不包括石油及其衍生品和其他能源在内的货物进口额达到 106.1 亿美元，同比下降 2%。最大的进口项目是工业制成品，进口额达 28.1 亿美元，但同比仍有所下降，其中主要是矿物肥料，进口额达 1.65 亿美元，同比下降 50%，主要原因在于 2022 年化肥短缺但价格上涨，该项进口减少。② 汽车和零部件的进口总额为 17 亿美元，同比增长 11%，其中汽车进口额占 35%，运输设备进口额占 34%，其余为汽车零部件。44% 的汽车和零部件进口来自南方共同市场成员国，自巴西进口额占进口总额的 37%。此外，机械设备进口额同比下降 2%，进口额为 13.8 亿美元，

---

① "Overseas Business Risk: Uruguay", GOV. UK, June 14, 2023, https://www.gov.uk/government/publications/overseas-business-risk-uruguay/overseas-business-risk-uruguay#economic, accessed March 31, 2024.

② "Fertilizer Prices Ease But Affordability and Availability Issues Linger", World Bank Blogs, January 5, 2023, https://blogs.worldbank.org/en/opendata/fertilizer-prices-ease-affordability-and-availability-issues-linger, accessed March 31, 2024.

主要进口来源地是中国，占 30%。2023 年巴西是乌拉圭最大的进口来源地，进口额达 25.6 亿美元，占乌拉圭进口总额的 24%，主要进口商品是汽车和零部件，进口额为 6.3 亿美元，加工工业用品进口额为 5.9 亿美元。中国是乌拉圭第二大进口来源地，进口额达 23.7 亿美元，占乌拉圭进口总额的 22%，其中加工工业用品进口额达 6.15 亿美元，消费品进口额达 4.43 亿美元。第三大进口来源地是欧盟，进口额为 15.8 亿美元，同比增长 4%。乌拉圭自欧盟的工业制成品进口额为 3.8 亿美元，汽车和零部件进口同比增长 13%。

吸引外资方面，乌拉圭近年是可靠且富有吸引力的投资目的地。2023 年，乌拉圭吸引外资 34.29 亿美元，相较 2022 年有所降低。在全部外资中，2013～2023 年的资本贡献都为正值，2023 年总额达 5.28 亿美元；利润再投资达到 13.03 亿美元，相较 2022 年下滑明显；关联企业的贷款较上年出现大幅增加，达 15.98 亿美元。就外国直接投资来源国而言，西班牙是对乌拉圭累计投资最多的国家，其次是芬兰、阿根廷和巴西。来自这些国家的投资合计占乌拉圭外国直接投资的一半以上。西班牙的投资主要集中在工业和服务业，其中工业领域主要涉及能源发电项目，服务业集中在金融服务、金融科技和商业服务领域。此外，西班牙也涉足食品工业、旅游业和工农业生产；芬兰主要进行纸浆厂投资，这类项目往往规模巨大，需要大量融资；阿根廷在乌拉圭的农业、食品工业和制药业等多个领域均有投资项目；巴西的投资重点集中在农业、工业化领域。就外资分布行业而言，制造业吸引了最多的投资流量，投资超过 2 亿美元，服务业和旅游业分别居第二、三位。①

乌拉圭的通胀率多年来高于区域平均水平，2019～2022 年徘徊在 7.8%～9.8%。然而，自 2022 年 9 月以来，通胀压力开始缓解，通胀指数下降，2023 年 9 月通胀率达到 3.9%，原因是全球大宗商品价格下跌和物流情

---

① "Foreign Direct Investment Monitor in Uruguay", Uruguay XXI, April 2024, https：//www. uruguayxxi. gub. uy/en/information-center/article/fdi-quarterly-monitor/, accessed April 2, 2024.

况良好。乌拉圭的通胀目标区间为 3%~6%，乌拉圭中央银行（BCE）于 2022 年 12 月将政策利率上调至 11.5%，并开启了货币政策宽松周期。拉卡列政府采取的新古典主义财政政策有助于抑制通货膨胀，预计 2024~2025 年通胀率将逐渐下降至 6% 以下。[①]

三　社会形势

根据联合国拉美经委会数据，2023 年乌拉圭人口达 342.31 万人，人口增长率为 0.1%，这意味着该国可能面临一定的劳动力不足问题。5 岁以下儿童死亡率为 6.8‰，婴儿死亡率为 5.6‰。[②] 2023 年，乌拉圭遭遇了 70 多年来最严重的干旱，半数以上人口的饮用水供应中断。自 2022 年以来，干旱一直影响着乌拉圭农业部门，到 2023 年，圣卢西亚河的储水量已消耗殆尽。蒙得维的亚市区（占全国人口的 45%，包括 45 万名儿童）在 2023 年 6~8 月受到严重影响。水质突然恶化，钠和氯的含量比国家当局和世界卫生组织建议的含量高出 1 倍，威胁儿童的健康，9 万多名弱势儿童面临无法获得安全饮用水的风险。尽管就贫困指数而言，乌拉圭是南美洲表现最好的国家之一，但不同性别、种族和社会经济阶层之间的社会差异悬殊，经济不平等现象非常明显。2023 年乌拉圭的社会失业率平均为 8.3%，但非裔乌拉圭人的失业率最高，该族裔近 35% 的儿童生活贫困。2023 年上半年乌拉圭贫困人口占总人口的 10.4%，与 2022 年相当。虽然拉卡列政府出台了一系列增加就业和居民收入的政策，但 1/5 的儿童和青少年仍然生活在贫困之中，约有 16 万名儿童受到影响，每 10 名贫困人口中就有 9 名是儿童或与儿童生活在一起的成年人。此外，乌拉圭的性别不平等现象

---

① "Uruguay", Allianz Trade, https：//www.allianz－trade.com/en_global/economic－research/country-reports/Uruguay.html, accessed April 2, 2024.

② CEPALSTAT, Statistical Databases and Publications, https：//statistics.cepal.org/portal/cepalstat/dashboard.html? indicator_id=4672&area_id=2435&lang=en, accessed April 29, 2024.

非常严重。以妇女为主要经济支柱的家庭更容易陷入贫困，因为妇女承担的工作中有约 2/3 是无偿劳动，而在有偿劳动中，妇女的收入平均比男性少 34%。乌拉圭政府制定了《2030 年国家性别平等战略》，推动公共领域和政治领域的性别平等。

在教育领域，乌拉圭政府启动了一项教育改革进程，以改善教育系统，应对教育系统长期存在的挑战。改革有五大支柱，即改善制定和执行教育政策的不同机构间的管理和协调，减少教育系统中的不平等现象，通过改善教育中心的管理提高学生的就学率，实现课程现代化，完善教师培训计划。教育改革的初步成果是重新设计了针对 4~14 岁低年级儿童的"初级教育"。新制度将针对某些年级实施留级措施，并基于 10 种能力制定了新的分级制度。此外，当局还为低收入家庭儿童设立了教育中心，为学生提供辅导、膳食和其他跨学科形式的帮助。乌拉圭政府还致力于整合初等教育和中等教育，以解决乌拉圭辍学率高的问题，提高教育质量。

根据 2023 年《全球有组织犯罪指数报告》，乌拉圭人口贩运犯罪问题严重，阿根廷、巴西、多米尼加、巴拉圭等其他南美国家的妇女和儿童会被贩运到乌拉圭。与此同时，乌拉圭还成为人口贩运的过境国，一些古巴人在首都哈瓦那被招募，然后被运送到乌拉圭，在那里申请难民身份；另一些人则支付数千美元，继续北上前往美国。犯罪网络利用伪造证件为偷渡者过境提供便利，这些网络在厄瓜多尔和秘鲁等该地区不同国家都有联系人。[①]

四 外交形势

长期以来，乌拉圭优先发展同拉美国家的关系，特别是同巴西、阿根廷、巴拉圭等南方共同市场（以下简称"南共市"）成员国的关系。2023年，南共市内部贸易取得了重大进展。在货物贸易领域，新的原产地制度获

---

① The Global Organized Crime Index 2023, https：//globalinitiative. net/analysis/ocindex-2023/.

得批准，产品要求变得更加灵活，鼓励成员国加入全球和区域价值链。服务贸易自由化谈判的结束意味着成员国将可以对彼此实施区域外协定赋予的优惠政策。2023年1月，拉卡列总统和巴西总统卢拉会面，双方讨论了南共市的未来发展以及南共市与欧盟的谈判。同年12月，南共市外长举行会议，探讨与欧盟达成协议的可能性，乌拉圭和巴西坚持推动与欧盟的合作。

对美关系方面，双方重点发展双边贸易与投资、地区和全球安全以及应对气候变化等领域的合作。2023年6月，美国总统拜登与拉卡列总统会面，在联合声明中，美国表示："赞扬拉卡列总统对乌克兰的支持、对委内瑞拉基本自由的原则性捍卫，以及致力于推动美洲经济繁荣伙伴关系，通过可持续贸易和投资加速区域一体化、促进包容性经济繁荣和更大的机会。"① 经贸关系方面，2023年美国是乌拉圭第四大出口目的地，出口额达8.73亿美元，同比增长11%，占出口总额的8%。其中，牛肉和肉类副产品分别占总出口量的41%和20%，同比分别增长了12%和54%；木材出口相较上年减少了10%，而纤维素出口则增加了25%。维护地区和全球安全方面，拉卡列政府与美国立场相近，支持联合国和美洲国家组织谴责古巴、尼加拉瓜和委内瑞拉，积极向联合国维和特派团派遣人员；在应对气候变化方面，双方的合作也较为密切。例如，2023年9月，阿根廷、巴拉圭和乌拉圭的政府和私营部门代表访问美国，就环境保护和可持续农业开展调研。

对华关系方面，2023年是中乌建交35周年和乌拉圭加入共建"一带一路"5周年，拉卡列总统于11月20日至24日对中国进行国事访问。访问期间中乌发表了《中华人民共和国和乌拉圭东岸共和国关于建立全面战略伙伴关系的联合声明》，双方一致同意将双边关系提升为全面战略伙伴关系，从而使两国关系迎来更大的发展机遇。此次访问期间，习近平主席同拉卡列总统就双边关系、中拉关系以及共同关心的国际和地区问题举行了富有成果的会晤，成为两国关系新的里程碑。国务院总理李强、全国人民代表大

---

① "Biden Meets with His Uruguayan Counterpart at White House", Anadolu Ajansı, June 14, 2023, https：//www.aa.com.tr/en/americas/biden-meets-with-his-uruguayan-counterpart-at-white-house/2921764#, accessed April 3, 2024.

会常务委员会委员长赵乐际分别会见拉卡列总统。这一系列领导人会晤增进了双方的政治互信，有助于推动两国在立法机构、政党、地方交往等方面建立更加密切的合作关系。经贸务实合作方面，中国海关总署公布的数据显示，2023 年 1~12 月两国进出口总额达 53.17 亿美元，同比下降 28.1%；其中中国对乌出口额为 29.69 亿美元，同比增长 1%；中国自乌进口额为 23.48 亿美元，同比下降 47.3%。① 按照海关八位编码，2023 年中国对乌拉圭出口额较高的商品有零售包装除草剂、聚对苯二甲酸乙二酯切片以及智能手机，进口额较高的商品有半漂白或漂白非针叶木烧碱木浆或硫酸盐木浆、冻去骨牛肉以及冻带骨牛肉。拉卡列总统的访问推动两国经贸合作进一步发展，两国签署了 20 余项贸易和投资领域协议，主要有《关于共同推进"一带一路"建设的合作规划》《关于经济发展领域交流合作的谅解备忘录》《关于工业和信息通信领域合作的谅解备忘录》《关于深化数字经济合作的谅解备忘录》《关于绿色低碳发展合作的谅解备忘录》《关于推动绿色发展领域投资合作的谅解备忘录》《关于加强数字经济领域投资合作的谅解备忘录》《关于设立贸易畅通工作组的谅解备忘录》，以及农渔业、卫生、文化、司法、科技创新和海关检验检疫领域合作文件，进一步巩固了双方长期的合作关系。人文交流方面，拉卡列总统与习近平主席会谈期间，双方一致同意要促进文化、体育等人文交流，为两国人员往来创造更多便利条件；通过在乌拉圭开设更多孔子学院、提供更多奖学金名额等方式构筑起两国长期友好的根基。②

（周志伟　审读）

---

① 《2023 年 12 月进出口商品国别（地区）总值表（美元值）》，中华人民共和国海关总署网站，2024 年 1 月 18 日，http://www.customs.gov.cn/customs/302249/zfxxgk/2799825/302274/302277/302276/5637259/index.html，最后访问日期：2024 年 6 月 6 日。
② 《习近平同乌拉圭总统拉卡列会谈》，新华网，2023 年 11 月 22 日，http://politics.people.com.cn/n1/2023/1122/c1024-40123847.html；《特稿：建交 35 载　中国乌拉圭关系再上新台阶》，新华网，2023 年 11 月 24 日，http://www.news.cn/world/2023-11/24/c_1129990937.htm，最后访问日期：2024 年 4 月 4 日。

Y.20
巴拉圭：经济增长大幅反弹，
新政府面临复杂挑战

王　淞*

摘　要： 2023年，巴拉圭红党赢得大选，新政府面临政治、经济、社会和外交等多方面复杂挑战；经济增长大幅反弹，对外贸易显著增长；不平等问题突出，有组织犯罪问题严重，腐败、裙带关系和任人唯亲等现象猖獗；在对外关系上面临多个棘手问题，包括阿根廷征收巴拉圭河—巴拉那河水道通行费、与巴西重新谈判《伊泰普条约》，以及国内政客因腐败指控受美国制裁等。

关键词： 巴拉圭　经济增长　腐败　有组织犯罪　国际争端

一　政治形势

（一）红党赢得大选

2023年4月30日，巴拉圭举行大选，红党（Partido Colorado）候选人圣地亚哥·培尼亚（Santiago Peña）以42.75%的得票率当选总统，8月就职，任期至2028年8月。培尼亚是一名经济学家，曾在国际货币基金组织工作，担任过巴拉圭中央银行（BCP）董事会成员，2015~2017年担任奥拉

---

* 王淞，中国社会科学院拉丁美洲研究所助理研究员，主要研究方向为拉美区域合作、中拉经贸关系、环境与气候变化。

西奥·卡特斯（Horacio Cartes）政府的财政部长。在国会选举中，红党在参议院和众议院分别获得 23 席和 48 席，占比均过半。在省长选举中，红党赢得 17 个省长职务中的 15 个。[①]

此次大选选情一度胶着。培尼亚和反对派联盟候选人埃弗拉因·阿莱格雷（Efraín Alegre）在民调中交替领先，至 4 月双方支持率差距不断缩小。红党赢得大选，一是得益于广泛的选民基础，在近 500 万名登记选民中红党党员有 250 多万人；二是红党具有相对稳固的内部政治结构，大选期间"荣誉红党"（Honor Colorado）和"共和力量"（Fuerza Republicana）两派暂时抛开内部纠纷，寻求一致对外击败对手；三是在长期执政过程中，红党通过庇护关系和特权机制建立了强大的社会影响力及动员能力。与此同时，反对派联盟缺乏团结，缺少共同纲领，候选人阿莱格雷三度参选，民调支持率较低，竞选主张未能围绕通胀和失业等选民最关心的问题。右翼反建制候选人帕拉瓜约·库巴斯（Paraguayo Cubas）原属反对派联盟，后独立参选，获得 22.92% 的选票，仅次于阿莱格雷的 27.48%，一定程度上存在分票效应。此次选举结果表明，反对派联盟趋于瓦解，反建制群体不断扩大，左翼联盟明显衰退，红党仍是巴拉圭最重要的政治力量。

（二）新政府面临复杂挑战

政治方面，培尼亚政府面临整合红党的问题。培尼亚与前总统卡特斯同属"荣誉红党"，同前总统马里奥·阿夫多·贝尼特斯（Mario Abdo Benítez）领导的"共和力量"相互对峙。阿夫多指责卡特斯从事走私活动，与洗钱网络有关，是巴拉圭的"癌症"；卡特斯则认为阿夫多的指控导致他受到美国的制裁。两派斗争将削弱培尼亚对国会的领导。此外，如何处理美国政府可能对卡特斯提出的引渡要求，也是培尼亚面临的难题。经济社会方面，巴拉圭经济高度依赖大豆、肉类、谷物和电力出口，受气候变化影响较

[①] "Consulta de Resultados Definitivos y de Candidatos Electos", Tribunal Superior de Justicia Electoral（TSJE）, https：//tsje.gov.py/consulta_candidatos_electos_2023/, accessed April 20, 2024.

大；裙带资本和腐败问题突出，走私活动猖獗，有组织犯罪和逃税问题严重，社会保障网络不足。对外关系方面，巴拉圭需要同巴西重新谈判《伊泰普条约》，与阿根廷协商巴拉圭河—巴拉那河水道通行费问题和边境走私问题，就政客因腐败问题受到制裁同美国达成谅解，处理南方共同市场同中国贸易谈判中的涉台问题，等等。

对此，2023 年 8 月，培尼亚在就职演说中提出 8 个方面的措施。① 一是推动公共服务更加普惠，更加贴近地方和社区，促进民众参与治理。二是推动教育现代化发展，提高教师待遇，为学生提供优质教育。三是改善卫生系统，减少漫长等待和排班，降低药品价格，提高医疗资源使用效率和透明度。四是应对暴力问题，包括增加街头警力，打击警察内部腐败，防止有组织犯罪资金进入公职人员口袋，加大打击抢劫、盗窃和毒品问题的力度。五是减少贫困，关注脆弱群体，采取有针对性和直接的援助，让社会保障网络发挥作用，避免滋生腐败，着力增强脆弱群体摆脱贫困的能力。六是尊重和保护私有财产，推动经济健康发展。七是促进民众高质量就业，简化流程和消除官僚主义，支持中小微企业，激发私营部门活力，创造至少 50 万个高质量的工作岗位。八是寻求国际合作，维护国家利益，倡导有效外交，促进贸易和投资，保障国家安全。2023 年 9 月，在第 78 届联合国大会上，培尼亚发表演讲，表示巴拉圭政府的主要战略目标之一是促进地区一体化，希望摆脱被陆地包围的"岛屿"旧形象，成为"南美洲生物海洋走廊"的物流中心。②

2023 年 12 月的民调显示，公众对培尼亚政府的信心有所下降，主要原

---

① "Los Ocho Puntos Claves del Discurso de Santiago Peña y de lo que no Habló", Ultimahora, 15 de agosto de 2023, https：//www. ultimahora. com/los – ocho – puntos – claves – del – discurso – de – santiago-pena-y-de-lo-que-no-hablo, accessed May 11, 2024.

② "Primer Discurso del Presidente Santiago Peña en el 78° Período de Sesiones de la Asamblea General de las Naciones Unidas en la Ciudad de Nueva York, ante la Presencia de Líderes Mundiales", Ministerio de Relaciones Exteriores, 19 de septiembre de 2023, https：// www. mre. gov. py/embapar – ecuador/index. php/noticias/primer – discurso – del – presidente – santiago-pena-en-el-78-periodo-de-sesiones-de-la-asamblea-general-de-las-naciones-unidas-en-la-ci, accessed May 11, 2024.

因在于培尼亚政府缺乏兑现竞选承诺的举措，在减少腐败、改善公共安全方面未能取得进展，边境走私和贩毒活动持续不断，盗窃和抢劫发生率上升。培尼亚以政府部长和政党成员月薪增加 650 美元为条件，换取议员批准 2024 年预算案，引发公众对政府打击腐败问题的不满。① 此外，培尼亚政府未能在《伊泰普条约》重新谈判上取得有利进展。在培尼亚任内，巴拉圭的政治稳定性不容乐观。

二 经济形势

（一）经济增长大幅反弹

据巴拉圭央行统计②，2023 年巴拉圭国内生产总值（GDP）同比增长 4.7%。第一、二、三产业增加值同比分别上涨 16.5%、3.4% 和 3.6%。其中，农业和电力行业增长率分别达 23.3% 和 16.0%，主要得益于干旱缓解和巴拉那河水量充沛。建筑业增加值下降 7.5%，主要受到财政收敛计划的影响。从支出来看，私人消费增长 2.7%；政府购买增长 3.6%；资本形成总额大幅下降 15.0%，主要因为建筑业的缩减，但同时对机械设备和其他方面的投资减缓了跌势。

2023 年底，巴拉圭财政赤字总额为 17.9 亿美元，相当于 GDP 的 4.1%，部分原因是政府承诺偿还前几年的债务。税收收入的名义增长率为 6.0%，税收占 GDP 比重为 10.1%。财政支出增长 17.4%。公共投资为 11.4 亿美元，相当于 GDP 的 2.6%。③

① "Waning Popularity Suggests an End to Peña's Honeymoon", EIU, December 14, 2023, https：// viewpoint. eiu. com/analysis/article/1623701545, accessed May 11, 2024.

② "Informe de Política Monetaria marzo 2024", BCP, https：//www. bcp. gov. py/informe - de - politica-monetaria-marzo-2024-i1432, accessed May 11, 2024.

③ "Informe de la Situación Financiera de la Administración Central（SITUFIN）- diciembre 2023 （Cierre Fiscal）", Ministerio de Economía y Finanzas Paraguay, https：//economia. gov. py/ index. php/datos-economicos/situacion-financiera-del-paraguay-situfin, accessed April 28, 2024.

巴拉圭是拉美地区债务水平最低的国家之一。截至 2023 年 11 月，巴拉圭公共债务总额为 162.2 亿美元，其中中央政府公共债务余额为 144.8 亿美元，占比为 89.3%，相当于 GDP 的 33.4%。从资金来源来看，外债余额为 142.6 亿美元，占公共债务总额的 87.9%，相当于 GDP 的 32.9%。[①]

2023 年，巴拉圭的通货膨胀率为 3.7%[②]，相较 2022 年的 8.1% 大幅下降，实现了央行 4.0% 的控制目标。商品价格下降和货币政策收紧是通胀得到迅速控制的关键。

汇率方面，2023 年巴拉圭瓜拉尼对阿根廷比索大幅升值 96.5%，对巴西雷亚尔、美元和欧元分别贬值 7.3%、4.2% 和 6.8%。[③]

就业方面，2023 年第四季度巴拉圭失业率为 5.2%，相较上一年同期下降 0.6 个百分点。男性失业率和女性失业率分别为 4.6% 和 6.1%，城镇失业率和农村失业率分别为 5.9% 和 4.1%。[④]

2024 年，气候条件将有利于巴拉圭农业生产和水力发电，美国市场的开放和外部需求不确定性的下降是巴拉圭畜牧业和肉类行业发展的积极因素，私营部门有望推动建筑业复苏，第三产业中的贸易、家庭服务、商业服务、酒店和餐饮等行业发展势头良好。在支出方面，考虑到私人消费改善和投资复苏前景，国内需求增速将高于 2023 年。[⑤]

（二）对外贸易显著增长

巴拉圭鼓励外国私人投资，允许资本和利润全部回流，是拉丁美洲地区

① "Boletín Estadístico de la Deuda 2023", Ministerio de Hacienda, https://economia.gov.py/index.php/datos-economicos/deuda-publica, accessed May 9, 2024.

② "Informe de Política Monetaria diciembre 2023", BCP, https://www.bcp.gov.py/informe-de-politica-monetaria-i14, accessed May 10, 2024.

③ 数据来自 Exchange-Rates.org, https://www.exchange-rates.org。

④ "Boletín Trimestral de Empleo 4° Trimestre 2023", Instituto Nacional de Estadística, https://www.ine.gov.py/Publicaciones/Biblioteca/documento/243/Boletin%20trimestral_EPHC_%204%C2%BA%20Trim%202023.pdf, accessed May 12, 2024.

⑤ "Informe de Política Monetaria marzo 2024", BCP, https://www.bcp.gov.py/informe-de-politica-monetaria-marzo-2024-i1432, accessed May 11, 2024.

税负最低的国家，企业所得税税率为 10%，大多数商品和服务的增值税税率为 10%。2023 年，巴拉圭吸引的外国直接投资为 2.41 亿美元，同比下降 64%。①

根据巴拉圭央行数据②，2023 年巴拉圭对外贸易总额为 329.9 亿美元，相较上一年增长 13.5%。其中，出口总额为 173.1 亿美元，同比增长 24.8%；进口总额为 156.8 亿美元，同比增长 3.1%；外贸收支出现 16.3 亿美元的顺差，扭转了 2022 年逆差的态势。

出口方面，初级产品出口额为 46.2 亿美元，比 2022 年增长 68.9%，其中大豆出口额为 34.2 亿美元，93.1% 出口到阿根廷；农业制成品出口额为 42.0 亿美元，同比增长 4.9%，主要来自豆粕和大米的出口量增加；牛肉和牛内脏出口额为 16.1 亿美元，智利（42.2%）、中国台湾（12.4%）和巴西（10.5%）为前三大出口目的地；工业制成品出口额为 15.0 亿美元，同比下降 2.5%，主要因为铝制品、杀虫剂、杀菌剂和除草剂等产品的出口减少；燃料和能源出口额为 15.7 亿美元，同比下降 5.9%。

进口方面，农业制成品进口额为 10.0 亿美元，同比增长 4.1%，主要来自糖产品、动物源性食品进口增长；工业制成品进口额为 118.8 亿美元，同比增长 7.4%，主要因为电气机械和仪器及其零件，其他机械、仪器和机械产品，以及医药产品的采购量增加；燃料和润滑油进口额为 18.7 亿美元，同比大幅下降 19.1%，主要是石油、柴油和天然气的进口下降。

从巴拉圭海关登记数据来看③，阿根廷（36.1%）、巴西（25.3%）、智利（9.7%）、美国（2.2%）和俄罗斯（2.2%）是巴拉圭前五大出口对象，

---

① "IED en Paraguay Caen un 64% en 2023, Alcanzando USD 241 Millones, según Cepal", Market Data, 1 de agosto de 2024, https://marketdata.com.py/noticias/ied-en-paraguay-caen-un-64-en-2023-alcanzando-usd-241-millones-segun-cepal-134283/, accessed August 15, 2024.

② "Reporte de Comercio Exterior (COMEX) diciembre 2023", BCP, https://www.bcp.gov.py/informe-de-comercio-exterior-mensual-i466, accessed May 10, 2024.

③ "Trade Indicators of Paraguay December 2023", Ministerio de Economía y Finanzas Paraguay, https://economia.gov.py/index.php/informes-y-publicaciones#text-comercio, accessed May 12, 2024.

中国（33.6%）、巴西（24.4%）、美国（7.9%）、阿根廷（7.2%）、德国（2.1%）是巴拉圭前五大进口来源地。

三 社会形势

根据巴拉圭2022年人口普查结果，全国人口为611万人，比之前的预测低20%。从年龄分布来看，14岁以下儿童占24%，15~64岁人口占67%，65岁及以上老年人口占9%。土著人口14万人，占总人口的2.3%。64%的人口居住在城市地区。①人口数据不及预期，一方面反映了生育率降低、育龄妇女迁移的影响，另一方面受到普查数据可靠性和覆盖性的影响。巴拉圭国家统计局表示，大约有40万人没有被纳入普查，这是因为普查工作人员不被允许进入某些地区，还有很多人"不愿意被统计在内"。②

巴拉圭的不平等问题突出。据联合国拉丁美洲和加勒比经济委员会数据③，2021~2022年，随着新冠疫情下超常规转移支付的退出，巴拉圭基尼系数由0.447上升至0.471，接近疫情前的水平；极端贫困率由6.0%攀升至7.9%，贫困率由20.9%上升至21.1%。官方数据表明，2022年，35%的儿童和青少年生活贫困，8.5%的儿童和青少年生活极端贫困。④此外，原住

---

① "Resultados Finales del Censo Nacional de Población y Viviendas 2022", Instituto Nacional de Estadística, https：//www. ine. gov. py/censo2022/, accessed March 22, 2024.

② "Cuáles Fueron las Principales Sorpresas de los Resultados del Censo 2022 y Sus Causas", Ultimahora, 1 de septiembre de 2023, https：//www. ultimahora. com/cuales-fueron-las-principales-sorpresas-de-los-resultados-del-censo-2022-y-sus-causas, accessed March 22, 2024.

③ "Social Panorama of Latin America and the Caribbean 2023", CEPAL, December 2023, https：//www. cepal. org/en/publications/68703-social-panorama-latin-america-and-caribbean-2023-labour-inclusion-key-axis, accessed March 26, 2024.

④ "Indicadores de la Niñez y Adolescencia（0 a 17 años）", Instituto Nacional de Estadística, agosto de 2023, https：//www. ine. gov. py/Publicaciones/Biblioteca/documento/229/Presentaci% C3% B3n%20Ni%C3%B1ez%20y%20Adolescencia%20EPHC_2022_INE. pdf#page = 3. 00, accessed April 24, 2024.

民儿童的极端贫困率超过63%。① 分性别来看，2023年男性和女性的劳动参与率分别为82.6%和58.7%。② 女性从事无偿家务和护理工作的时间是男性的3.4倍。③ 26.4%的5~17岁儿童从事童工劳动，农村地区的童工比重是城市地区的2倍（分别为39.6%、16.9%）。④ 巴拉圭土地分配高度不平衡，85%的耕地掌握在2.6%的人口手中，原住民和农民社区失地现象突出。⑤

巴拉圭有组织犯罪问题严重。根据"打击跨国有组织犯罪全球网络倡议"的数据，由于巴拉圭各级政府、私营部门和军队中广泛存在腐败问题，缺乏适当的武器记录系统，以及邻国犯罪组织的影响，巴拉圭成为2023年拉美武器贩运指数最高的国家。⑥ 2023年11月，为维护公共安全，巴拉圭政府颁布第642号法令，宣布暂停进口任何口径的枪支和弹药，并取消现行的枪支和弹药进口许可。⑦ 巴拉圭是世界上最大的大麻生产国之一，同时也涉及可卡因和合成毒品的生产，巴拉圭贩毒集团势力庞大。2023年12月，为重夺监狱控制权，巴拉圭警方对首都亚松森的塔坎布监狱发起大规模军事行动，

---

① "Desarrollo de los Pueblos Indígenas del Paraguay", United Nations, 30 de mayo de 2023, https://paraguay. un. org/es/225709-desarrollo-de-los-pueblos-ind%C3%ADgenas-del-paraguay, accessed April 24, 2024.

② "Estadísticas con Enfoque de Género", Instituto Nacional de Estadística, 2023, https://www. ine. gov. py/Publicaciones/Biblioteca/documento/244/TRIPTICO%20DE%20ESTADISTICAS%20CON%20ENFOQUE%20DE%20GENERO%202023. pdf, accessed April 24, 2024.

③ "Paraguay", The World Bank, https://genderdata. worldbank. org/en/economies/paraguay, accessed April 24, 2024.

④ "Country Office Annual Report 2023: Paraguay", UNICEF, https://www. unicef. org/media/152476/file/Paraguay-2023-COAR. pdf, accessed May 2, 2024.

⑤ "Inequality: The Endemic Evil of Paraguay", El País, May 21, 2023, https://english. elpais. com/international/2023-05-21/inequality-the-endemic-evil-of-paraguay. html, accessed April 17, 2024.

⑥ "Paraguay Lidera Ránking de Tráfico de Armas en Toda América Latina", Ultimahora, 19 de enero de 2024, https://www. ultimahora. com/paraguay-lidera-ranking-de-trafico-de-armas-en-toda-america-latina, accessed April 5, 2024.

⑦ "Ejecutivo Oficializa la Suspensión de Importaciones de Armas de Fuego y Municiones", Agencia de Información Paraguaya, 4 de noviembre de 2023, https://www. ip. gov. py/ip/2023/11/04/ejecutivo-oficializa-la-suspension-de-importaciones-de-armas-de-fuego-y-municiones/, accessed April 5, 2024.

将"罗特拉帮"大毒枭阿曼多·哈维尔·罗特拉（Armando Javier Rotela）转移至另一所军事监狱，700余名帮派成员转移至该国其他监狱。行动过程中发生枪击事件，造成1名警察及9名囚犯死亡，至少36名狱警和24名囚犯中弹受伤。① 巴拉圭边境走私犯罪严重，导致其成为税收收入占GDP比重最低的拉美国家之一，巴拉圭超市商会、工业联盟等组织呼吁新一届政府严厉打击走私行为。② 根据"透明国际"发布的2023年"全球清廉指数"，巴拉圭位列全球第136名，腐败、裙带关系和任人唯亲等问题严重。③

四　外交形势

在多边事务上，巴拉圭支持南方共同市场（以下简称"南共市"）扩大对外开放，认为南共市成员应作为一个集团对外开展贸易谈判④，主张南共市与欧盟达成平衡的协议⑤，反对欧盟利用环境保护条款对南共市经济施加限制⑥。

---

① 《外媒：巴拉圭监狱发生激烈枪战，1名警察和9名囚犯死亡》，参考消息网，2023年12月19日，https：//www.cankaoxiaoxi.com/#/detailsPage/%20/c3787e0c6b9c42dca4db9b378bb868be/1/2023-12-19%2010：52?childrenAlias=undefined，最后访问日期：2024年4月5日。
② "Supermercadistas Piden Cese del Contrabando y Desburocratización", ABC Color, 7 de septiembre de 2023, https：//www.abc.com.py/economia/2023/09/07/supermercadistas-piden-cese-del-contrabando-y-desburocratizacion/, accessed April 5, 2024.
③ "Corruption Perceptions Index", Transparency, https：//www.transparency.org, accessed April 7, 2024.
④ "Presidente Electo de Paraguay Quiere Negociación Comercial del Mercosur como Bloque", Barron's, 29 de mayo de 2023, https：//www.barrons.com/articles/presidente-electo-de-paraguay-quiere-negociacion-comercial-del-mercosur-como-bloque-ae96a8b, accessed April 9, 2024.
⑤ "CELAC-UE: El Presidente Abdo Abogó por un Acuerdo Equilibrado y Satisfactorio entre el Mercosur y la Unión Europea", Ministerio de Relaciones Exteriores Paraguay, 18 de julio de 2023, https：//www.mre.gov.py/index.php/noticias-de-embajadas-y-consulados/celac-ue-el-presidente-abdo-abogo-por-un-acuerdo-equilibrado-y-satisfactorio-entre-el-mercosur-y-la-union-europea, accessed April 9, 2024.
⑥ "Previo a Una Reunión, Peña Manifiesta 'Simpatía' sobre la Posición de Lula con el Anexo Ambiental de la UE", ABC Color, 28 de julio de 2023, https：//www.abc.com.py/internacionales/2023/07/28/previo-a-una-reunion-pena-manifiesta-simpatia-sobre-la-posicion-de-lula-con-el-anexo-ambiental-de-la-ue/, accessed April 9, 2024.

　　围绕巴拉圭河—巴拉那河水道通行费问题，巴拉圭与阿根廷争端持续发酵。① 巴拉圭河—巴拉那河延绵 3400 多公里，是巴拉圭作为内陆国家对外贸易的关键渠道，巴拉圭船舶占该水道通行船舶的 91%，每年货物运输量达 4000 万吨。阿根廷港务局宣布，自 2023 年 1 月 1 日起，向过往船舶收取每吨 1.47 美元的通行费，用于河道疏浚和河道灯塔维护。巴拉圭认为此举违反了《圣克鲁斯协定》（El Acuerdo de Santa Cruz de la Sierra）中关于河流自由通航的条款，因此借助领导人双边会晤、参加"水道协议委员会"会议、联合沿线国家磋商等方式表达反对意见。阿根廷方面以防范贩毒风险为名，宣布加强对巴拉圭货船的管制，并通过扣押船舶的方式，强行收取通行费。对此，巴拉圭、巴西、乌拉圭和玻利维亚等沿线四国于 2023 年 9 月 10 日发表联合声明，反对阿根廷单方面征收通行费，要求恢复水道上的自由航行；巴拉圭还宣布将在南共市法院提起仲裁请求。②

　　巴拉圭与巴西继续就《伊泰普条约》续签问题展开谈判。伊泰普水电站装机容量为 14 吉瓦，其提供的电力分别约占巴西和巴拉圭电力消耗总量的 10% 和 90%。③ 两国于 1973 年签署《伊泰普条约》，规定双方在伊泰普水电站中各自持有 50% 的股份，水电站所发电力由两国均分，两国都有权购买对方没用完的电力，但不能向第三国出售剩余电力。条约于 2023 年到期。围绕续签问题，2024 年 1 月 15 日，培尼亚同巴西总统卢拉会面。④ 巴拉圭希望提高发电服务费，向第三国出售剩余电力；巴西则主张降低或至少保持目前的服务费水平。尽管卢拉表示愿意向巴拉圭提供更容易接受的条件，但

① 《单方面加收水道通行费，阿根廷惹恼四邻国》，环球网，2023 年 9 月 14 日，https：// world. huanqiu. com/article/4EWvdT8ZpZG，最后访问日期：2024 年 4 月 20 日。

② "Argentina Insists on Key River Tolls amid Criticism from Neighbors", Reuters, September 11, 2023, https：//www. reuters. com/world/americas/brazil – paraguay – clash – with – argentina – over – grains-waterway-tolls-2023-09-11/, accessed April 20, 2024.

③ "Itaipu Is a World Leader in the Production of Clean and Renewable Energy", https：// itaipu. energy/, accessed April 23, 2024.

④ "Brazil–Paraguay Itaipu Meeting Amounts to Nothing", The Brazilian Report, January 15, 2024, https：//brazilian. report/liveblog/politics-insider/2024/01/15/brazil – paraguay – itaipu – meeting – lula/, accessed April 29, 2024.

巴西国内政治形势将限制他的谈判空间。条约调整需要得到两国立法机构批准，而巴西国会不愿意支持提高能源价格。假如培尼亚未能获得有利谈判条件，可能像前几届政府一样面临大规模抗议，甚至弹劾。截至 2024 年 4 月，两国围绕《伊泰普条约》的谈判未能取得进展。

巴拉圭同美国保持紧密合作关系。特别是对于巴以冲突，巴拉圭宣布将驻以色列大使馆从特拉维夫迁至耶路撒冷①，在多次联合国大会投票中，成为少数追随美国支持以色列的国家之一。2024 年 3 月，两国发表联合声明，强调双方在外交事项上广泛一致，两国战略伙伴关系进一步加强，达成贸易和投资框架协议。② 在反腐败问题上，两国存在矛盾。2023 年 9 月，美国一份政府文件表示，有罪不罚是巴拉圭最大的腐败问题，在反腐问题上，培尼亚必须在美国和巴拉圭前总统卡特斯之间做出选择。培尼亚认为文件内容是"对巴拉圭的不尊重，以及对他个人的侵犯"。③

巴拉圭同中国尚未建立外交关系。2023 年 9 月，巴拉圭财政部长费尔南德斯称，对中国投资持开放态度，愿意与任何希望在巴拉圭投资和创造就业机会的中国企业家交谈。④

（杨志敏　审读）

---

① "New Paraguay Leader to Reopen Jerusalem Embassy within Year, Israel Says", The Times of Israel, August 16, 2023, https：//www. timesofisrael. com/new－paraguay－leader－to－reopen－jerusalem-embassy-within-year-israel-says/, accessed April 16, 2024.

② "Joint Statement on U. S.－Paraguay Bilateral Relationship", US Department of State, March 27, 2024, https：//www. state. gov/joint－statement－on－u－s－paraguay－bilateral－relationship/, accessed April 15, 2024.

③ "Santiago Peña Habló sobre el Documento Atribuido a Estados Unidos que Condena la Corrupción en Paraguay", infobae, 29 de septiembre de 2023, https：//www. infobae. com/america/america-latina/2023/09/29/santiago-pena-hablo-sobre-el-documento-atribuido-a-estados-unidos-que-condena-la-corrupcion-en-paraguay/, accessed April 20, 2024.

④ "Paraguay Urged to Follow One-China Principle, Pre-Condition for More Economic and Trade Ties", Global Times, September 18, 2023, https：//www. globaltimes. cn/page/202309/1298402. shtml, accessed April 20, 2024.

Y.21
哥斯达黎加：劳动力市场大幅萎缩

徐　睿*

摘　要： 2023 年，罗德里戈·查韦斯总统支持率缓慢下降，执政党民主社会进步党分裂，新成立的哥斯达黎加人民党准备 2024 年 2 月地方选举受挫。政治上，行政和立法机关灵活合作，媒体助力总统表达反建制倾向、加强监督政策议程和应对反对派，民粹主义和治安恶化威胁民主。经济上，经济增速缓慢上升，通货膨胀率持续下降，政府稳步下调政策利率以刺激经济，旅游业复苏拉动就业；选举周期临近和财政盈余使财政紧缩政策松动。社会方面，移民政策收紧，劳动力市场大幅缩减，同时实施医疗改革、严厉打击逃税漏税和出台《公共就业法》以节约财政支出。对外关系上，对接美国供应链转移需求，提升对美科技合作水平，中哥经贸互惠性则有待加强。

关键词： 哥斯达黎加　税收　通货膨胀　医疗改革　移民政策

一　政治形势

（一）媒体对政策议程影响加强，总统支持率全年缓慢下降

2023 年 1 月 10 日，哥斯达黎加卫生部长何塞琳·查孔（Joselyn Chacón）因涉嫌挪用公款给社交媒体巨头受到了总检察院指控。罗德里戈·查韦斯（Rodrigo Chaves）总统为其积极辩护，借媒体之口表达反建制

---

* 徐睿，中国社会科学院拉丁美洲研究所助理研究员，主要研究方向为拉美国际关系。

倾向，组建临时联盟应对立法大会内的左翼政党。此举偏离他自2022年5月对立法大会的和解态度，加剧哥斯达黎加政府与媒体间的紧张关系，导致媒体加深对其政策议程的质疑，以及更深入地参与党派斗争，令2023年政府决策过程更复杂。2023年，民粹主义对政策制定质量、制度执行水平的影响和毒品泛滥引发的高犯罪率威胁哥斯达黎加政治稳定。

2023年5月，查韦斯总统支持率为63%，比2022年8月的79%和11月的69%略微下降。① 查韦斯总统推动财政改革争取民众支持，但在降低犯罪率上收效甚微，令公众失望。在2023年6~11月的调查中，哥斯达黎加民众认为高犯罪率是该国最大问题，持这种观点的受访者比重从34.7%升至41.3%，民众对失业和生活成本压力的担忧减轻。② 11月23日，查韦斯总统和本届政府净满意度为正，但支持率下降。

（二）民主社会进步党假意分裂，备战2024年市政选举遇挫折

2023年8月，哥斯达黎加中右翼政党民主社会进步党（PPSD）分裂。然而，此举是为了创建一个与总统直接结盟的选举工具，为2024年2月市政选举做准备，提拔支持总统政策的候选人，以使查韦斯总统的政策在2026年其卸任后仍有效。

立法大会内，民主社会进步党有10名代表，其中9名代表宣布组建新组织——哥斯达黎加人民党（ACRM），鲁斯·玛丽·阿尔皮扎尔（Luz Mary Alpízar）是该党分裂后在立法大会内唯一的代表。回溯过往，查韦斯总统推行政策的成功仰仗民主社会进步党的支持，针对每个问题建立联盟，以成功通过立法。分裂仅改变联盟核心政党的名称，哥斯达黎加人民党仍遵从查韦斯总统指示。11月6日，哥斯达黎加最高选举法院（TSE）驳回哥斯达黎加人民党希望在2024年2月地方选举中竞选市长的所有代表的登记。该党全力上诉，选举前景不佳。

---

① EIU, *Country Report: Costa Rica*, May 4, 2023.

② EIU, *Country Report: Costa Rica*, May 4, 2023.

二 经济形势

（一）经济增速全年稳步提高，出口拉动经济增长作用显著

2023 年 1～3 月，哥斯达黎加实际国内生产总值（GDP）同比增长 4.4%，第二季度 GDP 同比增长率为 5.1%。4～6 月，GDP 季度环比增长率从第一季度的 1.1% 回升至 1.3%。[①] 10～12 月，哥斯达黎加 GDP 季度环比增长 1.8%。按年度计算，7～9 月经济稳健增长 5.1%。[②] 2023 年，哥斯达黎加央行和美联储等主要贸易伙伴国央行实施高于中性水平的利率对该国经济的负面影响有限，家庭支出和出口持续强劲起到关键作用。

2023 年 12 月，哥斯达黎加第四季度总体经济表现依然健康，但出现经济增速放缓迹象，仅自贸区除外。出口对拉动经济增长贡献最大，从具体行业来看，零售业同比增长 6.2%，采矿业同比增长 12.2%，但专业服务业、信息和通信业的发展趋缓；投资同比下降 0.2%，政府消费支出和进口额持平表明国有部门对经济增长贡献较小；私人消费继续增长，相比 7～9 月略有放缓。出口增长健康（7.6%），尽管低于过去两年的平均水平。[③] 2024 年，哥斯达黎加出口拉动经济增长的作用愈加显著。

（二）打击逃税以优化税收制度，改革税制短期内收效有限

2023 年 5 月，哥斯达黎加政府向立法大会提交了一揽子财政改革提案，涉及债务管理业务和车辆税，以及最有争议的对个人所得税和企业所得税的修改。修改个人所得税和企业所得税的目的是确保哥斯达黎加从欧盟的非合作税收管辖区名单中移出。

企业所得税方面，政府希望用 30% 的统一税率取代现行的累进税率，

---

① EIU, *Country Report：Costa Rica*, August 9, 2023.

② EIU, *Country Report：Costa Rica*, February 2, 2024.

③ EIU, *Country Report：Costa Rica*, February 28, 2024.

适用于任何规模的企业。政府打击避税行为的第二项措施是对个人实行单一所得税率。不同类型的收入实行不同的税率，为哥斯达黎加政府优化税收制度提供可操作的空间。改革后，个人将提交一份单一的纳税申报表，申报其所有收入，包括来自国外的被动收入，并对总收入实施累进税率。

（三）持续下调政策利率，通货膨胀得到控制

2023 年，为了刺激经济增长，哥斯达黎加稳步降低政策利率①。哥斯达黎加中央银行认为，过激的降息措施会加快第二次通胀到来，给经济带来危害的可能性要高于实施中性利率。2 月，消费价格通胀率为 5.6%，低于 1 月的 7.7% 和 2022 年 8 月的峰值 12.1%。② 3 月 8 日，全球粮食和燃料市场的价格走势温和，哥斯达黎加通胀风险降低。

哥斯达黎加是小型开放经济体，大部分能源需要进口，通胀率上升受供应方影响较大，依据国际大宗商品市场走势。食品和交通价格波动对通胀影响最大，占通货膨胀权重近 40%。2023 年 2 月，食品价格月环比下跌 1.9%，交通价格（包括燃料）月环比下跌 3%。3 月，消费价格通胀率为 4.4%，4 月降至 2.4%，首次达到 2%～4% 目标水平。③ 9 月，通胀周期转向，至 2023 年末，全球油价上涨和同比基数的下降再次推动物价上涨。另外，哥斯达黎加央行放缓降息步伐，食品价格下降，服装和鞋类等商品价格稳定，共同遏制出现需求方通胀。12 月 20 日，哥斯达黎加通货膨胀得到控制。

---

① 2023 年 3 月 15 日，政策利率下调 50 个基点，至 8.5%。4 月 21 日，政策利率再次下调 100 个基点，至 7.5%。6 月 14 日，政策利率第三次下调 50 个基点，降至 7%。7 月 26 日，政策利率第四次下调 50 个基点，降至 6.5%。10 月 25 日，政策利率第五次下调 25 个基点，降至 6.25%。12 月 20 日，政策利率第六次下调 25 个基点，降至 6%。2024 年 1 月 18 日，政策利率第七次下调 25 个基点，降至 5.75%，自 2023 年 3 月以来，政策利率已累计下降 325 个基点。

② EIU, *Country Report: Costa Rica*, March 8, 2023.

③ EIU, *Country Report: Costa Rica*, April 14, 2023.

（四）财政紧缩政策逐步松动，国有银行私有化进程加速

2023 年 1~3 月，哥斯达黎加财政盈余占国内生产总值的 1%，债务利息支出同比增长了 3.7%，为 7.19 亿科朗（约合 130 万美元），财政盈余转化为占国内生产总值 0.5% 的赤字（包括债务利息支出）。[①]

国际货币基金组织批准向哥斯达黎加提供约 2.78 亿美元的扩展基金机制（EFF）和有待确认的 2.49 亿美元可持续性基金机制（RSF），帮助其偿还 2023 年的高额外债。10 月 27 日，哥斯达黎加财政收紧政策引发不满，首都圣何塞民众举行抗议，反对公共部门薪酬改革对薪资的下调。随着财政收支出现基本盈余和选举周期临近，哥斯达黎加政府放宽财政政策。

2023 年 7 月，哥斯达黎加政府向立法大会提交出售哥斯达黎加国有银行（BCR）的第二份法案草案。财政部长诺吉·阿科斯塔（Nogui Acosta）认为出售哥斯达黎加国有银行筹集的 600 亿科朗（约合 1.11 亿美元）资金可以用于基础设施投资、扶贫，能够改善财政状况。哥斯达黎加民众和反对派议员反对出售国有银行，对出售事务完全由政府监督表示质疑，认为应引入第三方咨询机构以提高国有银行私有化过程透明度。此举虽增加国有银行私有化的复杂性，但有利于各方接受。

三　社会形势

（一）加大打击逃税漏税力度，《公共就业法》效果有限

2023 年 1 月 19 日，哥斯达黎加财政部向检察官提交 3 起大规模逃税案件，2 月再提交 3 起，涉案总金额达 63 亿科朗（约合 1120 万美元）。BCT 银行股份有限公司总裁、前财政部长莱昂内尔·巴鲁克（Leonel Baruch）一案引发争议，妨碍政府采取积极措施打击财政欺诈。

---

① EIU, *Country Report：Costa Rica*, March 5, 2023.

财政部响应政府打击逃税以提高公共财政效率的计划，成立一个由 15 名审计员组成的新部门，专门处理复杂的税务欺诈问题，清理检察官办公室积压的案件。根据财政部的数据，有 23 起公开的逃税案件，总金额为 274 亿科朗，其历史超过 20 年。①

2023 年 1 月 30 日，哥斯达黎加国家计划和经济政策部发布"公共就业法"草案，将公职人员薪酬从综合工资（包括基本工资+奖励）转向单一的"全球"（Global）工资。对法案的反对集中于新工资结构导致的间接减薪和无限期工资冻结。3 月 9 日，《公共就业法》生效，但短期内没有帮助哥斯达黎加政府有效减少财政支出，但巩固了其同国际货币基金组织达成的协议。

（二）移民问题引发担忧，收紧移民宽松政策

2023 年 6 月，哥斯达黎加对移民的态度从宽容转向严苛。6 月，每天约有 900 人从巴拿马抵达哥斯达黎加，8 月为每天 1800 人。② 哥斯达黎加的移民接待中心不堪重负，多数移民因缺乏 30 美元登记费滞留。外国移民消耗大量国家资源，导致中央政府和地方政府关系恶化，国家进入紧急状态。哥斯达黎加政府把注意力转向选民优先关注的改革领域，如安全、犯罪和失业问题。哥斯达黎加政府急需降低移民问题引发国内其他相关社会问题共振的风险。

（三）推行医疗改革，精减医疗系统开支

2023 年 7 月，为了严控公共开支，查韦斯政府推行医疗改革。根据世界卫生组织报告，医疗保健支出占哥斯达黎加政府总支出的 25%，高于美洲平均占比（14%）、全球平均占比（11%），甚至高于美国医疗保健占比（23%）。③ 60 多年来，哥斯达黎加向所有民众提供免费医疗服务，医疗系统

---

① EIU, *Country Report*：*Costa Rica*, February 9, 2023.

② EIU, *Country Report*：*Costa Rica*, October 4, 2023.

③ EIU, *Country Report*：*Costa Rica*, July 14, 2023.

开支过高，医疗系统行政人员规模庞大，尤其是提高医疗系统人员工资和遣散费后进一步加重了财政压力。

查韦斯总统任命玛尔塔·埃斯基韦尔（Marta Esquivel）为哥斯达黎加社会保险基金（CCSS）总裁。他推行的一系列措施激怒了国内左翼批评者，但赢得了国际货币基金组织的赞誉。即使推行医疗改革，哥斯达黎加仍实行全民免费医疗制度。2023年8~12月，哥斯达黎加政府以裁员、改变哥斯达黎加社保局编制财务报表的方式改革哥斯达黎加社会保险局。

（四）劳动力市场大幅萎缩，女性劳动参与率骤减

2023年1~9月，哥斯达黎加15岁及以上就业总人数从217万人下降到208万人，至2023年底持续下降。[①] 经济活跃人口比例11月降至53.2%，去年同期为60%，就业人口减少、失业人口增加导致劳动力市场大幅萎缩。11月，哥斯达黎加失业率降至7.2%，创历史新低。旅游业复苏推动失业率下降，促进私人支出。劳动参与率下降不利于消费支出增加和经济增长，影响政府财政收入。

2023年11月，哥斯达黎加女性劳动参与率为40.3%，去年同期为48.5%。男性劳动参与率则从71.5%降至66.1%。[②]

四　外交形势

（一）加强同美国在科技领域合作，对接美国供应链保护需求

1997~2015年，美国科技制造业巨头英特尔公司设在哥斯达黎加的制造业中心占该国出口的20%。为了寻求更低的成本，英特尔公司将芯片等半导体产业的制造能力转移至亚洲国家，哥斯达黎加经济遭受巨大打击。[③]

---

① EIU, *Country Report：Costa Rica*, January 16, 2024.
② EIU, *Country Report：Costa Rica*, January 16, 2024.
③ EIU, *Country Report：Costa Rica*, August 9, 2023.

2020 年英特尔公司重返哥斯达黎加，但给哥斯达黎加带来的实际收益有限，本土中小企业专注于国内市场，无法从融入全球经济所提供的机会中受益，提高它们的生产力是其参与全球价值链的关键。[①]

2023 年 8 月 9 日，哥斯达黎加和美国签署半导体合作协议，该协议便于哥斯达黎加吸引更多美资，进军世界半导体制造业。美国国会于 2022 年年中通过《芯片法案》，旨在刺激美国的半导体生产，保护本国供应链。尽管国际上有种种利好，但哥斯达黎加必须改善国内劳动力市场和商业环境才能吸引更多外资。

（二）地区民主"标兵"身份凸显，地缘政治博弈风险升高

2023 年拉丁美洲和加勒比地区民主评分连续 7 年下降，作为地区内 3 个完全民主国家，哥斯达黎加、乌拉圭和智利的民主指数逆势增长，使拉美民主得分高于全球平均水平，仅次于美国和欧洲。[②]

哥斯达黎加毗邻古巴、尼加拉瓜和委内瑞拉，地缘地位使其成为美国等西方国家在拉丁美洲发动"新冷战"的抓手。截至 2022 年底，哥斯达黎加收容了 27 万名移民，几乎全部来自古巴、尼加拉瓜和委内瑞拉。[③]

（三）中哥经贸互惠性有待加强

中国是哥斯达黎加第二大贸易伙伴，但不是该国出口的主要目的地，2022 年自华进口额仅占其进口总额的约 15%。[④] 两国经贸日渐繁荣但"互惠感"不强，反映在统计方式差异带来的贸易赤字上。[⑤] 旅游业等第三产业

---

① CEPAL, *Balance Preliminar de las Economías de América Latina y el Caribe 2023*, Santiago, 2023, p. 38.

② EIU, *Country Report: Costa Rica*, February 14, 2023.

③ EIU, *Country Report: Costa Rica*, August 30, 2023.

④ EIU, *Country Report: Costa Rica*, October 17, 2023.

⑤ 《中哥双方贸易统计存在差异》，中华人民共和国驻哥斯达黎加共和国大使馆经济商务处网站，2024 年 2 月 5 日，http://cr.mofcom.gov.cn/jmxw/art/2025/art_6d3cc62dc0a14c19981ac47fbecbe310.html，访问日期：2025 年 6 月 8 日。

是双边贸易的一个突破口，既能加强民心相通，也能增强"互惠感"。中国和哥斯达黎加立足共建"一带一路"合作，除在经济领域推动基础设施合作，鼓励中资企业到哥斯达黎加投资外，应加强对哥斯达黎加社会领域核心利益的关切和帮助。

（王鹏　审读）

Y.22
尼加拉瓜：重设内务部，维护国家安全和社会稳定

李茜[*]

摘　要：　2023 年，为维护社会稳定和国内秩序，尼加拉瓜政府重设内务部。尼加拉瓜政府加强对私人企业和非政府组织的管理，与天主教的关系紧张。公共投资计划是尼加拉瓜政府在可持续财政支出框架内促进社会福祉和经济发展的主要工具。尼加拉瓜与美洲玻利瓦尔联盟及中美洲一体化组织的关系继续深化，与美国的关系持续紧张，与中国和俄罗斯积极合作。

关键词：　尼加拉瓜　内务部　经济增长　公共投资　尼美关系

一　政治形势

尼加拉瓜总统奥尔特加与第一夫人、副总统罗萨里奥·穆里略自 2016 年以来共同执政。他们的儿子劳雷亚诺·奥尔特加担任总统投资、贸易和国际合作顾问，主要负责对华关系和对俄关系。奥尔特加就任总统后，取消总统连选连任限制，强化行政权，掌控其他国家机构。执政党桑地诺民族解放阵线（以下简称"桑解阵"）在议会具有主导优势，拥有 75 个（共 91 个）席位。主要反对党制宪自由党和独立自由党分别拥有 9 个和 1 个席位。

桑解阵的执政地位持续稳固。在 2022 年 11 月的全国市政选举中，桑解阵在全国 153 个城市中获得全面胜利。2024 年 3 月，该党在南、北加勒比

---

* 李茜，中国社会科学院拉丁美洲研究所助理研究员，主要研究方向为拉美政治。

海岸自治区选举中赢得 88.95% 的得票率。为了维护国家安全和社会稳定，一方面，桑解阵不断加强对军队和警察的直接管控。2023 年 7 月，议会通过两项有关国家警察的改革法。改革法的主要内容包括调整和改革管理国家警察打击新形式有组织犯罪行为的宪法基础，强调警察须严格遵守纪律和履行职责，重申总统具有调用国家警察的最高权力。另一方面，2023 年 12 月，议会批准同意重新设立内务部，恢复内务部在尼加拉瓜内战时期也即桑解阵首次执政期间（1979~1990 年）的职能。新成立的内务部取替行政部，主要职能之一是预防、制止和终结任何破坏或颠覆宪法秩序及国家机构的活动，并维护国内秩序和保障民众安全。此外，内务部与国家警察总局合并，国家警察总局局长担任内务部高层领导。

反对派力量涣散，无法形成强有力的联盟。主要反对党制宪自由党和独立自由党在 2024 年南、北加勒比海岸自治区选举中的得票率分别是 7.83% 和 0.76%。在北加勒比海岸自治区比较有影响力的地方印第安政党 "大地母亲之子"（Partido Indígena Yatama）因不具有合法性无法参加竞选。

奥尔特加政府加强对私人部门和社会组织的管理。2023 年 3 月，奥尔特加政府宣布取消全国商业领袖企业组织私人企业高级委员会（COSEP）以及 18 家私人企业组织的合法地位。取消企业组织合法性的原因是，根据《非营利组织管控法》的规定，这些组织没有履行完整的注册程序。2022 年政府颁布《非营利组织管控法》后，全国 3000 多家非营利组织被取缔。2023 年 5 月，议会通过相关法律，关闭了首都马那瓜市红十字会，并成立 "尼加拉瓜新红十字会"，隶属卫生部。尼加拉瓜政府指责尼加拉瓜红十字会由美国支持，援助反政府抗议者。

尼加拉瓜政府与天主教的关系走向对立。由于天主教对奥尔特加执政公开表示不满，自 2018 年以来，上百名神父被驱逐出境。2022 年 8 月，天主教主教罗兰多·阿尔瓦雷斯（Rolando Álvarez）被判 26 年监禁，另外还有 18 名神父和神学院学生被判入狱。尼加拉瓜政府还关闭了天主教广播电台、两所天主教大学和尼加拉瓜明爱会。2023 年 3 月，尼加拉瓜政府要求关闭圣座驻尼加拉瓜的大使馆。4 月，尼加拉瓜政府禁止开展圣周庆祝活动。

二 经济形势

2023 年，尼加拉瓜克服经济周期波动保持增长，经济增长率从 2022 年的 3.8% 上升至 4.6%。经济增长与国内需求扩大和外资流入密切相关，其中国内需求对国内生产总值的贡献率为 9.8%。①

公共财政稳定且保持盈余。这主要归因于经济保持增长和政府财政收入增加，同时政府支出仅微幅增长。为了缓解 2018 年社会抗议活动产生的持续影响，政府实施税收改革和社会保障改革，同时控制公共支出，优先扩大社会保障和减贫的支出。2023 年，非金融公共部门总收支上升，较 2022 年分别增加 14.2% 和 9.4%。中央政府财政收入上升 15.7%，财政盈余从 2022 年占国内生产总值的 1% 上升至 2.8%，政府消费从 2022 年的 6.5% 下降至 3.2%。政府采取紧缩性财政支出政策，使公共财政保持平稳。2023 年，公共债务达到 100.96 亿美元，其中内债 15.47 亿美元，外债 85.94 亿美元，外债占比高达 85.1%，这使尼加拉瓜面临较大的汇率和本币贬值风险，从而增加债务成本。2023 年，尼加拉瓜获得来自中美洲一体化银行、美洲开发银行、世界银行等国际金融机构的援助贷款约 7 亿美元，其中 76.5% 的贷款额来自中美洲一体化银行。②

尼加拉瓜各经济部门呈现较大活力。2023 年，第三产业表现亮眼，其中酒店和餐饮业、电力行业、商业分别增长 23.3%、12.7% 和 7.2%，金融服务业以及交通和通信业均增长 4.6%。第二产业中表现较为突出的是建筑业，扭转 2022 年 -10% 的下滑态势，实现 8.1% 的增长。建筑业恢复增长与大量建造民宅、商业建筑和工业建筑有关。制造业增长 2.2%，与 2022 年持

① "BCN Informa sobre los Resultados del Producto Interno Bruto de 2023", Banco Central de Nicaragua, https://www.bcn.gob.ni/divulgacion-prensa/bcn-informa-sobre-los-resultados-del-producto-interno-bruto-de-2023.

② Banco Central de Nicaragua, *Informe Anual 2023*, https://www.bcn.gob.ni/publicaciones/informe-anual-2023.

平。第一产业保持一定的韧性，矿石开采增长 12.8%，而农业、渔业受厄尔尼诺现象影响呈现下降态势，增长率分别为 -3.8% 和 -15.5%。经济活动活跃有利于恢复就业。2023 年，尼加拉瓜劳动力市场平均失业率为 3.4%，比 2022 年下降 0.1 个百分点。正规就业率较 2022 年上升 1.1 个百分点，非正规就业率为 39.4%，与 2022 年大致持平。劳动参与率上升至 67.4%，但仍未恢复到疫情前的水平，比 2019 年下降超过 3 个百分点。①

2023 年 2 月，由政府、企业和社会三方构成的全国最低工资委员会决定，自 2023 年 3 月至 2024 年 2 月，上调所有经济部门（除免税区工业部门以外）的最低工资标准，上涨幅度为 10%。2023 年，尼加拉瓜通胀率从 2022 年的 11.59% 降至 5.6%，这与输入型通胀压力减小和合适的货币政策有关。一方面，全球通胀水平下降，全球供应链的压力减轻，以及国际石油价格和粮食价格上涨放缓，这一系列因素促使进口原材料和制成品的价格下降。另一方面，为了维持价格稳定，政府继续对燃油、电力等基本服务领域实施补贴政策。此外，央行从 2023 年 2 月下调汇率以减轻对国内通胀的影响。②

对外部门方面，2023 年尼加拉瓜实现经常账户顺差约 13.81 亿美元，占国内生产总值的比重约为 7.7%。2023 年，由于加拿大、中美洲国家和墨西哥等贸易伙伴的需求扩大，尼加拉瓜出口额增长至 40.34 亿美元，较 2022 年增长 4%，其中矿产品、黄金和制成品出口增加。为满足国内市场的消费需求，尼加拉瓜进口额上升，达到 83.26 亿美元，比 2022 年增长 4.4%。贸易赤字从 2022 年的 33.7% 降至 7.4%。2023 年，尼加拉瓜侨汇收入持续增加，达到 46.6 亿美元，比 2022 年增长 44.5%，占国内生产总值的 26.1%，美国和哥斯达黎加是尼加拉瓜侨汇收入的主要来源国。2023 年，外国直接投资总额达到 25.35 亿美元，较 2022 年增长 37.6%，主要流入工

---

① Banco Central de Nicaragua, *Informe Anual 2023*, https：//www. bcn. gob. ni/publicaciones/informe-anual-2023.

② Banco Central de Nicaragua, *Informe Anual 2023*, https：//www. bcn. gob. ni/publicaciones/informe-anual-2023.

业、能源矿业、服务业和商业。尼加拉瓜吸引的外国直接投资主要来自美国、加拿大、巴拿马、墨西哥和西班牙。2023 年,尼加拉瓜国际储备总额为 54.47 亿美元,比 2022 年增加 10.42 亿美元,其中 82%的国际储备来自外国投资和贷款。①

尼加拉瓜是一个小而开放的经济体,高度依赖农业、轻工业制造业以及来自美国的侨汇收入。受欧美等西方国家的经济制裁和私人融资渠道受限影响,该国经济保持长期稳定面临挑战。

三 社会形势

2023 年,根据尼加拉瓜政府公布的《2023 年国家预算报告》,社会支出、公共服务支出以及交通和通信支出占总支出的比重分别为 56.4%、13.1%以及 11.1%。教育、健康医疗、住宅和社区服务、社会保障在社会支出中的占比分别为 21.7%、21%、9%和 3%。② 尼加拉瓜政府实施全国减贫计划和公共投资计划,增加了社会支出和公共服务方面的支出,两个计划的预算投入比 2022 年增加 13.9%。③

公共投资计划是尼加拉瓜政府在可持续财政支出框架内促进社会福祉和经济发展的主要工具,关注不同种族、性别和年龄群体,注重保护生态系统和适应气候变化。2017~2022 年,公共投资计划已经投资建设 1000 多个项目,在教育、健康医疗、能源、饮用水、基础设施和住宅等 14 个部门实施5400 多项工程。在这 5 年期间,政府优先在教育、交通、饮用水供应和污水处理领域投资 700 多个项目,其中 28.7%的交通项目是为了促进加勒比海

① Banco Central de Nicaragua, *Informe Anual 2023*, https://www.bcn.gob.ni/publicaciones/informe-anual-2023.

② "Presupuesto del Pueblo Presidente para 2023", El Ministro de Hacienda y Crédito Público, http://www.hacienda.gob.ni/hacienda/finanzaspublicas/ppp/Presup-Pueblo-Presidente2023.pdf.

③ "Presupuesto de la República 2023 Está Dirigido a Combatir la Pobreza y Pobreza Extrema", El 19, https://www.el19digital.com/articulos/ver/titulo:133722-presupuesto-de-la-republica-2023-esta-dirigido-a-combatir-la-pobreza-y-pobreza-extrema.

岸自治区发展。① 2023 年，公共投资计划的重点包括一系列基础设施扩建和重建项目，例如罗西塔—卡贝萨斯港高速公路优化、科西吉纳火山区地热发电厂建设、地方医院设备更新、小学和中学教育中心的硬件设施更新和污水处理系统建设。

为了消除贫困，尼加拉瓜大力完善基础设施。奥尔特加政府持续促进能源建设，电力覆盖范围扩大至偏远地区。经过奥尔特加政府的持续努力，尼加拉瓜的电力覆盖率从 2007 年的 54%家庭通电扩大到 2023 年超过 99%的家庭通电，成为中美洲电力覆盖率最高的国家。2007 年以来，尼加拉瓜输电线路长度增加了 1 倍，安装了数千个太阳能电池板和变电站。在能源矩阵方面，尼加拉瓜实现了重大变革，2007 年 75%为传统能源发电，到 2023 年 70%为可再生能源发电。② 这一成就使尼加拉瓜跻身全球领先的可再生能源转型国家之列。此外，2022 年，该国开始倡导电动出行，安装充电站，鼓励民众购买电动汽车。

此外，尼加拉瓜政府加强水系统治理，扩大可持续供水和污水处理服务覆盖面。2006 年，尼加拉瓜的供水和污水处理服务覆盖率分别为 65%和 35%。2007~2022 年，尼加拉瓜政府将尼加拉瓜自来水公司收归国有，陆续投资 10.9 亿美元，超过 1990~2006 年投资额的 3 倍。政府分阶段实施水和人类卫生整体计划，提高供水和污水处理服务质量。2023 年，尼加拉瓜的供水和污水处理服务覆盖率分别达到 94.5%和 55%，惠及 80 多万个家庭。2023~2026 年，尼加拉瓜政府计划每年投入 6700 万美元，将供水和污水处理服务覆盖率分别提高到 98%和 80%。③

---

① "Parte 1: Inversión Pública 2017-2022", Urnas Abiertas, https://urnasabiertas.com/parte-1-inversion-publica-2017-2022/.

② "Nicaragua Proyecta Alcanzar el 99.4% de Cobertura Eléctrica en el 2023", El 19, https://www.el19digital.com/articulos/ver/titulo:136787-nicaragua-proyecta-alcanzar-el-994-de-cobertura-electrica-en-el-2023.

③ "Enacal Proyecta más de 900 mil Familias Atendidas entre 2023 y 2026", El 19, https://www.el19digital.com/articulos/ver/titulo:142199-enacal-proyecta-mas-de-900-mil-familias-atendidas-entre-2023-y-2026.

在医疗健康领域，奥尔特加政府颁布全民免费医疗法令。2007~2022年，尼加拉瓜政府建成中美洲最大的公共卫生医院基础设施网络，新建23家医院，翻修46家医院。全国拥有11700多张床位、82个临床实验室、1个疫苗厂和2个癌症治疗中心。此外，尼加拉瓜修建了1300多个医疗站、192个保健中心和179个妇产之家（比2006年增加了3倍），并通过280多个儿童发展中心强化了卫生系统。尼加拉瓜还完善了社区卫生网络，可保证约500万次上门诊疗，并提供长期医疗服务。①

教育是尼加拉瓜实现消除贫困和促进人类发展计划的核心。2007~2023年，尼加拉瓜美国的教育基础设施建设取得显著进展。在这17年期间，全国新建35所技术教育中心，技术教育中心由2006年的26所增至61所，注册入学人数由4.8万人上升至52万人，其中68%的入学者为女性。② 技术教育中心帮助大量女性成为技术管理者和创业者。尼加拉瓜政府推行免费公共教育政策，创造更好的基础设施条件，保障民众的受教育权利。

四　外交形势

尼加拉瓜的地区外交政策是继续深化与美洲玻利瓦尔联盟及其成员国的关系。2024年3月，美洲玻利瓦尔联盟拒绝美国对尼加拉瓜的制裁，认为："实施这些措施的目的是影响和限制这个国家的商业及安全能力，从而影响和限制其经济发展及社会稳定。强烈反对美国的无礼行为及其实施的单方面强制措施，这些措施试图通过任意决定建立国际秩序，使世界和平与安全处于危险之中。"此外，面对国际金融机构的孤立，中美洲一体化银行成为尼加拉瓜最主要的融资机构。近几年，尼加拉瓜在中美洲经济一体化银行的贷款组合中占比近26%。然而，2024年1月中美洲经济一体化银行的新行长

① "La Transformación de Nicaragua tras 16 años con Daniel Ortega", JPmas, https://jpmas.com.ni/la-transformacion-de-nicaragua-tras-16-anos-con-daniel-ortega/.

② "Así Evoluciona la Educación Técnica en Nicaragua", JPmas, https://jpmas.com.ni/asi-evoluciona-la-educacion-tecnica-en-nicaragua/.

上任后，宣布将对贷款组合进行重大调整，停止向尼加拉瓜和萨尔瓦多提供贷款。

尼加拉瓜与美国的紧张关系未见缓解。美国对尼加拉瓜的制裁不断升级。2018年，美国以奥尔特加政府镇压国内社会抗议为由，对该国实行第一轮制裁。11月28日，美国政府宣布制裁尼加拉瓜5名高级政府官员，其中包括副总统穆里略。12月11日，美国众议院通过经修正的《2018年尼加拉瓜人权及反贪腐法案》。2021年，奥尔特加连续第四次当选总统，美国指责选举不合法，通过《加强尼加拉瓜履行选举改革条件法》，修改尼加拉瓜参与《多米尼加-中美洲-美国自由贸易协议》的方案，取消其对美出口优惠待遇。2022年，美国禁止尼加拉瓜93名政府官员入境，取消尼加拉瓜蔗糖出口美国的优惠待遇。10月，美国以尼加拉瓜政府加强与俄罗斯的合作为由，扩大对尼加拉瓜的制裁，制裁措施包括禁止美国公司在尼加拉瓜的黄金行业开展业务，限制进出口尼加拉瓜的部分商品。2023年3月，美国限制美国武器和国防服务销往尼加拉瓜。8月，美国宣布制裁100名尼加拉瓜市政官员。美国也考虑暂停尼加拉瓜参与《多米尼加-中美洲-美国自由贸易协议》。欧盟和加拿大也加入一系列对尼加拉瓜的制裁行动。

面对美国等西方国家的制裁，奥尔特加政府并没有妥协和让步。尼加拉瓜不仅退出美洲国家组织，拒绝美国新任大使入境，还与荷兰断交，要求欧盟时任驻尼大使限期离境。2023年2月，尼加拉瓜释放监狱中222名政治犯，并送往美国。美国国务卿布林肯指出，尼加拉瓜大规模释放政治犯开启两国"进一步就相关议题对话的大门"。对此，奥尔特加并未回应。4月，尼加拉瓜外交部决定撤回欧盟驻尼大使赴该国履职的同意意见。

尼加拉瓜巩固与俄罗斯的战略伙伴关系。尼加拉瓜政府表示："我们重申尼加拉瓜是俄罗斯在中美洲的战略盟友，是俄罗斯在该地区全方位领域的平台。"2007年奥尔特加就任总统以来，尼加拉瓜成为俄罗斯在中美洲的最重要伙伴之一，双方在安全、健康、文化等领域持续加强合作。2023年12月，尼加拉瓜总统顾问劳雷亚诺·奥尔特加率领代表团访问俄罗斯，庆祝两国建交79周年。代表团访问期间，尼加拉瓜文化学院分别与鲁多米诺全俄

罗斯国家外国文学图书馆、俄罗斯国家马戏团公司、联邦高等教育机构瓦冈诺娃芭蕾舞学院签订合作协议，尼加拉瓜鲁文·达里奥国家剧院和莫斯科音乐学院签订合作协议。这些协议为两国联合举办音乐会和展览、出版作品以及艺术专业人士的交流和培训创造了机会。2024年2月，奥尔特加总统会见来访的俄罗斯安全委员会秘书长尼古拉·帕特鲁舍夫。两国签订了2024~2026年安全合作协议，巩固并扩大双方在国防、军事技术合作领域取得的成果。

尼加拉瓜积极与中国深化合作。中尼复交两年来，双方务实合作全面拓展并取得一系列成果。尼加拉瓜加入共建"一带一路"合作，全力支持落实全球发展倡议。中国是尼加拉瓜第二大贸易伙伴和第二大进口来源国。2023年8月31日，尼加拉瓜与中国正式签署自贸协定，2024年1月1日该协定正式生效。两国在货物贸易、服务贸易和投资市场准入等领域进一步相互开放。2023年12月20日，中尼发表了一份联合声明，两国建立战略伙伴关系，双边关系升级标志着两国政治、经济和人文等领域交流合作迈入更加高效、顺畅的发展阶段。

在共建"一带一路"合作下，两国推进基础设施、交通、能源等领域合作。2023年4月，中国企业援建的尼加拉瓜"新胜利"保障房一期项目开工。这是两国复交以来首个大型合作项目，将为尼加拉瓜建造上万套住房。一期项目由中国无偿援建，将在马那瓜市建设920套保障房及中心广场、运动场等附属设施，帮助当地人改善居住条件。10月，尼加拉瓜参加在北京举行的第三届"一带一路"国际合作高峰论坛。其间，尼加拉瓜政府与中国企业达成多项合作，主要涉及基础设施和能源等项目。主要合作项目包括尼加拉瓜政府与中工国际工程股份有限公司签署了尼加拉瓜蓬塔韦特（Punta Huete）国际机场改扩建项目合同，与中国土木工程集团有限公司签署了一份关于研究、设计和建设马那瓜—马萨亚—格拉纳达铁路及制定马那瓜—科林托—布卢菲尔兹铁路总体规划的谅解备忘录，与中国建筑集团有限公司签署了沿海公路二期项目框架协议，与中国华电海外投资有限公司签署了莫霍卡和图马林水电项目谅解备忘录，还与其他中国企业签署了瓜纳卡斯特—南代梅—里瓦斯公路和里瓦斯—萨波阿公路扩建工程合作协议。此外，尼加拉瓜政府于 2024 年 6 月与中国宇通公司签署了 500 辆公交车采购协议，用于更新老旧公交车辆，推动国内公共交通优化升级。

在中尼关系提升为战略伙伴关系后，两国签署超过 4 亿美元的贷款协议，用于资助尼加拉瓜的国际机场和液化天然气接收站项目，由中工国际工程股份有限公司负责重建、扩建和升级。2024 年 2 月，尼加拉瓜议会批准该贷款协议。副总统穆里略指出，机场扩建项目将增强尼加拉瓜在中美洲地区的海陆空联通方面的作用，促进中美洲地区与世界其他地区的联系。

（杨建民　审读）

Y.23
洪都拉斯：左翼施政面临诸多挑战，
多元合作谋求社会发展

韩　晗*

摘　要： 2023 年，在左翼政党自由与重建党总统希奥马拉·卡斯特罗带领下，洪都拉斯实现了国家的政治和经济发展。执政党在议会面临严重分歧，但最终推动政治议程取得进展。经济稳中有增，但由于外部需求放缓，部分传统部门发展乏力。农业得益于对外合作，实现一定发展。卡斯特罗政府争取反对党支持，通过国内政策、对外合作的双重努力，积极应对社会发展顽疾。外交领域，洪都拉斯维系同美国关系，积极推进同中国在各领域关系的全面发展。多边领域，洪都拉斯进一步扩大与国际组织和地区性组织的各项合作。

关键词： 洪都拉斯　社会治理　国际合作　中洪关系

一　政治形势

2023 年是希奥玛拉·卡斯特罗（Xiomara Castro）执政第二年，左翼政府面对外部质疑，努力调解政党间冲突，积极通过谋求多数议员支持，推动政治议程取得进展，进而促进社会、经济等领域的发展。

---

* 韩晗，中国社会科学院拉丁美洲研究所副研究员，古巴研究中心秘书长，主要研究方向为拉美区域合作、法律制度等。

（一）左翼女总统提出各领域施政纲领

卡斯特罗作为该国历史上首位女总统，也是左翼总统，面临右翼连续执政 20 年形成的固有政治生态带来的挑战。她提出"21 世纪社会主义"政治理念。同时，她提出的提高女性权利、允许堕胎等政策赢得多数民众认可，也面临来自反对派、传统势力的压力。经济发展方面，卡斯特罗积极增强政府的监管和对经济发展的引导作用，反对自由市场资本主义和新自由主义经济模式，追求经济公平。社会政策方面，卡斯特罗政府着力通过扫盲、社会贫困治理，提高政府透明度和执政能力等具体措施，提高国家社会发展水平。卡斯特罗政府通过组建新的部门，力求改善社会现状，打击毒品走私，解决凶杀率高等问题。①

（二）议会内政党关系紧张

由于执政党处于议会少数地位，因此其施政需谋求在野党议员支持。洪都拉斯为一院制议会，议会 128 个议席中，执政党拥有 50 席（自由与重建党 49 席及 1 名独立议员）。此前，由于执政党与中间派拯救洪都拉斯党的联盟关系破裂，执政党在议会中的席位降至不足半数。执政党提出的预算法、最高法院候选人名单、废除小时工法等提案均遭到在野党国民党不同程度的反对。未来，协调各政党关系是卡斯特罗政府重要的议题。

执政党今后主要面临三方面执政挑战。一是如何维持支持率，为下届总统选举提前做准备；二是如何改善与反对派的紧张关系，避免政党间冲突加剧；三是作为左翼政党，如何获得更多国际支持，实现国家政治的制度性进步。

二　经济形势

根据联合国拉丁美洲和加勒比经济委员会统计，洪都拉斯 2023 年经济

---

① 本部分数据来源于 EIU, *Country Report*: *Honduras*, 2023。

增长 3.3%。与地区国家相比，其经济增长水平高于萨尔瓦多，与尼加拉瓜相同，低于哥斯达黎加和危地马拉。2024 年洪都拉斯经济增长的主要扰动因素来自三个方面，即私人部门和公共部门消费及投资、一般外部市场、制造业外部需求。

2023 年，影响洪都拉斯经济增长的因素主要来自三方面，即全球经济增长放缓、美国需求下降、全球通胀指数仍维持较高水平。外部需求减少，主要是美国在服装纺织、成衣类产品方面的消费减少，导致洪都拉斯经济在 2023 年 6 月明显放缓，制造业相较 2022 年同期（5.7%）下降了 2.8%。得益于外国投资及国际合作，金融中介服务、电信、物流和仓储、酒店和餐饮和农业等领域实现增长。咖啡、香蕉种植业实现了技术升级、庄园改造以及品种改良，促进了产业发展，为经济增长提供了动力。

具体部门方面，金融中介、保险和基金部门增长 15.1%，通信业增长 2.8%，酒店和餐饮业增长 18.1%，私人建筑部门增长 3.1%。贸易增长 2.0%，物流和仓储业增长 2.1%，农牧渔业增长 1.0%，制造业增长 -13.6%，纺织业发展放缓。

消费和支出方面出现结构性调整。支出的主要拉动部门为（家庭侨汇和银行贷款支持的）私人消费、公共支出。私人投资主要集中于住宅、商业、工业领域。洪都拉斯整体需求呈减缓态势。

国际融资方面，洪都拉斯与国际货币基金组织签订为期 36 个月的扩展基金协议，价值 8.22 亿美元（占总金额的 2.3%）。该协议于 2023 年 9 月获得批准。洪都拉斯需要遵守协议中提出的目标要求以确保支出，实施紧缩性财政措施，同时执政党需要得到议会中其他政党的支持。执政党的国家改革议程面临立法机构的强烈反对，政治发展议程放缓增加了外部资本的风险。

能源方面，2023 年，洪都拉斯政府终止了外包电力分配的公私合作伙伴关系合同。国家电力能源公司全面负责国家电力保障，私人投资基本撤出该领域。这一举措能否改善能源供应还需进一步观察。

2023 年，洪都拉斯通胀水平有所下降，主要因为外部成本（运费、原材料和国际燃料）下降和内部总需求明显减少。在整体经济活动放缓态势下，截至 2023 年 7 月，洪都拉斯通胀率为 5.15%，相较 2022 年底（9.80%）下降 4.65 个百分点。影响通胀的主要因素是食品价格增长和内部燃料供应问题。

三 社会形势

左翼政府执政后，加大社会投资，改善公共服务。希奥马拉·卡斯特罗希望让社会向更加平等、人人都有机会的良好方向发展。

（一）多项社会政策并举

洪都拉斯政府增加了基础设施领域的社会支出。2022 年，洪都拉斯政府颁布《电力能源服务保障特别法》，以稳定电价；为减少贫困，政府为部分极端贫困民众提供免费的电力服务；为提高国家信息化水平，实施"团结网络"计划，并为 2000 多个村庄提供服务。

洪都拉斯政府注重促进社会公平，提出全国性的消除文盲社会发展计划。为提高未成年人教育水平，保障青少年获得免费、优质的义务教育，提高适龄青少年入学率，洪都拉斯政府提出全国学校供餐方案。该项目惠及 2.1 万名学龄前和小学儿童。世界粮食计划署参与了此项活动，提供牛奶生产技术和豆类生物强化技术，优化了本土学校供餐方案。

2023 年，洪都拉斯政府进一步强化社会治理，在政府社会发展秘书处下设专门负责社会发展的机构，促进公共政策、社会投资和其他社会部门战略性项目的实施。该部门发布《社会保护公共政策》，明确部门的具体工作为应对新的社会挑战，加速消除贫困、赤贫和解决社会弱势群体的问题。优先的短期项目包括洪都拉斯干旱走廊的粮食安全紧急情况处理、针对降低频繁干旱风险展开调研、儿童社会保护、减少极端贫困家庭中少女怀孕情况并提供相关的社会保护。该机构已为 2007 个村庄提供长期社会发展方案和服务，制定《干旱走廊弱势群体干旱和粮食不安全干预议定书》，以减轻气候变化对最贫困地区的不利影响；提出《社会保护政策法案》，为颁布新的

《社会保护法》做准备，起草了《2021～2030年洪都拉斯儿童和青少年权利保障国家政策》。中期政府计划围绕国家社会债券制度、国家奖学金制度、"学校花园计划"、"是的，我可以"扫盲项目、学校基础设施建设及改造计划、农村储蓄银行项目、国家照护系统等展开。

（二）开展国际合作以改善民生[①]

近30年来，洪都拉斯移民人口增长近6倍。据世界粮食计划署统计，2023年洪都拉斯境内有约24万人次的移民行为，这加剧了洪都拉斯国家粮食安全的政策保障难度。为此，洪都拉斯实施《2023～2027年国家战略计划》，也将减少移民、粮食不安全、营养不良和贫困问题纳入计划目标。

洪都拉斯与世界粮食计划署开展了粮食安全、贫困、应急管理等方面的合作。世界粮食计划署为洪都拉斯修订《国家粮食系统转型计划》提供意见。双方围绕可持续发展目标第2条（零饥饿）和第17条（促进伙伴关系）开展合作，以帮助洪都拉斯实现可持续发展目标。2023年，洪都拉斯境内共计1万人获得了该项目的直接援助，另有9万人左右间接受益于这一项目。2023年，世界粮食计划署还与洪都拉斯政府合作，为自给自足的小农户及其家人设计参数化小额保险，以现金转移支付方式向土著和非洲人后裔提供支持，该项目提高了洪都拉斯政府在贫困预防领域的施政能力。世界粮食计划署为洪都拉斯应急和风险管理部提供咨询及技术援助，洪都拉斯建立了机构间干旱技术委员会，协调部门间预警、评估、分析和技术咨询职能。

世界粮食计划署支持洪都拉斯政府强化国家社会保护制度和政策的举措，重点是粮食安全和营养，并积极协助洪都拉斯政府制定应对冲击的社会保护政策，以确保家庭有能力应对气候风险。

---

① "Annual Country Report 2023: Honduras", World Food Program, https://www.wfp.org/operations/annual-country-report?operation_id=HN02&year=2023#/26379, accessed March 28, 2024.

（三）通过双边合作实现多领域社会发展

一是在教育领域与古巴开展"是的，我可以"扫盲项目合作。该政府间合作旨在帮助洪都拉斯政府在两年内消除文盲。洪都拉斯文盲人口超过710000人，占总人口的12%，其中135643人居住在农村地区。古巴计划派出4000名辅导员、6所师范学院教师开展扫盲工作，合作目标为降低5%的文盲率。2023年，洪都拉斯政府还与美国开展教育基础设施合作，美国为2所学校提供了校舍翻新援助。二是实施以社区为单位的民生改善项目，强化洪都拉斯政府机构职能，建立反应迅速、透明、善政和独立的行政和司法系统，为外国投资提供保障。三是在改善贫困方面，洪都拉斯与美国国际开发署合作开展小农户与市场需求对接的帮扶项目，旨在增加农村贫困家庭的收入。得益于该项目的实施，2023年，洪都拉斯近18000个农户（58%为妇女）的农业产量平均增长了30%。四是在反腐败方面，美国国际开发署与洪都拉斯最高审计局（TSC）和透明度秘书处合作，制定预防市政府程序性腐败的规则，扩大地方政府信息公开，并在41个城市建立了相关监督机制。美国还与洪都拉斯民间社会组织国家反腐败委员会合作开展腐败调查。五是洪都拉斯在解决基于性别的暴力方面取得一定进展，但情况仍不乐观。2023年，洪都拉斯约有225名妇女被杀，是地区女性被害率最高的国家之一。因此，洪都拉斯与美国共同开展了保护幸存者和起诉肇事者的合作项目，希望改善这一情况。

未来，洪都拉斯仍面临诸多社会发展挑战，如贫困、不平等、社会经济复苏缓慢等，暴力犯罪、移民问题也有待解决。尽管2023年洪都拉斯未受到飓风或极端热带天气造成的影响，但国家的粮食安全依旧是制约其社会发展的不确定因素。

四 外交形势

卡斯特罗总统执政后，在维系与美国关系的同时，外交战略向多元化方向发展，以对外合作促国内发展。

（一）与美国开展多领域合作

与美国的双边关系是洪都拉斯双边外交重点。美国是洪都拉斯最大的贸易和投资伙伴国及移民最主要目的地，美国拜登政府延续了对中美洲国家相对友好的外交政策。洪都拉斯与美国关系的重点领域在于经贸、移民、安全、援助。

两国经贸关系稳中有升。近5年，美国对洪都拉斯商品贸易出口额年均增长32.2%，主要产品包括精炼石油、纱线等。2023年，美国对洪都拉斯服务出口主要为旅游、运输和金融服务。洪都拉斯对美国出口以服装及毛纺织制成品、水果等商品贸易为主。

移民政策方面，由于移民规模不断扩大，边境毒品运输日益严重，美国政府于2024年6月收紧移民政策，具体措施包括加大针对移民的执法力度、打击人口走私、支持移民起诉、吊销从非法移民中获利的外国官员的美国签证、加强庇护审查、加快审理移民案件。

近年来，美国政府在以下几方面加强了同洪都拉斯的合作。第一，青年相关领域，包括提供就业及发展项目，为青年留在洪都拉斯工作提供帮助。第二，推动人权和新闻自由的发展。第三，改善并加强社会安全治理。第四，减少基于性别的暴力。上述领域的长期合作目标是减少赴美洪都拉斯人口数量。

（二）与中国关系稳步推进

中国与洪都拉斯建交后，两国在政治领域的关系发展良好，高层及各领域交流稳中有增。2023年3月26日，洪都拉斯与中国正式建交，成为中国的第182个建交国。[①] 2023年6月，两国驻对方国家大使馆开馆。为增进人员往来，洪都拉斯对中国实施免签政策。2023年6月9

---

① 《外交部发言人就中国和洪都拉斯建立外交关系发表谈话》，中华人民共和国外交部网站，2023年3月26日，https://www.mfa.gov.cn/web/wjdt_674879/fyrbt_674889/202303/t20230326_11049258.shtml，最后访问日期：2024年2月28日。

日，希奥玛拉·卡斯特罗总统访华，随访成员还有洪都拉斯企业家考察团。

双方积极推进机制性合作。2023 年 6 月，中洪两国签署《中华人民共和国政府与洪都拉斯共和国政府关于共同推进丝绸之路经济带和 21 世纪海上丝绸之路建设的谅解备忘录》，2023 年 7 月、9 月和 12 月，双方开展了三轮双边自贸协定谈判并取得积极进展。2023 年 7 月，双方共同举办两国经贸混委会首次会议。洪都拉斯积极调整政策、增加融资便利性，以吸引更多来自中国的投资，改善本国基础设施、民生状况等。

双边经贸领域关系稳步发展。随着双边贸易关税下降，洪都拉斯对中国出口增长抢眼。据中国海关统计，2023 年中洪贸易额为 19.1 亿美元，其中中国对洪都拉斯出口额为 18.3 亿美元，自洪都拉斯进口额为 0.8 亿美元，同比分别增长 21.1%、18.2% 和 177.6%。[①] 两国在基础设施、公共卫生等领域的关系取得了快速、良好进展。

与中国的人文交流不断增加。2023 年 4~5 月，洪都拉斯主流媒体记者团来华访问，中国新华社、中央电视台等媒体在洪都拉斯设有记者站。

（三）多边合作取得成效

洪都拉斯长期坚持在多边领域与国际组织开展合作。在联合国框架下，一是推动联合国建设和平基金发展，开展社会凝聚、儿童、妇女、领土争端和解等项目，推进《联合国 2030 年可持续发展议程》在洪都拉斯落地，包括对话和预防冲突、公民参与、司法和人权等领域。二是接受联合国人道主义资助，援助因灾害、贫困等急需帮助的社区和民众。三是与联合国开展可持续发展合作。2022~2026 年的发展战略目标是通过国际支持，帮助洪都拉斯实现《2030 年可持续发展、人道主义救援与和平议程》。该议程重点关注三个领域：第一，恢复民众对国家及国家机构的信

[①] 《2023 年 12 月进出口商品国别（地区）总值表（美元值）》，中华人民共和国海关总署网站，2024 年 1 月 18 日，http://www.customs.gov.cn/customs/302249/zfxxgk/2799825/302274/302277/302276/5637259/index.html，最后访问日期：2024 年 4 月 20 日。

心；第二，开展机构建设，实现结构性发展；第三，在青年及下一代洪都拉斯人中，促进性别平等和人权保护。

洪都拉斯在次区域合作中积极提升国家影响力。在中美洲国家组织中，2023 年洪都拉斯接替萨尔瓦多成为 2024 年上半年轮值主席国。

（杨志敏　审读）

Y.24
萨尔瓦多：政府面临新的机遇和挑战

刘凡平*

摘　要：　2023 年，萨尔瓦多政治局势稳定。纳伊布·布克尔在 2023 年底辞去总统职务，以便参加 2024 年总统选举。萨尔瓦多经济增长呈现放缓趋势。社会方面，暴力犯罪大幅减少。外交方面，萨尔瓦多不断深化与中国的合作和交往。

关键词：　萨尔瓦多　经济增长　社会安全　中萨关系

一　政治形势[①]

2023 年，萨尔瓦多的政治局势稳定。凭借高支持率和新思想党在国会中的绝对多数地位，纳伊布·布克尔（Nayib Bukele）总统几乎掌控了萨尔瓦多所有国家权力机构。他将传统政党在国会中边缘化，修改了总统任期限制，加强了对国家安全机构和司法机关的控制。

为再次角逐 2024 年 2 月的总统选举并避免违反萨尔瓦多宪法"总统不得连选连任"的规定，布克尔于 2023 年 11 月 30 日辞去总统职务。萨尔瓦多宪法第 152 条规定："在下一届总统任期开始前或开始前 6 个月内担任总统职位超过 6 个月（连续或不连续）的人，不得成为萨尔瓦多共和国总统候选人。"2021 年，布克尔任命了新的最高法院法官后，最高法院迅速重新

---

*　刘凡平，中国社会科学院拉丁美洲研究所助理研究员，主要研究方向为拉美政治。

①　如无特别注明，本部分数据来自 EIU, *Country Report: El Salvador*, 1st, 2nd, 3rd, 4th Quarters 2023。

解释了这一条款，裁定如果总统在就职前 6 个月辞职，就可以再次参选。布克尔原本应在 2024 年 5 月 31 日正常结束任期。布克尔辞职后，总统一职由他的秘书克劳迪娅·罗德里格斯·德格瓦拉（Claudia Rodríguez de Guevara）代理，而布克尔则将主要精力转向竞选活动。2024 年 2 月 4 日，在萨尔瓦多新一届总统选举中，布克尔以压倒性优势获得连任。同时，执政党新思想党在国会选举中继续占据绝对多数席位，赢得了 60 个席位中的 54 个。

克劳迪娅·罗德里格斯·德格瓦拉虽是代理总统，但她是萨尔瓦多历史上第一位女性国家元首。她是布克尔的亲信，从其政治生涯初期就一直追随布克尔。尽管遭到反对，但 2023 年 11 月 30 日，萨尔瓦多国会仍以 67 票对 11 票通过了她的代理任命。她于 2023 年 12 月 1 日正式就职，任期至 2024 年 6 月结束。

2023 年，为保持国内经济稳定，萨尔瓦多继续就 14 亿美元贷款协议与国际货币基金组织谈判。该谈判已经持续两年。贷款僵局使萨尔瓦多经济陷入困境，而布克尔希望在 2024 年总统选举结束后达成协议。2021 年，萨尔瓦多将比特币作为法定货币，并大力押注比特币，建立比特币储备，挖掘比特币。在谈判中，国际货币基金组织持续对比特币引发的金融完整性和稳定性问题表示担忧，建议萨尔瓦多取消比特币的法定货币地位。但布克尔总统不愿在比特币政策上让步。

萨尔瓦多是全球第一个将加密货币作为法定货币的国家。在萨尔瓦多，比特币可以和美元一起使用，截至 2023 年底，布克尔政府已在比特币推广计划中投入超过 2.5 亿美元。2023 年 12 月初，该国的比特币办公室宣布获得相关监管部门的批准，比特币债券计划在 2024 年第一季度进入市场。这类新型债券将与 2023 年政府推出的其他创收项目形成配套投资方案，其收益预计用来资助建设由火山供应能源的比特币市。比特币债券的推出是萨尔瓦多比特币战略的新步骤，旨在使该国对全球比特币持有者具有足够的吸引力。在比特币债券发行之前，萨尔瓦多政府还推出了自由签证。

二　经济形势①

2023 年，受邻国出口放缓、货币紧缩和通货膨胀的影响，萨尔瓦多经济增速有所放缓，全年经济增长 2.3%。同时，公共财政支出和私人投资增长、税收政策优惠、旅游业复苏、贸易成本降低、行政程序简化和数字化，以及政府对暴力犯罪的有效遏制在一定程度上缓解了国内经济压力。

萨尔瓦多的经济活动保持活跃。以经济活动量指数（IVAE）衡量不同行业的表现，表现最活跃的经济活动包括建筑业、金融服务、商业、交通业、酒店和餐饮业、专业技术服务、通信业等。对经济增长的贡献率方面，建筑业贡献了 18.3%，金融服务贡献了 16.4%，商业、交通业、酒店和餐饮业贡献了 7.2%，专业技术服务和其他贡献了 5.8%，通信业贡献了 2.8%。建筑业是增长最快的部门，到 2023 年第三季度，增长 10.6%，创造了约 12 万个直接和间接就业岗位，吸引了 21 亿美元投资。此外，萨尔瓦多政府在社会安全方面的巨大进展推动了旅游业增长、公共和私人投资增加、金融部门活跃，以及工业部门复苏。2023 年，萨尔瓦多吸引了约 340 万人次国际游客，带来了 379.3 亿美元的外汇收入，较 2022 年增长了 43%。基于旅游业的活跃，萨尔瓦多政府预测 2024 年的国际游客数量将达到 380 万人次，并带来 380 亿美元的外汇收入，较 2023 年将增长 12%。与此同时，萨尔瓦多国内旅游业也实现了创纪录的游客增长。②

2023 年，政府财政赤字扩大至国内生产总值的 3%。政府增加了总统选举的相关支出，并有针对性地实施税收减免政策。经济学人智库预估，2024 年大选后，萨尔瓦多公共支出增长将放缓，政府将取消一些基本商品的税收

---

① 如无特别注明，本部分数据来自 EIU, *Country Report*: *El Salvador*, 1st, 2nd, 3rd, 4th Quarters 2023。

② "El Salvador's Economic Activity to Grow 4.6% in 2023", Invest in El Salvador, February 8, 2024, https：//investinelsalvador. gob. sv/la-actividad-economica-de-el-salvador-crecio-4-6-en-2023/, accessed March 31, 2024。

豁免，财政赤字预计在2024年略微收窄至国内生产总值的2.8%。此外，政府与8家私人银行于2023年9月达成协议，将价值15亿美元的短期本地债务的到期期限延长至7年。然而，由于政府越来越多地从地区发展银行等机构借款，公共债务占国内生产总值的比重将达到75.6%。这对于一个增长乏力、多边融资来源受限的小型经济体来说，风险过大。萨尔瓦多财政风险高的部分原因是2021年布克尔政府将比特币作为法定货币。国际货币基金组织不支持这一做法，导致萨尔瓦多只能寻求其他合作伙伴的经济支持。这也导致2022年9月和12月萨尔瓦多政府提前偿还了两笔分别于2023年和2025年到期的债券。[①]

萨尔瓦多是中美洲接收侨汇第二多的国家，其中95.8%来自美国。2023年1~10月，与2022年同期相比，侨汇增长了5%。侨汇对萨尔瓦多经济增长的重要性不容小觑，它贡献了24.3%的国内生产总值。2024年2月，萨尔瓦多的侨汇从2024年1月的594.14亿美元增长至623.90亿美元。1990~2024年，萨尔瓦多的侨汇年均收入为280.87亿美元，其中历史最高纪录是2023年的789.96亿美元，历史最低纪录是1991年的53.10亿美元。[②]

2023年，萨尔瓦多吸引了7.597亿美元的外国直接投资，是2022年（1.709亿美元）的4倍多。跨国企业在萨尔瓦多获得的利润也连续第三年创下纪录，2023年达到14.264亿美元，同比增长11.6%，年利润率达到3.4%。其中，投资获利最突出的是运输业，达2.854亿美元；其次是金融业，达1.328亿美元；其他还有电力（9830万美元）、商业（9590万美元）、信息和通信业（5700万美元）。从投资来源国来看，巴拿马是向萨尔瓦多投资最多的国家，总额为2.974亿美元；其次是美国，达到1.215亿美元。其他投资较多的还有英国（8980万美元）、墨西哥（7730万美元）、哥

① "Business Risk Dashboard: El Salvador", Coface, https://www.coface.com.tw/Economic-Studies-and-Country-Risks/El-Salvador, accessed March 31, 2024.

② "El Salvador Remittances", Trading Economics, https://tradingeconomics.com/el-salvador/remittances, accessed March 31, 2024.

伦比亚（7230 万美元）。①

根据联合国拉丁美洲和加勒比经济委员会数据，截至 2023 年 12 月，萨尔瓦多的通货膨胀率为 1.23%，是拉美地区通货膨胀率最低的国家。② 通货膨胀放缓主要受萨尔瓦多财政政策的影响，如对燃料、其他可燃物和一些基本食品的免税政策，以及电力价格的稳定。萨尔瓦多政府对鸡肉、鸡蛋、猪肉、水果、蔬菜和肥料等物品的进口关税豁免政策延长至 2024 年 3 月，这支持了基本物品价格的可负担性。

自 2023 年 4 月起生效的《促进技术创新和制造法》为投资者在人工智能、云计算等领域提供了激励措施，旨在促进科技行业的发展。布克尔政府致力于将萨尔瓦多转变为科技中心并激发创新活力，将优先投资基础设施和技术。布克尔政府与美国跨国科技公司谷歌签订了为期 7 年的数字服务协议。经济学人智库认为，这种合作凸显了布克尔总统对外国投资和私营部门的整体开放政策。

2023 年，国会通过了一项养老金改革政策，将养老金福利提高 30%。尽管该改革能暂时为政府提供一些现金流，但将使私人养老金制度产生长期的不平衡。从中长期来看，这将使财政部的负债增加，加重国家预算负担。此外，布克尔总统还签署了一项新法律，取消了对海外投资和工人汇款的 30% 税率，该措施将进一步使政府缩小预算赤字的努力变得复杂。

三　社会形势③

2023 年，萨尔瓦多暴力犯罪率快速下降，凶杀率从 2015 年 10 万分之

---

① "BCR: El Salvador Received US $759.7 Million in Foreign Investment in 2023", dinero.com.sv, https://dinero.com.sv/en/finances/item/11762-bcr-el-salvador-received-us$759-7-million-in-foreign-investment-in-2023.html, accessed March 31, 2024.

② "El Salvador Was One of the Latin American Countries Least Affected by Inflation in 2023", Invest in El Salvador, January 24, 2024, https://investinelsalvador.gob.sv/el-salvador-fue-uno-de-los-paises-de-latinoamerica-menos-afectados-por-la-inflacion-en-2023/, accessed March 31, 2024.

③ 如无特别注明，本部分数据来自 EIU, *Country Report: El Salvador*, 1st, 2nd, 3rd, 4th Quarters 2023。

103 下降至 2023 年的 10 万分之 2.4，在打击犯罪方面取得了重大胜利。根据该国安全部门的数据，2023 年的凶杀案数量大幅减少了 70%。萨尔瓦多政府自 2022 年 3 月开始实施 30 天的全国紧急状态，以打击暴力犯罪。随后，紧急状态不断延长，直至 2024 年 5 月 10 日。紧急状态使当局能够禁止某些集会和在没有逮捕令的情况下实施逮捕。根据这些措施，被告的辩护权受到限制，并可能被预防性拘留最多 15 天。此外，法律允许当局拦截通信。全国监狱强化安全措施。布克尔政府打击暴力犯罪的行动虽然得到了民众的支持，但其打击犯罪的措施招致反对派和国际人权组织的批评。

2024 年，执政党在国会拥有绝对多数席位，布克尔政府能够较为顺畅地推动其政策议程。行政权力增强将使政府越来越难以受到有效监督，不利于提高政策制定质量。猖獗的贪污、薄弱的基础设施和低教育水平是萨尔瓦多政府长期面临并有待解决的问题。

四 外交形势①

美国是萨尔瓦多的主要贸易伙伴和投资伙伴。大约 230 万名萨尔瓦多移民定居美国，侨汇收入是萨尔瓦多经济的主要支柱，但 2023 年萨尔瓦多与美国的关系持续紧张。主要原因包括非法移民问题、布克尔拒绝追随美国谴责俄罗斯，以及美国批评布克尔政府有"威权主义"倾向。然而，经济学人智库认为，2024 年，萨美两国的紧张关系会随着美国总统选举的临近而缓解，部分原因是布克尔拥有高支持率，美国政府担心如果继续公开指责布克尔，会疏远大多数支持他的在美拉丁裔选民。美国政府还计划与萨尔瓦多开展全面合作，遏制自 2022 年以来涌入美国边境的萨尔瓦多非法移民。美国政府计划恢复在萨尔瓦多的和平军事行动。2023 年 6 月，美国将萨尔瓦多临时保护身份持有者的工作许可证延长至 2024 年 12 月，为在美国工作的

---

① 如无特别注明，本部分数据来自 EIU, *Country Report：El Salvador*, 1st, 2nd, 3rd, 4th Quarters 2023。

萨尔瓦多人提供了稳定性。

2023 年，萨尔瓦多与中国的关系持续向好。2023 年是中萨建交 5 周年，也是萨尔瓦多签署共建"一带一路"合作文件的第 5 个年头。5 年间，两国关系取得重大进展，基础设施、经贸、文化、教育等领域的合作不断加深。截至 2023 年，萨尔瓦多在基础设施建设方面受益良多。5 年来，多个中国承建的项目落地、建设、竣工，例如，萨尔瓦多拉利伯塔德省旅游码头项目、萨尔瓦多国家图书馆项目等。中国还将继续对萨尔瓦多基础设施进行援建。

2023 年，萨尔瓦多与其中美洲邻国保持良好关系。洪都拉斯、危地马拉和哥斯达黎加等中美洲国家对于布克尔政府采取的安全措施予以肯定，并表示有意出台类似的强硬执法政策，以打击本国黑帮团伙犯罪。萨尔瓦多与中美洲国家危地马拉、洪都拉斯和尼加拉瓜之间的合作日益加深。萨尔瓦多是中美洲北三角地区海关联盟的成员，在中美洲自由贸易协定框架下，萨尔瓦多获得了更大的市场，促进了其贸易和投资的发展。此外，中美洲一体化体系成员与欧盟之间的贸易协定获得批准并全面实施，这将提振萨尔瓦多的对外贸易，促进其贸易网络多样化。

（郭存海　审读）

Y.25
危地马拉：阿雷瓦洛就任总统，
危美巩固合作关系

肖 宇*

摘 要： 2024 年 1 月，中左翼种子运动党的贝尔纳多·阿雷瓦洛就任危地马拉新总统，其执政重点包括改善医疗和教育条件、振兴经济和消除腐败。2023 年，危地马拉经济增速放缓，侨汇收入增加。贫困率居高不下，社会抗议频繁。2023 年，美国政府强烈反对贾马特政府打压阿雷瓦洛。阿雷瓦洛上任后，危地马拉与美国的关系迅速升温。

关键词： 危地马拉 阿雷瓦洛 经济增长 社会抗议 危美关系

一 政治形势

2024 年 1 月，贝尔纳多·阿雷瓦洛（Bernardo Arévalo）克服了右翼的重重阻挠，就任新一届危地马拉总统。阿雷瓦洛的执政重心在于改善民众的医疗和教育条件、增加就业机会、振兴经济、消除腐败等。

（一）阿雷瓦洛就任危地马拉总统

2024 年 1 月 15 日，来自中左翼种子运动党的阿雷瓦洛就任危地马拉总

---

* 肖宇，中国社会科学院拉丁美洲研究所助理研究员，主要研究方向为比较政治学与拉美政治。

统。阿雷瓦洛于 2023 年 8 月以 61%的选票高票当选。① 尽管有民意支持，但阿雷瓦洛的就任过程并不顺利。阿雷瓦洛的核心竞选承诺是打击"腐败集团"（pacto de corruptos），这引发了保守主义政商精英的恐慌。从 2023 年 6 月开始，危地马拉右翼势力发起了多轮针对选举公正性和种子运动党合法性的指控。阿雷瓦洛受到国内民众特别是原住民的支持以及国际社会特别是美国政府的声援，最终成功就职。

阿雷瓦洛的父亲是危地马拉第一位民选总统胡安·何塞·阿雷瓦洛（Juan José Arévalo），1945～1951 年执政。阿雷瓦洛出生时，他的父亲正因 1954 年危地马拉的军事政变而在南美洲流亡。阿雷瓦洛在委内瑞拉、墨西哥和智利度过了他的童年时光，直到 15 岁才第一次回到危地马拉。他在以色列的耶路撒冷希伯来大学获得社会学学士，在荷兰的乌得勒支大学获得哲学和社会人类学博士。阿雷瓦洛从 20 世纪 80 年代开始从事外交工作，曾在危地马拉驻以色列大使馆任职，1994 年，被任命为外交部副部长，并于 1995 年获墨西哥塞迪略总统颁发的阿兹特克雄鹰勋章。1995 年，阿雷瓦洛成为危地马拉驻西班牙大使。② 1996 年，他离开外交部后，曾担任过中美洲地区研究中心（CIRMA）主席，并在国际建设和平组织"互和"（Interpeace）工作多年。③

（二）种子运动党的执政挑战

危地马拉政党碎片化严重。2023 年选出的新国会由 17 个政党组成。其中，执政党种子运动党仅占 160 个席位中的 24 席，在国会中排在第 3 位。前总统贾马特所在政党"为争取不同的危地马拉而前进"党共获得 40 个席

---

① Sonia Pérez D. , "What to Know about the Legal Challenges Facing Guatemala's President-Elect", Time, August 29, 2023, https：//time. com/6309569/legal - challenges - guatemala - president - elect-bernardo-arevalo/, accessed March 30, 2024.

② "Bernardo Arévalo", Wikipedia, https：//en. wikipedia. org/wiki/Bernardo _ Ar% C3% A9valo, accessed March 30, 2024.

③ "Bernardo Arévalo de León：Senior Peacebuilding Advisor", Ipat, https：//www. ipat - interpeace. org/wp- content/uploads/2015/04/IPAT _ Profile _ Bernardo _ Arevalo _ de _ Leon. pdf, accessed March 30, 2024.

位，是国会中的第一大党。排名第 2 位的是全国希望联盟（27 席）。①

在阿雷瓦洛当选总统之后，种子运动党就成了右翼势力的主要攻击目标。2023 年 8 月，在右翼势力的鼓动下，最高选举法院负责选举注册的公民注册局（Registro de Ciudadanos）宣布，由于种子运动党在 2018 年政党注册过程中存在不合规的问题，需要暂停其政党资格。最高选举法院认为这一决定应搁置到 2023 年 10 月，即竞选活动正式结束。2023 年 11 月，公民注册局再次宣布暂停种子运动党的政党资格。这意味着种子运动党的 23 名国会议员可能成为无党派人士，无法担任国会的领导职务。② 但种子运动党的不利局面在 2024 年 1 月有所扭转。经过与其他党派谈判，该党的 2 名议员成功进入了新一届国会领导层。③

（三）阿雷瓦洛政府的执政重心

阿雷瓦洛在 2024 年 1 月 15 日就职演说中重申了他对民主和社会公正的追求，新一届政府的工作重点是改善医疗和教育条件、增加就业机会、振兴经济以及消除腐败。④ 阿雷瓦洛承诺让民众更便利地接种疫苗、获得药品，解决儿童营养不良问题。阿雷瓦洛计划在教育领域投资 1100 亿格查尔，以增加 54 万个入学机会和 7 万间新教室。阿雷瓦洛还承诺拨款 165 亿格查尔解决造成贫困的结构性原因。⑤

---

① "Congress of the Republic of Guatemala", Wikipedia, https：//en. wikipedia. org/wiki/Congress_of_the_Republic_of_Guatemala, accessed March 30, 2024.

② "Guatemala：Further Blow to Arévalo as Semilla Suspension Upheld", LatinNews, November 9, 2023, https：//latinnews. com/component/k2/item/99250. html, accessed March 30, 2024.

③ Álvaro Montenegro, "Bernardo Arévalo Asume la Presidencia Más Sufrida（y Más Esperanzadora）de la Historia de Guatemala", El Faro, 15 de enero de 2024, https：//elfaro. net/es/202401/columnas/27210/bernardo-arevalo-asume-la-presidencia-mas-sufrida-y-mas-esperanzadora-de-la-historia-de-guatemala, accessed March 30, 2024.

④ "Las Prioridades de Bernardo Arévalo para Su Mandato（2024-2028）en Guatemala", E&N, 17 de enero de 2024, https：//www. revistaeyn. com/centroamericaymundo/las-prioridades-de-bernardo-arevalo-para-su-mandato-2024-2028-en-guatemala-AH16991230, accessed March 30, 2024.

⑤ "Guatemala's Arévalo Defies Odds to Take Office", LatinNews, January 18, 2024, https：//latinnews. com/component/k2/item/99966. html, accessed March 30, 2024.

反腐方面，阿雷瓦洛上任后成立了全国反腐委员会（Comisión Nacional contra la Corrupción）。该委员会隶属于总统府，主要职能是建立打击和预防行政部门腐败的机制，追讨因腐败流失的公共资金。阿雷瓦洛任命宪法律师圣地亚哥·帕洛莫·维拉（Santiago Palomo Vila）为全国反腐委员会主席。[1] 该委员会的成员还包括财政部长、内政部负责安全的第一副部长、总统府秘书长等6名政府高级官员。[2] 阿雷瓦洛政府还整肃了一批涉嫌腐败的政府官员。2024年1月，总检察长办公室宣布对危地马拉首都拉奥罗拉机场的电梯采购违规问题进行调查。2月，危地马拉民航局局长弗朗西斯·阿格塔（Francis Argueta）被解职。其他因腐败离职的官员还有国家电气化研究所所长和国家港口委员会董事会主席等。[3]

治安方面，阿雷瓦洛表示将严厉打击敲诈勒索等犯罪活动。阿雷瓦洛政府于2024年2月成立了一个由440名警察组成的打击敲诈勒索的精英特遣部队。由于大多数敲诈勒索行为来自监狱，阿雷瓦洛加强了对监狱的搜查，并捣毁了多个犯罪组织。[4] 当地智库国家经济研究中心（Centro de Investigaciones Económicas Nacionales）发布的一份报告指出，在过去十几年中，敲诈勒索投诉"显著增加"。2023年与勒索有关的投诉超过18000起，每10万名居民中就有102.8起，平均每天50起。[5]

---

① "Guatemala: Anti-Corruption Commission Head Sworn in", LatinNews, February 15, 2024, https://latinnews.com/component/k2/item/100322.html, accessed March 30, 2024.

② "Gobierno Presenta la Comisión Nacional contra la Corrupción en la Administración Pública", Ministerio de Gobernación, 28 de febrero de 2024, https://mingob.gob.gt/gobierno-presenta-la-comision-nacional-contra-la-corrupcion-en-la-administracion-publica/, accessed March 30, 2024.

③ "Guatemala: Arévalo's Initial Security Moves", LatinNews, March 2024, https://latinnews.com/component/k2/item/100623.html, accessed March 30, 2024.

④ "Guatemala: Anti-Corruption Commission Head Sworn in", LatinNews, February 15, 2024, https://latinnews.com/component/k2/item/100322.html, accessed March 30, 2024.

⑤ "Guatemala: Arévalo's Initial Security Moves", LatinNews, March 2024, https://latinnews.com/component/k2/item/100623.html, accessed March 30, 2024.

二　经济形势①

　　根据拉丁美洲和加勒比经济委员会（以下简称"拉美经委会"）的数据，危地马拉2023年的经济增长率为3.4%，比2022年低0.7个百分点（见表1）。经济增速放缓的主要原因包括全球经济增长疲软、贸易扩张减速以及融资成本上升等。经济增长的主要动力来自公共支出和侨汇。截至2023年第三季度，公共支出同比增长4.4%。② 根据危地马拉中央银行的统计，2023年危地马拉侨汇总收入为198.04亿美元，同比增长9.8%。③

表1　危地马拉主要经济指标（2021~2023年）

项目	2021年	2022年	2023年ᵃ
宏观经济指标			
GDP增长率(%)	8	4.1	3.4ᵇ
人均GDP增长率(%)	6	2.1	—
通胀率(%)	3.1	9.2	—
失业率(%)ᶜ	2.17	3.05	2.9
财政指标			
中央政府财政余额占GDP比重(%)ᶜ	-1.2	-1.7	-1.4
中央政府财政收入占GDP比重(%)ᶜ	12.4	12.7	12.4
中央政府税收收入占GDP比重(%)	12.1	12.4	—
中央政府财政支出占GDP比重(%)ᶜ	13.5	14.4	13.8
公共债务占GDP比重(%)ᶜ	39	37	35.7

① 如无特别标注，本节数据均来自ECLAC, *Preliminary Overview of the Economies of Latin America and the Caribbean 2023*, Santiago, 2023。

② "Guatemala", CEPAL, diciembre de 2023, https://repositorio.cepal.org/server/api/core/bitstreams/a6fb782e-0e28-4a6a-aeb1-3df23420032f/content, accessed March 30, 2024.

③ "Guatemala Cierra el 2023 con Remesas Superiores a los 19 Millardos de Dólares", Agencia Guatemalteca de Noticias, 9 de enero de 2024, https://agn.gt/guatemala-cierra-el-2023-con-remesas-superiores-a-los-19-millardos-de-dolares, accessed March 30, 2024.

项目	2021 年	2022 年	2023 年[a]
对外部门			
货物出口额（亿美元）	123.61	142.66	36.02
货物进口额（亿美元）	232.89	285.24	66.89
服务出口额（亿美元）	28.85	38.61	10.02
服务进口额（亿美元）	40.54	54.15	12.02
货物和服务余额（亿美元）	−120.97	−158.12	−32.86
经常账户余额（亿美元）	18.9	12.43	9.73
资本及金融账户余额（亿美元）	9.18	−12.1	−8.7
国际收支余额（亿美元）	28.09	0.33	1.03
净外国直接投资（亿美元）	29.86	6.56	2.53
外债总额（亿美元）	258.17	247.34	—
国际储备（亿美元）	209.4	200.2	211.61
实际有效汇率指数（2015 年＝100）	86.8	87.1	158.6

注：a. 2023 年的宏观经济指标和财政指标的数据均为估计值，对外部门的数据统计截至 2023 年 6 月。b. 数据来自 "Guatemala", CEPAL, diciembre de 2023, https：//repositorio. cepal. org/server/api/core/bitstreams/a6fb782e-0e28-4a6a-aeb1-3df23420032f/content, accessed March 30, 2024。c. 数据来自 "EIU Viewpoint：Data", EIU, https：//viewpoint. eiu. com/data/, accessed March 30, 2024。

财政方面，2023 年危地马拉中央政府财政收入占国内生产总值的比重预计为 12.4%，中央政府财政支出占国内生产总值的比重预计为 13.8%，财政赤字占国内生产总值的比重从 2022 年的 1.7%下降至 2023 年的 1.4%，公共债务占国内生产总值的比重预计从 2022 年的 37%下降至 2023 年的 35.7%。[①]

对外贸易方面，2023 年 1~9 月，危地马拉的货物出口额同比下降 9.3%，货物进口额同比下降 7.4%。与 2022 年同期相比，化工产品、纺织品、橡胶和豆蔻的出口额有所下降，这些产品合计占出口总额的 27.7%。消费品进口额增长了 4.9%，资本货物进口额增长了 9.5%。由于国际市场

———

① "EIU Viewpoint：Data", EIU, https：//viewpoint. eiu. com/data/, accessed March 30, 2024.

价格下降，石油和燃料进口额下降了 23.3%。与 2022 年同期相比，2023 年前三季度的货物贸易条件改善了 0.6%。[①]

三 社会形势

危地马拉的贫困率居高不下，贫富分化程度也高于多数拉美国家。多数农村人口和原住民在非正规部门就业，无法获得基本的公共服务。2023 年危地马拉的贫困人口占总人口的 55.2%，非正规部门规模占国内生产总值的 49%。[②]

2023 年的总统选举争议引发多轮社会抗议。2023 年 3 月 16 日，原住民总统候选人特尔玛·卡夫雷拉（Thelma Cabrera）的支持者发起抗议，要求最高选举法院批准卡夫雷拉参选资格。[③] 在政治精英特别是总检察长玛丽亚·孔苏埃洛·波拉斯（María Consuelo Porras）企图阻止阿雷瓦洛就职的背景下，2023 年 9 月 18 日，民众举行示威游行，以示对阿雷瓦洛和种子运动党的支持。[④] 10 月，民众连续多天在危地马拉城进行示威游行，要求当局尊重大选结果，并要求总检察长波拉斯辞职。[⑤] 12 月 7 日，民众聚集在宪法法院和最高法院门前支持阿雷瓦洛，反对总检察长对阿雷瓦洛和种子运动党的打压。[⑥]

---

① "Guatemala", CEPAL, diciembre de 2023, https://repositorio.cepal.org/server/api/core/bitstreams/a6fb782e-0e28-4a6a-aeb1-3df23420032f/content, accessed March 30, 2024.

② "The World Bank in Guatemala: Overview", The World Bank, https://www.worldbank.org/en/country/guatemala/overview#1, accessed March 30, 2024.

③ "Guatemala: Protesters Demand Dismissal of Electoral Magistrates", LatinNews, March 17, 2023, https://latinnews.com/component/k2/item/96401.html, accessed March 30, 2024.

④ "Guatemala: Domestic and Foreign Pressure Grows on AG", LatinNews, September 19, 2023, https://www.latinnews.com/component/k2/item/98601.html, accessed March 30, 2024.

⑤ "Guatemala: Protests Intensify over Demands for Election Result to Be Respected", LatinNews, October 6, 2023, https://latinnews.com/component/k2/item/98831.html, accessed March 30, 2024.

⑥ "Guatemala: Pro-Democracy Protests Resume", LatinNews, December 8, 2023, https://latinnews.com/component/k2/item/99634.html, accessed March 30, 2024.

2023 年，危地马拉的暴力犯罪略有下降，凶杀案件为 2944 起，略低于 2022 年的 3004 起。2023 年的凶杀案中有 85% 是枪支暴力造成的。2023 年 1 月至 11 月中旬，危地马拉警察共抓捕 27 名武器贩运商，缴获 30 件武器。由于犯罪团伙在埃斯昆特拉省、萨卡帕省和伊萨瓦尔（Izabal）省争夺毒品贩运路线的控制权，这 3 个省份犯罪率高于其他省份。危地马拉省共发生凶杀案 1303 起，数量最多。①

四　外交形势

2023 年，美国政府增加了对危地马拉的投资，在政治上反对危地马拉当局打压阿雷瓦洛。2023 年 2 月 6 日，美国政府宣布，在"中美洲伙伴计划"的框架下，美国计划向萨尔瓦多、危地马拉和洪都拉斯再提供 9.5 亿美元私人投资，旨在促进中美洲发展，解决中美洲移民问题。② 4 月 27 日，美国政府宣布，计划在危地马拉和哥伦比亚设立"地区受理中心"来受理移民申请。③ 7 月 19 日，美国国务院发言人宣布将 39 名中美洲官员列入"腐败和不民主名单"，其中 10 人来自危地马拉，包括 3 名检察官和法官以及前内政部长根德里·雷耶斯（Gendri Reyes）。④

在危地马拉大选问题上，美国通过多种方式对贾马特政府施压，强调危地马拉当局要维护选举公平，保证政府平稳换届。2023 年 10 月 4 日，美国国际开发署署长萨曼莎·鲍尔（Samantha Power）在华盛顿会见了阿雷瓦洛，强调了美国政府对危地马拉政权平稳交接的坚定支持。鲍尔和阿雷瓦洛

---

① "InSight Crime's 2023 Homicide Round‐up", InSight Crime, February 21, 2024, https：// insightcrime. org/news/insight‐crime‐2023‐homicide‐round‐up/, accessed March 30, 2024.

② "Central America：US Announces US\$950m in Private Sector Investment", LatinNews, March 2023, https：//latinnews. com/component/k2/item/96384. html, accessed March 30, 2024.

③ "Guatemala/Region：US Announces New Migration Measures", LatinNews, April 28, 2023, https：//latinnews. com/component/k2/item/96892. html, accessed March 30, 2024.

④ "More Central Americans Added to US Corrupt Actors List", LatinNews, July 31, 2023, https：// latinnews. com/component/k2/item/98009. html, accessed March 30, 2024.

在会谈中讨论了两国的共同目标，包括提振经济、提高政府机构的透明度、改善危地马拉的社会治安、医疗和教育条件，拓展危地马拉向美国移民的合法渠道。① 11 月初，阿雷瓦洛再次访问美国以寻求政治支持，会见了美国国会议员、新闻媒体和危地马拉在美移民。② 12 月 11 日，美国国务院以"破坏民主和法治"为由，对近 300 名危地马拉人进行了签证限制，其中包括 100 多名议员和私企代表。③ 拜登政府对阿雷瓦洛的支持为美危合作奠定了良好的基础。

2024 年 1 月，阿雷瓦洛上任后，危地马拉和美国的政治关系迅速回暖。拜登发表声明称将致力于强化两国的伙伴关系。国务卿布林肯表示美国将与危地马拉在经济发展、人权、治理、反腐、移民等问题上加强合作。

美国增加了对危地马拉的发展援助。2024 年 1 月 15 日，美国国际开发署宣布启动一项价值 600 万美元的普惠金融计划，以帮助危地马拉农村居民融资。④ 2 月 13 日，美国向危地马拉公安系统捐赠了 16 辆巡逻车和 3 辆汽车，用于打击毒品犯罪。此前，危地马拉内政部长曾前往美国会见美国国土安全部部长，美国承诺将为危地马拉的警察提高刑事侦查能力提供援助。⑤

美国加强与危地马拉在移民、反腐和基础设施建设等领域的合作。2024 年 2 月 28 日，墨西哥、危地马拉和美国高级官员在美国国务院召开三方部长级会议，旨在加强三国在移民问题上的合作，并进一步促进地区的进步与发展。美国国务卿布林肯、危地马拉外交部长和内政部长、墨西哥外交部长出席会议。会议主张解决引发非法移民的根源问题，强调增加在危地马拉投

① "US Officials Back Guatemala's President‐Elect", LatinNews, October 16, 2023, https：// latinnews. com/component/k2/item/98923. html, accessed March 30, 2024.

② "Guatemala's Arévalo Wraps up US Visit", LatinNews, November 20, 2023, https：// latinnews. com/component/k2/item/99404. html, accessed March 30, 2024.

③ "Guatemala：US Responds to Authorities' 'Anti‐Democratic' Actions", LatinNews, December 12, 2023, https：//latinnews. com/component/k2/item/99675. html, accessed March 30, 2024.

④ "US Congratulates Guatemala's Arévalo", LatinNews, January 22, 2024, https：//latinnews. com/ component/k2/item/100014. html, accessed March 30, 2024.

⑤ "Guatemala：New US Donation for Anti‐Narcotics Efforts", LatinNews, February 14, 2024, https：//latinnews. com/component/k2/item/100313. html, accessed March 30, 2024.

资的重要性，并主张促进三国之间的供应链合作，在该地区创造更多就业机会。三方同意建立一个三边工作小组，以改善边境安全、提高执法能力与完善基础设施。① 3月，危地马拉和美国在危地马拉城举行了首次高级别经济对话并签署了多项合作协议，内容涉及反腐、美国增加对危地马拉投资、在危地马拉城修建地铁以及应对气候变化等。② 阿雷瓦洛在高级别经济对话结束后开始了对美国的正式访问，会见了美国总统拜登和副总统哈里斯。美国承诺再为危地马拉提供1.7亿美元的援助，与危地马拉加强司法合作，促进双边贸易发展，推动危地马拉的基础设施建设。③

对华关系方面，危地马拉对华进出口总额较2022年略有下降，由2022年的49.4亿美元降至2023年的49.25亿美元。其中，危地马拉对中国出口额为3.27亿美元，较2022年的5.74亿美元下降了43%；危地马拉自中国进口额由2022年的43.66亿上升至2023年的45.98亿美元，上升了5.3%。中国对危地马拉的贸易顺差为42.71亿美元。④

（杨建民　审读）

① "Mexico, Guatemala, and US Hold Trilateral Migration Meeting", LatinNews, March 11, 2024, https：//latinnews. com/component/k2/item/100645. html, accessed March 30, 2024.
② "In Brief：Guatemala and US Boost Economic Ties", LatinNews, March 19, 2024, https：//latinnews. com/component/k2/item/100716. html, accessed March 30, 2024.
③ "Guatemala：Reaping the Benefits of Strengthened US Ties", LatinNews, March 28, 2024, https：//latinnews. com/component/k2/item/100895. html, accessed March 30, 2024.
④ 2022年的数据来自《2022年12月进出口商品国别（地区）总值表（美元值）》，中华人民共和国海关总署网站，2023年1月18日，http：//www. customs. gov. cn/customs/302249/zfxxgk/2799825/302274/302277/302276/4807727/index. html；2023年的数据来自《2023年12月进出口商品国别（地区）总值表（美元值）》，中华人民共和国海关总署网站，2024年1月18日，http：//www. customs. gov. cn/customs/302249/zfxxgk/2799825/302274/302277/302276/5637259/index. html，最后访问日期：2024年3月30日。

Y.26
巴拿马：大选不确定性增加，
经济、社会不稳定性凸显

王　帅[*]

摘　要： 2023 年，科尔蒂索政府的支持率继续下滑，执政党在 2024 年总统大选中失去优势；前总统马蒂内利因腐败案退选，增加了选情的不确定性。经济增速位于地区前列，但具有争议性的铜矿因违宪而决定关闭，给巴拿马经济前景蒙上阴影。社会不稳定性增加，不受欢迎的铜矿项目获批，引发社会抗议，民众不满情绪蔓延；非正常移民和有组织犯罪激增给巴拿马安全形势带来挑战。巴拿马政府拓展外交空间，多元外交进一步发展。

关键词： 巴拿马　总统选举　非正常移民　多元外交

一　政治形势

2024 年 5 月，巴拿马举行大选。一方面，现任民主革命党（PRD）政府的支持率继续走低；另一方面，总统候选人的确定一波三折，选情扑朔迷离，不确定性增加。

（一）总统科尔蒂索的支持率持续下滑，民众不满意度攀升

2023 年是科尔蒂索政府任期的最后一年，该政府积极累积执政业绩，为民主革命党积蓄执政遗产。然而，事与愿违，根据盖洛普（CID Gallup）

---

[*] 王帅，中国社会科学院拉丁美洲研究所助理研究员，主要研究方向为拉美国际政治。

的民调结果，2023 年 1 月至 2024 年 2 月，民众对科尔蒂索政府的不满意度上升了 15 个百分点，达到 86% 的高位，只有 11% 的民众表示支持现总统，比 2019 年科尔蒂索当选时的得票率下降了 22 个百分点。[①] 民众对政府的不信任主要因为总统科尔蒂索未能履行竞选承诺、有效惩治腐败，疫情后生活水平下降、生活成本上升，民众普遍不满；而 2023 年 10 月有争议性的铜矿项目新合同在国会通过使政府的不受欢迎程度进一步提高。

2023 年 4 月，国会主席、来自执政党的克里斯皮诺·阿达梅斯（Crispino Adames）证实，关于财产没收的第 625 号法案因为法定辩论人数不足而被搁置。该法案于 2021 年 4 月首次提交国会，旨在依法没收通过贩毒、有组织犯罪或腐败等非法活动获得的资产，被广泛视为腐败治理的关键举措。[②] 法案被搁置，使巴拿马财务透明度和政府治理诚意饱受质疑。原定于 2023 年 9 月开始审理的备受瞩目的巴西建筑公司腐败案也被推迟至大选之后的 2024 年 7 月进行。与此同时，根据 2024 年 2 月非政府组织透明国际发布的"腐败感知指数"（CPI），巴拿马 2023 年的得分为 35 分，相比 2022 年下降 1 分（分值区间为 0~100），在 180 个国家和地区中排名第 108 位，下降了 7 位。透明国际认为，巴拿马自 2021 年起无法在此项上提高分数，反映出该国政府打击腐败和有罪不罚现象的制度建设较差，特别是对严重腐败案的处置。[③]

（二）前总统马蒂内利能否参选影响选情走向

2024 年 5 月巴拿马总统大选共有 8 位候选人，在前总统、实现目标党原候选人里卡多·马蒂内利（Ricardo Martinelli）退选之后，其余候选人均未展示出个人显著优势，各候选人支持率均较低，选票较为分散，大选结果

① "Gobierno de Cortizo, Estancado en Una Alta Desaprobación", Panamá América, 8 de marzo de 2024, https://www.panamaamerica.com.pa/nacion/gobierno-de-cortizo-estancado-en-una-alta-desaprobacion-1233027, accessed April 5, 2024.

② *Latin American Weekly Report*, May 4, 2023, p. 15.

③ *Latin American Weekly Report*, February 8, 2024, p. 13.

的不确定性较高。

前总统马蒂内利原本于 2023 年 6 月在党内初选中以高票胜出，选举法院确认其为实现目标党总统候选人。然而，次月马蒂内利被法院裁定犯有洗钱罪，被判处 10 年零 8 个月监禁。根据巴拿马宪法，任何被判处 5 年或 5 年以上监禁的人不得担任总统。2024 年 2 月最高法院驳回马蒂内利的上诉，维持原判，马蒂内利的总统候选人资格取消，其本人也遭到批捕。尽管马蒂内利身负多项罪名，但其作为总统候选人的支持率一直遥遥领先于其他候选人。由于马蒂内利在任时实现了较高的经济增长率，并曾一度推动该国关键基础设施项目建设而被选民寄予厚望，其获得的投票意向曾一度达到 59%，远高于排名第二的民主变革党候选人罗慕洛·罗克斯（Rómulo Roux）12% 的支持率。① 参选无望后，马蒂内利呼吁其支持者投票给他的竞选搭档、前安全部长何塞·劳尔·穆利诺（José Raúl Mulino）。然而，穆利诺并不具备马蒂内利的魅力和声望。

2024 年 2 月媒体公布的一项民意调查显示，支持率排名第一的是以独立身份参选的民主革命党议员苏拉伊·罗德里格斯（Zulay Rodríguez）（14%），紧随其后的是另一条道路运动党（MOCA）候选人里卡多·隆巴纳（Ricardo Lombana）和前总统、人民党（PP）候选人马丁·托里霍斯（Martín Torrijos）（均为 9%），位列第四的是民主变革党候选人罗慕洛（8%），穆利诺位列第五（6%），排在其后的是民主革命党候选人何塞·加夫列尔·卡里索（José Gabriel Carrizo）（4%）。事实上，有 32% 的受访者表示不会投票给任何候选人，17% 的受访者表示尚未确定投票给谁。② 从中可以看出，反对派相对更受欢迎，民众对传统政党已逐渐失去信心，传统三大党的候选人支持率均未超过 10%。

① *Latin American Special Report*, SR-2024-01, p. 4.
② "A 90 Días de los Comicios, la Mitad de los Electores no Sabe por Quién Votará", La Prensa, 6 de febrero de 2024, https：//www.prensa.com/politica/con-14-zulay-rodriguez-encabeza-las-preferencias-de-los-votantes/, accessed April 4, 2024.

二 经济形势

据联合国拉美经委会测算，2023 年巴拿马国内生产总值（GDP）的增长率为 6.1%[1]，是除加勒比地区之外拉丁美洲经济增长最快的国家。然而，由于对巴拿马经济具有重要贡献的"巴拿马铜"项目合同作废，该国经济增长速度和财政收入预期均被下调。公共基础设施建筑业和巴拿马运河收入成为该国经济的主要支柱。

据经济学人智库估测，由于国家社会保障基金（CSS）失去了来自"巴拿马铜"项目特许权使用费的资助，2024 年该基金需要财政转移支付来提供资金支持。在养老金赤字和其他支出压力不断增大的情况下，国家财政平衡面临严峻挑战。2023 年 1~9 月，巴拿马非金融公共部门赤字占国内生产总值的 4.8%。同时，2023 年巴拿马经常账户赤字为 30 亿美元，占国内生产总值的 3.4%，外债达 1320 亿美元，公共债务占国内生产总值的比重将达到 55%。经济学人智库预计巴拿马将难以实现其《社会财政责任法》规定的目标，即到 2024 年财政赤字限定在国内生产总值 2% 以下。[2] 巴拿马政府宣布将 2024 年国家财政预算由 327.6 亿美元削减至 306.9 亿美元[3]，以弥补直接或间接收入损失。政府的主要收入将依赖于公共基础设施项目，包括医院建设、巴拿马城地铁三号线项目、巴拿马运河四号桥建设和道路改造工程等。同时，巴拿马政府将继续巩固巴拿马作为物流枢纽和金融中心的地位。

巴拿马信用评级降低。受"巴拿马铜"项目合同作废影响，三大主要国际信用评级机构标准普尔、惠誉和穆迪均将巴拿马长期主权信用评级展望下调为"消极"或债务级别的最低投资级。理由是"巴拿马铜"项目修订合同的持续争议会打击投资者信心，对未来私人投资构成潜在损失，给巴拿

① CEPAL, *Balance Preliminar de las Economías de América Latina y el Caribe 2023*, Santiago, 2023, p. 141.

② "One-Click Report：Panama", EIU, February 7, 2024.

③ *LatinNews Daily*, January 2, 2024.

马长期增长前景带来负面影响，削弱了该国经济韧性；同时巴拿马面临社会和政治动荡风险以及财政的结构性问题。加拿大第一量子矿业公司计划依据巴拿马-加拿大自由贸易协定，向世界银行国际投资争端解决中心（ICSID）对巴拿马提起仲裁。巴拿马在国际投资和信贷市场的形象再遭打击。

受厄尔尼诺现象等气候变化的影响，巴拿马运河上游水库的水位线发起警报。低水位导致船只过境数量相较 2022 年减少了 36%，相比 2021 年减少了近 62%。[①] 2023 年 12 月，巴拿马运河管理局宣布逐步减少每天船只通过时段，每日过境时段将从平均 36 个减少至 24 个，2024 年 2 月减少至 18 个时段（正常情况下，巴拿马运河每天可有 38~40 次过境时段），并将最大船只吃水深度限定在 44 英尺。[②] 巴拿马位于中美洲"干旱走廊"，容易受到厄尔尼诺现象带来的极端天气的影响，位于"干旱走廊"的国家都将面临谷物和动物饲料产量下降，次年 4~5 月雨季来临后干旱形势才可能缓解。巴拿马政府计划修建一个收集雨水的新水库，以解决运河水量减少问题。此外，气候干旱亦影响到巴拿马的电力供应，巴拿马近 2/3 的电力靠水电站提供。

2023 年 10 月，反洗钱金融行动特别工作组（FATF）将巴拿马从其灰名单中删除。巴拿马自 2019 年 6 月以来一直在该灰名单上，此次从中删除有利于其获得更多外国投资、信贷额度，促进保险和证券活动，同时将创造更多就业机会，改善国际关系等。

三 社会形势

2023 年，巴拿马社会形势复杂，主要体现在有组织犯罪数量增加，社会不满情绪蔓延、社会抗议频发，非正常移民数量剧增。

巴拿马安全形势面临挑战。根据总检察长办公室的数据，2023 年巴拿

---

① *LatinNews Daily*, January 26, 2024.

② *Latin American Economy & Business*, December 2023, p. 13.

马凶杀案总数为 544 起，高于 2022 年的 499 起，社会安全仍然是安全领域的关键问题。① 自 2018 年以来，巴拿马凶杀率呈现上升势头，主要因为贩毒和有组织犯罪集团势力增长。大量凶杀案发生在犯罪集团聚集的巴拿马省，特别是巴拿马城附近的圣米格利托区犯罪猖獗，这里是黑帮"热能卡洛尔"的传统据点。此外，达里恩地区的跨国犯罪活动也成为巴拿马安全部门重点打击的对象。

社会抗议频发，民众不满情绪持续蔓延。2023 年，出于对"巴拿马铜"项目对环境破坏的担忧，巴拿马爆发了持续且声势浩大的全国抗议。10 月 20 日，国会批准了关于巴拿马政府与加拿大第一量子矿业公司子公司巴拿马矿业股份公司（MPSA）签订的新铜矿开采合同的第 406 号法案之后，有大约 5 万名民众走上街头表达强烈抗议。此后，政府迫于压力从国会撤回合同并重新提交了修订版，包括规定巴拿马矿业股份公司只能在科隆省多诺索区和奥马尔托里霍斯区的特许经营范围内进行勘探和开采；删除了授予巴拿马矿业股份公司黄金、白银和钼的勘探权以及允许其申请空域限制的条款；增加一项新条款，重申合同中没有任何内容限制巴拿马对其领土的主权。② 尽管如此，"巴拿马铜"项目合同仍然遭到"环境事件研究中心"等非政府组织，国家建筑工人工会等工会，人民团结联盟、教师联合会等民间社会团体，以及土著、学生等群体和民众的坚决反对，并要求彻底废除该合同。巴拿马政府最终将该合同交由最高法院审理。2023 年 11 月 28 日，最高法院判定第 406 号法案违宪，因为该合同违反了包括保障公民在无污染的环境中生活的权利、国家有义务促进土著和农村社区的经济和政治参与，以及国家有义务保护未成年人健康等在内的《宪法》规定的 25 项内容。事实上，该铜矿位于科隆省多诺索关键生物多样性保护区内，该保护区生活着 1000 多种野生动物，其中许多物种面临灭绝风险。同时，该矿位于巴拿马—大西洋—中美洲生物走廊的中心，该走廊将中美洲 7 个国家的野生动物栖息地与

---

① *Latin American Weekly Report*, February 29, 2024, p. 14.

② *Latin American Weekly Report*, October 26, 2023, p. 13.

墨西哥南部连接起来，而该矿修建的道路破坏了这一地区森林的连通性，对保护区内的生物多样性构成威胁。① 巴拿马政府随后宣布将"有序、安全地关闭铜矿"并采取了 3 项具体措施：关闭该矿、国家对国际仲裁开展辩护、推进金属采矿在国家经济体量中的可持续替代。抗议者设置路障、封锁奇里基大桥导致主要过境点关闭，阻碍两洋间的公路和铁路通行，封锁铜矿公司在科隆省的主要出口码头蓬塔林孔港（Punta Rincón），持续一月有余的抗议活动令巴拿马经济损失 17 亿美元，相当于国内生产总值的 2.2%。②

近年来，穿越巴拿马与哥伦比亚接壤的达里恩丛林北上的非正常移民数量骤增，不仅给边境地区安全带来威胁，同时助长跨境有组织犯罪之间相互勾连、不断壮大。巴拿马安全部估计，每天有 2500~3000 名非正常移民通过达里恩丛林进入巴拿马，2023 年由此前往北美的移民数量达到 50 万人以上，是 2022 年的 2 倍多，其中大多数移民是委内瑞拉籍，其次是厄瓜多尔籍。同时，这一地区的犯罪组织通过人口贩运获利约 8.2 亿美元。③ 巴拿马国家移民局宣布，自 9 月 8 日起实施一系列新的应对措施，包括增派专机、加大力度遣返有犯罪记录的非正常移民，部分国籍的游客在巴拿马境内的最长停留时间从 90 天减少至 15 天，游客入境巴拿马时须出示的经济偿付能力证明从 500 美元提高至 1000 美元。同时加强对偏远地区的空中巡逻，在卡纳恩门布里略和巴霍奇基托的边境社区设立独立的移民登记点，避免影响当地居民的健康和安全。④

四 外交形势

2023 年，巴拿马政府平衡发展与大国的关系，巴拿马外交空间得到拓展，多元外交进一步发展。

① *Latin American Security & Strategic Review*, January 2024, p. 19.
② *Latin American Weekly Report*, November 30, 2023, p. 13.
③ *Latin American Weekly Report*, February 29, 2024, p. 14.
④ *LatinNews Daily*, September 11, 2023.

拓展与地区周边国家的合作。2014 年以来，厄瓜多尔对巴拿马的外国直接投资持续增长，巴拿马对外贸易部副部长将巴厄关系描述为"地区战略盟友"。投资和提高竞争力方面，双方拥有巨大合作潜力。厄瓜多尔贸易代表团于 2023 年 3 月访问巴拿马。巴拿马与哥斯达黎加在移民问题上加强合作。2023 年 9 月，哥斯达黎加政府代表团访巴；10 月，哥斯达黎加总统罗德里戈·查韦斯（Rodrigo Chaves）与巴拿马总统科尔蒂索会晤并考察了达里恩河流域的巴拿马社区，就双方共同面临的非法移民问题进行磋商并达成合作协议。然而，巴拿马与哥伦比亚在移民问题上的合作不顺利，巴拿马批评哥伦比亚政府在该问题上不作为，并未开展信息共享和联合行动，未能阻止激增的移民进入巴拿马。此外，巴拿马与尼加拉瓜的关系也趋于紧张。巴拿马前总统马蒂内利被判犯有腐败罪后，获得了尼加拉瓜政府的政治庇护。2024 年 2 月，巴拿马法官正式发布拘捕令，但马蒂内利藏身在尼加拉瓜驻巴拿马城大使馆而避开了抓捕。尼加拉瓜政府同时请求巴拿马给予马蒂内利安全通道，但遭到拒绝。巴拿马外交部认为，尼加拉瓜政府的行为违反了 1928 年美洲国家组织庇护公约的第一条，该条款自 1933 年更新以来规定，各国不得给予已被指控犯有普通罪行、可能已被正式起诉或可能已被普通法院判刑的人提供庇护。然而，尼加拉瓜政府指责巴拿马政府拒绝放行同样违背了庇护公约。

平衡发展与大国的关系。巴拿马政府巩固与美国的紧密关系。2023 年 3~6 月，美国农业部副部长、国土安全部部长、南方司令部司令相继访问巴拿马，致力于与巴拿马建立更牢固的经济伙伴关系以及共同应对数量激增的非正常移民问题。针对移民问题，巴拿马和哥伦比亚与美国达成了一份三方联合声明，将在巴拿马南部和哥伦比亚北部的边境社区构建由金融机构、民间社会和私营部门三方组成的国际伙伴关系网，开辟新的合法而灵活的移民途径，遏制非正常移民，结束人员和货物经由达里恩地区的非法流动，改善公共服务供给、创造就业，从而促进经济和可持续发展，减少贫困。2023 年 5 月，巴拿马外长和安全部长率领的政府代表团访问华盛顿，会见了美国国土安全部部长和南方司令部司令等，进一步加强双方在边境安全和移民问

题上的安全伙伴关系。

2023年中巴关系取得进展。3月，巴拿马公共工程部与巴拿马四号桥联营体（包括中国交通建设集团有限公司和中国港湾工程有限公司）签署了一项补充协议，该项目得以推进。根据补充协议，由于项目设计变化，四号桥项目不再与巴拿马城地铁三号线项目相关联，总投资额缩减至13.72亿美元。巴拿马政府称，这是该国过去20年最重要的基础设施项目之一，预计创造约4000个就业岗位，每日通行的汽车数量将达到7万辆，170万人将受益。[1] 8月，巴拿马作为成员之一的中美洲议会（PARLACEN）批准了一项决议，规定其成员遵守一个中国原则，承认中华人民共和国政府是"中国人民的唯一合法代表"。9月，中国全国人大作为常驻观察员加入中美洲议会。

巴拿马加强了与印度的联系。2023年4月，印度外交部长实现了两国自1962年建交以来的首访。科尔蒂索总统和外交部长接见了印度外长一行。印方强调，巴拿马是拉美地区的物流枢纽中心，是进入该地区市场的门户，两国在药品贸易和可再生能源等领域拥有潜在合作空间。此外，印度外长还出席了中美洲一体化体系的会议，讨论双方在粮食安全、互联互通、农业、可再生能源、信息技术、卫生和其他共同关心的领域开展合作。

（郭存海　审读）

---

① *LatinNews Daily*, March 30, 2023.

多米尼加：大选形势明朗，经济前景乐观

史沛然[*]

摘　要： 2023 年，多米尼加的经济增长率较 2022 年有所回落，但仍高于地区平均水平，国际货币基金组织认为其有望在 40 年后成为高收入国家。政治上，2024 年总统大选人选已定，现任总统呼声和民众满意度最高。民生领域，就业率和失业率均维持在稳定水平。外交领域，与海地的冲突加剧，两国边境一度封闭，引发国际关切。

关键词： 多米尼加　总统选举　经济增长　就业　多美关系

2023 年，多米尼加为拉美地区经济表现最优异国家，但主要宏观和微观经济指标较上一年有所回落。得益于半个多世纪以来出色的经济发展表现，国际货币基金组织对多米尼加的发展前景给予积极的评价，认为多米尼加有望在 45 年后成为高收入国家，并实现 5% 的年均增长率。现代革命党、多米尼加解放党和人民阵线党均已推出 2024 年总统大选的候选人，现任总统阿比纳德尔执政满意度超过 70%，民调结果远高于其他两位候选人，优势明显。尽管多米尼加国内形势稳定，但与海地的关系持续紧张，两国边境一度关闭。

一　政治形势

多米尼加定于 2024 年 5 月举行总统选举，需要选出总统、副总统以及

---

* 史沛然，中国社会科学院拉丁美洲研究所助理研究员，主要研究方向为计量经济学。

参议院的全部 62 个席位和众议院全部 190 个席位。

多米尼加执政党现代革命党执政优势明显，总统路易斯·阿比纳德尔（Luis Abinader）于 2020 年 7 月当选，他带领的政府和政党经受住新冠疫情的考验，实施一系列打击腐败措施，获得了国内广泛支持，执政支持率约为70%。根据盖洛普和 RCC 传媒 2023 年 10 月的民调，多米尼加民众认为阿比纳德尔第一个任期内最主要的执政成就是实现了国内经济稳定。另有民调显示，他的选举支持率高于排名第二的竞争对手约 25 个百分点。①

阿比纳德尔政府大力推进反腐运动，取得显著成效。多米尼加的"反腐能力指数"（Capacity to Combat Corruption Index）排名显著提高。2020年，多米尼加的"反腐能力指数"在 15 个拉美国家中排名倒数第三，2023年多米尼加排名跃居地区第五，排在乌拉圭、哥斯达黎加、智利和秘鲁之后。② 虽然有批评称，阿比纳德尔政府的反腐行动过于针对反对党，但多米尼加民众对其反腐运动持大力支持态度。③

其他候选人方面，前执政党、多米尼加第二大党多米尼加解放党推举的总统候选人为阿贝尔·马丁内兹（Abel Martínez），他曾任多米尼加第二大城市圣地亚哥市市长和下议院议长，在党内拥有较高声望。1996~2000 年以及 2004~2012 年担任过三任总统的莱昂内尔·费尔南德斯（Leonel Fernández）则作为人民力量党候选人参选。

二　经济形势

2023 年，多米尼加经济增长率预计为 2.8%，比上一年下降 2.1 个百分

---

①　"Luis Abinader: The（Rare）Popular Incumbent", Americas Quarterly, January 3, 2024, https://www. americasquarterly. org/article/the-rare-popular-incumbent/, accessed March 1, 2024.

②　"The 2023 Capacity to Combat Corruption（CCC）Index", Americas Quarterly, https://americasquarterly. org/the-capacity-to-combat-corruption-index-2023/, accessed March 1, 2024.

③　"Meet the Candidates: Dominican Republic", Americas Quarterly, January 4, 2024, https://www. americasquarterly. org/article/meet-the-candidates-dominican-republic/, accessed March 1, 2024.

点，但仍处于拉美地区前列。从表1来看，2023年多米尼加的主要宏观和微观经济指标较2022年普遍回落，但国际货币基金组织对多米尼加未来的发展趋势持乐观态度，认为多米尼加有望在40年后成为发达经济体。[①]

据国际货币基金组织研究，多米尼加自20世纪60年代以来，在收入趋同方面取得了显著进步。收入趋同通常是比较一个国家的人均收入与一个更繁荣的国家（通常是美国）的人均收入来进行测度。2022年，多米尼加的人均收入达到美国人均收入的32%，而拉美地区国家的平均人均收入为美国的25%。相比于拉美地区的其他国家，多米尼加的收入趋同值不仅更高，而且收入趋同的速度更快，其收入趋同速度从过去50年平均每10年3个百分点提高到最近每10年近8个百分点。多米尼加取得这一突出成绩是因为政府实施稳健的经济政策，改善政策框架，实施多元化的出口政策，以及其经济结构能够灵活应对不断变化的全球外部条件。

国际货币基金组织认为，多米尼加在过去50年实现了两次产业转型，从以农业为主的经济体转变为以制造业为导向的经济体，通过开发旅游业潜力和扩大金融体系，又转变为以服务业为导向的经济体。多米尼加的农业、制造业和服务业保持均衡。按购买力计算，多米尼加的人均国内生产总值在拉美地区排名第六，高于巴西和墨西哥等区域大国。国际货币基金组织预测，未来多米尼加每年的潜在增长率仍将维持在5%的水平。

经济学人智库指出，尽管多米尼加的经济增长能保持较高水平，且在拉美地区名列前茅，但受制于其整体经济体量和劳动生产率，多米尼加需要进一步挖掘其长期发展潜力。此外，飓风等外部风险也是冲击多米尼加经济发展的一个重要因素，作为加勒比岛国，多米尼加抵抗自然灾害的能力较为薄弱。[②]

整体而言，多米尼加仍是拉美地区经济增长最快、发展前景最为乐观的

[①] Frank Fuentes, Emilio Fernandez and Alejandro Santos, "Dominican Republic's Income Convergence Signals Path to Advanced Economy Status in Coming Decades", International Monetary Fund, August 3, 2023, https://www.imf.org/en/News/Articles/2023/07/26/cf-dominican-republics-income-convergence-signals-path-to-advanced-economy-status-in-coming-decades, accessed March 1, 2024.

[②] EIU, *Country Report: Dominican Republic*, 2023, pp. 11, 15.

国家之一，政府的重商、开放政策也给国家带来了新的发展机遇，2023 年的经济数据虽然较 2021 年和 2022 年较为逊色，其整体向好的发展趋势有望长期保持。

表 1　多米尼加主要经济指标（2021~2023 年）

经济指标	2021 年	2022 年	2023 年
GDP 增长率(%)	12.3	4.9	2.8[d]
人均 GDP 增长率(%)	11.1	3.8	—
固定资本形成总额占 GDP 比重(%)	27.2	27.0	—
货物出口额(亿美元)	124.9	137.8	66.8[a]
货物进口额(亿美元)	242.8	307.4	140.1[a]
服务出口额(亿美元)	81.1	113.3	65.1[a]
服务进口额(亿美元)	44.1	56.2	28.3[a]
货物和服务余额(亿美元)	−80.9	−112.6	−37.0[a]
出口额增长率(%)	21.2	10.3	−3.2[c]
进口额增长率(%)	42.0	26.6	−6.3[c]
收入差额(亿美元)	−47.1	−45.7	−26.5[c]
经常转移余额(亿美元)	101.1	95.0	47.9[a]
经常账户余额(亿美元)	−26.9	−63.3	−15.7[a]
资本和金融账户余额(亿美元)	49.9	77.7	33.3[a]
总余额(亿美元)	23.0	14.4	17.7[a]
国际储备变化(亿美元)	23.0	14.4	17.7[a]
净外国直接投资(亿美元)	32.0	40.1	21.5[b]
公共外债总额(亿美元)	333.4	363.6	—
国际债券发行总额(亿美元)	51.5	69.1	30.5[b]
净国际储备(亿美元)	130.3	144.4	158.5[b]
实际有效汇率指数(2005＝100)	111.4	106.6	102.5[b]
消费价格指数(%)	8.5	7.8	4.4[c]
财政余额占 GDP 比重(%)	0.2	−0.4	—
财政收入占 GDP 比重(%)	15.6	15.3	—
税收收入占 GDP 比重(%)	14.4	13.9	—
财政支出占 GDP 比重(%)	18.3	18.7	—
公共债务占 GDP 比重(%)	50.4	45.5	—

注：a. 2023 年第一季度与第二季度和值。b. 为截至 2023 年第三季度数据。c. 拉美经委会 2023 年预估值。d. EIU 预估值。

资料来源：ECLAC, *Preliminary Overview of the Economies of Latin America and the Caribbean 2023*, Santiago, 2023。

三 社会形势

2023 年前两个季度，多米尼加劳动参与率和就业率分别为 63.7% 和 60.3%，较 2022 年进一步改善，但仍未恢复到疫情前（2019 年）的劳动参与率（65.1%）和就业率（61.0%）水平。多米尼加的失业率为 5.4%，与 2022 年（5.3%）基本持平。多米尼加的男性劳动参与率和就业率明显高于女性，女性失业率达到 8.1%，显著高于 3.4% 的男性失业率，但 2021~2023 年女性就业率持续上升，由 2021 年的 45.0% 上升至 2023 年的 47.9%，提高了 2.9 个百分点。

表 2 多米尼加主要社会指标（2021~2023 年）

项目	分类	2021 年	2022 年	2023 年 *
劳动参与率(%)	全国	63.0	63.1	63.7
	男性	75.7	76.8	76.3
	女性	51.2	50.7	52.1
失业率(%)	全国	7.4	5.3	5.4
	男性	3.9	3.2	3.4
	女性	12.1	8.2	8.1
就业率(%)	全国	58.3	59.8	60.3
	男性	72.2	74.4	73.8
	女性	45.0	46.5	47.9
实际最低工资指数(2018 年=100)		107.3	110.2	116.1

注：2023 年数据为第一季度和第二季度均值。

资料来源：ECLAC, *Preliminary Overview of the Economies of Latin America and the Caribbean 2023*, Santiago, 2023。

四 外交形势

长期以来，多米尼加的外交重点围绕与美国和海地的关系展开。2023

年9月中旬，海地修建的灌溉运河从两国共有的达哈翁河引水，多米尼加认为这损害了本国农民的利益，关闭了两国边境，导致双边局势的紧张程度加剧。10月中旬，多米尼加开放部分边境，允许基本食品和药品流通，但货物和人员流动未完全恢复。[①] 对于海地方面来说，很难终止运河建设。驱逐无证海地移民、冻结签证发放、修建边境墙以及关闭部分边境等阿比纳德尔政府针对海地的一系列强硬举措不仅影响多米尼加和海地的双边关系，加剧两国间的冲突，而且会对美国和多米尼加的关系产生一定负面影响。

在多米尼加与美国双边关系层面，美国是多米尼加最重要的贸易伙伴和主要外国投资来源国，从短期和中期来看，两国间紧密的贸易联系难以撼动。2023年11月，首届"美洲经济繁荣伙伴关系"（APEP）领导人峰会在华盛顿举行，多米尼加是10个参会的拉美国家之一，这也是多米尼加继续加强与美国经济联系、希望从美国"近岸外包"产业政策中获益的一大举动。

在过去的半个世纪里，多米尼加实现了近5%的年均经济增长率，成为拉美第七大经济体。得益于稳定的政治局势、开放的经济环境、以《多米尼加共和国－中美洲自由贸易协定》为代表的一系列自由贸易协定和特惠贸易协定，以及逐步改善的营商条件，众多国际评级机构和国际组织看好多米尼加的经济发展前景。2023年，多米尼加的经济增长速度有所放缓，但仍位于地区前列，而多米尼加政府推行的结构性改革被认为是多米尼加实现可持续发展、成为高收入国家的关键。2024年5月，阿比纳德尔在总统选举中获胜，实现连任，在新一届任期，他将继续发展开发型经济，打击国内的腐败和犯罪，谋求多米尼加的高速发展。

（王 鹏 审读）

---

① EIU, *Country Report*: *Dominican Republic*, 2023, p. 8; "Dominican Republic Closes Border with Haiti, Further Stoking Tensions", The Washington Post, September 14, 2023, https://www.washingtonpost.com/world/2023/09/14/dominican-republic-closes-border-with-haiti-further-stoking-tensions/, accessed March 1, 2024.

Y.28
海地：深陷政治危机

刘天来[*]

摘　要： 2023 年，海地的政治陷入危机难以自拔，中央政府无力管治全国，国际干预受阻，选举难以举行，政治前景灰暗。经济受政治局势的影响持续低迷，改善前景堪忧。社会治安严重恶化，武装团伙林立，民众安全遭受重大威胁。海地对美国的依赖加深，与多米尼加的关系依旧紧张。

关键词： 海地　政治危机　社会治安　海美关系

一　政治形势[①]

海地过去 2022 年、2023 年整整两年的局势莫不与 2021 年 7 月 7 日时任海地总统弗内尔·莫伊兹（Jovenel Moïse）遇刺身亡密切相关。莫伊兹的遇刺使本就分崩离析的海地政局陷入了长期的极端不稳定。海地政府对国家控制薄弱、政治势力高度分化、社会极端不安全等因素导致海地政府陷入瘫痪。总体而言，2023 年海地政权仍然非常脆弱，受到国家机构力量薄弱等问题的困扰，深陷政治危机难以自拔。

海地本届政府存在突出的合法性不足问题，对其执政形成巨大的阻碍。

2023 年初，选举多次推迟，而所有议员和选任制官员的任期均已届满，国会陷入瘫痪。因此，阿里埃尔·亨利及其领导的代理政府事实上能决定大

---

* 刘天来，中国社会科学院拉丁美洲研究所助理研究员，主要研究方向为拉美国家政治与法治。

① 除特别注明，本部分数据均引自 EIU, *Country Report：Haiti*, 2023-2024。

拉美黄皮书

多数事情。虽然政府能用行政法规代替国会的立法施行，但诸如财政预算案等专属国会的职能则无法获得法律效力，代理政府施政的合法性和权威性面临广泛质疑，也难以服众。

2023年，海地政府努力采取各种措施，以图走出政治危机的泥潭，设立高等过渡委员会（High Council of the Transition）是海地政府这种努力的最主要表现。2023年2月，作为亨利于2022年12月签署的最终政治过渡协议的一部分，高等过渡委员会成立，委员会由代表政界、商界、宗教界的三名成员组成，包括前第一夫人米尔兰德·马尼加特（Mirlande Manigat）、海地商会主席劳伦特·圣西尔（Laurent Saint-Cyr）以及海地新教联合会的卡利斯特·弗勒里多（Calixte Fleuridor）。高等过渡委员会负责监督政府的改革和预算，并协调、督促和监督海地政府在2024年2月前举行全国大选。

高等过渡委员会是海地各方政治势力博弈与协调的成果，也是将海地从政治危机的泥潭中解救出来并恢复稳定所迈出的重要一步。尽管高等过渡委员会在监督政府和改革方面取得了一定的成果，但在组织全国大选方面没有进展，在海地安全局势改善之前，高等过渡委员会不太可能有能力举行任何选举，而且亨利与高等过渡委员会关于国家的未来走向并未达成一致。

孱弱的中央政府、无能为力的执法机构、高度恶化的社会治安等是影响大选举行的主要原因。同时，海地政坛各方势力分化严重，对拖延已久的选举本就怀有自身的看法和意图，所以举行全国大选需要与海地各利益攸关方特别是最大的反对力量国家过渡委员会（Conseil National de Transition）进行谈判。国家过渡委员会由海地多个反对派和民间组织根据2021年8月签署的《蒙大拿州协议》（Montana Accords）组建，并据此于2022年1月31日组建了"平行政府"：选举央行前行长弗里兹·让（Fritz Jean）为临时总理，前参议员史蒂文·伯努瓦（Steven Benoît）为临时总统。

海地政府及海地精英认为，只有引入外部干预，强化海地政府的安全部队，才能重新控制局面和摆脱政治动荡、稳定社会秩序。2022年11月，亨利政府呼吁联合国对海地进行国际干预，但是由于过去在海地的国际干预措施毁誉参半，海地民众对国际干预持谨慎态度，这加深了联合国和有意愿派

370

兵干预的国家的顾虑。联合国和美国都表态支持介入海地政局，派遣维和部队，但其他国家并不配合。

2023 年 8 月，在联合国的协调下，肯尼亚同意在加勒比与非洲国家的支持下，领导联合国支持的对海地的干预，包括来自肯尼亚、牙买加、贝宁、巴哈马、巴巴多斯和乍得的人员。10 月，联合国安理会通过派遣安全支持特派团的决议。不过，鉴于肯尼亚领导的这支联合国部队在人数、权限等方面的限制，其对海地的国际干预力度小。此外，国际干预也遭受阻碍和拖延。肯尼亚法院裁定肯尼亚派遣军队而非警察前往外国进行国际干预违反肯尼亚宪法，肯尼亚政府表示将对这一司法裁定提起司法复核，但这延迟了维和部队的派出。如果肯尼亚政府提出的司法复核被否决，那么改由其他国家牵头及随之而来的其他改变则需要更长时间，这无疑不利于海地危机的解决。即使联合国的维和部队进入海地，帮助海地政府恢复对国家的控制和社会安全，但并不能解决海地持续多年的政治危机和薄弱的政治体制问题，海地政府孱弱的治理能力也将严重影响海地中期政治前景，使政治稳定的努力变得复杂。

当政治恢复稳定时，政策制定者需要将重点转移到能够促进长期增长的领域，并寻求与多边伙伴一起实现这一目标。海地政府需要重新投资农业部门（以实现粮食自给自足），重建基础设施（包括道路、港口、机场和能源供应设施），改善教育制度，引入全面的国家医疗保险制度，等等。

二 经济形势[①]

受到政治局势的影响，海地的经济形势在最近几年持续低迷。2023 年，由于长期的政治不稳定和高度不安全的社会环境，经济形势愈加堪忧。

财政政策方面，2023 年，由于税收有限和公共支出管理效率低下，加

---

① 除特别说明，本部分数据均引自 CEPAL, *Balance Preliminar de las Economías de América Latina y el Caribe 2023*, Santiago, 2023；EIU, *Country Report：Haiti*, 2023~2024。

上政治和社会治安陷入危机，海地的财政动态充满挑战。2023年，海地政府削减财政支出，收紧财政政策，但财政收入占GDP比重仍低于新冠疫情前，反映出国家能力的疲弱以及商业环境和劳动力市场的持续疲软。2022~2023财年的财政赤字将降低，从2021~2022财年占GDP的3.9%降低至1.9%，2023~2024财年进一步降低至1.4%。

海地政府通过发行国内债券、双边捐赠和央行的货币化来填补财政缺口。由于缺乏资源和税收减少，海地央行的货币化超过了法定的占预算14.5%的传统限制，未来几年超出14.5%限制的情况会持续，但国际货币基金组织的监督将减少赤字货币化的规模。展望中期，海地的财政政策将受益于更多的外部援助，国际干预可能会带来更多的国际援助特别是美国的援助。然而，政治动荡不利于政府稳定宏观环境。

货币政策方面，海地央行在2022~2023财年坚持宽松的货币政策立场，以减轻政治危机带来的经济影响。海地央行自2020年3月一直将基准利率保持在17%左右，并保留了2020~2021财年新冠疫情期间为支持金融体系而推出的宽松流动性措施，包括维持较低的本币存款准备金率以及暂停银行间支付系统的收费。尽管通胀压力很大，但在2022~2023财年严峻的经济形势下海地央行并未收紧货币政策，而是采取货币干预措施来支持本币古德。不发达的金融体系也意味着货币传导机制薄弱，货币政策对通货膨胀的影响相对有限。

经济增长方面，由于私人消费、投资和出口活动的抑制作用，加上政治和安全危机对海地经济增长的负面影响，海地经济在2019~2022年经历连续多年的负增长，2022~2023财年海地经济未见起色，仍为负增长。2023~2024财年海地经济仍将呈负增长态势。持续多年的危机给经济带来的创伤严重影响海地经济的中期前景。

尽管私人消费受益于侨民汇款有所增长，但侨汇在2022~2023财年仍难以恢复到新冠疫情前的水平，特别是在美国经济增长放缓的情况下。糟糕的商业环境和社会安全危机将导致投资进一步撤离及减少。投资收缩将对外贸部门产生较为严重的负面影响。比如，纺织品出口在2021~2022财年崩溃并持续到 2022～2023 财年，2023～2024 财年也不太可能恢复，因为其生产能力已经转移到其他国家。进口比出口恢复得更快，部分原因是海地对进口商品的结构性依赖。总体而言，在持续的政治危机下，海地经济的前景不容乐观，面临下行风险。

通货膨胀方面，随着食品和燃料等大宗商品进口价格下降、财政赤字缩小和货币升值，加上高基数效应，海地的通货膨胀在 2022～2023 财年有所放缓，但仍处在较高的水平。通货膨胀率（期末）将从 2022 年底的 48.1% 降低至 2023 年底的 19.9%，2024 年将进一步降低至 9.4%。海地央行通过降低输入型通货膨胀来减轻消费价格的上行压力。但外汇流入有限，持续的干预措施短期内难以减轻外部压力。

汇率方面，海地货币古德的汇率在 2022～2023 财年有所波动，2 月的交易价格为 131.5 古德∶1 美元，4 月的交易价格为 154.5 古德∶1 美元，8 月的交易价格为 135.8 古德∶1 美元，截至 11 月 14 日的交易价格为 132.7 古德∶1 美元，古德呈小幅度升值趋势。升值幅度反映了各种因素的影响，包括财政赤字的货币融资减少、进口费用减少以及美元等外汇短缺。古德仍将呈现不稳定的态势，因为持续的政治不稳定将增加国内储户对安全资产的需求，不断扩大的贸易赤字也给古德带来了压力。

外贸方面，2022～2023 财年海地经常账户赤字占 GDP 的比重将从 3.5% 下降到 2023～2024 财年的 2.8%，2024～2025 财年将进一步下降到 2.1%。随着能源价格回落，商品和服务赤字将从 2022～2023 财年占 GDP 的 17.4% 降低到 2023～2024 财年的 12.9%。海地长期依赖进口，这是其结构性问题，也是其经常账户出现赤字的最大原因。侨民汇款大量流入产生二次收入盈余，预计 2023～2024 财年将占 GDP 的 10.3%，能在很大程度上抵消商品和服务赤字。

海地的国际收支融资需求持续保持高位，与相对较大的经常账户赤字相一致。外部风险是可控的，因为在侨民汇款和其他资本稳定流入的支持下，外汇储备平均保持在 19 亿美元。然而，这些外汇储备只能提供平均 4.5 个月的进口保障。如果外汇储备持续减少，海地央行将逐步减少干预，以便让

汇率自由浮动。

2023 年 4 月，海地政府与国际货币基金组织签署了一项为期 9 个月的工作人员监督计划（Staff Monitored Programme），从 2023 年 6 月持续到 2024 年 3 月，该计划专注于改善财政收入，以缓解赤字的货币融资压力以及加强治理和反腐败改革。然而，鉴于海地的政治局面，该计划实施起来举步维艰，对改善海地的经济形势作用有限。

三 社会形势

2023 年，海地的社会形势复杂，社会治安问题尤其突出与尖锐。莫伊兹遇刺后，政治权力真空导致海地社会治安极度脆弱，由于国家控制力量十分薄弱，武装团伙在全国各地涌现，而执法机构人数严重不足，截至 2023 年 3 月，只有 13200 人左右，其中只有 9000 人左右能执行警察任务，并且解雇、辞职人员不断增加。[①] 同时，执法机构的装备落后，武器不足，执法机构官员的能力也有待提高，加上长期以来存在腐败问题，执法机构根本无力对抗涌现的武装团伙，社会治安迅速恶化。各类武装团伙控制海地约一半的地区，包括首都太子港约 80% 的地区，[②] 并对平民发动各类无规律的暴力，导致大量民众流离失所，引发人道主义危机。

海地严重的社会治安危机妨碍正常的商业活动。武装团伙除了时常发动暴力袭击外，还扰乱了太子港与其他地区和主要港口的物流路线（特别是能源）。一些出口导向型公司搬迁到中美洲、加勒比的其他地方。即使社会治安恢复平稳，吸引企业返回也将非常困难。糟糕的社会环境将导致更多企业关闭、搬离或推迟投资。

---

① " As Haiti Slides into Violence, Its People 'Cannot Wait any Longer' for Assistance, Foreign Minister Tells Security Council", United Nations, April 26, 2023, https://press. un. org/en/2023/sc15266. doc. htm, accessed April 1, 2024.

② "What Is Happening in Haiti? Here's What to Know", CBS News, March 12, 2024, https://www.cbsnews. com/news/what-is-happening-in-haiti-what-to-know/, accessed April 1, 2024.

海地政府还需要解决城市规划和就业方面的问题，这对于海地作为拉丁美洲和加勒比地区第三城市化国家尤为重要。城市基础设施落后使得海地对气候变化的适应能力降低，并容易遭受流行病的冲击，2023 年海地就面临霍乱蔓延的危险。持续疲软的经济增长、严峻的治安形势和苦苦挣扎的农业部门导致大量人口涌入城市，给城市公共服务带来巨大压力的同时，也推高了非正规劳动水平。同时，因就业不足而生活困顿的劳动力源源不断地为各地武装团伙补充人手，使其扩大对海地的控制和影响，进而导致犯罪增加和安全形势愈加恶化，形成恶性循环。

从中期来看，尽管海地政府计划重振长期停滞的旅游业，但由于不稳定的政治局势和恶劣的治安形势，2023 年未见游客大量返回。海地政府也努力重振农业部门，但其农产品的竞争力仍是制约因素，而且海地易受热带风暴和其他自然灾害的影响，这是长期存在的风险。

海地独自找到解决治安严重恶化等社会问题的途径的可能性很小，相关问题的解决有赖于国际社会的有效介入。即使实现了国际社会的介入，也难以恢复全面安全。

四　外交形势

鉴于海地政治、经济等方面混乱的形势，2023 年海地政府的外交政策集中于寻求国际支持以平稳国内局势和恢复社会安全。

与美国的关系。海美关系是海地最为重要的关系，美国是对海地最有影响力的政治参与者，是海地国际援助的重要来源国，也是大多数海地侨民的家园。美国同时是核心集团的领导者，核心集团是一个由海地主要国际伙伴（美国、加拿大、巴西、法国、德国、西班牙、联合国、美洲国家组织）的大使或外交代表组成的外交俱乐部，近几届海地政府都依赖核心集团的支持来维持权力。因此，在任何联合国主导的干预（特别是提供财政支持）和任何寻求解决危机的谈判中，美国都是举足轻重的参与者，海美关系之重要程度可见一斑。

拉美黄皮书

与多米尼加的关系。2023 年海地与邻国多米尼加的关系持续紧张。政治和安全危机导致海地政府对非法移民、非法贸易、共享自然资源等方面的管理力所不逮，而这些问题是两国外交关系紧张的传统源头，尤其是非法移民问题。多米尼加总统多次向国际社会警告海地面临的严峻局势，并宣布了控制海地非法移民流入多米尼加的措施，包括签证限制、边界控制和更加严格的军事管控。然而，一方面，多米尼加对廉价劳动力的需求保持高位；另一方面，海地政治不稳定和民众的贫困难以改善，相关问题不具有解决的条件，双边紧张局势短期内难以缓和。

（杨建民　审读）

Y.29

加勒比地区[*]：经济形势严峻，
双边合作积极

郭凌威^{**}

摘　要： 2023年，加勒比地区仅安提瓜和巴布达举行大选，其余国家虽然局部出现波动，但政治环境整体稳定。经济形势则较为严峻，经济增长持续乏力，对外贸易疲软，债务问题持续，不过地区国家积极进行财政整顿，缓解债务困境，碳信用方案成为财政增收亮点。犯罪率高企仍然是地区最大的社会风险，并对部分国家政府的执政地位造成威胁。外交方面，与区域外国家的双边合作硕果累累，但局部的领土争端短期内仍将持续。

关键词： 加勒比地区　财政整顿　碳信用　社会安全　双边合作

一　政治形势

2023年，加勒比地区仅安提瓜和巴布达举行大选，贾斯顿·布朗（Gaston Browne）总理连任，虽然执政党在议会中的领先优势变小，但政局保持平稳。其他国家尽管局部发生波动，但未动摇整体政治环境的稳定。

巴巴多斯反对党重返议会，但不影响政治稳定和政治议程推进。米娅·

---

* 本文对加勒比地区的界定参照联合国拉美经委会总结的范围。根据联合国拉美经委会《拉丁美洲和加勒比经济初步总结》，加勒比地区有13个国家，即安提瓜和巴布达、巴哈马、巴巴多斯、伯利兹、多米尼克、格林纳达、圭亚那、牙买加、圣基茨和尼维斯、圣卢西亚、圣文森特和格林纳丁斯、苏里南及特立尼达和多巴哥。

** 郭凌威，中国社会科学院拉丁美洲研究所助理研究员，主要研究方向为拉美经济、国际直接投资。

拉美黄皮书

莫特利（Mia Mottley）领导巴巴多斯工党（BLP）在 2022 年的大选中赢得了众议院全部 30 个席位，2008～2018 年执政的反对党民主工党（DLP）未能赢得席位。然而，2024 年 2 月，一名工党议员转向反对党，民主工党得以重返众议院。不过，莫特利领导的工党仍占据众议院绝对优势，这一变动不影响整体政治稳定。2023 年巴巴多斯的一项重要政治议程是修改宪法。在 2021 年 11 月巴巴多斯从君主立宪制过渡到共和制后，2022 年 6 月由 10 名成员组成的宪法改革委员会就职，负责针对新宪法的制定向政府提供建议。由于工作延误，原定于 2023 年 9 月提交的宪法修改报告延期至 2024 年 6 月底提交。① 鉴于执政党在立法机构中的优势，新宪法将较快得到批准。宪法改革既不会背离巴巴多斯当前的政治格局，也不会导致经济体系发生极端变化，变化可能主要与社会公平和人权问题有关。②

伯利兹反对党对政府发起不信任动议，但最终被驳回。2023 年 8 月，伯利兹反对党领袖、统一民主党（UDP）的夏恩·巴罗（Shyne Barrow）对总理约翰·布里塞尼奥（John Briceño）和其领导的政府发起了不信任动议。③ 起因是 2023 年 5 月媒体披露了伯利兹政府 2020 年与开发商签署的神奇伯利兹港口（Port of Magical Belize）的开发协议合同条款不符合国家利益，政府于 6 月宣布取消合同，④ 反对党试图利用丑闻的余波削弱执政党地位。不过，最终该动议被众议院议长驳回。鉴于执政党人民统一党（PUP）在议会中占多数，且统一民主党内部分裂，布里塞尼奥总理任期内伯利兹政局将维持稳定。

牙买加反对党在地方选举中重获优势，但政治环境保持稳定。执政的中

① "Constitutional Reform Commission Gets Another Extension", Barbados Today, April 26, 2024, https：//barbadostoday. bb/2024/04/26/constitutional - reform - commission - gets - another - extension/, accessed June 16, 2024.

② EIU, Country Report：Barbados, March 2024.

③ EIU, Opposition Files Motion of No Confidence against Government, August 2023.

④ "Government Reiterates Position on Portico", Government of Belize Press Office, July 3, 2023, https：//www. pressoffice. gov. bz/government-reiterates-position-on-portico/, accessed June 17, 2024.

2024.

378

右翼牙买加工党（JLP）的政治主导优势减弱。2023 年 2 月的民意调查显示，马克·戈尔丁（Mark Golding）领导的反对党人民民族党（PNP）近 6 年来首次以微弱优势领先。不仅如此，2024 年 2 月举行的地方选举结果再次确认了民意由工党转向人民民族党，人民民族党赢得了 115 个选区，工党则赢得了 113 个选区。人民民族党所获支持的提升主要源自民众对执政党的不满，尤其是居高不下的犯罪率和高昂的生活成本一度降低选民对候选人的信任，2024 年地方选举的投票率仅为 29.6%。① 民意的转向为 2025 年大选的激烈竞争埋下伏笔，但牙买加政局总体保持稳定。

其他加勒比国家短期内也不存在政治风险。圭亚那执政党的治理能力进一步提高。反对党内部分裂，加之受益于石油繁荣，人民进步党（PPP/C）的穆罕默德·伊尔凡·阿里（Mohamed Irfaan Ali）总统领导的政府保持稳定。不仅如此，人民进步党在 2023 年地方选举的民意调查中表现不凡，赢得了 80 个选区中的 67 个，高于 2018 年的 52 个。鉴于地方议员和市长很可能在下一次大选中竞选国民议会议员，人民进步党有望进一步扩大议会席位优势。② 特立尼达和多巴哥同样在 2023 年举行了地方选举，政局基本维持现状。投票结果显示，执政党人民民族运动党（PNM）和由前总理卡姆拉·佩萨德-比塞萨尔（Kamla Persad-Bissessar）领导的联合民族大会（UNC）维持相对势均力敌的状况，选民的倾向遵循种族归属，因而权力平衡的局面很可能会继续维持，而能否降低犯罪或将成为影响 2025 年大选结果的关键问题。③ 其他加勒比国家基本由执政党占据立法多数，政治环境较为稳定。

二 经济形势④

2023 年，拉美地区经济平均增长 2.2%，而加勒比地区预计增长 9.4%

---

① EIU, *Country Report：Jamaica*, April 2024.

② EIU, *Country Report：Guyana*, January 2024.

③ EIU, *Country Report：Trinidad and Tobago*, February 2024.

④ 本部分数据除特别说明外，均引自 ECLAC, *Preliminary Overview of the Economies of Latin America and the Caribbean 2023*, Santiago, 2023。

（见表1）。排除圭亚那后，加勒比其他经济体的平均增长率为3.4%，略高于拉美地区平均水平，但低于上年同期的6.4%。总体而言，地区经济增长普遍放缓，外贸形势严峻，债务问题十分突出，不过债务问题在各国政府积极的财政干预下得到一定程度的控制。

（一）经济增长普遍放缓

2023年，加勒比地区经济增长延续了2022年下半年开始的放缓趋势，地区13个国家中有8个国家的经济增速下滑，其中最明显的是巴哈马、巴巴多斯、伯利兹、圭亚那。旅游业的持续复苏并未支撑经济增长。一方面，尽管国际游客人数同比增长19%，但整体仍低于疫情前的水平；另一方面，美国作为加勒比地区旅游收入主要来源之一，其经济增长放缓也影响了加勒比地区经济增速。牙买加以及圣文森特和格林纳丁斯的游客数量超过了疫情前水平，因而这两个国家的经济增速有所提升，分别从2022年的2.8%和2.7%提高至2023年的3.0%和3.7%。[①]得益于国际能源和食品价格下降，地区的通胀得到一定程度的缓解，但部分国家仍然承压。截至2023年9月，地区的通胀水平为4.5%（排除苏里南），较上年同期的7.6%明显下降。除出现恶性通胀的苏里南外，巴哈马、巴巴多斯等国家仍然面临较为明显的通胀压力，需要政府继续提供救济性支出以支撑弱势家庭的购买力。

表1　加勒比地区国家主要经济指标

项目	2021年	2022年	2023年[a]
年均变化率(%)			
GDP[b]	5.9	13.1	9.4[c]
人均GDP[b]	5.4	12.8	—
消费价格指数[d]	5.5	7.6	4.5

---

① ECLAC, *Preliminary Overview of the Economies of the Caribbean 2022-2023*, Santiago, 2024.

项目	2021 年	2022 年	2023 年ᵃ
占 GDP 比重(%)			
财政收入	27.0	27.4	27.0
财政支出	30.4	29.8	29.3
财政余额	−3.4	−2.3	−2.4
公共债务	83.8	76.4	69.7ᵉ
期末存量(百万美元)			
外债总额	29141	29764	—
国际储备	18592	18929	19148ᶠ

注：a. 2023 年为初步数据。b. 按 2018 年不变美元价格计算。c. 排除圭亚那之后 GDP 增长率为 3.4%。d. 为便于比较，2022 年和 2023 年均为截至 9 月数据，且不包含苏里南。e. 截至 2023 年 9 月数据。f. 截至 2023 年 9 月数据。

（二）积极进行财政整顿控制债务问题

2023 年，加勒比地区的财政赤字基本与上年持平，个别国家提出创新的碳信用方案。加勒比地区的财政收入和支出均小幅下降，分别从 2022 年占 GDP 的 27.4%和 29.8%降至 2023 年的 27.0%和 29.3%，因而财政赤字基本与上年相当，不过初级财政平衡有所改善，从 2022 年占 GDP 约 0.3%的盈余扩大至 0.7%。财政支出减少主要因为补贴和经常转移支付的削减，且一定程度上抵消了国际利率上涨带来的增加的利息支出。财政收入下降的原因是少数国家税收收入减少。例如，苏里南以及特立尼达和多巴哥向采掘业企业征收的公司所得税因大宗商品价格下跌而减少。不过，地区内 7 个国家的财政收入同比有所增长，一定程度上得到了其他收入增长的推动。值得关注的是，圭亚那和苏里南先后推出了碳信用方案以扩大财政收入。圭亚那在 2022 年底首次进行碳信用额度的商业销售，并在 2023 年上半年从碳信用额度中获得收入。圭亚那将碳信用额度出售给赫斯公司（Hess，一家美国的石油和天然气公司），收入用于资助圭亚那的森林保护项目。[①] 2023 年 10 月，

---

① EIU, *Country Report*：Guyana，April 2024.

苏里南政府宣布，根据新的《巴黎协定》计划，以每个碳信用额度30美元的价格出售其碳信用额度，从而增加了1.44亿美元的收入。①

2023年，加勒比国家积极进行财政整顿和债务重组，公共债务水平有所下降。截至2023年9月，加勒比国家政府公共债务总额占GDP比重为69.7%，较2022年底降低了6.7个百分点，债务压力有所缓解，但相对于其他地区，债务问题仍然严峻。其中，巴巴多斯和苏里南的债务问题突出，债务总额分别相当于GDP的115.1%和95.7%。为应对债务困境，地区内国家积极进行财政整顿和债务重组。巴巴多斯的财政整顿得到了国际货币基金组织的认可。巴巴多斯政府于2022年更新了经济复苏与转型计划（BERT），设立了增长委员会，提出多重结构性改革措施，并改善营商环境。此外，2023年巴巴多斯政府还完成了养老金改革的立法框架，②计划在2024年推进，并恢复国有企业的私有化议程。2023~2024财年，巴巴多斯实现基本财政盈余，约占GDP的3.5%，预计下一个财年财政盈余将继续增长。③2023年2月，牙买加自国际货币基金组织获得17亿美元的资助，在2024年3月公布的最新审查报告中，国际货币基金组织对牙买加在减少债务、管理公共财政和通货膨胀方面取得的进展表示赞赏。2023~2024财年，牙买加财政预计实现小额盈余，公共债务占GDP比重将从上一财年的82%降至76.2%。④苏里南政府一方面根据国际货币基金组织的扩展基金机制（EFF）进行财政整顿，修改增值税征收办法，取消能源补贴并减少公共部门工资等；另一方面，苏里南政府积极推进债务重组，通过与巴黎俱乐部对接，96%的债权人已接受了新条款。2024年初，苏里南还积极与中国就5亿美元的债务进行重新谈判。⑤

① EIU, *Country Report*：*Suriname*，April 2024.

② Osaze Moraldo-Bowen, "Barbados National Insurance Scheme Faces Major Changes in 2023", LinkedIn, August 20, 2023, https：//www.linkedin.com/pulse/barbados-national-insurance-scheme-faces-major-2023-moraldo-bowen, accessed June 19, 2024.

③ EIU, *Country Report*：*Barbados*，March 2024.

④ EIU, *Country Report*：*Jamaica*，April 2024.

⑤ EIU, *Country Report*：*Suriname*，April 2024.

（三）整体贸易规模和贸易条件均恶化

2023 年，加勒比地区的货物贸易整体收缩。货物出口同比下降 11%，其中 9% 源自价格下降，2% 因为出口数量收缩。进口同比下降 10%，与出口的变化相反，进口下降主要源自进口数量减少（8%），仅 2% 为价格的影响。由于进出口价格的不均衡变化，加勒比地区贸易条件显著恶化，同比恶化 6.5%，显著高于拉美地区平均水平。部分国家在个别部门的推动下实现出口增长。圭亚那和格林纳达出口额增幅最高，圭亚那的出口主要受到石油出口的推动。2023 年上半年，圭亚那石油出口量激增 63%，达到 21.5 万桶/天。格林纳达的出口增长主要得益于农产品和预制食品出口增长。从 2023 年第一季度开始，格林纳达对英国的水果和蔬菜出口平均增长超过 90%。①

加勒比地区的服务贸易规模下降。服务业出口额实现增长，但增速较 2022 年显著放缓。2023 年上半年，加勒比地区服务业出口额增长 11.3%，而 2022 年同期增长 69.5%，2023 年全年服务业出口额将增长 4% 左右。服务业出口仍将保持盈余，因为服务业进口预计放缓 2%。②

三　社会形势

社会治安是加勒比国家普遍面临的突出问题。巴哈马犯罪率持续处于高位；伯利兹居高不下的失业率和管理不善的边境助长了毒品贸易和暴力犯罪；东加勒比国家组织成员的贩毒活动助长暴力犯罪，虽然凶杀案的绝对数量保持在较低水平，但与全球相比，该组织国家的人均凶杀率仍极高。③ 2023 年 1 月，苏里南政府取消临时燃油补贴并引入新的增值税，导致消费者购买力下降，2 月和 3 月民众举行抗议活动。

---

① ECLAC, *International Trade Outlook for Latin America and the Caribbean*, Santiago, 2023.
② ECLAC, *International Trade Outlook for Latin America and the Caribbean*, Santiago, 2023.
③ EIU, *Country Report: Organization of Eastern Caribbean States*, March 2024.

2023 年，巴巴多斯和牙买加的犯罪率得到一定程度的控制。2023 年巴巴多斯的暴力事件大幅减少，尤其是凶杀案和涉及枪支的犯罪。这得益于巴巴多斯政府针对帮派暴力和针对高危青少年采取的举措。2023 年 2 月，巴巴多斯两大帮派在政府斡旋下达成休战协议。巴巴多斯警方加强监控，加大收缴非法枪支力度，加强社区外展工作。① 牙买加的凶杀率也在 2023 年下降，凶杀案数量从 2022 年的 1511 起降至 1391 起，下降了 7.9%。②

需要警惕的是，高犯罪率削弱政府的支持率。尽管牙买加的犯罪率在 2023 年有所下降，但该国的凶杀率仍处于全球高位，达到 49.8 起/10 万人。牙买加政府进一步采取严厉措施，包括设置紧急状态、对持有枪支进行更严厉的判决等，但这些措施只能作为短期解决方案，且仅能降低部分地区的犯罪率，并以其他地区的犯罪率飙升为代价。③ 年轻人机会受限加上政府资源不足使得公共安全问题损害政府声望。特立尼达和多巴哥面临与牙买加相似的挑战，该国犯罪率高且普遍，凶杀率高达 37.6 起/10 万人。该国执政党与反对党势均力敌，民众和商界敦促政府解决高犯罪率问题，如果政府无法有效解决这一问题，其支持率就会受到影响。④

四　外交形势

加勒比共同体和共同市场的区域一体化多年来进展甚微，因而地区国家优先开展双边合作，并取得积极进展。地区内仍存在局部的领土争端，且短期内紧张局势将持续存在。

（一）双边合作成果丰硕

2023 年，加勒比地区国家与区域外国家的双边合作取得多项积极进展。

① EIU, *Barbados Will Reap the Benefits of a Sharp Fall in Crime*, January 2024.
② EIU, *Country Report: Jamaica*, April 2024.
③ EIU, *Country Report: Jamaica*, April 2024.
④ EIU, *Country Report: Trinidad and Tobago*, February 2024.

2023 年 12 月，特立尼达和多巴哥与委内瑞拉签署了一项协议，将委内瑞拉水域的天然气田与特立尼达连接起来。该协议向壳牌公司和国有控股的特立尼达和多巴哥国家天然气公司颁发了为期 30 年的许可证，允许其勘探、生产并向特立尼达和多巴哥出口天然气。根据该许可证，初期天然气产量为 1.85 亿立方英尺/天，特立尼达和多巴哥的天然气产量也将从 2025 年底开始大幅增长。委内瑞拉方面，虽然 2024 年 4 月中旬美国重新对委内瑞拉实施制裁，但美国撤销特立尼达和多巴哥与委内瑞拉许可证的风险较低。天然气田开发带来的巨大经济利益将推动两国保持密切联系。①

多米尼克与多国拓展合作。多米尼克从中国收到了价值超过 27.5 万美元的农业设备，包括水培系统、温室维护材料、农具和拖拉机。这有助于多米尼克政府推进农业现代化、提高长期农业生产力。多米尼克总理表示农业仍将是多米尼克与中国合作的优先领域。多米尼克与古巴也积极开展农业合作。② 多米尼克还从沙特发展基金（SFD）获得基础设施项目的资助，罗索增强项目（Roseau Enhancement Project）将改善首都罗索的道路、桥梁、人行道和城市照明。多米尼克政府还计划在多米尼克植物园建造娱乐综合体，以促进旅游活动。多米尼克政府表示，沙特政府已承诺为该项目提供 200 万美元的资金。③

圣文森特和格林纳丁斯与沙特和日本展开合作。该国政府与沙特发展基金签署了两笔共价值 592 万美元的贷款，用于建设保健中心和文化艺术中心。该开发贷款符合沙特发展基金支持医疗保健和社会基础设施部门的目标，也符合圣文森特和格林纳丁斯政府实现联合国可持续发展目标的路径。另外，该国的渔业将获得日本政府 230 万美元的赠款，用于购买设备，以提高渔业部门的运营效率。圣文森特和格林纳丁斯农业和渔业部长在一份公开声明中表示，政府已收到大量支持其船队扩张计划的申请，该计划旨在改善当地渔业，并将该国转变为鱼类贸易的主要物流中心。

① EIU, *Country Report：Trinidad and Tobago*, May 2024.
② EIU, *Country Report：Organization of Eastern Caribbean States*, March 2024.
③ EIU, *Country Report：Organization of Eastern Caribbean States*, December 2023.

圣卢西亚政府与委内瑞拉签署技术协议。2023 年 10 月，圣卢西亚总理菲利普·皮埃尔（Philip Pierre）对委内瑞拉进行正式访问，其间与委内瑞拉政府签署了 3 项协议，扩大两国在经济发展、教育、旅游、渔业、粮食主权、航空运输和基础设施方面的合作，促进双边贸易往来。①

（二）局部争端短期内难以解决

伯利兹与危地马拉的边界争端持续。该争端于 2019 年 6 月提交海牙国际法庭，但危地马拉错过了 3 个该案首次提交诉状的截止日期，最近一次是 2022 年 12 月。2023 年以来双方在这个问题上没有取得进展。②

圭亚那与委内瑞拉的关系紧张。2023 年，委内瑞拉举行了一场有争议的公投，宣布对石油资源丰富的埃塞奎博地区拥有主权，两国之间的摩擦进一步恶化。尽管圭亚那和委内瑞拉总统同意避免使用武力解决领土争端，但问题尚未解决。2024 年初以来双方边境的军事行动表明，紧张局势不会很快缓解。③

2024 年，加勒比各国暂无大选计划，短期内也不存在明显的政治风险。经济方面，联合国拉美经委会预计该地区经济增长将放缓至 8.3%，若剔除圭亚那，地区经济增长率预计为 2.6%。2024 年 2 月，圭亚那石油产量创下近 65 万桶/日的新纪录，按照该速度计算，随着运营效率提高和新项目投产，2025 年底的石油产量有望突破 88 万桶/日。④ 尽管如此，2024 年圭亚那经济增速将放缓至 30% 以下。社会安全仍是困扰该地区的主要问题，甚至会影响个别国家的大选，如牙买加与特立尼达和多巴哥。外交方面，区域内国家将继续积极寻求与区域外国家的双边合作。

（岳云霞　审读）

---

① EIU, *Country Report*: *Organization of Eastern Caribbean States*, December 2023.
② EIU, *Country Report*: *Belize*, February 2024.
③ EIU, *Country Report*: *Guyana*, April 2024.
④ EIU, *Country Report*: *Guyana*, April 2024.

统 计 资 料 5

附表1~12

郑 猛 [*]

附表 1 GDP 及人均 GDP 年均增长率（2014~2023 年）

单位：%

国家和地区	GDP 年均增长率										人均 GDP 年均增长率									
	2014年	2015年	2016年	2017年	2018年	2019年	2020年	2021年	2022年	2023年[a]	2014年	2015年	2016年	2017年	2018年	2019年	2020年	2021年	2022年	2023年[a]
拉美和加勒比地区	1.2	0.0	-1.1	1.2	1.1	0.0	-7.0	7.0	4.0	2.2	0.1	-1.0	-2.1	0.3	0.2	-0.8	-7.7	6.3	3.3	1.5
安提瓜和巴布达	2.2	1.4	4.1	2.5	7.0	3.1	-18.9	8.2	9.5	8.5	1.4	0.7	3.3	1.9	6.4	2.5	-19.4	7.6	8.8	7.9
阿根廷	-2.5	2.7	-2.1	2.8	-2.6	-2.0	-9.9	10.7	5.0	-2.5	-3.5	1.7	-3.0	1.9	-3.4	-2.7	-10.5	10.1	4.4	-3.1

* 郑猛，中国社会科学院拉丁美洲研究所副研究员，主要研究方向为世界经济、发展经济学。

续表

国家和地区	GDP 年均增长率										人均 GDP 年均增长率									
	2014年	2015年	2016年	2017年	2018年	2019年	2020年	2021年	2022年	2023年[a]	2014年	2015年	2016年	2017年	2018年	2019年	2020年	2021年	2022年	2023年[a]
巴哈马	1.8	1.0	-0.8	2.5	2.9	-0.7	-23.5	17.0	14.4	4.3	0.9	0.1	-1.6	1.8	2.2	-1.4	-23.9	16.6	13.8	3.6
巴巴多斯	0.0	2.4	2.5	0.5	-0.9	0.3	-12.7	-0.8	11.3	4.9	-0.2	2.2	2.4	0.2	-1.0	0.2	-12.9	-1.0	11.2	4.8
伯利兹	4.0	3.2	0.0	-1.8	1.1	4.2	-13.7	17.9	8.7	4.8	1.8	1.0	-2.0	-3.8	-0.9	2.4	-15.0	16.4	7.3	3.4
玻利维亚	5.5	4.9	4.3	4.2	4.2	2.2	-8.7	6.1	3.6	2.2	3.8	3.2	2.7	2.6	2.7	0.7	-10.0	4.9	2.4	0.8
巴西	0.5	-3.5	-3.3	1.3	1.8	1.2	-3.3	5.0	3.0	3.0	-0.4	-4.4	-4.1	0.5	1.0	0.4	-3.9	4.4	2.5	2.4
智利	1.8	2.2	1.8	1.4	4.0	0.7	-6.1	11.7	2.4	0.1	0.8	1.1	0.6	-0.2	2.1	-1.0	-7.4	10.6	1.9	0.0
哥伦比亚	4.5	3.0	2.1	1.4	2.6	3.2	-7.3	11.0	7.3	0.9	3.5	2.0	1.0	-0.2	0.6	1.3	-8.6	9.8	6.5	0.5
哥斯达黎加	3.5	3.7	4.2	4.2	2.6	2.4	-4.3	7.9	4.6	4.9	2.4	2.6	3.2	3.1	1.7	1.5	-5.0	7.3	4.0	4.3
古巴	1.0	4.4	0.5	1.8	2.2	-0.2	10.9	1.3	1.8	1.5	1.0	4.4	0.5	1.9	2.3	-0.1	-10.8	1.7	2.2	1.7
多米尼克	4.8	-2.7	2.8	-6.6	3.5	5.5	-16.6	6.9	5.6	3.3	3.9	-3.6	2.6	-7.0	3.0	4.6	-17.3	6.3	5.2	2.9
多米尼加	7.1	6.9	6.7	4.7	7.0	5.1	-6.7	12.3	4.9	3.1	5.7	5.7	5.4	3.5	5.8	3.9	-7.7	11.1	3.8	2.2
厄瓜多尔	3.8	0.1	-1.2	2.4	1.3	0.0	-7.8	4.2	2.9	1.9	2.3	-1.4	-2.7	0.8	-0.6	-1.9	-9.1	3.0	1.8	0.4
萨尔瓦多	1.7	2.4	2.5	2.3	2.4	2.4	-7.8	11.2	2.6	2.3	1.3	2.0	2.2	2.0	2.3	2.3	-8.0	10.8	2.2	1.8
格林纳达	7.3	6.4	3.7	4.4	4.4	0.7	-13.8	4.7	7.3	5.8	6.3	5.6	2.9	3.7	3.6	-0.1	-14.5	3.9	6.6	5.1
危地马拉	4.4	4.1	2.7	3.1	3.4	4.0	-1.8	8.0	4.1	3.4	2.5	2.2	0.9	1.3	1.7	2.5	-3.2	6.5	2.7	2.0
圭亚那	1.7	0.7	3.8	3.7	4.4	5.4	43.5	20.1	63.4	39.2	1.2	0.2	3.2	3.2	1.5	3.6	43.8	19.0	62.5	38.3
海地	1.7	2.6	1.8	2.5	1.7	-1.7	-3.3	-1.8	-1.7	-1.8	0.2	2.0	0.4	1.1	0.3	-3.0	-4.6	-3.0	-2.8	-3.0
洪都拉斯	3.1	3.8	3.9	4.8	3.8	2.7	-9.0	12.5	4.0	3.3	1.2	2.0	2.1	3.0	2.1	0.9	-10.4	10.8	2.5	1.7
牙买加	0.7	0.9	1.4	1.0	1.9	0.9	-9.9	4.6	5.2	2.1	0.3	0.6	1.1	0.8	1.8	0.8	-10.1	4.3	5.2	2.2
墨西哥	2.5	2.7	1.8	1.9	2.0	-0.3	-8.7	5.8	3.9	3.6	1.5	1.5	0.6	0.8	1.0	-1.1	-9.3	5.2	3.2	2.8

续表

国家和地区	GDP 年均增长率										人均 GDP 年均增长率									
	2014年	2015年	2016年	2017年	2018年	2019年	2020年	2021年	2022年	2023年a	2014年	2015年	2016年	2017年	2018年	2019年	2020年	2021年	2022年	2023年a
尼加拉瓜	4.8	4.8	4.6	4.6	-3.4	-2.9	-1.8	10.3	3.8	3.3	3.2	3.3	3.1	3.2	-4.7	-4.2	-3.1	8.8	2.3	1.9
巴拿马	5.1	5.7	5.0	5.6	3.7	3.3	-17.7	15.8	10.8	6.1	3.8	3.9	3.1	3.8	2.0	1.6	-18.9	14.3	9.4	4.7
巴拉圭	5.3	3.0	4.3	4.8	3.2	-0.4	-0.8	4.0	0.1	4.5	3.3	1.5	2.8	3.3	1.8	-1.7	-2.1	2.7	-1.1	3.3
秘鲁	2.4	3.3	4.0	2.5	4.0	2.2	-10.9	13.4	2.7	0.3	1.0	2.0	2.5	1.0	2.0	0.3	-12.2	12.0	1.7	-0.6
圣基茨和尼维斯	7.6	0.7	3.9	0.0	2.1	4.0	-14.6	-0.9	8.8	3.9	0.0	0.7	3.9	0.0	2.1	4.3	-14.4	-0.9	8.6	3.7
圣卢西亚	1.3	0.1	3.4	3.4	2.9	-0.2	-23.6	11.3	15.7	4.0	2.9	-0.4	3.0	2.9	2.5	-0.6	-23.8	11.0	15.5	3.8
圣文森特和格林纳丁斯	1.1	2.8	4.1	1.4	3.2	0.7	-3.7	0.8	7.2	5.9	1.9	3.2	4.6	1.9	3.4	1.0	-3.5	1.0	7.6	6.1
苏里南	0.3	-3.4	-4.9	1.6	4.9	1.1	-15.9	-2.4	2.4	2.0	0.5	-4.4	-5.9	0.5	3.9	0.0	-16.9	-3.4	1.6	1.1
特立尼达和多巴哥	3.9	-0.8	-7.5	-4.8	-0.6	0.4	-9.1	-1.0	1.5	2.7	-5.4	-1.4	-8.1	-5.4	-2.3	-0.6	-9.0	-1.5	1.1	2.4
乌拉圭	3.2	0.4	1.7	1.7	0.2	0.7	-6.3	5.3	4.9	5.0	1.5	0.0	1.4	1.5	0.0	0.7	-6.3	5.4	5.0	1.0
委内瑞拉b	-3.9	-6.2	-17.0	-15.7	-19.6	-28.0	-30.0	-3.0	12.0	—	-5.0	-7.3	-17.6	-15.2	-17.6	-25.9	-28.8	-2.0	11.6	—

注: a. 预测数据。b. 2019年之后的数据为估计数。

资料来源: ECLAC, *Preliminary Overview of the Economies of Latin America and the Caribbean 2023*, Santiago, 2023; ECLAC, *Statistical Yearbook for Latin America and the Caribbean 2023*, Santiago, 2024。

附表2 拉美国家GDP与人均GDP（2023年）

国家	GDP 10亿美元	GDP 全球排名	GDP 拉美排名	国家	人均GDP 美元	人均GDP 全球排名	人均GDP 拉美排名
巴西	2173.671	9	1	巴哈马	34224.065	33	1
墨西哥	1788.897	13	2	圣基茨和尼维斯	22366.128	49	2
阿根廷	654.892	24	3	巴巴多斯	22020.335	51	3
哥伦比亚	363.616	44	4	乌拉圭	21656.979	53	4
智利	335.658	47	5	圭亚那	21472.271	56	5
秘鲁	267.585	51	6	特立尼达和多巴哥	19801.012	58	6
厄瓜多尔	120.175	64	7	安提瓜和巴布达	19123.213	59	7
多米尼加	119.966	65	8	巴拿马	18725.739	60	8
危地马拉	102.036	69	9	智利	16815.783	63	9
委内瑞拉	97.116	71	10	哥斯达黎加	16390.222	64	10
哥斯达黎加	86.509	74	11	阿根廷	14024.239	67	11
巴拿马	83.382	76	12	墨西哥	13641.613	69	12
乌拉圭	77.241	81	13	圣卢西亚	13545.906	70	13
玻利维亚	46.473	95	14	格林纳达	11623.786	78	14
巴拉圭	43.871	98	15	多米尼加	11186.956	81	15
洪都拉斯	34.886	103	16	巴西	10642.437	82	16
萨尔瓦多	34.016	104	17	圣文森特和格林纳丁斯	9377.364	83	17
特立尼达和多巴哥	28.142	112	18	多米尼克	8837.332	85	18
海地	21.533	118	19	秘鲁	7932.905	90	19
牙买加	18.884	127	20	哥伦比亚	6971.669	96	20

续表

国家	GDP			国家	人均GDP		
	10亿美元	全球排名	拉美排名		美元	全球排名	拉美排名
尼加拉瓜	17.412	131	21	牙买加	6875.672	97	21
圭亚那	17.05	133	22	伯利兹	6865.047	98	22
巴哈马	13.816	142	23	尼加拉瓜	6581.574	101	23
巴巴多斯	6.388	155	24	苏里南	5885.181	107	24
苏里南	3.751	163	25	巴拉圭	5806.988	109	25
伯利兹	3.094	165	26	危地马拉	5368.885	113	26
圣卢西亚	2.464	169	27	萨尔瓦多	5349.48	114	27
安提瓜和巴布达	1.954	175	28	玻利维亚	3831.281	130	28
格林纳达	1.328	179	29	委内瑞拉	3659.195	133	29
圣基茨和尼维斯	1.068	181	30	洪都拉斯	3330.339	136	30
圣文森特和格林纳丁斯	1.041	182	31	尼加拉瓜	2608.085	139	31
多米尼克	0.658	184	32	海地	1761.086	155	32

注：排名截至2024年6月数据。

资料来源：国际货币基金组织数据库，其中古巴未统计。

附表 3　拉美国家固定资本形成总额占 GDP 比重（2014~2022 年）

单位：%

国家和地区	2014 年	2015 年	2016 年	2017 年	2018 年	2019 年	2020 年	2021 年	2022 年
拉美和加勒比地区	22.4	21.1	19.4	18.7	18.7	18.5	17.5	18.9	19.1
阿根廷	14.7	14.9	14.3	15.8	15.3	13.1	12.6	15.3	16.1
巴哈马	29.8	24.0	25.5	27.3	25.3	26.2	23.4	22.5	17.8
伯利兹	15.6	15.9	18.1	15.8	16.6	16.8	17.4	18.6	19.3
玻利维亚	19.1	19.1	19.0	20.4	20.2	19.0	15.5	16.3	16.6
巴西	18.7	16.7	15.2	14.6	15.1	15.5	15.8	17.5	17.1
智利	25.1	24.6	23.6	22.5	23.0	23.9	22.7	23.5	23.6
哥伦比亚	22.6	22.5	21.4	21.5	21.2	21.0	17.2	18.2	18.9
哥斯达黎加	18.8	18.8	19.1	18.4	18.2	16.3	16.5	16.5	16.0
多米尼加	21.8	24.3	25.5	24.3	25.8	26.5	25.0	27.2	27.0
厄瓜多尔	28.6	26.8	24.7	25.4	25.6	24.7	21.7	21.7	21.6
萨尔瓦多	15.0	16.0	16.2	16.4	17.2	17.8	17.8	20.1	20.1
危地马拉	14.8	14.0	13.4	13.6	13.7	14.3	13.9	15.5	15.4
海地	17.4	13.2	15.2	16.0	16.1	18.6	14.8	10.7	9.8
洪都拉斯	23.4	25.3	22.6	24.0	24.7	22.8	19.1	—	—
牙买加	23.3	21.9	21.7	22.4	23.3	23.5	—	—	—
墨西哥	23.8	24.2	23.9	23.4	23.0	22.1	20.0	20.7	21.6
尼加拉瓜	26.3	29.3	28.4	27.7	22.4	16.7	18.9	23.0	21.2
巴拉圭	20.5	19.5	19.1	19.3	19.9	18.8	20.0	22.7	22.2
秘鲁	25.4	22.9	21.0	20.8	20.9	21.0	19.8	23.3	22.8
乌拉圭	19.1	17.3	16.7	16.6	14.8	14.4	15.6	17.2	18.0
委内瑞拉	58.1	49.4	32.6	21.2	16.5	—	—	—	—

资料来源：ECLAC, *Preliminary Overview of the Economies of Latin America and the Caribbean 2023*, Santiago, 2023。

附表 4　拉美国家国际储备总额（2018～2023 年）

单位：百万美元

国家和地区	2018 年	2019 年	2020 年	2021 年	2022 年	2022 年				2023 年		
						3 月	6 月	9 月	12 月	3 月	6 月	9 月
拉美和加勒比地区a	867004	851190	889106	933500	870462	925423	898396	865742	870462	890534	886626	879102
阿根廷	65786	44848	39387	39662	44598	43137	42787	37625	44598	39060	27926	26925
玻利维亚	8946	6468	5276	4752	3796	4599	4505	3844	3796	3112	3158b	—
巴西	374715	356884	355620	362204	324703	353169	341958	327580	324703	341158	343620	340324
智利	39861	40657	39200	51330	39154	48320	45821	37784	39154	39304	39497	41402
哥伦比亚	48393	53167	59031	58579	57269	58004	57164	56326	57269	57966	57839	57566
哥斯达黎加	7495	8912	7225	6918	8550	7054	6197	7566	8550	9137	11139	11334
多米尼加	7627	8781	10752	13034	14437	14596	14455	13806	14437	16017	16197	15851
厄瓜多尔	2677	3397	7196	7898	8459	9226	8585	8381	8459	8190	6967	6312
萨尔瓦多	3354	3937	2915	3342	2440	3335	3483	2941	2440	2556	2580	2523
危地马拉	12756	14789	18468	20940	20020	20764	19876	20428	20020	20344	21161	20293
海地	1563	1620	1659	1469	1198	1342	1191	1110	1198	1399	—	—
洪都拉斯	4853	5809	8149	8678	8422	8543	8353	8209	8422	8134	7914	7687
墨西哥	176412	183057	199052	207739	201066	209567	203565	202082	201066	206216	210324	209508
尼加拉瓜	2039	2209	3074	3955	4356	4129	4278	4186	4356	4818	4968	5151
巴拿马	2907	4142	8672	8099	6291	8966	8188	5783	6291	6291	5417	4208
巴拉圭	7970	7675	9490	9947	9825	9506	9422	9444	9825	9684	9745	10107
秘鲁	60121	68316	74707	78495	71883	75324	73335	74201	71883	72734	72943	71234
乌拉圭	15557	14505	16217	16953	15144	16645	15821	15378	15144	15560	15100	15329

续表

国家和地区	2018年	2019年	2020年	2021年	2022年	2022年				2023年		
						3月	6月	9月	12月	3月	6月	9月
委内瑞拉	8830	6630	6364	10914	9921	10806	10335	10005	9921	9610	9674	9644
安提瓜和巴布达	328	279	222	324	346	394	459	416	346	355	341	294[c]
巴哈马	1196	1758	2382	2433	2611	3002	3236	3200	2611	2668	2697	2734[c]
巴巴多斯	416	570	1104	1303	1165	1267	1269	1161	1165	1393	1348	1203
伯利兹[a]	295	279	350	424	483	433	457	477	483	497	523	515[c]
多米尼克	189	155	166	165	182	167	199	172	182	158	136	123[c]
格林纳达	231	234	291	324	352	290	327	344	352	366	360	433[c]
圭亚那	528	576	681	811	932	479	711	823	932	757	736	676
牙买加	3005	3163	3126	4001	3976	3676	3805	3807	3976	4152	4283	4717
圣基茨和尼维斯	355	355	365	313	270	275	253	256	270	286	262	267[c]
圣卢西亚	275	253	224	351	310	401	355	331	310	317	338	414[c]
圣文森特和格林纳丁斯	168	192	204	272	273	257	268	276	273	326	349	318[c]
苏里南	581	647	585	992	1195	899	982	1029	1195	1186	1091	1107
特立尼达和多巴哥	7575	6929	6954	6880	6832	6652	6757	6769	6832	6785	6596	6346

注：a. 国际储备总额。b. 截至 2023 年 4 月。c. 截至 2023 年 8 月。
资料来源：ECLAC, *Preliminary Overview of the Economies of Latin America and the Caribbean 2023*, Santiago, 2023。

附表 5 国际收支（2021~2023 年）

分表 1

单位：百万美元

国家和地区	货物出口额（FOB）			服务出口额			货物进口额（FOB）			服务进口额		
	2021 年	2022 年	2023 年	2021 年	2022 年	2023 年	2021 年	2022 年	2023 年	2021 年	2022 年	2023 年
拉美和加勒比地区	1222509	1431372	673788	150552	206647	100188	1208359	1457479	647233	214778	279527	128688
阿根廷	77987	88515	33498	9499	14487	8112	59291	76163	35876	13101	21396	12037
玻利维亚	10966	13541	2540	458	926	293	8740	11846	2542	1986	2731	632
巴西	284012	340328	168748	31482	40291	21582	247648	296175	130925	58439	79909	38509
智利	94774	98548	50383	5973	8529	4982	84304	94741	39348	18291	23353	9956
哥伦比亚	42736	59624	26239	8171	13488	7176	56719	71652	29892	14190	17888	8014
哥斯达黎加	14873	16706	9389	9164	11986	6942	17671	21303	11168	4269	5299	2559
多米尼加	12486	13777	6677	8114	11326	6501	24282	30743	14053	4408	5617	2828
厄瓜多尔	26968	33033	15321	2070	2887	1533	23975	30489	14105	4153	5562	2466
萨尔瓦多	5151	5723	2843	3179	4406	2267	13160	15292	7070	2299	2778	1239
危地马拉	12361	14266	3602	2885	3861	1002	23289	28524	6689	4054	5415	1202
海地	1130	1282	—	142	101	—	4416	4762	—	632	689	—
洪都拉斯	10247	12281	6098	853	1094	567	15067	18321	8645	2841	3628	1644
墨西哥	495275	578223	292228	37945	48075	25502	506005	605302	298614	52965	63288	34506
尼加拉瓜	5574	6310	1798	1044	1560	346	7475	9101	2103	867	1113	252
巴拿马	14889	18369	5115	11902	17065	4758	20368	30156	6419	4177	5272	1310

续表

国家和地区	货物出口额（FOB）			服务出口额			货物进口额（FOB）			服务进口额		
	2021 年	2022 年	2023 年	2021 年	2022 年	2023 年	2021 年	2022 年	2023 年	2021 年	2022 年	2023 年
巴拉圭	13223	12815	7941	1093	1637	916	12594	14744	7060	1218	1879	1073
秘鲁	62967	66235	32347	2947	4962	2608	47990	55902	23992	10718	13604	6469
乌拉圭	15827	17062	7790	3700	5503	3345	11211	13561	6423	3914	5334	2957
安提瓜和巴布达	48	51	—	705	1018	—	525	721	—	342	420	—
巴哈马	639	838	—	2691	3906	—	3264	3754	—	1683	1960	—
巴巴多斯	647	822	—	834	1177	—	1589	2039	—	372	430	—
伯利兹	422	517	117	621	851	308	956	1224	302	293	350	70
多米尼克	16	22	—	84	158	—	177	229	—	89	121	—
格林纳达	30	—	—	452	—	—	371	—	—	209	—	—
圭亚那	4356	11299	—	271	217	—	4376	3623	—	2858	3782	—
牙买加	1481	1902	527	2920	4522	1410	4263	6510	1622	3143	3217	821
圣基茨和尼维斯	27	21	—	314	490	—	281	328	—	183	203	—
圣卢西亚	67	66	—	388	910	—	378	673	—	198	359	—
圣文森特和格林纳丁斯	47	49	—	95	174	—	265	398	—	86	103	—
苏里南	2204	2457	586	96	143	39	1338	1701	388	538	640	146
特立尼达和多巴哥	11082	16687	—	460	897	—	6370	7506	—	2266	3188	—

分表 2

国家和地区	贸易余额			收益余额			经常转移余额			经常项目余额		
	2021 年	2022 年	2023 年	2021 年	2022 年	2023 年	2021 年	2022 年	2023 年	2021 年	2022 年	2023 年
拉美和加勒比地区	-50077	-98988	-1946	-180660	-194571	-109814	128528	145906	64573	-102209	-147653	-47186
阿根廷	15093	5443	-6304	-9852	-11858	-6658	1403	2125	1231	6645	-4290	-11730
玻利维亚	698	-109	-340	-1029	-1274	-309	1202	1200	326	871	-184	-324
巴西	9406	4536	20897	-58971	-61897	-35158	3207	3742	459	-46358	-53620	-13803
智利	-1848	-11017	6062	-18518	-16520	-7458	-2827	434	313	-23193	-27102	-1084
哥伦比亚	-20002	-16427	-4490	-8723	-17407	-7535	10775	12308	6115	-17951	-21526	-5910
哥斯达黎加	2096	2091	2604	-4251	-5129	-3176	550	570	274	-1605	-2469	-297
多米尼加	-8089	-11257	-3702	-4711	-4574	-2650	10114	9504	4787	-2685	-6327	-1565
厄瓜多尔	910	-131	283	-1670	-1864	-1202	3858	4110	2213	3097	2114	1294
萨尔瓦多	-7129	-7941	-3200	-1566	-1867	-1071	7422	7662	3905	-1272	-2146	-365
危地马拉	-12097	-15812	-3286	-2127	-1931	-379	16115	18986	4638	1890	1243	973
海地	-3776	-4067	—	23	24	—	3840	3580	—	87	-464	—
洪都拉斯	-6807	-8573	-3624	-2352	-2444	-1305	7632	8934	4588	-1528	-2083	-341
墨西哥	-25750	-42292	-15389	-33945	-33831	-28649	51352	58077	29996	-8343	-18046	-14042
尼加拉瓜	-1724	-2344	-210	-897	-1128	-307	2183	3256	1023	-438	-216	507
巴拿马	2245	6	2145	-3979	-2965	-1044	321	-44	0	-1412	-3004	1101
巴拉圭	505	-2171	724	-1347	-1163	-721	534	542	336	-308	-2793	340
秘鲁	7206	1691	4494	-18067	-17373	-8633	5797	5773	3396	-5064	-9908	-743

续表

国家和地区	贸易余额			收益余额			经常转移余额			经常项目余额		
	2021 年	2022 年	2023 年	2021 年	2022 年	2023 年	2021 年	2022 年	2023 年	2021 年	2022 年	2023 年
乌拉圭	4402	3670	1755	-6035	-6421	-3315	78	130	85	-1555	-2620	-1474
安提瓜和巴布达	-115	-72	—	-64	-81	—	-66	-72	—	-244	-225	—
巴哈马	-1617	-970	—	-734	-858	—	-82	68	—	-2434	-1760	—
巴巴多斯	-479	-470	—	-96	-166	—	33	16	—	-542	-620	—
伯利兹	-207	-205	53	-78	-132	-16	127	103	38	-158	-235	74
多米尼克	-166	-169	—	14	-1	—	22	26	—	-130	-144	—
格林纳达	-99	—	—	-78	—	—	22	—	—	-155	—	—
圭亚那	-2606	4110	—	-442	-1342	—	1053	1056	—	-1995	3824	—
牙买加	-3005	-3303	-506	-419	-347	-144	3573	3520	821	149	-130	171
圣基茨和尼维斯	-123	-20	—	-14	-31	—	-25	1	—	-162	-49	—
圣卢西亚	-121	-56	—	-14	-79	—	23	10	—	-112	-125	—
圣文森特和格林纳丁斯	-210	-277	—	1	-20	—	34	87	—	-175	-210	—
苏里南	423	258	90	-393	-308	-85	146	126	27	176	76	32
特立尼达和多巴哥	2906	6890	—	-326	-1584	—	115	77	—	2695	5382	—

分表3

单位：百万美元

国家和地区	资本和金融项目余额			综合收支账户差额			储备资产变化			国际货币基金组织信贷的使用		
	2021年	2022年	2023年	2021年	2022年	2023年	2021年	2022年	2023年	2021年	2022年	2023年
拉美和加勒比地区	153093	130868	58805	50885	-16786	11618	-50979	17328	-11824	120	-1.6	-0.3
阿根廷	-6750	11210	-4331	-106	6920	-16062	106	-6920	16062	—	—	—
玻利维亚	-1225	-680	-534	-354	-864	-857	354	864	857	—	—	—
巴西	60324	46335	31357	13967	-7284	17554	-13967	7284	-17554	—	—	—
智利	35405	17901	1213	12211	-9201	129	-12211	9201	-129	—	—	—
哥伦比亚	18604	22097	6583	654	571	673	-654	-571	-673	—	—	—
哥斯达黎加	1342	4272	2877	-263	1803	2580	263	-1803	-2580	—	—	—
多米尼加	4989	7770	3331	2303	1444	1765	-2304	-1444	-1765	—	—	—
厄瓜多尔	-2150	-1546	-2890	948	568	-1596	-948	-568	1596	—	—	—
萨尔瓦多	1631	1444	510	359	-702	145	-359	702	-145	—	—	—
危地马拉	918	-1210	-870	2809	33	103	-2809	-33	-103	—	—	—
海地	-313	250	—	-225	-214	—	-91	117	—	-5	-2.9	—
洪都拉斯	1986	1956	-187	459	-127	-528	-587	122	527	124	—	—
墨西哥	18631	16353	21206	10288	-1692	7164	-10288	1692	-7164	—	—	—
尼加拉瓜	1271	582	-68	833	367	438	-833	-367	-438	—	—	—
巴拿马	776	1122	-1308	-637	-1882	-207	1087	1920	2	—	—	—
巴拉圭	901	2658	-577	593	-134	-237	-593	134	237	—	—	—
秘鲁	9474	4819	1229	4410	-5089	486	-4410	5089	-486	—	—	—
乌拉圭	2399	1042	1374	843	-1578	-101	-843	1578	101	—	—	—

续表

国家和地区	资本和金融项目余额			综合收支账户差额			储备资产变化			国际货币基金组织信贷的使用		
	2021年	2022年	2023年	2021年	2022年	2023年	2021年	2022年	2023年	2021年	2022年	2023年
安提瓜和巴布达	347	313	—	103	88	—	-102	-92	—	—	—	—
巴哈马	2485	1938	—	51	178	—	-240	251	—	0.8	1.3	-0.3
巴巴多斯	764	585	—	221	-35	—	-199	144	—	—	—	—
伯利兹	233	293	-71	75	58	4	-75	-58	-4	—	—	—
多米尼克	151	147	—	21	3	—	-21	-5	—	—	—	—
格林纳达	183	—	—	28	—	—	-28	—	—	—	—	—
圭亚那	2125	-3703	—	130	122	—	-130	-122	—	—	—	—
牙买加	603	-186	-4	752	-316	167	-752	316	-167	—	—	—
圣基茨和尼维斯	166	-16	—	5	-65	—	-5	57	—	—	—	—
圣卢西亚	93	118	—	-19	-7	—	19	19	—	—	—	—
圣文森特和格林纳丁斯	192	217	—	17	7	—	-17	-3	—	—	—	—
苏里南	307	214	-36	483	291	-3	-417	-225	—	—	—	—
特立尼达和多巴哥	-2769	-5429	—	-74	-47	—	74	47	3	—	—	—

资料来源：ECLAC, *Preliminary Overview of the Economies of Latin America and the Caribbean 2023*, Santiago, 2023。

附表6 外国直接投资净额（2015~2023年）

单位：百万美元

国家和地区	2015年	2016年	2017年	2018年	2019年	2020年	2021年	2022年	2023年ᵃ
拉美和加勒比地区	149762	139133	128552	154549	124952	108659	122784	163076	92246
阿根廷	10884	1474	10361	9991	5126	3707	5366	13332	7485
玻利维亚	556	246	633	387	-265	-1018	492	328	-45
巴西	61604	59601	47545	76138	46355	41254	30200	53890	18146
智利	19681	14850	7939	14039	16813	16497	17920	28954	16297
哥伦比亚	7403	9341	10011	6172	10836	5725	6381	13991	9313
哥斯达黎加	2541	2127	2652	2434	2695	1644	3146	3060	1905
多米尼加	2205	2407	3571	2535	3021	2560	3197	4010	2153
厄瓜多尔	1331	764	630	1389	979	1095	648	833	107
萨尔瓦多	396	348	889	826	636	272	308	-101	263
危地马拉	1048	965	934	780	796	786	2986	656	253
海地	106	105	375	105	75	25	51	39	—
洪都拉斯	952	900	1035	895	496	373	513	738	349
墨西哥	25272	31029	30070	25612	23860	26486	33954	21864	27222
尼加拉瓜	922	924	971	763	444	707	1206	1281	370
巴拿马	3972	4557	4420	4857	3726	645	1635	2679	906
巴拉圭	328	468	82	219	532	120	95	223	194
秘鲁	6674	8331	8835	5083	4325	2422	9148	10401	4380
乌拉圭	775	-1823	-2037	-729	1391	1016	1493	3175	2763
委内瑞拉	370	27	-2302	225	—	—	—	—	—

续表

国家和地区	2015年	2016年	2017年	2018年	2019年	2020年	2021年	2022年	2023年[a]
安提瓜和巴布达	100	59	144	193	84	13	248	207	—
巴哈马	350	465	412	562	369	375	298	316	—
伯利兹	64	42	24	118	92	72	124	132	34
多米尼克	19	41	23	77	59	25	24	25	—
格林纳达	137	93	152	164	196	146	73	—	—
圭亚那	122	6	212	1232	1695	2060	4453	4389	—
牙买加	891	658	855	762	219	258	264	258	124
圣基茨和尼维斯	133	124	42	36	66	54	55	-8	—
圣卢西亚	129	149	59	67	4	54	33	138	—
圣文森特和格林纳丁斯	116	89	143	34	75	76	91	82	—
苏里南	267	300	98	119	-8	0	-124	3	28
特立尼达和多巴哥	48	2	-459	-765	70	958	-1702	-2086	—

注：a. 2023年数据为第一、二季度的总和。

资料来源：ECLAC, *Preliminary Overview of the Economies of Latin America and the Caribbean 2023*, Santiago, 2023。

附表 7　外债总额（2014～2022 年）

单位：百万美元

国家和地区	类型	2014 年	2015 年	2016 年	2017 年	2018 年	2019 年	2020 年	2021 年	2022 年
拉美和加勒比地区[a]	总额	1948692	1937645	1998903	2119747	2203072	2287077	2315456	2389629	2418091
阿根廷	总额	158742	167412	181432	234549	277932	278489	271528	267868	276694
玻利维亚	总额	8543	9445	10703	11702	12491	13473	14273	14846	14923
巴西	总额	712655	665101	675841	667103	665777	675789	639308	670286	681076
智利	总额	153696	159613	165217	179976	184220	198396	208485	237690	233325
哥伦比亚	总额	101404	110502	120153	124636	132016	138683	154507	171303	184052
哥斯达黎加	总额	21628	23576	25565	26920	29135	30795	30926	31640	35050
多米尼加	公共	16074	16029	17567	18821	21565	23383	30703	33341	36358
厄瓜多尔	总额	24112	27933	34181	40323	44239	52668	56893	57583	60115
萨尔瓦多	总额	14800	15217	16376	16474	16603	17350	18731	20345	20539
危地马拉	总额	21577	22235	23333	24928	24378	24489	24938	25817	24734
海地	总额	1833	1985	2013	2133	2121	2100	2218	2254	2268
洪都拉斯	总额	7184	7456	7499	8572	9112	9604	10981	11355	11804
墨西哥	总额	544167	538015	543012	578618	592652	621607	628510	602086	582239
尼加拉瓜	总额	10925	11461	12120	12667	12881	13498	13785	14607	14910
巴拿马	公共	14352	15648	16902	18390	20575	24223	29817	32844	36853
巴拉圭	总额	7083	7845	8500	9686	10502	11471	14853	15883	17851
秘鲁	总额	69238	73071	74968	76832	78713	80857	89715	101981	102269

续表

国家和地区	类型	2014年	2015年	2016年	2017年	2018年	2019年	2020年	2021年	2022年
乌拉圭	总额	41390	43825	40446	42318	43044	45198	47089	48757	53268
委内瑞拉	总额	135767	149755	149859	148328	148432	147899	—	—	—
安提瓜和巴布达	公共	560	573	562	584	614	650	674	731	739
巴哈马	公共	2095	2176	2373	3234	3172	3123	4478	4761	5225
巴巴多斯	公共	1628	1687	1671	1631	1687	1581	2014	2266	2396
伯利兹	公共	1126	1179	1204	1257	1285	1322	1453	1339	1364
多米尼克	公共	287	285	270	267	253	244	287	323	354
格林纳达	公共	634	613	602	533	562	523	569	602	610
圭亚那	公共	1216	1143	1162	1248	1322	1305	1321	1393	1572
牙买加	公共	7069	8815	8680	9307	8951	8703	9127	9214	8664
圣基茨和尼维斯	公共	284	214	199	156	149	142	136	134	132
圣卢西亚	公共	526	509	529	598	599	628	718	850	873
圣文森特和格林纳丁斯	公共	387	399	455	387	391	420	462	562	602
苏里南	公共	942	1156	1869	2085	2040	2150	2159	2204	2443
特立尼达和多巴哥	公共	2537	2534	3503	3813	4094	4211	4796	4764	4790

注：a. 不包括玻利维亚和委内瑞拉。

资料来源：ECLAC, *Preliminary Overview of the Economies of Latin America and the Caribbean 2023*, Santiago, 2023。

附表8　居民消费价格年度变化率（2018～2023年）

单位：%

国家和地区	2018年	2019年	2020年	2021年	2022年	2022年			2023年		
						3月	6月	9月	3月	6月	9月
拉美和加勒比地区[a]	3.5	3.4	3.3	7.6	7.6	8.7	9.7	8.2	6.7	4.9	5.2
阿根廷	47.1	52.9	34.1	51.4	95.2	55.9	65.0	82.9	105.3	117.0	138.3
玻利维亚	1.5	1.5	0.7	0.9	3.1	0.8	1.8	1.9	2.5	2.7	2.8
巴西	3.7	4.3	4.5	10.0	5.8	11.3	11.9	7.2	4.7	3.2	5.2
智利	2.6	3.0	3.0	7.2	12.8	9.4	12.5	13.7	11.1	7.6	5.1
哥伦比亚	3.1	3.8	1.6	5.6	13.1	8.5	9.7	11.4	13.3	12.1	11
哥斯达黎加	2.0	1.5	0.9	3.3	7.9	5.8	10.1	10.4	4.4	-1.0	-2.2
古巴[b]	2.4	-1.3	18.5	77.3	39.1	21.7	28.9	37.2	46.4	45.5	37.7
多米尼加	1.2	3.7	5.6	8.5	7.8	9.1	9.5	8.6	5.9	4.0	4.4
厄瓜多尔	0.3	-0.1	-0.9	1.9	3.7	2.6	4.2	4.1	2.8	1.7	2.2
萨尔瓦多	0.4	0.0	-0.1	6.1	7.3	6.7	7.8	7.5	6.1	3.8	3
危地马拉	2.3	3.4	4.8	3.1	9.2	4.2	7.6	9.0	8.7	4.9	4.7
海地	16.5	20.8	19.2	24.6	48.1	25.9	29.2	38.8	48.1	46.2	31.9
洪都拉斯	4.2	4.1	4.0	5.3	9.8	7.0	10.2	10.0	9.1	5.6	6.1
墨西哥	4.8	2.8	3.2	7.4	7.8	7.5	8.0	8.7	6.8	5.1	4.5
尼加拉瓜	3.4	6.5	2.6	7.3	11.3	8.7	10.2	11.3	10.1	9.2	6.5
巴拿马	0.2	-0.1	-1.6	2.6	2.1	3.2	5.2	1.9	1.3	-0.6	2.3

续表

国家和地区	2018年	2019年	2020年	2021年	2022年	2022年			2023年		
						3月	6月	9月	3月	6月	9月
巴拉圭	3.2	2.8	2.2	6.8	8.1	10.1	11.5	9.3	6.4	4.2	3.5
秘鲁	2.2	1.9	2.0	6.4	8.5	6.8	8.8	8.5	8.4	6.5	5
乌拉圭	8.0	8.8	9.4	8.0	8.3	9.4	9.3	9.9	7.3	6.0	3.9
委内瑞拉	130060	9585	2960	686	234	284	157	157	440	404	318
安提瓜和巴布达	1.7	0.7	2.8	1.2	9.2	6.1	10.5	8.6	4.6	4.6	5.6
巴哈马	2.0	1.4	1.2	4.1	5.5	4.7	6.2	6.5	4.1	4.0	2.3[d]
巴巴多斯	0.6	7.2	1.3	5.0	12.5	9.3	11.5	6.6	12.6	11.6	10.1[c]
伯利兹	-0.1	0.2	0.4	4.9	6.7	5.7	6.7	7.1	5.9	3.7	4.2
多米尼克	4.0	0.1	-0.7	3.8	8.4	5.2	9.0	9.8	7.1	3.6	—
格林纳达	1.4	0.1	-0.8	1.9	2.9	1.8	3.1	3.1	3.7	2.2	—
圭亚那	1.6	2.1	0.9	5.7	7.2	6.8	5.0	6.5	4.9	3.0	1
牙买加	2.4	6.2	4.5	7.3	9.3	11.3	10.9	9.2	6.2	6.3	5.9
圣基茨和尼维斯	-0.8	-0.8	-1.2	1.9	3.9	1.2	3.1	2.5	5.9	3.1	—
圣卢西亚	1.6	-0.7	-0.4	4.1	6.9	5.5	6.3	7.9	7.1	5.4	—
圣文森特和格林纳丁斯	1.4	0.5	-1.0	3.4	6.7	3.6	5.2	7.3	5.5	5.3	3
苏里南	5.4	4.2	60.7	60.7	54.6	62.2	55.1	41.9	59.5	54.6	50.8
特立尼达和多巴哥	1.0	0.4	0.8	3.5	8.7	4.1	4.9	6.2	7.3	5.8	3.9

注：a. 不包括阿根廷、古巴、海地、苏里南和委内瑞拉的数据。b. 本国货币市场。c. 截至2023年7月。d. 截至2023年8月。

资料来源：ECLAC, *Preliminary Overview of the Economies of Latin America and the Caribbean 2023*, Santiago, 2023。

附表9 公开失业率（年度平均失业率）（2018~2023年）

单位：%

国家		2018年	2019年	2020年	2021年	2022年	2022年 Q1	Q2	Q3	Q4	2023年 Q1	Q2
阿根廷[a]	全国	9.2	9.8	11.5	8.8	6.8	7.0	6.9	7.1	6.3	6.9	6.2
巴哈马[b]	全国	10.3	9.5	—	—	—	—	—	—	—	—	—
巴巴多斯[c]	全国	10.1	9.6	15.6	14.1	8.4	—	—	—	—	—	—
伯利兹[d]	全国	9.4	9.1	13.7	21.1	6.8	—	—	—	—	—	—
玻利维亚[e]	全国	3.5	3.7	4.2	5.1	3.5	4.5	3.4	3.0	3.2	3.6	2.8
巴西	全国	12.4	12.0	13.8	13.2	9.3	11.1	9.3	8.7	7.9	8.8	8.0
智利	全国	7.4	7.2	10.8	8.9	7.9	7.8	7.8	8.0	7.9	8.8	8.5
哥伦比亚	全国	9.1	9.9	15.1	13.8	11.2	13.2	11.0	10.8	9.8	11.7	10.2
哥斯达黎加	全国	10.3	11.8	19.6	16.4	12.2	13.6	11.7	12.0	11.7	10.6	9.6
古巴	全国	1.7	1.3	1.4	—	—	—	—	—	—	—	—
多米尼加	全国	5.7	6.2	5.8	7.4	5.3	6.4	5.2	4.8	4.8	5.2	5.6
厄瓜多尔[f]	全国	3.5	3.8	6.2	4.6	3.8	4.4	3.8	3.7	3.4	3.4	3.5
萨尔瓦多	全国	6.3	6.3	6.9	6.3	5.0	—	—	—	—	—	—
格林纳达	全国	19.2	—	—	—	—	—	—	—	—	—	—
危地马拉	全国	2.4	2.2	—	2.2	3.0	3.0	—	—	—	—	—
洪都拉斯[g]	全国	5.7	5.7	10.9	8.6	8.2	—	—	—	—	—	—
牙买加[h]	全国	5.6	5.0	6.6	5.2	3.9	3.8	4.3	—	—	3.1	—
墨西哥[i]	城市	3.3	3.5	4.4	4.1	3.3	3.5	3.2	3.4	3.0	2.7	2.8
尼加拉瓜	全国	5.5	5.4	5.0	4.5	3.5	4.2	3.6	3.3	2.9	3.2	3.6

续表

国家		2018年	2019年	2020年	2021年	2022年	2022年 Q1	2022年 Q2	2022年 Q3	2022年 Q4	2023年 Q1	2023年 Q2
巴拿马[j]	全国	4.9	5.8	18.6	8.5	8.2	—	—	—	—	—	—
巴拉圭[k]	全国	6.2	6.6	7.7	7.5	6.8	8.5	6.7	6.3	5.7	6.5	5.8
秘鲁[l]	全国	3.9	3.9	7.7	5.9	4.4	6.0	4.0	4.0	3.6	4.6	4.9
圣卢西亚[m]	全国	20.2	16.8	21.7	23.1	—	—	—	—	—	—	—
特立尼达和多巴哥[n]		3.9	4.3	4.7	5.4	4.9	5.1	4.5	5.4	4.7	4.9	3.7
乌拉圭[o]		8.3	8.9	10.1	9.3	7.9	7.5	8.1	8.1	7.8	8.4	8.6
委内瑞拉		7.3	6.8	—	—	—	8.5	6.7	6.3	5.7	—	—

注：a. 31 个城市群。b. 不包括隐性失业。c. 2019 年为初步数据。d. 2018 年数据参照 4 月，2019 年和 2020 年第三季度的数据来自 9 月的调查，其中 2020 年的数据来自第三季度。d. 2018 年数据参照 4 月，应用持续就业调查（ECE）的新测量方法，截至 2016 年，数据与前几年不具可比性，2019 年和 2020 年的季度数据包括城市。f. 2020 年第二季度数据来自 5 月和 6 月平均值，2020 年第四季度数据分别为 9 月和 12 月的平均值。g. 2020 年为初步数据，基于 2020 年 11 月 12 月的电话调查数据计算。h. 2020 年第二季度的数据为第一、第三和第四季度数据平均值。i. 2019 年第二和第三季度数据来自全国职业和就业调查（ENOE），2020 年第一季度数据来自电话调查。j. 2020 年第二季度的平均数据与其他年份数据不具可比性。2020 年第三季度数据为 9～10 月的电话调查，2021 年数据为 10 月数据。k. 从 2017 年起，通过连续常住住户调查（EPHC）进行新的测量。l. 2020 年第一季度，数据与往年不具有可比性，2022 年的数据参照 4 月。m. 2020 年上半年数据为第一季度的数据。n. 2020 年数据为上半年数据。o. 2020 年第二季度数据来自 1 月和 2 月的连续住户调查（ECH），3 月的数据来自电话连续住户调查，2020 年第二季度数据为 4～6 月电话连续住户调查的平均值，第三季度数据为 7～9 月电话连续住户调查的平均值，第四季度数据为 10～12 月电话连续住户调查的平均值，年度平均值为初步数据。

资料来源：ECLAC, *Preliminary Overview of the Economies of Latin America and the Caribbean 2023*, Santiago, 2023。

附表 10 拉美 18 个国家的收入集中度指数（2013~2022 年）[a]

| 国家 | 年份 | 阿特金森指数[b] | | | | 50%中位数以下收入比例（%） |
		基尼系数[c]	泰尔指数[b]	（=0.5）	（=1.0）	（=1.5）	
阿根廷[d]	2014	0.391	0.264	0.121	0.224	0.317	12.8
	2019	0.404	0.295	0.132	0.242	0.339	13.5
	2020	0.395	0.273	0.124	0.230	0.327	12.4
	2021	0.391	0.265	0.120	0.225	0.332	11.9
	2022	0.378	0.252	0.114	0.212	0.300	10.7
玻利维亚	2014	0.471	0.403	0.185	0.350	0.507	22.7
	2019	0.430	0.326	0.152	0.288	0.421	18.3
	2020	0.449	0.349	0.165	0.314	0.457	20.5
	2021	0.418	0.305	0.143	0.274	0.400	18.6
巴西	2014[e]	0.514	0.526	0.217	0.370	0.486	21.6
	2019	0.538	0.574	0.236	0.403	0.529	23.4
	2020	0.519	0.535	0.219	0.371	0.489	20.8
	2021	0.537	0.555	0.231	0.395	0.521	22.9
	2022	0.514	0.507	0.212	0.363	0.478	21.6
智利	2013	0.476	0.441	0.185	0.316	0.420	14.5
	2015	0.462	0.427	0.177	0.304	0.404	14.5
	2017	0.462	0.427	0.177	0.303	0.404	14.5
	2020	0.488	0.460	0.192	0.339	0.476	16.9
	2022	0.445	0.371	0.160	0.284	0.393	14.6
哥伦比亚	2014	0.534	0.571	0.236	0.405	0.539	22.6
	2019	0.529	0.552	0.231	0.399	0.532	22.7
	2020	0.552	0.588	0.245	0.424	0.569	23.9
	2021[f]	0.569	0.648	0.267	0.452	0.591	23.3
	2022[f]	0.563	0.629	0.260	0.441	0.578	22.9
哥斯达黎加	2014	0.498	0.440	0.197	0.356	0.488	21.1
	2019	0.495	0.443	0.196	0.350	0.475	20.4
	2020	0.490	0.424	0.190	0.342	0.468	20.0
	2021	0.501	0.437	0.196	0.352	0.479	20.7
	2022	0.484	0.417	0.187	0.336	0.459	19.9

续表

国家	年份	阿特金森指数^b				50%中位数以下收入比例（%）
		基尼系数^c	泰尔指数^b	（=0.5）	（=1.0）	（=1.5）	

国家	年份	基尼系数^c	泰尔指数^b	（=0.5）	（=1.0）	（=1.5）	50%中位数以下收入比例（%）
多米尼加	2014^h	0.449	0.351	0.160	0.293	0.404	18.3
	2019	0.432	0.346	0.149	0.263	0.355	15.4
	2020	0.405	0.297	0.133	0.240	0.331	14.4
	2021	0.395	0.286	0.127	0.230	0.318	13.9
	2022	0.381	0.260	0.118	0.217	0.302	14.2
厄瓜多尔	2014	0.449	0.391	0.165	0.288	0.387	16.5
	2019	0.456	0.382	0.167	0.297	0.404	18.1
	2020	0.466	0.434	0.181	0.313	0.418	16.8
	2021^g	0.466	0.443	0.180	0.307	0.407	15.7
	2022^g	0.447	0.377	0.163	0.289	0.392	16.5
萨尔瓦多	2014	0.434	0.340	0.151	0.273	0.373	17.6
	2019	0.406	0.298	0.134	0.245	0.338	16.1
	2020	0.421	0.305	0.141	0.267	0.391	17.5
	2021	0.406	0.284	0.135	0.262	0.396	18.6
	2022	0.402	0.281	0.133	0.257	0.387	18.3
危地马拉	2014	0.535	0.664	0.248	0.407	0.533	22.2
洪都拉斯	2014	0.481	0.428	0.185	0.325	0.435	19.0
	2018	0.481	0.427	0.187	0.334	0.457	21.0
	2019	0.494	0.406	0.185	0.339	0.471	23.2
	2021	0.535	0.495	0.221	0.406	0.579	26.0
墨西哥	2014^h	0.502	0.511	0.209	0.357	0.475	19.1
	2016	0.491	0.448	0.186	0.320	0.425	16.8
	2018	0.464	0.444	0.182	0.312	0.415	16.5
	2020	0.452	0.401	0.169	0.297	0.401	16.6
	2022	0.441	0.388	0.163	0.284	0.382	15.7
尼加拉瓜	2014	0.495	0.511	0.207	0.355	0.476	19.9
巴拿马	2014	0.502	0.465	0.206	0.372	0.511	24.2
	2018	0.501	0.457	0.206	0.377	0.522	23.7
	2019	0.506	0.459	0.206	0.374	0.516	23.8
	2021	0.519	0.498	0.217	0.382	0.510	23.4
	2022	0.496	0.449	0.201	0.366	0.505	22.4

国家	年份	阿特金森指数[b]					50%中位数以下收入比例(%)
		基尼系数[c]	泰尔指数[b]	(=0.5)	(=1.0)	(=1.5)	
巴拉圭	2014	0.522	0.542	0.219	0.372	0.493	21.5
	2019	0.473	0.412	0.180	0.320	0.432	20.3
	2020	0.452	0.371	0.165	0.298	0.411	19.6
	2021	0.447	0.372	0.163	0.291	0.397	18.6
	2022	0.471	0.427	0.183	0.322	0.437	18.6
秘鲁	2014	0.446	0.369	0.165	0.303	0.424	21.5
	2019	0.429	0.332	0.151	0.278	0.390	19.6
	2020	0.464	0.396	0.178	0.329	0.469	21.2
	2021	0.423	0.327	0.147	0.271	0.382	17.3
	2022	0.414	0.315	0.141	0.260	0.369	16.6
乌拉圭	2014	0.392	0.271	0.124	0.229	0.319	16.3
	2019	0.392	0.270	0.123	0.226	0.314	16.2
	2020	0.397	0.277	0.127	0.233	0.323	16.7
	2021	0.402	0.286	0.129	0.235	0.323	16.4
	2022	0.401	0.285	0.129	0.236	0.326	16.8
委内瑞拉	2014	0.378	0.242	0.112	0.210	0.300	14.8

注：a. 根据全国人口的人均收入分配计算得出。b. 为了降低最高及最低数值的影响，泰尔指数和阿特金森指数不包括人均收入接近0和排名前三位数据。c. 包括没有收入的人口。d. 城市汇总。e. 2014年的数据基于全国住户调查（PNAD），与以后年份的数据不具有可比性。f. 2021年和2022年数据与之前的数据不具有可比性。g. 2021年和2022年为12月之前的数据。h. 2014年数据与之后的数据不具有可比性。

资料来源：ECLAC，*Social Panorama of Latin America 2023*，Santiago，2023。

附表11 拉美15个国家的贫困率和极端贫困率（2019~2022年）ª

单位：%，百分点

联合国拉美经委会估计

国家	极端贫困率					贫困率				
	2019年	2020年	2021年	2022年	2022年相较2021年变化	2019年	2020年	2021年	2022年	2022年相较2021年变化
阿根廷ᵇ	3.9	6.1	4.0	3.9	-0.1	26.0	33.0	28.3	30.1	1.8
玻利维亚	12.0	13.5	9.9	—	—	30.9	32.3	29	—	—
巴西ᶜ	5.8	5.1	8.3	5.3	-3.0	20.2	18.4	24.3	19.5	-4.8
智利	—	4.5	—	2.1	—	—	13.9	—	8.1	—
哥伦比亚	12.4	19.2	16.8ᵈ	16.9ᵈ	0.1	30.4	39.8	36.6ᵈ	34.5ᵈ	-2.1
哥斯达黎加	3.4	4.0	3.7	3.3	-0.4	16.5	19.4	17.3	16.6	-0.7
多米尼加	3.9	5.6	5.2	5.1	-0.1	19	21.8	22.5	20.4	-2.1
厄瓜多尔ᵉ	7.6	10.8	7.6	6.9	-0.7	25.7	30.6	28.5	25.7	-2.8
萨尔瓦多	5.6	8.3	8.4	8.7	-0.3	30.4	30.7	30.3	29.8	-0.5
洪都拉斯	20.0	—	34.4	—	—	52.3	—	67.8	—	—
墨西哥	—	9.2	—	6.2	—	37.4	—	—	28.6	—
巴拿马	6.6	—	5.7	6.5	-0.8	14.6	—	15.6	14.3	-1.3
巴拉圭	6.2	6.0	6.0	7.9	1.9	19.4	22.3	20.9	21.1	0.2
秘鲁	3.0	8.6	3.9	3.3	-0.6	15.4	28.4	18.6	17.2	-1.4
乌拉圭	0.1	0.3	0.1	0.3	0.2	3	5	4.8	4.3	-0.5

续表

国家	各国的官方估计									
	极端贫困率					贫困率				
	2019年	2020年	2021年	2022年	2022年相较2021年变化	2019年	2020年	2021年	2022年	2022年相较2021年变化
阿根廷[b]	8.0	10.5	8.2	8.1	-0.1	35.5	42	37.3	39.2	-1.9
玻利维亚	12.9	13.7	11.1	—	—	37.2	39	36.4	—	—
巴西[c]	6.8	5.7	8.4	—	—	25.9	24.1	29.4	—	—
智利	—	4.3	—	2.0	—	—	10.7	—	6.5	—
哥伦比亚	9.6	15.1	13.7[d]	13.8[d]	0.1	35.7	42.5	39.7[d]	36.6[d]	-3.1
哥斯达黎加[f]	5.8	7.0	6.3	6.4	0.1	21	26.2	23	23	0
多米尼加	2.7	3.5	3.1	3.0	-0.1	20.9	23.4	23.9	21.8	-2.1
厄瓜多尔[e]	8.9	15.4	10.5	8.3	-2.2	25	33	27.7	25.2	-2.5
萨尔瓦多[f]	4.5	8.6	7.8	—	—	22.8	26.2	24.6	—	—
洪都拉斯[f]	25.2	—	32.5	—	—	48	—	59.2	—	—
墨西哥[g]	—	17.2	—	12.1	—	—	52.8	—	43.5	—
巴拿马	10.0	—	—	—	—	21.5	—	—	—	—
巴拉圭	4.0	3.9	3.9	5.6	1.7	23.5	26.9	26.9	24.7	-2.2
秘鲁	2.9	5.1	4.1	5.0	0.9	20.2	30.1	25.9	27.5	1.6
乌拉圭	0.2	0.4	0.3	0.3	0	8.8	11.6	10.6	10	-0.6

注：a. 联合国拉美经委会从2019年起提供贫困估计数的国家。b. 城市地区。c. 巴西没有官方贫困估计数，数据资料来源于巴西地理和统计局的估计数。d. 2021年和2022年数据基于2018年全国人口和住房普查抽样，与之前的数据不具有可比性。e. 联合国拉美经委会使用2021年以来的累计年度样本。官方数据基于每年年12月的样本。f. 官方数据以家庭百分比报告。g. 各国的官方数据是对贫困的多维衡量，因此，各国的官方估计数被当作非官方贫困基准，在表中分别等同于"极端贫困"和"贫困"。和"福利线以下人口"为单位的全国社会发展政策评价理事会公布的估计数被当作官方的全国贫困基准，在表中分别等同于官方的"极端贫困"和"贫困"。

资料来源：ECLAC, *Social Panorama of Latin America 2023*, Santiago, 2023。

附表12 中拉贸易统计（2019～2023年）

单位：万美元

国家和地区	2019年			2020年			2021年			2022年			2023年		
	进出口额	出口额	进口额	进出口额	出口额	进口额	进出口额	出口额	进口额	进出口额	出口额	进口额	进出口额	出口额	进口额
拉丁美洲	31762306	15198283	16564023	32012042	15070870	16941172	45159062	22900893	22258169	48579011	25297531	23281480	48904716	24506561	24398155
安提瓜和巴布达	7201	7194	7	9135	9132	3	11293	11026	267	10557	10452	105	17232	16683	549
阿根廷	1427513	688415	739098	1389827	708381	681446	1782974	1068981	713992	2136248	1276901	859347	1739843	1074261	665581
巴哈马	43406	35547	7859	35076	27783	7293	49218	47492	1726	40554	39672	883	49382	49332	50
巴巴多斯	17640	15614	2026	9426	7910	1516	25402	23878	1525	18761	16106	2655	16331	15150	1180
伯利兹	11698	11683	15	10430	10386	44	17593	17588	5	32896	32825	71	23460	23309	151
玻利维亚	117630	85415	32215	97899	68778	29121	164030	99252	64778	193826	106741	87085	259670	113430	146240
巴西	11550161	3553906	7996255	12047100	3495378	8551722	16406319	5361409	11044910	17149201	6196997	10952204	18152923	5910776	12242147
智利	4094104	1471184	2622920	4526854	1533653	2993201	6580804	2629800	3951004	6700608	2252004	4448604	6255171	1950890	4304281
哥伦比亚	1564243	923415	640828	1365654	932052	433602	1995801	1435547	560254	2264226	1560010	704216	1879245	1237248	641997
多米尼克	3423	3375	48	2166	2106	60	3610	3466	143	3490	3447	43	7356	7286	70
哥斯达黎加	224389	152133	72256	220429	153568	66861	307090	225541	81549	437751	236861	200890	570243	278423	291820
古巴	128364	79093	49271	95330	48329	47001	102178	57590	44588	87216	41420	45796	86244	50378	35866
多米尼加	284476	239043	45433	279326	249396	29930	434932	400245	34687	483808	431882	51926	496625	433589	63036
厄瓜多尔	727080	362857	364223	757308	325233	432076	1094586	548358	546228	1308838	628814	680025	1364934	586120	778814
格林纳达	1459	1459	0.2	1545	1541	4.4	2047	2045	2	2302	2275	27	2405	2404	1
危地马拉	259773	239967	19806	273961	247251	26710	435177	390430	44747	494003	436606	57396	492527	459835	32692
圭亚那	31890	27291	4599	57433	26547	30886	71024	39033	31991	188003	57727	130276	123076	79238	43839

续表

国家和地区	2019年			2020年			2021年			2022年			2023		
	进出口额	出口额	进口额	进出口额	出口额	进口额	进出口额	出口额	进口额	进出口额	出口额	进口额	进出口额	出口额	进口额
海地	56533	56083	449	71230	70927	303	80005	79572	433	63737	63478	258	53373	52599	774
洪都拉斯	97225	94046	3179	96883	92287	4595	161920	158508	3413	158929	156005	2924	190958	182842	8117
牙买加	70029	67070	2958	66239	63046	3193	81607	80994	613	105411	103945	1466	128008	126686	1322
墨西哥	6071670	4638216	1433454	6104548	4482790	1621758	8659822	6744236	1915586	9496452	7753494	1742958	10022512	8147112	1875400
尼加拉瓜	54763	50207	4555	50540	48644	1896	81954	79431	2523	75956	72354	3603	85314	82452	2862
巴拿马	839653	794450	45203	926307	879365	46942	1134365	1018009	116356	1389113	1264674	124439	1294246	1131897	162350
巴拉圭	144846	143212	1635	123084	121693	1391	183511	178073	5439	197973	189512	8461	225999	220915	5084
秘鲁	2370868	851308	1519560	2360122	886574	1473547	3731316	1330267	2401049	3764333	1353230	2411103	3769129	1211109	2558021
圣卢西亚	2175	2156	19	2341	2335	6	2555	2542	13	3614	3608	5	4489	4482	8
圣文森特和格林纳丁斯	2129	2129	0	1020	1019	1	3289	3289	0	2163	2163	0	2604	2604	0
萨尔瓦多	111456	100125	11331	111003	93825	17178	173007	151121	21885	189236	165894	23342	180231	163352	16879
苏里南	28804	23453	5351	28243	22133	6110	31860	27674	4186	36723	32142	4581	38409	32953	5456
特立尼达和多巴哥	103267	36350	66917	67603	34120	33483	107194	42465	64729	130642	54356	76286	134448	56116	78332
乌拉圭	491670	194899	296771	407037	170305	236732	648058	285806	362252	744055	298308	445747	531722	296923	234800
委内瑞拉	640041	154008	486033	205308	151884	53424	318459	218626	99833	384246	300899	83346	418334	345185	73149
圣基茨和尼维斯	1008	971	36	1391	1348	42	1391	1324	67	1533	1469	65	2553	2532	21

资料来源：中国海关总署。

415

Abstract

The global transformation trends continue to evolve in 2023−2024, and LAC region is navigating through both internal and external difficulties. This report systematically analyzes and summarizes the new changes, characteristics, causes, and development trends of situation in LAC since 2023. It concludes that the regional since 2023 remains pessimistic, with four prominent features: 1. The new wave of left-wing movements shows some diminishing momentum, and while the political situation remains generally stable, there are occasional localized disturbances. 2. Economic growth lacks sufficient momentum, and overall performance has been poor. 3. Social development remains sluggish, with issues of immigration and security becoming more prominent. 4. The foreign policy choices of LAC countries are diversifying, yet a strategy of dynamic balance remains the mainstream approach. Looking ahead, the political competition between left-wing and right-wing forces, slow economic growth, and escalating social conflicts are likely to persist. External shocks and internal contradictions will intertwine, increasing the risk of regional instability.

Since 2023, the new wave of left-wing momentum has shown signs of losing steam, with right-wing forces winning elections in Argentina and other countries, challenging the development model that LAL's left-wing has pursued for over two decades. LAC's left-wing force continues to unite and strengthen itself, with Brazil's left-wing government returning to power providing new opportunities for regional integration. Mexico's consolidation of its left-wing regime and Argentina's rise of the far-right signify that competition over development models is gradually becoming an important aspect of regional political competition. The political ecology of LAC has become more balanced, fragmented, and complex, leading to a decline in political stability.

Since 2023, the economic recession in LAC has eased somewhat, but the region's economic performance remains poor compared to the rest of the world due to macroeconomic imbalances, weak global economic growth, and factors like climate change. Most LAC countries have limited fiscal and monetary policy space, weak domestic demand, and unstable external demand. LAC economies have underperformed the rest of the world due to insufficient growth and limited policy space.

The political instability and economic downturn have contributed to a stagnant social development environment. Social indicators including poverty and employment have not shown significant improvement. Poverty has returned to pre-pandemic levels, yet the lack of progress in poverty reduction, combined with increasing income inequality, has heightened the risk of social conflict. Issues such as immigration and organized crime are becoming increasingly prominent, intensifying social tensions.

LAC countries have continued to pursue a diversified and pragmatic foreign policy, marked by a dynamic balance and multi-point linkages. The political ecology in the region has reversed previous political confrontations, and collective identity has been strengthened again. At the same time, the attention of external powers to LAC has increased. LAC countries are actively maintaining regional autonomy, strengthening cooperation with Global South countries, and safeguarding the multilateral world order. Relations between China and LAC have been continuously improving, and economic and trade cooperation between the two parties has played a role in curbing macroeconomic imbalances and stabilizing economic growth.

This year's special report focuses on the theme of civilization mutual learning between China and LAC. The report argues that people-to-people exchanges between China and LAC in the new era will contribute to the building of a China-LAC community with a shared future. The Global Civilization Initiative provides direction for these civilization mutual-learning. Cultural exchanges and mutual-learning between China and LAC can help accumulate social capital, establish networks of social interaction, create mutually beneficial norms, and strengthen

mutual trust. The exchange and mutual learning between Chinese and LAC industrial civilizations have gradually become an important part of civilization exchange. In this process, new productive forces have been promoted and developed, particularly with the Digital Silk Road and the Green Silk Road, which have become new highlights and growth points in China-LAC cooperation. The report also explores the development status of digital government in both regions, the differences and progress in terms of inclusiveness and sustainability, and proposes several constructive ideas for further exchanges and cooperation in areas such as systems, technology, infrastructure, and talent.

Keywords: Latin America and the Caribbean; Development Model; Diverse Diplomacy; China-Latin America Cooperation; People-to-People Exchanges

Contents

I General Report

Abstract: In 2023, the global trend of transformation continued to evolve, and Latin America struggled difficultly in both domestic and foreign affairs. The new wave of leftist movements showed signs of weakening momentum, leading to a political ecology characterized by equilibrium, fragmentation, and complexity. It directly leaded in a decline in political stability and the regional concern of "democratic regression". The economic recession triggered by the pandemic was alleviated, but due to slow growth in labor productivity, insufficient driving force from the "three engines" of economic growth, and limited policy space, the region's economic performance lagged behind others. Under the influence of political turmoil and economic stagnation, the demographic structure accelerated its transformation, and poverty levels recovered to pre-pandemic levels. But insufficient poverty reduction efforts combined with widening income gaps increasing the region's social conflict risk. These developments highlight the vulnerability in terms of productivity, institutions, and society, plunging Latin America into a "new development trap". However, as an important player in the century-long transformation, Latin America continued its diverse and pragmatic

foreign policy, not only actively enhancing regional cohesion and preserving regional autonomy but also strengthening cooperation with countries of the Global South and upholding the multilateral order to explore new development directions and enhance its international status and influence. Among them, China-Latin America relations have been steadily improving, and both sides are set to embrace a new period of development opportunities for cooperation. Looking ahead to 2024, the political ecology in Latin America is expected to continue fermenting, economic growth to remain sluggish, and social conflicts to intensify. External shocks and internal contradictions will also exacerbate the risks of regional instability.

Keywords: Latin America and the Caribbean; Economic Growth; Demographic Transition; Pluralistic Diplomacy; China-LAC Cooperation

II Sub-Report

Y.2 The Political Situation in Latin America in 2023−2024: Left Wing Seizes Regional Political Dominance, Far Right Rises

Yang Jianmin / 038

Abstract: In 2023−2024, some Latin American countries held elections. While a new wave of left-wing movements emerged, the far right won in the Argentine elections, challenging the development model of the Latin American left for more than 20 years. While the overall political situation in Latin America remains stable, local political and social crises are intensifying. The left-wing president of Peru has been impeached and stepped down, while the traditional right-wing in Ecuador has won the early elections. The left-wing in Latin America continues to unite and strive for self-improvement, actively promoting the process of regional integration, especially the return of the Brazilian left-wing to power, which provides new opportunities for Latin American integration. In 2024, six countries in Latin America will hold elections, but the election results will not fundamentally change the existing regional political landscape. The consolidation of left-wing regimes in Mexico and the rise of extreme right-wing in Argentina indicate that competition in Latin American development models is gradually becoming an important part of regional political competition.

Keywords: Latin America and Carribbean; Election; Political Crisis; Integration Process; Development Model

Y.3 Latin America and the Caribbean Economy in 2023—2024: Low Growth, Pessimistic Expectations *Xie Wenze* / 053

Abstract: The GDP growth of Latin America and the Caribbean will be about 2.2% in 2023. Due to the factors of macro imbalances, sluggish global economic growth, climate change etc., most Latin American and Caribbean countries have limited capabilities of using anti-cyclical fiscal and monetary policies, the internal demand has not been strong, and the external demand has not been stable. China-Latin America economic and trade cooperation would help the countries of the region to control their macro imbalances and to stabilize their economic growth.

Keywords: Latin America and the Caribbean; Macroeconomy; Economic Growth; China-Latin America Relations

Y.4 Social Situation in Latin America in 2023—2024: Insufficient Development Push, Prominent Migration and Security Issues *Lin Hua* / 063

Abstract: In 2023, the impact of the COVID—19 pandemic on the social situation in Latin America and the Caribbean was significantly reduced. However, in the context of a sluggish economic environment, social development was characterized

by a downturn. On the one hand, social indicators such as poverty and employment did not improve significantly, and there was a lack of impetus for poverty reduction and job creation. Although poverty levels were lower than before the pandemic, the prospects for Latin American countries to achieve the poverty reduction goals of the United Nations 2030 Agenda for Sustainable Development were not optimistic. Labor markets, while remaining stable, were showing signs of a weak recovery. The slow recovery in the employment was still part of the repair of the rapid deterioration of the labor market after the outbreak of the epidemic. On the other hand, affected by the poor economic environment, the problems of immigration and organized crime became more prominent, exacerbating social conflicts. The wave of migrants destined for the United States did not subside at all. The Darién jungle on the border between Colombia and Panamá became an important corridor for migrants to enter Central America from South America. Organized crime is a chronic problem in Latin American and Caribbean countries, mostly related to drug production and trade. El Salvador's success in fighting organized crime has sparked much international attention, but this model is not universally applicable to other Latin American countries. The consumption concepts, habits and behaviors of the Latin American people changed dramatically during the pandemic and have continued into the post-epidemic era. The rise of online shopping and electronic payments has energized markets and changed people's lifestyles.

Keywords: Latin America and the Caribbean; Poverty Reduction; Migration; Organized Crime; Consumption

Y.5 International Relations in Latin America, 2023−2024:
Dynamic Balancing in Multi-dimensional Interaction

Zhou Zhiwei / 082

Abstract: Currently, the international relations of Latin America show a significant characteristics of multi-dimensions interaction. On the one hand, the new "Pink Tide" has eased the political confrontation of the region in the previous period, and the political consensus on its regional collective identity, has been strengthened again. As a result, the entire region has received more attention from the major powers outside, and its regional strategic autonomy has also been fully reflected in many international participation. On the other hand, the major powers outside the region, have significantly strengthened their policy arrangements for the Latin American region, and their interrelationships are relatively clear. This also reflects the increased strategic value of Latin America, which has similar significance for the major powers outside the region. In this context, Latin American countries have different preferences in their international cooperation, but the balancing strategy is the mainstream direction of their policy choices. In the next stage, the transformation and adjustment of the global politics, the complex evolution of major powers relations, the development of the Global South, and the overlapping influence of regional factors, will be important aspect, which mainly affect the trend of Latin American international relations.

Keywords: Latin America; International Relations; Balance Strategy; Stategic Autonomy

Ⅲ Special Reports: Civilization Mutual Learning between China and LAC

Y. 6 Innovation of China-Latin American Cultural Exchange
Mechanism: Functional Fields and Path Selection

Sun Hongbo / 107

Abstract: The overall goal of China-Latin American cultural exchanges in the new era is to promote the common values of all mankind and help promote the construction of a community with a shared future between China and Latin America. The Global Civilization Initiative is an important public goods provided by China and has pointed out the direction for the cultural exchanges between China

拉美黄皮书

and Latin America. Cultural exchanges can help accumulate social capital, facilitate the construction of social exchange networks, establish reciprocal norms, and enhance mutual trust. The functional fields of cultural exchanges between China and Latin America are constantly increasing, including language promotion, cultural exchange, education cooperation, human resources training, as well as the mutual learning of national governance and modernization experience. According to the classification criteria of public goods, the content and path of cultural exchanges between China and Latin America can be divided into categories such as pure public goods, quasi public goods, or club goods. From the perspective of regional public goods, Spanish speaking countries in Latin America provide favorable conditions for cultural exchanges due to their common language and other cultural connections. The innovative direction of cultural exchange paths between China and Latin America can include government official channels, social and non-governmental channels, market enterprise channels, international regional organization channels. The various functional areas of cultural exchanges need to further clarify their target, optimize path selection, and determine the implementation roadmap. At the same time, it is necessary to establish a coordinated mechanism for cultural exchanges at the overall, sub regional, and bilateral levels between China and Latin America, improve the construction of multi-channel and multi-platform communication mechanisms, and give full play to the important role of cultural exchanges in building a community with a shared future between China and Latin America.

Keywords: China-Latin American Relations; Cultural Exchange; Global Civilization Initiative; Public Goods

Y.7 Mutual Learning of Industrial Civilization between China and Latin America Promotes the Development of New Quality Productive Forces *Lin Bo /* 138

Abstract: The achievements and reflections of Latin America in the period of rapid industrialization and the achievements of China's industrialization and modernization have brought long-term lessons to both sides. As China and Latin America deepen cooperation in various fields and jointly build the "the Belt and Road" in high quality and other great undertakings continue to advance, mutual learning between China and Latin America's industrial civilizations has gradually become an important chapter of mutual learning between China and Latin America. At the same time, new productive forces have been promoted and developed in the mutual learning of industrial civilization between China and Latin America, and the "Digital Silk Road" and "Green Silk Road" have become new highlands for cooperation between China and Latin America.

Keywords: Latin America and the Caribbean; Industrial Civilization; Modernization; New Quality Productivity; China-Latin American Relations

Y.8　Mutual Learning in Digital Civilization between China and Latin America and the Caribbean: Toward a More Inclusive and Sustainable Digital Government

He Bingzi / 150

Abstract: This paper explores the development of digital government in China and the countries of Latin America and the Caribbean (LAC), with a particular focus on progress in inclusiveness and sustainability. Significant disparities exist in digital government performance across the LAC region, where challenges persist not only in achieving domestic inclusiveness but also in advancing regional integration. In contrast, China's digital government has closely followed the pace of technological advancement, enabling rapid digital transformation of governmental functions and public services. The paper argues that China and LAC countries should strengthen cooperation across key dimensions of digital government: institutional frameworks, technological development, infrastructure, human capital, and financing. Such cooperation can unlock the full potential of digital

technologies to enhance public welfare and advance a more inclusive and sustainable model of digital civilization.

Keywords: China; Latin America and the Caribbean; Digital Civilization; Digital Government; E-Government

Ⅳ   National and Regional Reports

Y.9   Brazil: Reform Promotes Development, Diplomacy

Breaks International Isolation   *He Luyang* / 169

Abstract: In 2023, in the first year of his third presidential term, Lula made breakthroughs in promoting the new fiscal framework bill and tax reform bill, laying a solid foundation for restarting national development. With the stabilization of the political situation, Brazil's economic growth has entered the right track, social policies have been introduced on a large scale, environmental protection has received attention, and the green economy is accelerating its development. The Brazilian government has made a series of important adjustments in the diplomatic field, aiming to repair foreign relations and its international image. Lula's active presidential diplomacy has revitalized Brazil's international participation and achieved remarkable results in international cooperation.

Keywords: Brazil; Tax Reform; Judicial Investigation; Green Development; China-Brazil Relations

Y.10   Mexico: First Female President in Its History

Yang Zhimin / 184

Abstract: In 2023, all the political parties in Mexico have been actively preparing for the coming elections. In the general election held in June 2024, the ruling party candidate Claudia Sheinbaum Pardo was elected as the new president;

Although the economic growth rate has slightly slowed down, it still performed well ; the organized violent crime rate remained very high; the government continued to promote healthcare reform, and the progress of reconstruction work affected by hurricane disasters was slow; Mexico has tensed its relations with regional countries including Peru and Ecuador and closer economic ties with the US; Mexico - China bilateral relations were stable and the achievements in maritime and air connectivity were impressive.

Keywords: Mexico; Presidential Election; Healthcare Reform; China-Mexico Relations

Abstract: In 2023, Argentina faces multiple difficulties: economy is shrinking, poverty is worsening, inflation is increasing to higher levels while general elections are remapping political landscape and bring about a high uncertainty for Argentina's future. Politically, the political situation has become more complex as the political forces have re-fractured and regrouped. Unión por la Patria failed to get re-elected due to the increasingly deteriorating economy and inflation, while the far-right La Libertad Avanza (LLA) won the presidential run-off with the great support of Juntos por el Cambio (JxC) which in turn led to its internal split. Economically, the economic growth stalled and turned into contraction. Fiscal deficits are higher, Argentine peso is depreciating sharply, external debt as well as inflation is also increasing rapidly. As a result, Argentina's poverty has continued to deteriorate, with both poverty and indigence rising. The labor market has been revitalized, with a rise in employment and a small decline in unemployment, although informal employment is still a serious problem to deal with. In terms of foreign relations, the President Alberto Fernández continued its tradition of well-balanced, diversified and pragmatism-oriented diplomacy, re-strengthening the strategic alliance with Brazil and promoting regional integration

especially in CELAC, UNASUR and MERCOSUR, while maintaining good relations with the United States and the West. However, with the inauguration of new president Javier Milei, Argentina's foreign policy took a drastic turn based on the line of ideology, not only abandoning its diplomatic tradition and turning fully toward the United States, but also frequently clashing with left-wing governments in Latin America, especially with its neighboring Brazil. As a result, China-Argentina relations are also facing challenges in the future.

Keywords: Argentina; Political Polarization; Economic Contraction; Poverty; Foreign Policy

Y.12 Cuba: Presistent Challenges to Economic Recovery and Social Stability *Fan Lei* / 211

Abstract: In 2023, Cuba successfully completed the X National People's Congress elections, as well as the reelection of the highest leadership, and the ruling party maintains political stability. The Cuban economy is facing great difficulties due to internal and external troubles. The government appeals to economic reform measures and investment attraction for economic recovery and development, striving to increase foreign exchange earnings and curb inflation. The Cuban government insists on guaranteeing people's livelihoods despite of financial constraints, but the problems of material shortages and aging population will take time to be solved. Cuba's hostile relationship with the United States remain unchanged, and its relationship with the European Union are now gloomy, while it maintains friendly relationship with China and actively participates in regional and international affairs.

Keywords: Cuba; Political Situation; Economic Difficulties; Livelihood Guarantee; Pluralistic Diplomacy

Abstract: The most important political event in Venezuela is the upcoming presidential election to be held in July 2024. As the presidential candidate of the ruling PSUV, President Nicolás Maduro is seeking to have the second consecutive presidential term. Venezuela has regained economic growth in 2022 and will enjoy a continued growth in 2024, thanks to the new measures taken by the Maduro government, the rise of international oil price, the lift of the US sanction, and the increase of oil income. As a result of worsening economic conditions in the past years, the country witnessed a drastic decline in living standards and a continuous outflow of Venezuelans. The political disputes from the presidential election have caused deterioration of Venezuela's relations with the US and some regional countries. The territorial dispute over the Essequibo will continue to bother the bilateral relations between Venezuela and Guyana.

Keywords: Venezuela; Presidential Election; Economic Recovery; Emigration; US Sanction

Abstract: In 2023, Chile's constitutional reform was deadlocked, with drafts rejected in two successive referendums, and deep divisions among political forces on key issues. In September, the nation commemorated the 50th anniversary of the 9/11 coup d'état of 1973, reaffirming the importance of strengthening democratic institutions. Macroeconomic growth was subdued and domestic demand was weak, but inflation levels were effectively controlled. The government launched a comprehensive development package to clarify fiscal responsibility and enhance transparency in public spending. The process of

nationalizing lithium mines accelerated, with the government announcing the creation of a state-owned lithium mining company. Natural disasters and extreme weather events were frequent, causing significant socioeconomic losses. The problems of crime and immigration are becoming increasingly acute, and have become a major concern for social security. The President of Chile visited China, and the two countries enhanced political mutual trust, issued a joint statement, and deepened cooperation in various fields.

Keywords: Chile; Constitutional Referendum; Nationalization of Lithium Mines; Illegal Immigration; China-Chile Relations

Y.15 Colombia: The First Left-wing Government Faces
Greater Challenges in Power   *Zhao Zhongyang* / 249

Abstract: As the first left-wing government of Colombia, the Petro's government faced greater governance challenges in 2023. In terms of politics, the broke down of its ruling coalition in congress had hindered its governing agenda. In terms of economy, Colombia's economic growth rate in 2023 had significantly declined. On the social front, progress had been made in peace negotiations with non-governmental armed organizations, but they were facing setbacks and uncertainties. In terms of foreign policy, the government had shown stronger autonomy and left-wing tendencies.

Keywords: Colombia; Left-Wing Government; Total Peace; Relationship between Colombia and African Countries

Y.16 Peru: Social Protests Increased Significantly, and the
Economy Got Into Recession   *Hong Chaowei* / 261

Abstract: In 2023, Peru's presidential approval ratings continued to decline. Thanks to the support from the security forces and right-wing parties in Congress, Boluarte was not ousted, but has been facing multiple challenges. On the economic front, due to the El Niño phenomenon and social unrest, the economic growth was well below the regional average and inflation was slightly above the target range. On the social front, the poverty rate declined, but labor force participation was lower than in the same period in 2022 due to the economic downturn, in addition to a significant increase in the frequency of social protests. On the diplomatic front, Peru was actively involved in foreign cooperation and will serve as the rotating presidency of the Asia-Pacific Economic Cooperation (APEC) in 2024.

Keywords: Peru; Presidential Approval Ratings; Social Protests; Economic Recession

Y.17 Bolivia: The Ruling Party Faces Split and the Political Landscape is Full of Uncertainty *Song Xia* / 270

Abstract: In 2023, high tensions inside the ruling left-wing party Movimiento al Socialismo (MAS) are raising political instability and governability risks, causing a party rupture. The political polarization between the ruling party and the opposition party is also increasing. Bolivia's economy has slowed sharply in 2023, though still achieves slight growth, owing to falling exports and currency jitters that weighed on consumption and investment. Social unrest is exacerbated and protests break out intensely and frequently during the year of 2023, owing to political conflicts and economic depression. The government has accomplished the nationalization of the pension system. The Arce administration continues to pursue a moderate and pragmatic strategy in the diplomatic field and to expand cooperation with neighbouring and traditional friendly countries such as China and Russia. The government is committed to promoting regional integration. Bolivia has become a full member of the MERCOSUR.

Keywords: Bolivia; Competition between Political Parties; Pension Reform; MERCOSUR

拉美黄皮书

Abstract: In May 2023, then-President Guillermo Lasso struggled with a political crisis caused by a corruption scandal and eventually decided to dissolve the Congress and call for snap elections. In October, Daniel Noboa of the National Democratic Action (ADN) party won the presidential election and was inaugurated as the new president in November. The Noboa administration adopts a tough stance on fighting violent crimes. Ecuador's economic growth slowed down and public security deteriorated sharply. The economic and trade cooperation between China and Ecuador have been steadily advancing. Ecuador has also expanded security and technological cooperation with the United States.

Keywords: Ecuador; Snap Elections; Public Security; Ecuador-U. S. Relations; China-Ecuador FTA

Abstract: In 2023, Uruguay maintained overall stability, though a historic drought exerted certain impacts on its economic and social development. Left-wing parties currently lead the ruling party in opinion polls, suggesting that social equity may replace the current government's efficiency-first principle as the new administration's policy focus. While domestic and external challenges have hindered economic recovery, industrial and agricultural production and exports are expected to rebound following the drought's conclusion. Issues surrounding drinking water access and inequality remain prominent, though organized crime has exerted limited disruptive effects. The country's foreign relations developed steadily, with China-Uruguay relations reaching a new level of cooperation.

Abstract: In 2023, the Partido Colorado won the general election, and the new government faced complex political, economic, social, and diplomatic challenges. The country experienced a significant rebound in economic growth and foreign trade expansion. There are serious social problems in terms of inequality, organized crime, rampant corruption, nepotism, and cronyism. The country also faced several thorny issues in foreign relations, including the tolls on the Paraguay-Paraná waterway by Argentina, renegotiating the Itaipú Treaty with Brazil, and sanctions against Paraguay politicians by the United States on corruption charges.

Abstract: 2023 saw a slow decline in President Rodrigo Chávez's approval ratings, a split in the ruling Social Democratic Progressive Party, and a setback in the preparations of the new pro-presidential party, Aquí Costa Rica Manda, for the February 2024 local elections. Politically, democracy is threatened by populism and deteriorating law and order, as the executive and legislature work together flexibly, and the media help the President to articulate anti-establishment tendencies, strengthen oversight of the policy agenda and deal with the opposition.

Economically, the slow rise in economic growth and the continued decline in inflation has led the government to steadily cut policy rates to stimulate the economy , and the recovery of the tourism industry has boosted employment; the approaching election cycle and fiscal surpluses have pushed for a loosening of fiscal austerity. On the social front, tightening of immigration policies and a significant contraction of the labor market, along with health‑care reforms, crackdowns on tax evasion and the introduction of a Public Employment Act to save money. On external relations, to meet the demand for the transfer of the U. S. supply chain and to enhance the level of scientific and technological cooperation with the U. S. , the reciprocity between China and Costa Rica in economic and trade matters needs to be strengthened.

Keywords: Costa Rica; Taxes; Inflation; Healthcare Reform; Immigration Policy

Y . 22 Nicaragua: Ortega Revives the Ministry of the Interior to Guarantee Security *Li Han* / 318

Abstract: In 2023, The Ministry of the Interior was recreated to maintain social stability and security. The government has exerted more control over private sector and NGOs, and become increasingly hostile to the Catholic Church. The Public Investment Program is one of the most important planning instruments of the Nicaraguan government for achieving social well-being and economic development based on sustainable fiscal spending. Nicaragua's foreign policy focused on deepening diplomatic ties with the Bolivarian Alliance, Central American Integration System. Its relationship with the US remains tense. Nicaragua strengthens bilateral cooperation with China and Russia.

Keywords: Nicaragua; The Ministry of the Interior; Economic Growth; Public Investment; Nicaragua-U. S. Relations

Abstract: In 2023, Honduras achieved the country's political and economic development under the leadership of President Xiomara Castro of the left-wing Freedom and Reconstruction Party. The ruling party encountered deep divisions in parliament, but smoothly moved the political process forward. The economy of Honduras is growing steadily, but due to the slowdown in external demand, the development of some traditional sectors doesn't have good performance. Agriculture has benefited from foreign cooperation and has partially achieved industrial development. With efforts to win the support of the opposition parties, the Castro's government has actively responded to social development problems through dual efforts of domestic policies and international cooperation. In the diplomatic field, Honduras maintains relations with the United States and actively promotes comprehensive development with China in various fields. In the multilateral field, Honduras will further expand cooperation in international and regional organizations.

Keywords: Honduras; Social Government; International Cooperation; China-Honduras' Relation

Abstract: In 2023, the political situation in El Salvador remained stable. Nayib Bukele temporarily stepped down from the presidency at the end of 2023 to participate in the next presidential elections in 2024. The overall economic growth of El Salvador showed signs of slowing down, presenting both opportunities and challenges for the government. In terms of social aspects, there was a significant

decrease in violent crime. Diplomatically, El Salvador continued to deepen its cooperation and engagement with China.

Keywords: El Salvador; Economic Growth; Social Security; Sino-El Salvador Relations

Y.25 Guatemala: Arévalo Inaugurated as President, Guatemala-U. S. Relations Strengthened *Xiao Yu* / 344

Abstract: In January 2024, Bernardo Arévalo of the center-left Movimiento Semilla party was inaugurated as Guatemala's new president. The Arévalo administration's priorities include improving health and education conditions, revitalizing the economy, and eradicating corruption. In 2023, Guatemala's economic growth slowed down, but family remittances continued to grow. Poverty rates remained high. Social protests were frequent. In 2023, the U. S. government strongly opposed the Giammattei administration's attack on Arévalo. After Arévalo took office, Guatemala's relations with the U. S. rapidly strengthened.

Keywords: Guatemala; Bernardo Arévalo; Economic Growth; Social Protests; Guatemala-U. S. Relations

Y.26 Panama: Uncertainty about the General Election Increases, Economic and Social Instability Emerges *Wang Shuai* / 354

Abstract: The support rate of the Cortizo's government continues to decline, and the ruling party loses advantage in the 2024 presidential election; Former President Martinelli withdraws from the race due to a corruption case, adding to the uncertainty of the election. The economic growth rate is among the top in the region, but the controversial copper mine was declared unconstitutional and decided to close, casting a shadow on Panama's economic prospects. Social instability intensifies. The legislative approval of an unpopular copper mine project has led to continuous social protests and public dissatisfaction has extended. The significant surge of irregular immigration and an increase in organized crime have brought challenges to the security situation in Panama. Panama's diplomatic space has been expanded and diversified diplomacy has further developed.

Keywords: Panama; Presidential Election; Irregular Immigration; Diplomatic Diversification

Y.27 Dominican Republic: Confirmed Election Result, Optimistic Economic Perspective *Shi Peiran* / 363

Abstract: In 2023, the economic growth rate of the Dominican Republic was lower than in 2022, but was still higher than the regional average. A latest report by International Monetary Fund states that the country is expected to become a high-income country in 2060s. Politically, the major parties have decided their candidates in the the 2024 presidential election, with the incumbent president having the highest level of popularity and satisfaction rates. The employment and unemployment rates have remained stable in 2023. At the diplomatic level, the intensification of the conflict between Dominican Republic and Haiti and the closure of the border between the two countries at one point raised international concern.

Keywords: Dominican Republic; Presidential Election; Economic Growth; Employment; Dominican-U. S. Relations

Y.28 Haiti: Deeply Mired in Political Crisis *Liu Tianlai* / 369

Abstract: In 2023, Haiti's political crisis deepened, with the central

government unable to govern effectively nationwide. International intervention efforts were stalled, elections remained difficult to hold, and the political outlook grew increasingly dim. The economy, heavily impacted by the political turmoil, continued its prolonged downturn, with scant prospects for recovery. Social security deteriorated severely, marked by the proliferation of armed gangs and a significant threat to public safety. Haiti's dependency on the United States intensified, while tensions with the Dominican Republic persisted.

Keywords: Haiti; Political Crisis; Social Security; Haiti-U. S. Relations

Abstract: In 2023, only Antigua and Barbuda held general elections in the Caribbean, while the rest of the countries will experience localized fluctuations, but the political environment is generally stable. The economic situation is more challenging, with continued sluggish growth, weak external trade, and persistent debt problems. But countries in the region are actively engaged in fiscal consolidation to alleviate their debt woes, with carbon credit programs as a revenue-raising highlight. High crime rates remain the biggest social risk in the region and threaten the governing status of some countries. On the diplomatic front, bilateral cooperation with countries outside the region has been fruitful, but localized territorial disputes will persist in the short term.

Keywords: The Caribbean; Fiscal Consolidation; Carbon Credit; Social Security; Bilateral Cooperation

V   Economic Statistics

权威报告·连续出版·独家资源

皮书数据库
ANNUAL REPORT(YEARBOOK)
DATABASE

分析解读当下中国发展变迁的高端智库平台

所获荣誉

- 2022年，入选技术赋能"新闻+"推荐案例
- 2020年，入选全国新闻出版深度融合发展创新案例
- 2019年，入选国家新闻出版署数字出版精品遴选推荐计划
- 2016年，入选"十三五"国家重点电子出版物出版规划骨干工程
- 2013年，荣获"中国出版政府奖·网络出版物奖"提名奖

皮书数据库

"社科数托邦"
微信公众号

成为用户

登录网址www.pishu.com.cn访问皮书数据库网站或下载皮书数据库APP，通过手机号码验证或邮箱验证即可成为皮书数据库用户。

用户福利

- 已注册用户购书后可免费获赠100元皮书数据库充值卡。刮开充值卡涂层获取充值密码，登录并进入"会员中心"—"在线充值"—"充值卡充值"，充值成功即可购买和查看数据库内容。
- 用户福利最终解释权归社会科学文献出版社所有。

数据库服务热线：010-59367265
数据库服务QQ：2475522410
数据库服务邮箱：database@ssap.cn
图书销售热线：010-59367070/7028
图书服务QQ：1265056568
图书服务邮箱：duzhe@ssap.cn

社会科学文献出版社 皮书系列
SOCIAL SCIENCES ACADEMIC PRESS (CHINA)
卡号：544854532296
密码：

S 基本子库
UB DATABASE

中国社会发展数据库（下设 12 个专题子库）

紧扣人口、政治、外交、法律、教育、医疗卫生、资源环境等 12 个社会发展领域的前沿和热点，全面整合专业著作、智库报告、学术资讯、调研数据等类型资源，帮助用户追踪中国社会发展动态、研究社会发展战略与政策、了解社会热点问题、分析社会发展趋势。

中国经济发展数据库（下设 12 专题子库）

内容涵盖宏观经济、产业经济、工业经济、农业经济、财政金融、房地产经济、城市经济、商业贸易等 12 个重点经济领域，为把握经济运行态势、洞察经济发展规律、研判经济发展趋势、进行经济调控决策提供参考和依据。

中国行业发展数据库（下设 17 个专题子库）

以中国国民经济行业分类为依据，覆盖金融业、旅游业、交通运输业、能源矿产业、制造业等 100 多个行业，跟踪分析国民经济相关行业市场运行状况和政策导向，汇集行业发展前沿资讯，为投资、从业及各种经济决策提供理论支撑和实践指导。

中国区域发展数据库（下设 4 个专题子库）

对中国特定区域内的经济、社会、文化等领域现状与发展情况进行深度分析和预测，涉及省级行政区、城市群、城市、农村等不同维度，研究层级至县及县以下行政区，为学者研究地方经济社会宏观态势、经验模式、发展案例提供支撑，为地方政府决策提供参考。

中国文化传媒数据库（下设 18 个专题子库）

内容覆盖文化产业、新闻传播、电影娱乐、文学艺术、群众文化、图书情报等 18 个重点研究领域，聚焦文化传媒领域发展前沿、热点话题、行业实践，服务用户的教学科研、文化投资、企业规划等需要。

世界经济与国际关系数据库（下设 6 个专题子库）

整合世界经济、国际政治、世界文化与科技、全球性问题、国际组织与国际法、区域研究 6 大领域研究成果，对世界经济形势、国际形势进行连续性深度分析，对年度热点问题进行专题解读，为研判全球发展趋势提供事实和数据支持。

法律声明

“皮书系列”（含蓝皮书、绿皮书、黄皮书）之品牌由社会科学文献出版社最早使用并持续至今，现已被中国图书行业所熟知。“皮书系列”的相关商标已在国家商标管理部门商标局注册，包括但不限于 LOGO（▨）、皮书、Pishu、经济蓝皮书、社会蓝皮书等。“皮书系列”图书的注册商标专用权及封面设计、版式设计的著作权均为社会科学文献出版社所有。未经社会科学文献出版社书面授权许可，任何使用与“皮书系列”图书注册商标、封面设计、版式设计相同或者近似的文字、图形或其组合的行为均系侵权行为。

经作者授权，本书的专有出版权及信息网络传播权等为社会科学文献出版社享有。未经社会科学文献出版社书面授权许可，任何就本书内容的复制、发行或以数字形式进行网络传播的行为均系侵权行为。

社会科学文献出版社将通过法律途径追究上述侵权行为的法律责任，维护自身合法权益。

欢迎社会各界人士对侵犯社会科学文献出版社上述权利的侵权行为进行举报。电话：010-59367121，电子邮箱：fawubu@ssap.cn。

社会科学文献出版社